西方儒学史

对东学西传的阐述与审思

[美] 丁子江 著

孔學堂書局

本书获2022年贵州省出版传媒事业发展专项资金资助

图书在版编目（CIP）数据

西方儒学史：对东学西传的阐述与审思 / (美) 丁
子江著. — 贵阳：孔学堂书局, 2025.1
（孔学堂文库 / 郭齐勇主编）
ISBN 978-7-80770-452-2

Ⅰ.①西… Ⅱ.①丁… Ⅲ.①儒学—思想史—世界
Ⅳ.①B1

中国国家版本馆CIP数据核字(2023)第115389号

孔学堂文库　　郭齐勇　主编

西方儒学史——对东学西传的阐述与审思　　［美］丁子江　著

XIFANG RUXUESHI：DUI DONGXUE XICHUAN DE CHANSHU YU SHENSI

策　　划：张发贤
责任编辑：王紫玥
责任校对：方云琳
版式设计：刘思妤
责任印制：张　莹

出版发行：贵州日报当代融媒体集团
　　　　　孔学堂书局
地　　址：贵阳市乌当区大坡路26号
印　　制：北京世纪恒宇印刷有限公司
开　　本：787mm×1092mm　1/16
字　　数：386千字
印　　张：22
版　　次：2025年1月第1版
印　　次：2025年1月第1次
书　　号：ISBN 978-7-80770-452-2
定　　价：88.00元

自　序

　　自然科学与人文社会科学各种领域的任何研究的最高境界就是思想的研究。例如自然科学中的相对论、量子力学、黑洞理论、大爆炸理论、反物质理论等，最终都成了某种哲学思想的探讨。所有在人类社会历代传承和发展的世界观、科学观、真理观、审美观、价值观、经济观、政治观、法律观、教育观、宗教观、军事观、家庭观等，都是思想到了一定的高度才得以形成与发展的。文明与文明、文化与文化、国家与国家、人民与人民之间，不断进行着撞击与融合，最终都以各种形式和维度的"对话"得以互动、共存和发展。

　　所谓对话，有狭义和广义之分。几乎所有人类之间的交往和沟通都是一种广义的"对话"。而只有最终上升到思想高度的"对话"，才能真正方向明确地引领人类社会。正如孔子所劝诫的："学而不思则罔，思而不学则殆。"也如亚里士多德所领悟的："上帝所做的、胜过一切想象中的幸福行为，莫过于纯粹的思考，而人的行为中最接近这种幸福的东西，也许是与思考最密切的活动。"每一种文化的最高境界就是思想，因此，文化与文化交往的最高形式就是思想与思想的对话。只有对话，才可"化干戈为玉帛"，才可"相逢一笑泯恩仇"，才可"四海之内皆兄弟"！无论何时何处，从个人、家庭、团体、行业，至民族、社会、国家、世界，人们都在进行着不同的从微观到宏观的"对话"，有政治的、经济的、文化的、宗教的，其中最高层次的一定是思想与思想的对话。"不知别国语言者，对自己的语言便也一无所知"，这是大文豪歌德的一句名言。同样，不知别国文化者，对自己的文化便也一无所知。这种类比似乎有些武断，但沉思之后，它的蕴意确可发人深省。思想互换的收获与其他任何互换的收获根本不在一个数量级上。

　　读者眼前的这部题为《西方儒学史——对东学西传的阐述与审思》

的著述，就是西方文化与中华文化进行的一次思想与思想的对话与交融，是跨文化的软性交流。

笔者在中美两地都受过一定的哲学训练，从事哲学教研也有相当年头，故对东西方思想和文化多少有一些心得和体会。本书是笔者多年来对东西方思想对话中的一条主线——"儒学西传"或"儒学西引"不断探索的一个积淀。以"西方儒学史"为书名，尽管有点不自量力，但这其实只是对某种理想状态的追求，而非对学术成就的价值判断。回想已过的大半生，归来归去，恐怕唯一干的正经事，就是不断地琢磨"什么是东西方思想的对话？""为何要进行东西方思想的对话？""何人可以参与东西方思想的对话？""如何进行东西方思想的对话？""在东西方思想对话中，孔子、老庄和墨子等诸子百家如何能更好地得以西传？"等。很惭愧，人微言轻，始终未能为思想的对话与儒学西传真正做些什么。不管如何，悬挂在东西方思想家们所舒展的巨翅上，能于历史大时空中纵横穿越一遭，宛若升腾到了一个从未达到的境界，这就很知足了。

笔者多年来一直致力于东西方思想的比较研究，除教学研究外，还兼任过英文学术刊物《东西方思想杂志》（*Journal of East-West Thought*）的主编、中文学术刊物《东西方研究学刊》的主编、东西方研究学会前会长以及国际东西方研究论坛组织者等，并主编或合编过四卷本《东西方思想家评传系列》和六卷本《国际新比较学派文库》。《东西方思想杂志》多次推出过有关"儒学西传"的专辑，邀请了南乐山、成中英、白诗朗等儒学名家的加入，《国际新比较学派文库》也包含了"儒学西传"的专卷。这些有益的历练也为本书的完成奠定了较为坚实的基础。

宋代叶适诗云："点化谢雕刻，涵濡透晶荧。"《朱子语类》也提及："到大学，只就上面点化出些精彩。"笔者的研究领域主要为东西方哲学比较，儒学并非主业，但曾有幸承蒙冯友兰、张岱年等先生的亲教；在海外也得到过何炳棣、余英时、许倬云、刘述先等先生的面诲。①除了许倬云先生外，这些老前辈都已驾鹤西去，但他们的知识造诣、治学精神和研究成就始终深深地影响着笔者。此外，笔者与著名儒学家杜维明、成中英、信广来等先生也有过一定的学术往来，受益匪浅。

这部《西方儒学史》，除《导言》外，分开篇、上篇、中篇、下篇四个部分共计10章，其中部分章节虽曾以阶段性成果发表过，但在本书成稿时又加了新的审思与探究。本书着重阐述了"全球化、世界主义与儒学西传""在多维思想再对话中的西方儒学""儒学西传的缘起与初型（16—18世纪）""儒学西传的拓展与转型（18—19世纪）""儒学西传的兴盛与成形（19—21世纪初）"等五大方面的史例或史评。遗憾的是，由于篇幅限制，故将原稿续篇《儒学西传的前瞻与趋向》和结篇《在撞击与融合中仍坚忍延展的儒学西传》所包含的9个章节以及附文《西方知名儒学学者一览》等全部删除。

《西方儒学史》这一书名须简短解释一下。西方儒学学者并无直接用"西方儒学"这一提法的，而笔者认为，所谓"西方儒学"有三个含义：一是指西传后的儒学；二是指以西方汉学家为主体研究者的儒学；三是指经西方研究方法和阐释系统梳理过的儒学。既然有西方汉学一说，理当可外延为西方儒学。

本书体例力求遵循下列12项自定原则：

一、编年与纪传的互补。在中国传统文化中有以《左传》和《资治通鉴》为代表的编年体史书，其以时间为经、以史事为纬，较易勾勒出同一时期各个历史事件的联系；也有以《史记》《汉书》等为代表的纪传体史书，其以人物为纲、时间为纬，较易描绘出历史事件。在笔者看来，两者各有利弊。本书整体上采用编年体，分16—19世纪以职业传教士为主的"非学术"儒学西传和19—21世纪转型期以职业汉学家为主的"纯学术"儒学西传，中间还穿插19—20世纪传教士与汉学家二者兼之

---

①参见［美］丁子江：《对我有影响的几位学术老前辈（代后记）》，《思贯中西——丁子江哲学思考》，中国工人出版社2003年版，第447—472页。

的"亚学术"过渡阶段。故在局部结构上采用纪传体，即传教士或汉学家本人在儒学西传中的个人背景、阅历、造诣、治学方式、行为特征、业绩成就以及思想影响等。但在"纪传"系列中，仍然按各个人物出生年代的先后顺序加以排列。

二、国别与语种的互补。在上述儒学西传三个阶段的历史发展过程中，由于语种、教派、文化传承、殖民势力以及政治经济国力强弱等综合原因，西方各国无论是传教士还是汉学家的作用都具有阶段性。例如早期以南欧，如意、葡、西等为开拓者；中期以西欧，如法、德、英为扩展者；而近期则以美国为执牛耳者。正因如此，本书采取以国别为单位来进行记述，如意大利传教士组合或美国汉学家组合等。由于同一语种而形成的文化同质，或不同语种而造成的文化异质，也会造成儒学西传中的同异。因此，本书在一定的程度上，也考虑到这一点重要性，如英美在语言上的互联性，拉丁语国家的互联性等。

三、地域与教派的互补。例如，在早期儒学西传中，意大利、西班牙和葡萄牙属于南欧，地中海北岸的意大利语、西班牙语与葡萄牙语同属拉丁语系，也同属于天主教耶稣会，具有地域与教派的联系，故传教士的行为特征较为类似，可以归于一个亚组合。再如法国与比利时，法语区占一半，文化大部分相同，国土相邻，又同信天主教，也可归于一个亚组合。英美（包括加拿大在内的整个北美地区）在历史渊源、文化传承和语言共通上，与其他地区有显著的区别，故其可分为一组。另外，尽管现代德国于20世纪40年代到20世纪90年代曾因意识形态一度分裂，但其于1990年重新统一，所以现仍将当年的东、西德国儒学研究状况并在一起评述。

四、个性与学派的互补。任何学术研究都或多或少形成某种形式的"圈子"，甚至学派。有的是自称，而有的则是他称。尽管所谓学派往往是一种人为的"标签"，但其表现为形式上的"求同"，也不失为对原本碎片式的资料进行组合和归类的有效的权宜之计。俗话说"人以群分"，本书对一些在学术界已约定俗成，或已展现取向，抑或仅渐露端倪的学术师承关系、兴趣共同体关系冠以"学派"之名。尽管有着争议性的风险，但在通常的标准下，划分学派也是从其成员观念之间最广泛的认同角度来加以判定的。当然，在任何领域中，都会有一些特立独行，标新立异，另辟蹊径的个性化研究者。很难将这些人物轻易地贴上某某学派的标签，而且他们往往也不愿意对号入座。即便在所谓某一学派的群体中，其成员也可能各持一端，甚至分道扬镳，各立门户。因此，本书并不强求学派的群体认同。

五、史料与史观的互补。中国传统文化强调文史哲不分家。有趣的是，文学、史学与哲学的专业人士都会用文献作为研究对象，但因切入点、观察角度与治学方法的不同，可能带来不同的结论。文学化儒学、史学化儒学与哲学化儒学三者各不相同，是可以严格区分的。研究者可能会采用三种方式：一是描述性或说明性的（descriptive），即告知"这是什么"；二是规范性或预设性的（prescriptive），即告知"这应当是什么"；三是描述性与规范性二者合一，两者兼备，即既告知"这是什么"又告知"这应当是什么"。本书采用第三种方式，书中所谓的史料，包括客观记录的史事和史例。笔者试图回答这一系列问题：什么人在什么时间和地点以什么动机提出了什么样的观点和精神诉求？这些观点和精神诉求对当时和后世产生了什么影响和效应？这些影响和效应得到了什么正面的认同或反面的批驳？引导人类社会主要有三大社会意识体系，即科学、哲学与神学。总的来说，科学应建立在客观事实上，哲学应建立在批判和理性上，而神学则应是建立在情感信仰上。在一定意义上说，即便是科学与哲学，若掺杂了某种"信仰"的成分，也会带有"神学"的色彩。迄今为止，对待这三者，有四种理论模式：一是对立说，即认为它们之间是彼此冲突，不可调和的；二是平行说，即主张它们之间各行其是，互不相扰；三是对话说，即提倡它们之间可以取长补短，互联互动；四是融合说，即预见终究由于社会文明的全面完善，达到了最理想的境界，未来的人类再无必要做如此的区分。长期以来，中西方学术界都存在这样的争论：在历史上，儒学本身是哲学还是某种神学（宗教）或二者的混合？它支撑还是阻碍了科学？

六、中学与西学的互补。从创始人孔子及其后世追随者，一直到当代儒学承继者乃中华本土儒学的主体，而儒学西传的整个历史过程的主体，则应是西方传教士与汉学家。可以说，对于大多数献身于整个儒学西传的参与者们，若没有中学与西学的双重学养功底与知识造诣几乎是不可能的。本书在评述和阐析他们的观念、成就与影响时，当然或多或少也相应需要具备这种二者合一的状态。

七、华裔与他裔的互补。西方的华裔学者大都已融入主流学术界，可能属于甚或创立并主导了某个学派，形成"你中有我，我中有你"之势，很难区分。但本书仍为了突出他们某种特定的作用与贡献，而为之单列了一章。

八、儒学与耶学的互补。在评述早期和中期西方传教士的儒学西传时，不可避免地会涉及他们那些"借儒宣教""儒耶相合""援儒入耶""厚儒薄耶""厚儒薄道"以及"独尊儒学"等策略与宗旨。所谓耶学，即指基督教的神学。因此，在这种特定的社会文化语境下，儒耶之间的撞击与某种程度的"融合"成为一条引领性的主线。

九、汉名与本名的互补。从利玛窦和罗明坚开始，几乎所有来华传教士和重要汉学家都有一个汉名，有的甚至不止一个汉名。这些汉名有的意味深长，有的超凡典雅，有的清新率真，有的音义双关。不管如何，均是中西合璧的结晶。久而久之，人们几乎忘却了他们的本名。在各种文本中，所涉及的西方传教士与汉学家的译名五花八门，大都只有汉译名，极难分清本尊究竟为何人。尤其再将他们的汉名重新译回其原语种时，更是不知所谓何人。故而，本书一律采用汉名，同时标注母语即原语种本名，并在第一次出现或正式引介时标注生卒之年，如利玛窦（Matteo Ricci，1552—1610）、罗明坚（Michele Ruggieri，1543—1607）、李约瑟（Joseph Needham，1900—1995）、费正清（John King Fairbank，1907—1991）、马悦然（Göran Malmqvist，1924—2019）等，以便在中西资料上反向查找和比对。

十、名角与众角的互补。在大自然中有红花与绿叶，如果没有了红花，还是会有绿叶，但是没有了绿叶，绝不会再有红花。在儒学研究的学术生态中，除那些公认的大师，著名学者外，还有数不清的也许暂时还名不见经传的学者们在默默地辛勤耕耘。笔者在能力范围内皆有所提及，但因时间、经历、能力有限，不可能都为他们一一树碑立传。

十一、前师与新秀的互补。儒学研究与其他学术研究一样，是一代一代往下传承的。青出于蓝而胜于蓝，当下的大师们起步时也曾是新秀，如今的新秀中也会继续出未来的大师。本书对这个领域的后起之秀加以了一定的关注。

十二、国内与国外的互补。本书所评述的是儒学西传的过程、传承、状态与比较，而非直接研究儒学本身。对这个主题，中西方的切入点与方法论也是有差异的。笔者尽量结合两边的研究成果来进行论述。

因篇幅有限，本书的主题既然为"儒学西传"或"儒学西引"，就不可能过多谈儒学与道学、佛学之间的关系以及后两者的重要性，而仅是点到为止。因此，在谈及西方汉学家时，尽量少议他们在道佛研究以及在其他汉学研究如文学等方面的成就。遵循这个主题，从"汉学家"这一笼统的称谓中，区分出三种"对儒学西传有贡献者"：一是以儒学研究为相对"主业"的汉学家；二是虽并非以儒学为"主业"，但对此仍有部分专著专论，颇有一定成就与影响的汉学家；三是虽无直接专著专论，但以顺带散谈的方式，对儒学多少具有一些启迪性看法的汉学家。至于那些几乎毫无涉及儒学，但在汉学和国学其他研究上有杰出成就和巨大影响的汉学家们，本书只能让他们暂当"无名英雄"了。

另外有一点也许应特别说明一下，无论在地域上，或在文明和文化的纵横联结与历史传承上，抑或在政治意识形态的演变与转型上，贯通欧亚两大洲的俄罗斯是一个奇特而另类的国家，对于"儒学西传"主题的探究也是如此。从整体格局与篇幅限制角度考量再三，笔者还是将俄罗斯与东欧儒学研究的两个章节在最后定稿时删除了。此外，将东德时期的儒学研究与西德时期的合并而谈。至于东欧其他各国还有不少杰出的儒学研究者，也因本书篇幅限制，只得在最后忍痛割爱了。

这部拙作并非一蹴而就的即兴之作，实际上乃数十年磨一剑的功夫累积。不过，原稿仅是散乱的读书札记、史例查询与沉思感悟，经过重新整理后，它入选为贵州省2018年度哲学社会科学规划国学单列课题，并得以"重生"，从而在视界、建构、格局、审思以及阐释的广度与深度上，都提高到了一个与原先全然不同的叙事与探究高度。为此，笔者特向课题审评委员会的全体成员以及孔学堂书局的张发贤常务副总编辑表示诚挚的谢意！

笔者在查阅史料，评述有关人物时，深深地被所有的包括儒学学者在内的历代西方汉学家们所触动！设身处地想想，这是何等艰辛、繁杂、冷清、几乎耗费全部精力与才华的学术生涯！但这样的付出，终究功德无量。借此机会，特向他们表示由衷的敬意！

丁子江

2020年8月完稿，2024年11月修订

目 录

导言：全球化、世界主义与儒学西传

1988年1月，75位诺贝尔奖获得者疾呼："如果人类要在21世纪生存下去，就必须回到2500年以前，去寻觅孔子的智慧。"这是在巴黎举行的第一届诺贝尔奖获得者国际会议上得出的结论之一，这次会议的主题是"面向21世纪"。[①]

美国联邦最高法院的东侧门楣大理石雕像首先展示了三位伟大法律思想家摩西、孔子和梭伦，两侧的雕塑群则象征着宽严相济的执法手段、解决国家间争端以及海事等其他最高法院的职能。门框上还刻着："公正是自由的捍卫者（JUSTICE THE GUARDIAN OF LIBERTY）。"这就不难看出，在儒学西传后，孔子对美国文化也有着相当的影响。

若没有全球化这一先决条件，儒学西传也不可能得以真正成功实现。2004年4月2日至6日，在杭州举办的主题为"儒学的当代发展与理论前瞻"的大型国际学术研讨会，从多维新视角探究了儒家思想资源与社会时代的创造性调适关系，深化了当今学术界对儒学理论的创新。更有意义的是，与会学者们试图揭示儒家思想文化内在的价值，以及儒学在全球化、现代化中的地位、作用、影响以及趋势。

本《导言》通过东西方纵向与横向的比较，着重考察中国古典世界主义的演变模式及其对儒学西传的可能影响。[②]在2012年出版的《孔子与儒学的全球化》（*The Globalization of Confucius and Confucianism*，中文书名为笔者译）一书中，其作者指出不但在中国，而且在国际上，儒家思想的受欢迎程度都在上升。儒家价值观被誉为普世性方式，并逐步走向全球化，尤其是在当今的政治、社会和经济危机面前。孔子这位哲学家的遗产至今已经延续了2500多年，儒家思想也被公认为是西方观念的一种东方回归。这种回归中国自身的传统和价值观可以被视为象征着中国新的自信。

[①]Patrick Marnhan, "Nobel Winners Say Tap Wisdom of Confucius," *Canberra Times*, 24 January, 1988.

[②]John Zijiang Ding, "Transformative Modes of Chinese Cosmopolitanism: A Historical Comparison," *Journal of East-West Thought* 2, no. 4 (2012): 89–112.

该书谈及了儒学的复兴，审思了儒家思想在过去和现在所起的作用，以及一种新的儒家文化的潜在未来形式。①2016年出版的《从基督到孔子：德国传教士、中国基督徒与基督教全球化（1860—1950）》（*From Christ to Confucius: German Missionaries, Chinese Christians, and the Globalization of Christianity*，1860—1950，中文书名为笔者译）一书，探究了1860—1950年期间，德国传教士和儒家文化与全球化之间的互动关系；传教士之间的民族竞争；中国社会内部的变化；第一次世界大战对传教的总体影响等。当时德国传教士在欧洲基督徒中推动了一场关于基督教本身性质的思想革命，因他们未能使中国人皈依基督教而受到惩罚，故重新考虑自己对中国文化和儒家思想的态度，并对中国本土宗教和文化产生了日益增长的同情。随着时间的推移，他们越来越开放，促使欧洲基督徒对基督教本身产生了一场反思革命。在欧洲基督教人口正在落后于南美和非洲之际，基督教加速了在全球扩展的进程。此学者的阐释打破了关于文化帝国主义的传统争论的僵局，对德国传教士在中国存在的歧义性的影响进行了深刻的研究。②

现在，全球化（globalization）是各国人民、组织、企业和政府之间相互作用和融合的过程。这一进程对环境、文化、政治、经济以及世界各地人类的福祉与安康都有影响。由于交通和通信技术的进步，全球化增加了人与人之间思想、文化的互动，促进了国际贸易的增长。全球化主要表现为社会、文化以及经济一体化的过程，但各种国际冲突也是全球化历史中的重要因素。英国政治学家赫尔德（David Held，1951— ）等人声称："通常意义上的，全球化指的是全球相互联系的扩展、深化和加速，但这种界定需要进一步加以阐述。……全球化可以与地方、国家和区域连续一致。在这种连续性的一端有着在地方或国家基础上构建起来的社会与经济的关系和网络；另一端则有着在更广泛区域和全球互动中所形成的社会和经济的关系和网络。全球化指的是某种时空变化的过程，它通过跨越区域和各大洲组合和扩大人类活动，来支持人类事务组织的变革。如果不涉及这种扩张的空间连接，就不能明确或连贯地表述这一术语。……令人满意

①Klaus Mühlhahn and Nathalie van Looy, eds., *The Globalization of Confucius and Confucianism* (Zürich: LIT Verlag, 2012).
②Albert Monshan Wu, *From Christ to Confucius: German Missionaries, Chinese Christians, and the Globalization of Christianity, 1860–1950* (New Haven, CT: Yale University Press, 2016).

的全球化的定义必须包含以下每一元素：延展度（拉伸性），强度，速度和冲击度等。"①

　　世界主义（cosmopolitanism）审视国家、团体或个人之间的关系，以及它们如何在全球化的社会中达到道德、文化、经济和政治统一。有学者认为，世界主义可看作全球化的规范，而全球化则强化了世界主义的推广。自冷战结束和全球化的出现以来，大众对世界主义及全球公正和公民意识等问题的兴趣一直在上升。世界主义不是新鲜事，很容易看出它为什么抓住了冷战后的关注。世界主义是一个常与世界公民相对应的术语：一个开明的人相信他属于一个共同的人性或世界秩序，而不是一组特定的习俗或传统。②虽然对全球化和世界主义的表述在各种文献中大相径庭，从流动性与包含性角度看，这两者与政治和移民的关系也在不同来源中得到不同的对待，然而它们之间既有分离性，又有连续性。③世界主义表现为多元化、多维度和多角度。它有不同种类，"世界主义已显示了人类千年的道德态度、政治生活、哲学思想和宗教愿望。每个时代都有其独特的版本"④。世界主义这个词意味着世界本身可以被视为政治共同体。然而，这个理想充满了矛盾。⑤通过国际化，我们能够核实并证明全球正义和普遍正义之间的关系，全球正义、世界主义和普世主义之间相互关联，相互转化。现实世界中似乎存在着一定的普遍正义的价值观。不过若要实现普世的理想，我们首先面临文化语言的翻译性问题。

　　人文和社会科学领域的学者对各自领域的全球化或世界主义方法有着敏锐的认识，并经常进行深入的研究。然而，世界主义理论仍然存在着极大的争议，有学者利用儒家传统中的资源，试图勾勒出世界主义的替代概念。⑥包括儒家在内的中国传统思想家试图通过形而上学、伦理学、美学

---

①David Held et al., *Global Transformations: Politics, Economics and Culture* (Cambridge: Polity Press, 1999).
②Lee Trepanier and Khalil M. Habib, eds., *Cosmopolitanism in the Age of Globalization: Citizens without States* (Lexington: University Press of Kentucky, 2011), 211.
③Jack Barbalet, "Globalization and Cosmopolitanism: Continuity and Disjuncture, Contemporary and Historical," *Journal of Sociology* 50, no. 2 (2014): 199–212.
④Paul Seaton, "European Dreamin: Democratic Astigmatism and Its Sources," in *Cosmopolitanism in the Age of Globalization: Citizens without States*, 305.
⑤L. Joseph Hebert Jr., "Tocqueville, Cicero, Augustine, and the Limits of the Polis," in *Cosmopolitanism in the Age of Globalization: Citizens without States*, 277.
⑥Philip J. Ivanhoe, "Confucian Cosmopolitanism," *Journal of Religious Ethics* 42, no. 1 (2014): 22–44.

和乌托邦式的想象来审视世界主义。他们把对世界主义的考察从地理的角度转向了伦理政治的角度。这个中国世界主义的概念有4个维度：1.通过一定的本体论和宇宙论想象的超自然存在和超人存在的概念；2.通过地理环境的自然存在的概念；3.通过中央集权来统治整个社会和所有土地的观念；4.通过自我实现、自我完善、自我净化和自我改造的道德美德、伦理价值观以及乌托邦观念。①

以前被民族国家边界所束缚的经济、文化和政治制度正在日益全球化。政客、民间社会人士及其他社会角色纷纷参与有关全球化问题的公开辩论。一些学者将全球主义者同国家主义者之间，以及普遍主义者同情境主义者之间的哲学辩论，当作在公共领域活跃人士可借鉴的材料。在此基础上，有学者确定了四个可能提供这种意识形态基础的主要焦点：边界渗透性、各级权威的分配、社区的规范尊严、判定的方式。这四部分的一个理想组合可被标记为世界主义，即全球主义和普遍主义（universalism，又译普世主义）论点的结合；而另一种社区主义（communitarianism，又译社群主义）则结合了国家主义和情境主义的论点。在公共辩论中，这两种理想类型愈具有政治意识形态的特征，关于全球化的辩论的分歧就愈演愈烈。②当然，也有学者揭示，世界性的全球化在当前全球经济结构调整的背景下获得了新的活力，这使得民族主义观念变得落后。然而，全球化与民族主义之间的这种对立存在3个基本的误解：1.认为民族主义与社会经济基础有关，因此全球化经济必须努力实现使国家和民族主义过时的社会全球化；2.认为文化适应——即文化形式日益标准化，必然自动转化为少数民族主义的同化；3.认为全球大都会文化在某种程度上是人类社会应该瞄准的理想。③全球化的到来促使学者和国际大都会研究者重新认识民主、公民身份和政治共同体，因为"公民理想与最初发展的主权民族国家发生冲突"，不再能够应对全球化的压力，人们必须改变这样的民主观念，以便在这个全球化时代继续发挥作用。

---

①Ding, "Transformative Modes of Chinese Cosmopolitanism: A Historical Comparison," 89.

②Michael Zürn and Pieter de Wilde, "Debating Globalization: Cosmopolitanism and Communitarianism as Political Ideologies," *Journal of Political Ideologies* 21, no. 3 (2016): 280–301.

③Margaret Moore, "Globalization, Cosmopolitanism, and Minority Nationalism," in *Minority Nationalism and the Changing International Order*, ed. Michael Keating and John McGarry (New York: Oxford University Press, 2001), 44–60.

在大都会研究者的挑战下，那些民主理论家被迫重构民主和公民身份，因为国家社会失去了重要性。不过，世界主义理论家在全球化过程中也存在一系列他们自己的问题。①

从某种意义上说，苏格拉底（Socrates，前469—前399）的思想建立在世界主义的基础上。他自认是宇宙的一员，其哲学考察一直延伸到所有人类，而不仅仅是某些人。根据柏拉图（Plato，前427—前347）的转述，智者希庇亚斯（Hippias，前560—前510）说："我把你们所有人当成亲属、知交、市民同胞。这是按照自然本性，而非按照惯例。人在本性上是类似的，而惯例则是欺压人民的暴君，强迫人民去做许多违背自然的事情。"②斯多葛学派主张所有的人都是一个普遍价值的体现，应该在博爱中生活，并以兄弟的相处方式互相帮助。例如，第欧根尼（Diogenes，约前404—约前323）称："我不是雅典人或科林斯人，而是一个世界公民。"③爱比克泰德（Epictetus，约50—约138）从神学观点认为："每个人都是自己联邦的公民，但他也是一个神与人所组成的伟大城市的成员。"④斯多葛学派的世界主义影响了基督教，甚至影响了现代政治思想，潘戈尔（Thomas L. Pangle，1944—）曾提议："我们的历史状况有助于斯多葛学派世界主义的复兴，这是对国家忠诚和国家边界一个或多或少激进的超越。"⑤关于早期基督教维护世界主义的理想，圣保罗在《歌罗西书》声称："在此并不分希腊人、犹太人、受割礼的、未受割礼的、外化的、西古提人、为奴的、自主的，惟有基督是包括一切，又住在各人之内。"⑥自苏格拉底以来，西方许多伟大的思想家一直或多或少地受到这种道德和社会理想的影响。可以说，这些普遍权利和相互共识的看法一直是思想的主题，它们说明了从古典主义到现代主义的演变过程。"正如人们广泛认可的那样，斯多葛学派与托马斯主义的世界主义对一些关键的启蒙思想家，如格劳秀斯、约翰·洛克、伏尔泰、托马斯·杰斐逊等，是极

①Lee Trepanier, "The Postmodern Condition of Cosmopolitanism," in *Cosmopolitanism in the Age of Globalization: Citizens without States*, 211–228.

②Plato, *Protagoras* 337c7–d3.

③Epictetus, *Discourses* i.9.1.

④Epictetus, *Discourses* ii.5.26.

⑤Thomas L. Pangle, "Socratic Cosmopolitanism: Cicero's Critique and Transformation of the Stoic Ideal," *Canadian Journal of Political Science / Revue Canadienne de Science Politique* 31, no. 2 (1998): 235–262.

⑥Col. 3:11.

大的灵感来源。"①

西方世界主义应用六大转型模式：一、从自然到人造（natural-artificial），如诡辩者希庇亚斯等；二、从神学到世俗（theological-secular），如爱比克泰德和托马斯主义者等；三、从目的论到义务论（teleological-deontological），如康德等；四、从民族主义者到反民族主义者（nationalist-antinationalist），如第欧根尼等；五、从制度性（或宪政主义）到个体性（institutional or constitutional-individual），如哈贝马斯等；六、从哲学到政治（philosophical-political），如康德和哈贝马斯等。②

由上述世界主义的简介，回到本书"儒学西传"的主题。文艺复兴期间，在一个正在经历快速转变和面临许多挑战的天主教世界中，耶稣会士代表了基督教的一种新视野。作为一位开明的耶稣会士，利玛窦所追求的理念是由其知识和全球化的地理眼界所承载和展现的，这也决定了他一生所奉行的根本使命。作为一个当之无愧的世界主义者，利玛窦并不拘泥于一个民族认同，而是热衷于在平等的基础上发展与外国文化的关系。这就是为什么利玛窦在早期给教会上层的信中表达了他对果阿学院实行种族歧视的强烈不满，因那里的土著被禁止进入哲学和神学领域。相反，利玛窦支持接纳印度人加入耶稣会，给予他们平等的待遇和地位。进入中国传教后，利玛窦始终贯彻了这一坚定的立场，并深刻影响了几代传教士与汉学家。

20世纪90年代就有学者认为，中国应扬弃被压迫的，或解放的民族主义思想，以传统中华文化的天下主义外交哲学取而代之。有人指出："在这个加速全球化的时代，在中国复兴而取得与世界列国平等的地位以后，中国的文化应该还是回复到文化主义与天下主义——在今天来说也就是全球主义。"③还有的主张，中国"需要一个文化上的转变，即再一次从民族主义走向天下主义，或者说复兴天下主义"④。到了21世纪初，"新天下主义者"应运而生，如赵汀阳和阎学通等中国学者有关"天下"的论

---

①Garrett Wallace Brown and David Held, eds., *The Cosmopolitanism Reader* (Cambridge: Polity Press, 2010).

②［美］丁子江：《思想的再对话：东西方撞击与融合的新转向》，中国社会科学出版社2019年版，第301—302页。

③李慎之：《全球化与中国文化》，《太平洋学报》1994年第2期。

④马德普主编：《当代中国政治思潮（改革开放以来）》，天津人民出版社2016年版，第254页。

述，近年来在海内外很是热门。在美国学者列文森看来，儒家文人将文化差异当作世界运作的方式。尽管作了文明和野蛮之间的区别，但他们知道，"野蛮人永远与我们同在"。儒家的普世主义不能被解释为软实力或霸权性。这是"一个标准或一个角度，而并不是一个出发点"，中国人会离家外出旅行，也会在其他国家定居，但"绝没有一个人像基督教传教士那样自命为儒家信徒而发表任何一个词"①。"中国的商业文化及其儒家的基础可视为模块化或规范化的世界主义。"②作为道德义务、哲学传统或文化政治，而试图强调当今世界的现状，"这是不奇怪，人们已经提出了各种观点和答案，但当代对世界主义和世界政治的讨论需要很多翻译工作，这是为了将中国的历史与当代的语境联系起来"③。

中国思想家试图通过传统的玄学、伦理学、美学以及中国式的"乌托邦"空想主义来结合普世主义与世界主义，他们从地域角度转换到伦理政治角度来审思世界主义。中国传统世界主义的概念化表现为：一、通过一定本体论和宇宙论的想象力所产生的超自然与超人类的观念；二、通过地理环境所产生的自然存在的观念；三、通过集权统治所产生的掌控整个社会和所有土地的观念；四、通过自我实现、自我完善、自我净化和自我改造所产生的道德、伦理价值和空想的观念；五、通过对比中国少数民族文化"低劣性"所产生的文化与文明"优越性"的观念。3000多年前的《诗经·大雅·文王》就提及："文王在上，于昭于天。周虽旧邦，其命维新。"意思是说，周文王奉守天命，昭示天下；周朝虽为旧的邦国，然而其使命就在于革新。这里的"旧邦"可视为以中华核心地理空间而延展的整个天下，而"维新"即表明了在这个"天下"，中国文化传承和不断变革的重要性。

以上对中西方世界主义的阐述，可以帮助我们理解"儒学西传"的可能性与必要性。

①Joseph R. Levenson, *Revolution and Cosmopolitanism: The Western Stage and the Chinese Stages* (Berkley: University of California Press, 1971), 24.

②Pheng Cheah, "Chinese Cosmopolitanism in Two Senses and Postcolonial National Memory," in *Cosmopolitan Geographies: New Locations in Literature and Culture*, ed. Vinay Dharwardker (London: Routledge, 2001), 134.

③Shuang Shen, *Cosmopolitan Publics: Anglophone Print Culture in Semi-Colonial Shanghai* (New Brunswick: Rutgers University Press, 2009), 16.

开篇　在多维思想再对话中的西方儒学

第一章 儒学西传与东西方思想对话的双向互动

在近现代，"西学东渐"与"中学西引"形成了东西方思想对话的双向大格局。"明清之际的文化交流一开始就呈现出了双向性的特点，'西学东渐'和'中学西传'同时进行。"①东西方研究学者叶扬深刻揭示了东西方思想对话中的困惑与挑战。他首先对中国对于外来文化的引进、介绍与翻译（可简称之为"西风东渐"），以及中国文化在欧美各国的传播与弘扬（简称之为"东风西渐"）分别作历史回顾，并以若干具体事例，指出中国文化在与西方文化的"贸易"上，存在巨大的"逆差"及"赤字"。造成这种"逆差"和隔膜的原因十分复杂，因此"深入探讨这种文化交流、传播中种种问题的肇因与症结所在，并提出因应之道，是对'文化中国'成员的严峻挑战。尤其是在欧美从事中国文化研究的华裔学者，更应在树立南宋批评家严羽所谓'正法眼'这一点上，发挥外国学者无法取代的作用。这可能需要几代人持之以恒的努力"②。

第一节 "西学东渐"与"中学西引"

西学东渐有两层意思，其实是二阶递进的过程与结果：一是先有西学，二是后才有东渐。我们所说的"西学"是在欧美产生的一整套分门别类而又跨学科的知识体系，只有靠某种人为的操作才能逐渐东传到中国。这种人为操作的先期主体即西方传教士；中期为西方传教士或汉学家和以严复为代表的中国前卫知识分子的联合运作；后期的主体则是现当代的中国知识分子群体。我们将传教士促进西学东渐的主观动机以及某些可能消极负面的效应暂且搁置，先谈他们带来的正面积极的客观结果。在先期与中期西学东渐的过程中，传教士的作用与意义在于：一是将近现代科学、技术、工艺、医学等传入中国；二是从"地圆说"与"地图学"的角度，将全世界各洲各国的地理地域的概念与知识传入中国；三是将西方天文历法的概念与算法传入中国；四是将西方人文社会学科和艺术学科及其理念传入中国；五是将近现代西方的教育理念、方法与制度传入中国；六是将西方以逻各斯或逻辑为中心的思维方式和科学方法论传入中国。尽管阻力重重，但具有强大包容力的中华文化最终吸收了西学东渐中全部的积极

---

① 张西平：《东西流水终相逢》，生活·读书·新知三联书店2010年版，第14页。
② 叶扬：《东风西渐的困惑与挑战》，国际东西方研究学会编：《东西方研究学刊》（第1辑），九州出版社2012年版，第45页。

成果。

中学西引也有两层意思,这也是一种二阶递进的过程与结果。先有中学,后有西引。我们所说的"中学"是在中华文明自古以来的历史传承中,所产生的一整套独特的知识体系,同样也只有靠某种人为的操作才能逐渐西传到西方。这种人为操作的先期主体仍然是西方传教士;中期为西方传教士或汉学家;后期的主体则应是西方现当代的学院派专业汉学家群体。

从早期汉学在西方的传播,我们可侧面了解到东西方思想对话的大致线索。2021年出版的《儒教与基督教:传教神学的宗教间对话》(*Confucianism and Christianity: Interreligious Dialogue on the Theology of Mission*) 一书,从跨学科的对话中反映了儒家与基督教之间关系的三个方面:一是考察了当代儒教——基督教对话所需的历史背景,探讨了中国仪式的争议;二是比较了儒家和基督教传统中体现精神发展的各种元素,如儒家的礼、君子之争以及圣人的界定等;三是探讨基督教会与包括儒家在内的外界交往的不同方面。该书倡导儒家——基督教对善的诠释,关注儒家对道德修养的重视,提出儒家德性伦理对基督教道德生活的启示,提供了儒家——基督教对"大地母亲关怀"(care for mother earth)的理解。[1]

在16—18世纪,欧洲人对中国的印象"最典型的传送方式就是透过在东方的教士之书信,寄托回在欧洲的教士。这些书信结集出版后,成为十八世纪欧洲士人间大量流通的读物。书志编纂学者对这些书信集散布的状况加以研究(研究的项目包括:购书系何人?收藏这些书信集的是哪家图书馆?哪位书商?),结果显示散布之广相当可观——从波兰到西班牙都有所发现。……有关中国的知识已成为文化界的常识……十八世纪任何一名受教育的士人对中国文化的认识,会远胜于今日一名受过一般教育的知识分子。……透过两大学说之间的争论尤为突出。一派学说是基督教主张的启示说;一派是主张十八世纪所谓的'自然道德律'或'理性'说,此说可溯其源至古典希腊罗马哲学。这个争论是西方本土固有的,但这个本土争论却为吸收中国思想预先铺好路途。儒家思想家象征纯粹哲学,不掺杂一丝神启痕迹,正是人类反观自省的探索而得的成果,西方很自然地以儒者为哲学家的模范。……直到十八世纪中叶,一般都认为中国远胜于欧

---

[1] Edmund Kee-Fook Chia, ed., *Confucianism and Christianity: Interreligious Dialogue on the Theology of Mission* (Abingdon: Routledge, 2021), 1.

洲，不论在科技或在经济上皆然。或许实情亦复如此"①。

17—18世纪在西方逐渐兴盛的汉学无疑对不少西方大哲学家与大思想家有着相当的影响。德国大哲莱布尼茨（Gottfried Wilhelm Leibniz，1646—1716）对中国相当推崇，在其《致德雷蒙先生的信——论中国哲学》中指出："中国是一个大国，它在版图上不次于文明的欧洲，并且在人数上和国家的治理上远胜于文明的欧洲。在中国，在某种意义上，有一个极其令人赞佩的道德，再加上有一个哲学学说，或者有一个自然神论，因其古老而受到尊敬。这种哲学学说或自然神论是约三千年以前建立的，并且富有权威，远在希腊人的哲学建立之前，地球上的其余地方还没有什么著作，当然《圣经》除外。因此，我们这些后来者，刚刚脱离野蛮状态就想谴责一种古老的学说，理由只是因为这种学说似乎首先和我们普通的经院哲学概念不相符合，这真是狂妄至极！再说，除非用一场巨大的革命，人们似乎也摧毁不了这种学说。因此，如果能够给它以一种正确的意义，那将是非常合理的。"②他还说道："我认为这是命运的一次奇妙安排，今天人类的发展和完善应该集中在我们亚欧大陆的两端，即欧洲与中国……也许是上天的安排，使最文明和最遥远的两种人民各向对方伸出了自己的手。这两者之间的人们可能逐渐被引向一个更美好的生活方式。"显然，莱布尼茨将中国与欧洲视为具有同等的文明程度。"16世纪至18世纪中叶，莱布尼茨成了崇华派的最重要代表。在这段时期内，对于宗教、伦理、艺术以及科技等方面，中国在欧洲知识界扮演了中心的角色。"③法国耶稣会士白晋（Joachim Bouvet，1656—1730）向莱布尼茨介绍了《周易》和八卦的系统，在莱布尼茨眼中，阴与阳基本上就是他的二进位的中国翻版。④另一位德国大哲沃尔夫（Christian Wolff，1679—1754）也指出，早在17世纪前的几百年间，西方世界就赞颂着"中国哲学"，此外他还探讨了如何研究中国哲学的问题。

---

① ［美］莱特斯：《哲学家统治者——早期西方对儒家学者的印象》，张允熠、陶武、张弛编著：《中国：欧洲的样板——启蒙时期儒学西传欧洲》，黄山书社2010年版，第289—296页。

②Gottfried Wilhelm Leibniz, *Writings on China*, ed. Daniel J. Cook and Henry Rosemont Jr. (Chicago: Open Court, 1994), 78.

③Chunjie Zhang, "From Sinophilia to Sinophobia: China, History, and Recognition," *Colloquia Germanica*, no. 2 (2008): 97–98.

④杜筑生：《儒学与中华人文精神——欧洲儒学研究之现况》，《国际儒学研究》（第十七辑）。

对"法兰西思想之父"伏尔泰而言，中国是改造欧洲的一个积极参考系。伏尔泰很推崇中国儒家思想，并将中国的政治体制看作最完美的政治体制，因为中国的文官制度能让下层阶级人民得以晋升为统治阶层。[1]他曾评价道："那个圣人是孔夫子，他自视清高，是人类的立法者，决不会欺骗人类。没有任何立法者比孔夫子曾对世界宣布了更有用的真理。"[2]在伏尔泰看来，"中国人是最有理性的"，而中国人的"理"可称为"自然之光"。为了推广"中国精神"，伏尔泰根据元杂剧《赵氏孤儿》，写出了剧本《中国孤儿》。

法国大哲狄德罗（Denis Diderot，1713—1784）指出："中华民族，其历史的悠久、文化、艺术、智慧、政治、哲学的趣味，无不在所有民族之上。"[3]他还特为《百科全书》撰写了"中国哲学"（Philosophie des Chinois）一节，不仅强调"中国哲学"的概念，还简述了中国哲学史。另外一位法国大哲霍尔巴赫（Paul Henri Thiry d'Holbach，1723—1789）认为："中国可算世界上所知唯一将政治的根本法与道德相结合的国家。而此历史悠久的帝国，无异乎告诉支配者的人们，使知国家的繁荣须依靠道德……欧洲政府非学中国不可。"[4]事实上，当时所有翻译工作都是由耶稣会会士用法文所做的，英国皇家学院也都是透过法国而认识中国的。

康德对中国哲学以及儒家思想基本持否定态度，他虽曾提及"人们也崇敬孔夫子这个中国的苏格拉底"[5]，但有学者认为，他本来就对苏格拉底并无推崇之意，在这里其实是一种负面评价。[6]康德曾批判说："孔子在他的著述中只为王孙讲授道德学说的内容……并且提供了许多先前中国王孙的例子……但是美德和道德的概念从未进入中国人的头脑中。……他们的道德和哲学只不过是一些每个人自己也知道的、令人不快的日常规则的混合物……整个儒家道德是由一些与伦理相关的格言、谚语组成的，这

---

[1] 参见何兆武、柳卸林主编：《中国印象》，广西师范大学出版社2001年版。
[2] 转引自杜筑生：《儒学与中华人文精神——欧洲儒学研究之现况》，《国际儒学研究》（第十七辑）。
[3] 转引自朱谦之：《中国哲学对于欧洲的影响》，福建人民出版社1985年版，第301页。
[4] 转引自朱谦之：《中国哲学对于欧洲的影响》，第274—275页。
[5] 李秋零主编：《康德著作全集·逻辑学、自然地理学、教育学》（第9卷），中国人民大学出版社2010年版，第381页。
[6] 参见赵敦华：《论作为"中国之敌"的康德》，《中国人民大学学报》2010年第6期。

些谚语、格言是令人难以忍受的，因为任何人都可以一口气把它们背诵出来。"①康德对道家也提出嘲讽："宁可耽于幻想，而不是像一个感官世界的理智居民理所应当的那样，把自己限制在这个感官世界的界限之内。因此，就出现老子关于至善的体系的那种怪诞。至善据说就在于无……中国的哲学家们在暗室里闭着眼睛，努力思考和感受他们的这种无。因此，就出现了（西藏人和其他东方民族的）泛神论，以及后世从泛神论的形而上学升华中产生的斯宾诺莎主义。"②此外，他还对中国的文化和民族性表示了某种厌恶。黑格尔读过传教士翻译的朱熹的《资治通鉴纲目》，但对儒家持蔑视态度，他曾说："为了保持孔子的名声，假使他的书从来不曾有过翻译，那倒是更好的事。"③他在《历史哲学》中一方面对中国文化怀疑和批判，另一方面也表现了对中国的推崇，甚至将其誉为"欧洲的样板"，并主张"历史必须从中华帝国说起，因为根据史书的记载，中国实在是最古老的国家"④。

被誉为"近代哲学之父"的笛卡尔（René Descartes，1596—1650）是否可能受到中国哲学的影响？也许这是一个难以回答的问题。为此，笔者做了以下一些考证。⑤1888年，美国传教士丁韪良（William Alexander Parsons Martin，1827—1916）在《笛卡尔之前的笛卡尔哲学》（*The Cartesian Philosophy before Descartes*，2009，中文书名为笔者译）中声称，我们不打算谈论笛卡尔哲学在传教士教学中所起的作用，而是笛卡尔之前的笛卡尔主义，换言之，"要探讨在中国思想家的著作中，在多大程度上可以追溯到类似于法国著名哲学家的体系纲要"⑥。丁韪良继续指出，有没有可能是耶稣会传教士翻译的一些中国哲学的片段落入了拉弗莱什教会学校的学生笛卡尔手中？倘若能证明这是事实，我们就必须承认，在法国

---

①中国人民大学国际中国哲学与比较哲学研究中心译：《康德与中国哲学智慧》，中国人民大学出版社2009年版，第58—59页。
②李秋零主编：《康德著作全集·1781年之后的论文》（第8卷），中国人民大学出版社2010年版，第339页。
③［德］黑格尔：《哲学史讲演录》（第一卷），贺麟、王太庆译，商务印书馆1959版，第119—120页。
④［德］黑格尔：《历史哲学》，王造时译，上海书店出版社1999年版，第122—123页。
⑤参见John Zijiang Ding, "The Spread and Impact of Cartesian Philosophy in China: Historical and Comparative Perspectives," *Asian Philosophy* 28, no. 2 (2018): 117–134.
⑥William Alexander and Parsons Martin, *The Cartesian Philosophy before Descartes* (Peking: Pei-Tang Press, 1888; repr., Berlin: Nabu Press, 2012), 1.

兴起并席卷整个欧洲的哲学运动，最初是从11世纪的中国思想家那里获得的动力。当然，在这一点得到证明之前，我们仍必须承认笛卡尔有独创性的荣誉。"但倘若我们知道中国人有思想家，他们的思想并非不配与'现代哲学之父'相提并论，这可能会提高我们对中国人的尊重。"①

儒家思想究竟对笛卡尔有无直接影响？我们可从当时法国的文化氛围联想一下。据基弗（James E. Kiefer）说，耶稣会传教士在16世纪80年代就开始在中国传教了，他们改变了中国人认为中华文化是所有文化中最好的认知，并且使中国人相信外国人在商品和思想上能给他们提供帮助。耶稣教会会派一些最优秀的科学家到中国，如利玛窦等天文学家到中国宫廷，他们的造钟技术和科学技术知识为他们赢得了尊重。在传教工作中，他们采取了所谓的"通融主义方法"。他们穿得像中国官员，他们在礼拜仪式上用汉语而不是拉丁语。他们保留了中文术语，用"天"一词来指代上帝。他们尊崇孔子为圣人，在伦理问题上孔子是一位值得尊敬的老师。耶稣会士将许多西方著作翻译成中文，并将儒家著作等中国知识传到欧洲。利玛窦在《基督教远征中国史》（*De Christiana Expeditionone apud Sinas suscepta ab Societate Jesu*，1615）一书中介绍了孔子的思想，如"四书"的某些译本。该书概述了明末中国的地理、政治、文化等，描述了基督教传入中国的历史。这本书阐述了利玛窦在中国土地上传播基督教的方法：即前面提及的"通融主义"的政策，其前提是基督教和儒家思想二者必须兼容。②利玛窦的著述深受欢迎，从他在欧洲出版的第一本主要著作中，可以看出作者不仅精通汉语，熟悉中国文化，而且游历了中国大部分地区。在第一次出版后的几十年里，这本书至少翻译成16种欧洲语言并出版。利玛窦贬损佛教和道教为"偶像崇拜的不自然和丑陋的虚构"③，同时他主张孔子的教导是道德的，而不是宗教性质的，与基督教完全兼容，甚至是互补的。④

比利时耶稣会士柏应理（Philippe Couplet，1623—1693）和意大利耶稣会士殷铎泽（Prospero Intorcetta，1625—1696）于1687年在巴黎出

---

①Martin, *The Cartesian Philosophy before Descartes*, 16.
②David E. Mungello, *Curious Land: Jesuit Accommodation and the Origins of Sinology* (Honolulu: University of Hawaii Press, 1989), 46–48.
③Louis J. Gallagher, S.J., trans., *China in the Sixteenth Century: The Journals of Matthew Ricci: 1583–1610* (New York: Random House, 1953), 105.
④Gallagher, *China in the Sixteenth Century: The Journals of Matthew Ricci: 1583–1610*, 93–98.

版了《中国哲学家孔子》(*Confucius, the Philosopher of the Chinese*,法文 *Confucus Sinarum Philosophus*)。这本书包含了"四书"中《大学》《中庸》《论语》的拉丁文注释译本和一本孔子传记。这类著作对这一时期的欧洲思想家,特别是那些对将孔子的道德体系融入基督教感兴趣的人有着重要影响。[①]自17世纪中叶以来,欧洲出现了耶稣会士研究八卦和阴阳原理的详细记载,很快引起了莱布尼茨等欧洲哲学家的极大关注。中国的科学技术也被耶稣会士传去了西方。法国耶稣会士钱德明(Jean-Joseph Marie Amiot,1718—1793)编写了一本满语词典(*Dictionnaire tatare-mantchou-françois*,1789),这是一本很有价值的著作,因为满语以前在欧洲是不为人所知的。他还撰写了十五卷本的《有关中国历史、科学和艺术的条约》(*Mémoires concernant l'histoire, les sciences, les arts, les moeurs et les usages des Chinois*),于1776—1791年在巴黎出版。其中《孔子传》是该书的第十二卷,这本书比西方此前所有关于孔子的传记都更完整、更准确。18世纪初,耶稣会的制图师走遍中国进行天文观测,以确定各个地点的经纬度(相对于北京),并绘制地图。这些成果在杜赫德(Jean Baptiste du Halde,1674—1743)四卷本的《中华帝国全志》(*Description géographique, historique, chronologique, politique et physique de l'empire de la Chine et de la Tartarie chinoise*,1735)一书以及法国地理学家唐维尔(Jean Baptiste Bourguignon d'Anville,1697—1782)所编绘的《中国地图集》中得以展现。

有趣的是,在《笛卡尔数学思想》(*Descartes's Mathematical Thought*,2023,中文书名为笔者译)一书的第一章中,佐佐木力(Chikara Sasaki)把注意力集中在"笛卡尔和耶稣会数学教育"上。他认为笛卡尔在拉弗莱什的教会学校接受教育,在这所学校里,他可以听到有关耶稣会士在中国传教事迹的有趣的故事。这本书有一个很重要的章节是关于利玛窦的,他是第一位将欧几里得的《元素》翻译成中文的人。[②]佐佐木力还告诉我们,在耶稣会开始重视数学教育,并迅速增加专职数学教师的时期,笛卡尔还可以接受高等数学教育。他正站在耶稣会传教士研究浪潮的最前沿,这些研究将增强法国精英的灵性,笛卡尔在一个令人惊叹的时刻进入了"世界戏剧舞台"。笛卡尔对数学很感兴趣,"无论如何,在法国一个小镇的耶稣会学院,笛卡尔得到了一个背景,他后来试图通

---

① John M. Hobson, *The Eastern Origins of Western Civilization* (Cambridge: Cambridge University Press, 2004), 194–195.
② Chikara Sasaki, *Descartes's Mathematical Thought* (Dordrecht: Springer, 2003), 37.

过提出一个全新的数学思想来克服这个背景"①。

我们也可以采用间接证据来证明笛卡尔受到了利玛窦的影响。斯威茨（Frunk. J. Swetz）和卡茨（Victor. J. Katz）揭示，利玛窦非常重视《实用算术》（*Practical Arithmetic*）一书，并将其翻译成中文。笛卡尔和莱布尼茨是这本书的忠实读者。利玛窦生于1552年，卒于1610年，而笛卡尔则生于1596年，卒于1650年。如上所述，笛卡尔在拉弗莱什的耶稣会学院接受教育，利玛窦在那里被视为伟大的榜样之一。由此，我们可以做出一个合理的推测：笛卡尔作为一位伟大的思想家和百科全书式的学者，可能读过利玛窦非常受欢迎的关于中国文化的著作，在他的一生也受到了利玛窦思想的影响。

欧洲汉学研究到了20世纪，世俗的研究者就逐渐取代了神职人员的地位。尽管不算汉学家，但罗素就是在20世纪20年代成了一位包括儒学在内的中国问题热情研究者。第一次世界大战爆发后，对罗素而言，当务之急是寻求一条和平主义的道路来化解人类的危机，而东方文明的方式也许可以有所帮助。就在这一时期，译过《论语》《道德经》和唐诗的汉学家韦利（Arthur Waley，1889—1966）将自己于1916年出版的第一本书赠送给了自己的50位朋友，其中包括罗素。②有学者曾详细地讨论了中国与罗素等人之间的联系，认为这些都是确立韦利地位的关键。③

第二节　中学西引中的"崇华派"与"恐华派"

在中西方两种文明与文化的撞击与融合中，西方逐渐形成了"崇华派"（Sinophilia）与"恐华派"（Sinophobia）两大对华阵营，④当然还有游移于这两派的中间分子，即"采用调和的方法破除由先前的人们建立起来的关于中国的传说者，他们寻求一种更为客观的审视方式"⑤。这两个

①Sasaki, *Descartes's Mathematical Thought* 44.
②Sin-Wai Chan and David E. Pollard, eds., *An Encyclopaedia of Translation: Chinese–English · English–Chinese* (Hong Kong: Chinese University Press, 2001), 421.
③Patricia Laurence, *Lily Briscoe's Chinese Eyes: Bloomsbury, Modernism, and China* (Columbia: University of South Carolina Press, 2003).
④有人将这两个术语译成"中国之友"和"中国之敌"。依笔者看，将sinophobia译成中国之敌恐怕过重，若译为"恐华派""排华派""贬华派"或"厌华派"则较为恰当，因为不喜欢中国文化的人，并不一定是"你死我活"的敌人；相应而言，sinophilia则可相应译为"崇华派""亲华派""褒华派"或"颂华派"。
⑤［意］史华罗、王红霞：《17至18世纪意大利人对中国的印象和想象》，《复旦学报（社会科学版）》2008年第3期。

术语，不仅在17—18世纪被使用，而且也是近年来在中国开始崛起后国际上常用的一种二分法（dichotomy）。"这个中国在极大程度上强迫欧洲面对另一种古老且同样重要的文明，去重新思考自己，发现价值观的相对性和世界大同的价值。另一方面，关于中国的形象是一面镜子，通过这面镜子，几种意识形态潮流鉴别了各自的理想，或根据自己的愿望，用各自的价值和观念，精心制作了一个模型。在那遥远的国度，意大利的思想家设计出了自己的梦想，发现了自己的乐土，找到了青春与清白。"①

中国成为世界第二大经济体后，一扫鸦片战争以来贫弱落后的形象，同时也将自己推向了东西方物质与精神文明撞击的风口浪尖。在当今的世界格局中，"崇华派"与"恐华派"又以新的解读被展现出来。

所谓"崇华派"和"恐华症"是基于对中国及其人民与文化的一系列思想和情感的偏见。然而，它远非是一种新的表现形式。由耶稣会士引入的中国思想文化对启蒙运动有巨大影响，当时的崇华派包括伏尔泰、魁奈（François Quesnay，1694—1774）、莱布尼茨和沃尔夫等，恐华派包括孟德斯鸠、卢梭、孔多塞和赫尔德等人。康德属于哪一阵营呢？在人们的印象中康德似乎是"崇华派"，因为他说过："孔子是中国的苏格拉底。"②然而，根据康德整体思想来看，他恐怕还是属于另一个阵营。本来，从16世纪到18世纪中叶，欧洲文化中普遍存在着"崇华症"。德国哲学家莱布尼茨的著作《中国近事》证明了这一点。该书向当年欧洲的学者和政治家介绍了中国文化、中国的治国之道和中国科学的意义，对18世纪欧洲对中国的积极正面的印象起到了决定性作用。莱布尼茨在书中断言，人类修养的高峰位于欧亚大陆的两个极端，即欧洲大陆与中国。18世纪下半叶，占主导地位的崇华派转向了恐华派。恐华派人士将中国看成停滞与专制社会的原型。其中重要转折点是德国哲学家赫尔德（Johann Gottfried Herder，1744—1803）于1784年出版了《人类历史哲学的观念》（*Ideen zur Philosophie der Geschichte der Menschheit*）一书，该书认为中国历史停滞不前，并将其贬义地界定为"缺乏生命力和变化能力的'防腐木乃伊'"（eine balsamierte Mumie），之后人们对中国的普遍态度开始发生变化。③后来，欧洲列强在亚洲的冒险、两次鸦片战争、义和团运动、第二次世界大战（日本的侵华战争

---

① [意] 史华罗、王红霞：《17至18世纪意大利人对中国的印象和想象》，《复旦学报（社会科学版）》2008年第3期。
② 参见何兆武、柳卸林主编：《中国印象》，第164页。
③ Chunjie Zhang, "From Sinophilia to Sinophobia: China, History, and Recognition."

助长了亚洲内部的反华情绪）加剧了这种态度的变化。因此，当前的恐华现象应该被解释为一个已有两个多世纪历史的现象的最新表现。

西方学者马克林（Colin Mackerras，1939—）在《崇华派与恐华派：西方对中国的看法》（*Sinophiles and Sinophobes: Western Views of China*，2000，中文书名为笔者译）一书中，列举了从元代的马可·波罗经明、清、民国一直到当代的78位西方著名人士对中国的看法，其中有著名传教士利玛窦、《中国志》的作者克罗斯（Gaspar da Cruz，1520—1570）、《大中华帝国志》的作者门多萨（Juan Gonzalez de Mendoza，1545—1618）、《中华帝国全志》的作者杜赫德、丁韪良等，还包括了弗朗斯瓦·魁奈、伏尔泰、孟德斯鸠、亚当·斯密（Adam Smith，1723—1790）、汤因比（Arnold Joseph Toynbee，1889—1975）等思想大师，此外，还有中国人所熟知的史沫特莱（Agnes Smedley，1892—1950）、斯诺（Edgar Snow，1905—1972）等。[1]

早在18世纪中叶，拿破仑曾预言："最好让中国长睡不醒，一旦它醒来时，就会摇撼世界。"1897年，美国海军战略专家兼历史学家马汉（Thayer Mahan，1840—1914）也曾预言："东亚的兴起势必向西方强权挑战"，"中华民族是一股强大的势力，是未来西方文明最大的威胁"。1900年，在《亚洲问题及其对国际政治的影响》（*The Problem of Asia: Its Effect Upon International Politics*）一书中，马汉进一步预言"中国和印度的崛起"，"作为强大势力的中国复兴，将阻碍美国控制西方以及南太平洋的能力"。为此，他主张在太平洋地区结成联盟用以抗衡中国的崛起。与此相关，1918年，德国哲学家斯宾格勒（Oswald Spengler，1880—1936）出版的《西方的没落》（*The Decline of the West*）一书则从另一个角度加强了忧患意识，为对付所谓亚洲尤其是中国的崛起出谋划策。

我们重温一下大历史学家汤因比的预言：

> 东亚有很多历史遗产，这些都可以使其成为全世界统一的地理和文化上的主轴。依我看，这些遗产有以下几个方面：第一，中华民族的经验。在过去二十一个世纪中，中国始终保持了迈向全世界的帝国，成为名副其实的地区性国家的榜样。第二，在漫长的中国历史长河中，中华民族逐步培育起来的世界精神。第三，儒教世界

---

[1]参见Colin Mackerras, *Sinophiles and Sinophobes: Western Views of China* (Oxford: Oxford University Press, 2000)。

观中存在的人道主义。第四，儒教和佛教所具有的合理主义。……在现代世界上，我亲身体验到中国人对任何职业都能胜任，并能维持高水平的家庭生活。中国人无论在国家衰落的时候，还是实际上处于混乱的时候，都能坚持继续发扬这种美德。……将来统一世界的大概不是西欧国家，也不是西欧化的国家，而是中国。并且正因为中国有担任这样的未来政治任务的征兆，所以今天中国在世界上才有令人惊叹的威望。中国的统一政府在以前的两千二百年间，除了极短的空白时期外，一直是在政治上把几亿民众统一为一个整体的。而且统一的中国，在政治上的宗主权被保护国所承认。文化的影响甚至渗透到遥远的地区，真是所谓"中华王国"。实际上，中国从公元前二二一年以来，几乎在所有时代，都成为影响半个世界的中心。最近五百年，全世界在政治以外的各个领域，都按西方的意图统一起来了。恐怕可以说正是中国肩负着不止给半个世界而且给整个世界带来政治统一与和平的命运。①

在对待东方文明，尤其是中国文明上，既出现过有坚固支点的真知灼见，也产生过毫无根据的谬言胡说，另外还有一些是理性评判与情绪挖苦相杂，客观分析与主观臆测并立，条理清晰与自相矛盾共存，爱莫能助与幸灾乐祸交织。虽有咒华、辱华、恐华、仇华之嫌，但也不失为从反面敲起的警钟。有时候，西方人的负面评价常常涉及全球的华人，而非仅仅是某一地区的华人，因为这是从文化本源说起的，而非仅仅指政治制度与意识形态。英文中的"Chinese"并无明显歧义，但一旦根据需要译成中文的"中国人"或"华人"，这就似乎有了区别。

撞击中也有融合。近年来，在国际关系领域，人们似乎开展了一场造词运动：如"Team-Earth（地球共生体）""Teamearthina（地球中国共同体）""Chindia（中印共生体）""Pax Sinica（中国霸权体）""Pax Sinichina（中国经济霸权体）"等。这些新词或多或少都与中国有关。其中"中美共生体（Chimerica）"这一新词影响最大。中美共生体这一概念由美国哈佛大学历史学家弗格森（Niall Ferguson，1964—）和经济学家舒拉瑞克（Moritz Schularick）首创，它巧妙地将英文"China"的前一部分与英文中"美国""America"的后一部分相结合组合成一个新的怪词

① ［英］汤因比、［日］池田大作：《展望21世纪——汤因比与池田大作对话录》，苟春生、朱继征、陈国梁译，国际文化出版公司1997年版，第277—279页。

"Chimerica"。这个概念力图表明，中美建立了一个跨太平洋相互影响的全球新重心，即一个共生体，其中一方是西方唯一的超级大国，另一方是发展势头锐不可当的东方新兴大经济体，是"潜在的超级大国"。这两大势力的结合，将有机会创造某种新机遇：如平衡个人利益和公共利益、即时利益和长期利益的新统治哲学；如一种既不抹杀个人爱好和能力，又有助于缓和公众贪欲的统治制度。弗格森认为，中国人的储蓄与美国人过度消费导致了令人难以置信的创造财富的时期，并引起了2008—2009年的全球金融危机。多年来，中国积累了庞大的外汇储备，并购买了大量美国政府债券，这使名义上及实际上的长期利率在美国被人为地降低。弗格森将"中美共生体"描绘为一种经济体，其占地球陆地表面13%，有四分之一的人口，约占世界生产总值的三分之一，并超过全球过去6年经济增长的一半。他指出，这个共生体即将终结，如果中国脱离美国带来全球权力的转换，美国允许中国"开拓全球影响力的其他领域，即从上海合作组织——俄罗斯也是其中一个成员——到商品丰富的非洲所拥有的非正式的新兴帝国"。弗格森还预测，当"'中美共生体'终结后，中国会在20年内超越美国"。这之后在中国的主导下，世界将维持和平，并进入中国经济霸权时代。①

2010年1月17日，美国《基督教科学箴言报》发表加德尔斯（Nathan Gardels）从斯德哥尔摩发出的评论，21世纪是过度的消费性民主与有效性政府控制之间的竞争。现在我们生活在消费者民主制度（consumer democracy）之中。在这种制度下，政客、传媒、市场反馈的所有信息，都引导社会获得即时的自我满足。这种制度缺乏长期思考、策划，缺乏持续统治的政治能力，远远无法回应中国的崛起。没有被统治者的同意，统治制度不能够维持下去。但正如从孔夫子、柏拉图到美国"宪法之父"麦迪逊，每一个政治智者都明白，当公众的贪念否定了统治，结果则是两败俱伤。近年来，各种突发或长期积压而爆发的一系列核心焦点问题层出不穷，使世界格局发生翻天覆地的变化，故原先的很多学术理论研究，包括对西方儒学的研究，必然会带来相应的危机与挑战。先前的"崇华派"与"恐华派"也会随之产生新的分化改组，从而须加以新的界定。然而，这已经大大超出了笔者的能力、智力与精力的范围，也只能由其他学者来做更进一步的探究了。

---

① Niall Ferguson, "Team 'Chimeric,'" *Washington Post*, November 17, 2008.

第二章　儒学西传与孔学体系的三重性架构

儒学能被"西传"或"西引"的一个重要原因，应该是其本初就具备的某种"开放性"。作为人类最灿烂的思想体系之一的孔子学说具有三重性架构，即"开型""闭型"和"介型"。这三重性应视为一种解释性的理论架构或模式，即以抽象思辨的形式，通过某种纯粹"试验室"的方法，在观念中形成；只有理性、批判、分析和实践的态度，才能使之产生功用。对此三种架构的剖析，或许可使孔子博大精深的思想便于理解。像任何一种思想体系一样，孔子思想也是多面体，其自身充满着内在的冲突、碰撞和消融。学者韦政通指出，孔子本身具有丰富的多面性，这多面性又结合为一个整体，任何方式的了解，都只能接触某一面或几面，终难窥其全貌。2000多年来，孔子在不同的历史阶段里，早已形成种种"变貌"，顺着任何变貌去了解，与原始的形象终不免有些距离。①不少学者意识到了孔学体系的开型架构，并用之为社会和文化发展做出了引领。孔学体系的闭型架构是显性外在的，而其开型架构则是隐性潜在的。因为人们容易看到其惰性、凝固性和保守性，而看不到其动态性、进取性和革命性。对此，我们可考察一下以孔子思想为核心的中国文化对西方启蒙运动、革命运动、民主运动的某些影响。孔子学说中的闭型架构表现为一种静态、守恒、消极、内抑、自调和排他，而其开型架构则表现为一种动态、转换、积极、外张、他调和容异。闭型架构是一种自给自足、自我协调、不靠外力、不受外因影响的架构；而开型架构则随着外界的环境、条件变化而变化，可由原有的旧观念群、话语系统或思想结构转为新的观念群、话语系统或思想结构。介型架构其实是一种"非闭非开"、居于边缘状态的中间架构，它表现为中介、过渡、协调、互导、边际和整合。孔子学说中的大量话语应属"介型"架构。此三种架构的划分仅是研究者使孔子整体学说便于认知的方法。本章不拟对此三种架构作价值上的判断，只试图做某种功能性的分析，即并不简单地作是与非、对与错的判断，而只对其对社会发展及文化重建是否起积极作用做分析。本章不对"介型"加以讨论，也不对"闭型"作过多的评述，而仅侧重对"开型"的分析。

---

① 参见韦政通：《中国思想史》（上册），（台湾）大林出版社1979年版，第44页。

第一节　孔学体系的"闭型"与"介型"架构

在历史上，人们根据社会或自己政治、经济、文化、伦理的种种需求，解释、应用和发展孔学体系。由于思维局限，多数人强调了其"闭型"架构。这种"闭型"架构为维护汉文化的统一、民族性的凝聚和社会的稳定发生了应有效应，同时，也为维护正统的意识形态和长期大一统的帝王社会体制起到了决定性作用。若把这种"闭型"架构加以绝对化、夸大化和主观随意化，就会产生摧残人性、扼杀创造性、阻碍社会文化发展的消极作用。这种"闭型"架构是中国社会的特定产物，它又反过来深刻地影响着中国社会。孔学中"闭型"架构用凝固、僵滞、内抑、拒斥和自封的构想来看待和解释世界及社会生活。我们可举出孔学7种"闭型"架构：1. 守故——闭型的历史观架构。孔子持复古主义的历史观，自称"述而不作，信而好古"（《论语·述而》），"吾学周礼，今用之，吾从周"（《中庸》）。故其历史使命即"兴灭国，继绝世，举逸民"（《论语·尧曰》），"继绝世，举废国，治乱持危"（《中庸》）。晋国铸刑鼎，孔子愤愤不平地认为，"克己复礼为仁"，即仁是克制自欲而服从周礼。这种历史观是厚古薄今、后顾而不前瞻、重复而非创造的循环历史观。2. 守命——闭型的天命观架构。孔子曰："君子有三畏：畏天命，畏大人，畏圣人之言。小人不知天命而不畏也，狎大人，侮圣人之言。"（《论语·季氏》），其信奉一种无位格、无质感、无形体的终极神秘存在——"天"及其意志力量的表现——"天命"。天和天命作为究因、终宰和律则，而决定、掌管和制约自然与人世间的一切。天与凡人之间需要一种沟通的中介，这就是像孔子那样的圣人，即天意的人格化代表，乃天意所赋真善美人性的完成品，或是天意在人类社会发挥有形作用的物质载体。天把道德力量降赐予圣人，而使之干预社会政治。人不能逆天或违天命而行事，而天命作为最终仲裁者会奖惩人类，决断其生死存亡。天与圣人间互知互通，天知如何选择其代理人，圣人也知天意的所向，而凡夫俗子则不可知天命。3. 守范——闭型的行为观架构。孔子认为，对社会行为或活动方式进行规范至关重要。行为规范的原则教条化就是礼，所谓"非礼勿动"，并以孝悌节和父权、夫权为准则而形成家庭之规，以君子五德为准则而形成个人之规，以忠为准则而形成国政之规，以信义为准则而形成社交之规，以及由此四种基本规范而延伸的族规、行规、学规、婚规等构成了一整套社会行为架构。4. 守简——封闭型的经济观架构。孔子重政治和伦理，而轻科技、生产和经济活动。社会分工的主次顺序依次是士农工商，即使谈及生产，也仅为简单再生产，或仅可维持政治社会运转的简单经济活动。例如孔子对樊迟学稼的批评。孔子也重视百姓的富庶，当然更重视伦理的教化。如《论语·子路》篇中谈到，卫国人口众多，应使百姓先富裕，再进一步治理，就要用伦理道德来教化他们。5. 守虚——封闭型的价值观架构。孔子只谈伦理价值，如善恶、对错、美丑等等，而不谈或不多谈物质效益、经济效益或其他方面的功利与实质性的效益。他注重精神层面"虚"的价值架构，而忽略了物质层面"实"的价值架构。6. 守内——封闭型的修养观架构。孔子制定了一整套把常人转变为君子甚至圣人的方法和标准，开拓了儒家修身养性、净内正心的途径。其最高修养方式是内求而非外获、内省而非外仿。7. 守静——封闭型的处世观架构。孔子鼓吹"君子矜而不争，群而不党"（《论语·卫灵公》）、"不在其位，不谋其政"（《论语·泰伯》）。有时，他也强调道家"无为而治"（《论语·卫灵公》）。由孔学体系中闭型架构带来的某些保守性，其责任并不在孔子本身。

第二节　孔学体系的"开型"架构

司马迁曾赞誉："《诗》有之：'高山仰止，景行行止。'虽不能至，然心乡往之。余读孔氏书，想见其为人。适鲁，观仲尼庙堂车服礼器，诸生以时习礼其家，余祗回留之不能去云。天下君王至于贤人众矣，当时则荣，没则已焉。孔子布衣，传十余世，学者宗之。自天子王侯，中国言《六艺》者，折中于夫子，可谓至圣矣！"（《史记·孔子世家第十七》）章太炎声称："自孔子布文籍，又自赞《周易》，吐《论语》以寄深湛之思，于是大师接踵，宏儒郁兴。"[1]熊十力评析到，汉代儒者的忠君思想、三纲五常、天人感应、阴阳五行等，背离了孔子六经的本来面目和晚周儒者的活的精神，"二千余年学术，名为宗孔，而实沿秦汉术数之陋，中帝者专制之毒"。"自汉代以迄于清世，天下学术，号为一出于儒，而实则上下相习，皆以尊孔之名而行诬孔之实。"[2]据唐君毅的观点："我们现在要讲孔子之人格与思想，仍只好将孔子与其他人类崇敬之人格与思想，相对照比较地讲。由对照，以将孔子之人格与思想，似平凡之伟大凸显出来。"[3]顾颉刚指出："春秋的孔子是君子，战国的孔子是

---

①章太炎：《章太炎全集》（第4册），上海人民出版社1985年版，第197页。
②熊十力：《熊十力集》，黄克剑、王欣、万承厚编，群言出版社1993年版，第238页。
③唐君毅：《人文精神之重建》，广西师范大学出版社2005年版，第158页。

圣人，西汉时代的孔子是教主，东汉后的孔子又成了圣人，到现在又快要成君子了。孔子成为君子并不是薄待他，这是他的真相，这是他自己愿意做的。"①梁启超在《清代学术概论》中谈到他本人与儒家思想的关系时说道："其保守性与进取性常交战于胸中，随感情而发，所执往往前后相矛盾。尝自言曰：'不惜以今日之我，难昔日之我。'"②就像柏拉图被以圣奥古斯丁为代表的教父学所利用而演变成新柏拉图主义，亚里士多德被以托马斯·阿奎那为代表的教父学所利用而演变成新亚里士多德主义一样，孔子的学说，也被后来的统治者以及儒家学者加以重新解释甚至曲解和滥用。正如黄仁宇指出的："当一个人口众多的国家，个人行动全凭儒家简单粗浅而又无法固定的原则所限制，而法律又缺乏创造性，则其社会发展的程度，必然受到限制。即便是宗旨善良，也不能补助技术之不及。"③

对孔学体系进一步分析会发现，其宇宙观、社会观、政治观、人生观、知识观都充满着变化和发展的思想。孔子及其弟子们整理、解释和丰富了"六经"等古文化典籍，其中《易经》最为深刻地影响了中华哲思，并成为其主要特征。《易经》强调运动、变化、发展、联系和交感。孔子极推崇此书，宣称："五十以学《易》，可以无大过矣。"（《论语·述而》）在其学说中，《易经》像一条主宰其生命原力的动脉，并使其成为一种开放型的理论系统。胡适指出，孔子十分强调"易"，强调变化发展。④甚至有人认为，"易"之文言系辞等乃孔子亲作。冯友兰比较了《论语》与《易经》二者的思想，认为其宇宙观与人生观二者是矛盾的，故孔子不可能亲作《易经》，但冯友兰认为孔子删正并推荐《易经》可以定论。⑤张岱年把"大化论"作为中国古代哲思特点之一，认为中国哲学有一个根本一致的倾向，即认为"变"是宇宙中的一个根本事实。一切事物无不在变易之中，宇宙是一条变易不息的大流。他指出，孔子是这一观点的一名开先河者。⑥孔学以及由其发源的整个儒家思潮，本身就是一个批判发展的开放架构。孔子并非诸子百家的否定者，相反却是整个子

---

①顾颉刚：《顾颉刚古史论文集》（第4卷），中华书局2011年版，第12页。
②转引自耿云志、崔志海：《梁启超》，广东人民出版社1994年版，第397页。
③［美］黄仁宇：《万历十五年》（增订本），中华书局2007年版，第225页。
④参见胡适：《中国哲学史大纲》（卷上），东方出版社2012年版，第79—80页。
⑤参见冯友兰：《三松堂学术文集》，北京大学出版社1984年版，第112页。
⑥参见张岱年：《张岱年全集》（第2卷），河北人民出版社1996年版，第125页。

学思潮的先驱者。其世界观、知识观和方法观都极大地促发了先秦文化百花争艳的奇景。海峡两岸不少学者谈到儒家思想的开放性,在《二十一世纪的儒学》中,杜维明探讨了儒家的普适性以及与现代世界对接的方式,并说:"儒家相当宽容,开放而多元,它也非常注重对话。"①成中英指出:"孔子哲学自成一整体与开放的体系。孔子以后,儒学思想和发展莫不以孔学为理论起点,为发展核心,为印证标准。"②张立文认为:"儒家学说在历史发展长河中,能以开放精神,不断吸收、融会阴阳、道、墨、名、法以及道教等本土文化,而且大胆地吸收、融合外来的印度佛教文化,即儒学学说在源源不断地新血液灌溉中或新陈代谢中,转换自己的具体理论形态。"③有学者判定"儒文化以其开放的文化情怀在源远流长的中国文化发展历程中独具魅力。正是由于儒文化的开放性,以及由此衍生出的它的包容性特点,才使得当今中国文化的各个层面都可以在儒文化中找到它的文化渊源"④。孔学体系的开放性表现在:1.从神权观到王权观;2.从神本观到人本观;3.从血统观到尚贤观;4.从崇仪观到崇礼观;⑤5.从贵族观到平民观;6.从官学观到私学观;⑥7.从遁世观到入世观;8.从形式观到现实观。⑦这些发展是当时剧烈的历史演化、社会转型和政治变革在观念上的反映。

孔子变化发展的开型思想,首先表现在对自然界的看法。道家曾批评

---

① [美]杜维明:《儒学宽容开放而多元 最终会在中国开花结果》,《瞭望东方周刊》2013年10月10日。

② [美]成中英:《孔子哲学中的创造性原理——论生即理与仁即生》,《孔子研究》1990年第3期。

③张立文:《儒家文化的开放性》,《儒学国际》2009年4月10日。

④娄立志:《试论儒文化的开放性——兼论孔子的终身教育思想》,《教育理论与实践》2003年第6期。

⑤匡亚明指出,孔子以强调"礼"代之以强调"仪"是一个进步。参见匡亚明:《孔子评传》,南京大学出版社1990年版,第34—35页。

⑥侯外庐等认为孔子在春秋末期,在"学在官府"到"学术下于私人"的历史变化中,开展了对春秋文化形式化的批判活动。就思想史的意义来看,孔子无疑是从"官学"的桎梏中解放出来的空前伟大的先进者。就思想财产的收获来看,他的批判活动的确也在一定程度上增加了学术的新内容。参见侯外庐、赵纪彬、杜国庠:《中国思想通史》(第1卷),人民出版社1957年版,第141页。

⑦侯外庐等提出孔子批判了儒者的形式化文化,以现实问题的提出与解决为主要任务,这就使他在讲解诗、书、礼、乐上渗入了系统的道德观点,而不仅局限于西周古义。参见侯外庐、赵纪彬、杜国庠:《中国思想通史》(第1卷),134—137页。

以孔子为代表的先秦儒家对道德境界和天地境界的分别不算清楚，故老子和庄子认为自己属天地境界，孟子不过是属道德境界。冯友兰认为这一批评未免过甚，孔子等亦提及天地境界，不过其所用得到天地境界的方法，是由于集义和实行道德行为来的。①孔子指出，至诚的圣人应知道天地的变化和万物的长育，所谓"知天地之化育"（《中庸》）。万物化生，神妙而不可测；宇宙天地是广博、深厚、高大、光明、长远和无穷的，"今夫天，斯昭昭之多；及其无穷也，日月星辰系焉，万物覆焉。今夫地，一撮土之多；及其广大，载华岳而不重，振河海而不泄，万物载焉"（《中庸》）。即天体无边无际，大地广远深厚，世界万物在乾坤间化生长育。孔子把自然、社会、事物和人生都看作是一股永不止息的大流，"逝者如斯夫，不舍昼夜"（《论语·子罕》）。

其次表现为对社会政治的看法。孔子意识到社会秩序、政治法度、黎民生存状况等都处于不断变化之中。《大学》第二章上引用了商汤浴盆上的铭刻："苟日新，日日新，又日新。"《书经·康诰》上的"作新民"以及《诗经》名言"周虽旧邦，其命维新"，这里所讲的"新"字，就意味着变化和发展。孔子看到了朝代更替时所带来的法度变化，强调"惟命不于常"（《大学》），"维天之命，於穆不已"（《中庸》），"臣弑其君，子弑其父，非一朝一夕之故，其所由来者渐矣"（《易经·坤》）。在他看来，"殷因于夏礼，所损益可知也，周因于殷礼，所损益可知也。其或继周者，虽百世可知也"（《论语·为政》）。"齐一变，至于鲁，鲁一变，至于道。"（《论语·雍也》）孔子试图以自己的政治理念、理则和理想来改变世风现制，叹道："天下有道，丘不与易也。"（《论语·微子》）意思是说，倘若世间真正得以大治，我也就没有必要亲身去变革现状了。他看到，一些在现今生存而又硬返古之老路的人终必大难临头，所谓"生乎今之世，反古之道。如此者，灾及其身者也"（《中庸》）。孔子并不笼统地谈复古，夏商之制因社会条件的变迁而不能实现，只有周礼最实际而可以运用，因此，他不同意那种忽略具体社会条件的盲目复古。韦政通认为，在孔子看来，后人对前人的文化，为了适应新的文化和需要，必然有损有益，有因有革。因是继承，革是创变。一个传统的更新，在理论思想方面予以新的解释，固属必要，更重要的是要有符合新思想的新人才。有了这样的人才，才有能力消化传统、运

① 冯友兰：《三松堂学术论文集》，北京大学出版社1984年版，第574—579页。

用传统，并使旧传统经由"内化"之后，又成为新思想的一部分。孔子的教学及其整个目标都是在训练这种"君子"人才。①孔子还提出了不少与社会政治发展变化相关的思想，如"改之为贵……从而不改，吾末如之何也已矣！"（《论语·子罕》）"修废官"（《论语·尧曰》）、"故君子以人治人，改而止"（《中庸》）以及"不动而变，无为而成"（《中庸》）。孔子所谓的"守故"思想与求变的思想并非真正矛盾。从其主观上看，孔子是"借古变今"或"托古改制"，就像西方文艺复兴那样，新兴势力借复古希腊文化之兴，来否定中世纪的黑暗现实。"旧形新神"，即借古权威来改良现政制。例如孔子说过："先进于礼乐，野人也；后进于礼乐，君子也。如用之，则吾从先进。"（《论语·先进》）对此话常有不同的理解，但据《论语正义》之解，孔子反对当时承世袭爵禄先服官而后习礼的制度，主张以无爵禄的平民先习礼而后服官的古代选举方式。②

再次是表现在对人生事理的看法上。虽然孔子常把圣贤的德行与天地的运转演化混为一谈，如"小德川流，大德敦化，此天地所以为大也"（《中庸》）。然而他借后者来证实前者所谓至诚无息还是很有意义的。《中庸》提道："故至诚无息。不息则久，久则征，征则悠远。悠远则博厚，博厚则高明。博厚，所以载物也；高明，所以覆物也；悠久，所以成物也。博厚配地，高明配天，悠久无疆。如此者，不见而章，不动而变，无为而成。"就是说，最有德之人，其诚意是持久不断、长远无穷、无时空局限，最后达到自然变化入神的境界。它从某一层面揭示了人心、人性、人德、人智、人行以及人类精神活动不断变化发展的规律。《中庸》还谈及："诚则形，形则著，著则明，明则动，动则变，变则化，唯天下至诚为能化。"这段话与庄子的泛道德化思想不谋而合，显然受到了《易经》的重大影响。孔子具备一种积极入世、变革现实的态度。例如"虽覆一篑，进，吾往也"（《论语·子罕》）。有时他也相信后辈可以超过前人的某种进化看法，他说过"后生可畏，焉知来者之不如今也"（《论语·子罕》）。改错从新，也是孔子积极的人生态度。他断言："过而不改，是谓过矣。"（《论语·卫灵公》）"过则勿惮改。"（《论语·子罕》）此外，他还提及一些做人随境追时而变的道理，如"齐必变食，居必迁坐"（《论语·乡党》）、"迅雷，风烈必变"（《论语·乡

①参见韦政通：《中国思想史》，上海书店出版社2003年版，第50页。
②清代刘宝楠所作的《论语正义》综辑众说，被公认为考证最详。

党》），等等。

在中华发展史上，孔学体系的开放性有着某种显著的作用。中华文化的重要特征之一就是包容性与同化性。其一表现在三教九流思想的相互渗透和影响，人们很难发现纯粹的道家、佛家或儒家。在各个宗教内部，也存在形形色色的派别。如中国佛教中就出现了天台宗、法相宗、华严宗、律宗、禅宗、净土宗等，其中又包含许多支派。中国道家也分了不少派别，如丹鼎派、符箓派等。这与欧洲中世纪完全不同。欧洲中世纪的天主教统治一切，排斥异教，甚至排斥本教中的异端。连绵的宗教战争及宗教迫害，加剧着社会的对抗与危机。其二表现在对外来文化的接受和宽容上。如西域文化、印度佛教文化等都对中华文化有着巨大影响；就连基督教文化也允许其生存，只不过在唐代，景教由于各种原因而未能得以发展。在人类史上，罕有哪一个国度对外来文化像古文明中国那样宽容，这恐怕就与占主导地位的孔学思想有关，尽管汉代董仲舒鼓吹"罢黜百家，独尊儒术"，也没有摧毁这种宽容性。

第三节　孔学体系的八大"开型"架构

对于孔学中的八个可能的开型架构有以下分析和考察：

（一）"求谐"——开放型的关系观架构。孔子最根本的追求是"仁"，而"仁"是开放性的、动态性的、发展性的，"有能一日用其力于仁矣乎？我未见力不足者"（《论语·里仁》）。熊十力提道："人类发育日盛，亦足证明人生本有仁心，为其相互结合之根，故能创造一切，蕃殖其类也。"[1]方东美宣称："就忠恕体仁而言，则崇信人性原善，而高尚其情操，成己成物，博施济众，泛爱全人类——凡此一切，莫非仁也。"[2]"'仁'的运动性或过程性意味着'仁'不是一个本体性的目标，它是一个无终点的过程，无确定目的地的力……对于'仁'之不确定性或开放性，后儒并无多少觉知。"[3]从总体看，人类必须处于五种最基本的关系之中：1.人与自然界或形形色色的客观外界事物的关系，可简称为人与物的关系。人可以顺应、利用，甚或改变自然或客观外界事物，但必须保持一种均衡状态。一旦破坏了这种均衡，造成失调，就会带来如

---

[1]熊十力：《体用论》，上海书店出版社2009年版，第156页。
[2]方东美：《中国哲学精神及其发展》，中华书局2012年版，第116页。
[3]金惠敏：《孔子思想与世界和平——以主体性和他者性而论》，《哲学研究》2002年第2期。

环境污染、水害泛滥这一类的惩罚。2. 人与社会或各种社会力量的关系，可简称为人与人的关系。社会性是人的最本质属性之一。一旦破坏了社会均衡，造成失调，就会带来战争、暴力、压迫、犯罪、阶级对抗、种族歧视、宗教冲突等一系列的社会灾祸。3. 人与自身或称人与心的关系。人应当正确地认识自己，处理好自己肉体状况与精神状况的平衡，即身与心的协调。人的勇气、毅力、胆识、胸怀、睿智、情操、理想、爱憎和行为，应得以均衡地充分发展，否则，造成失调，就会带来精神分裂、意志颓靡、身心俱损的严重后果。4. 人与知识、信息，或称人与智的关系。知识是人以客观外界为对象的心智作用，是认知过程和实践活动的理性概括和总结，形成了某种心化与物化相结合而源起的理性之流。知识一代代累积、一代代更新，并以一种非心非物的中间状态而存在和发展。人与知识信息之间应有一种均衡的关系。正确地应用知识可以造福人类，错误地利用知识就会祸害人类。5. 人与本体或与超自然力的关系，可称人与神的关系。千百年来，人们总是不断地探讨世界的本源是什么，宇宙的终极动因是什么，主宰和决定自然界和人类社会的最根本力量是什么。宗教把对上述问题的回答归结为一种人格化的神或非人格化的灵异存在。无论你是否信仰宗教，你都必须正视它是最重要的社会文化现象之一。在宗教问题上造成失调，就会带来惨重的种族纠纷和信仰冲突，也会带来人对自己身心、生死、病老、祸福问题上的痛苦和不安。孔子清醒地注视着人类活动及其关系，他觉察和预测了人类本身在不断地破坏着各种社会关系的均衡，造成了严重的失调，产生了野心、贪利、滥权、欺名、暴力和对抗，从而使天下不得大治，整个社会充斥着非正义的争斗与秩序的混乱。孔子一生致力于追求一种至高无上的均衡之境。前述提及的各种基本关系他几乎都意识到了。在人与自然的均衡问题上，《中庸》指出："中也者，天下之大本也；和也者，天下之达道也。致中和，天地位焉，万物育焉。"在人与社会关系上，《论语·学而》认为："泛爱众，而亲仁。"在人与自身的均衡问题上，《中庸》指出："合外内之道也，故时措之宜也。"在人与知识的均衡问题上，《论语·子张》认为："博学而笃志，切问而近思，仁在其中矣。"在人与"神灵"的关系上，《论语·先进》指出："未能事人，焉能事鬼。""四时行焉，百物生焉，天何言哉？"孔子的"泛爱众"思想与基督教的博爱精神殊途同归。在社会发展和人类文明进步中，不同个人、家庭、组织、民族、宗教、国家之间需建立一种均衡的共存关系。孔学"求谐"架构具有极大的开放性，可加强中国与国际社会的交流、对话、互动、和平竞争以及共存合作等，最终可迈向"四海之内皆兄弟"（《论语·颜渊》）的理想境界。

（二）"求俗"——开放型的社会观架构。孔子强调："故为政在人，取人以身，修身以道，修道以仁。"（《中庸》）"故君子以人治人。"（《中庸》）"樊迟问仁，子曰：'爱人。'问知，子曰：'知人。'"（《论语·颜渊》）孔子重视人事和世俗生活，采取了积极入世的态度来对待社会和人生。"人能弘道，非道弘人。"（《论语·卫灵公》）世俗的人大都是居于君子和小人之间的普通人，君子作为道德修身的榜样乃教化平民百姓的理想人物；而此种教化是儒家最基本的治民方略。孔子对春秋的俗人加以社会批判，并以人为本建立了一整套社会政治伦理的思想体系。他信仰一种非人格化的超自然力量和动因，即天和天命。但他并不完全否认人格化鬼神的存在，尽管并不很重视它们。他认为，对天和天命的遵奉和信守不能是空泛的，必须落实到对人事的指导和行动上。在一定意义上，孔子开辟了某种非宗教、非神学、非迷信的人本传统。张岱年认为，作为中国哲学的创始者，孔子第一个提出了人生论系统。在孔子的影响下，以人性论展开的整个人生论是中国哲学的中心部分，中国的哲人们通常不重视宇宙论系统，也不将其与人生论加以区分，例如哲人们常常第一句讲宇宙、第二句讲人生。[1]在中国历史中，狂热的宗教浪潮并不汹涌，这恐怕也与孔子提倡的人本传统有关。人最终是一切政治活动、伦理行为和文化交流的物质载体，国家的基础在于受到教化的民众，能得到民众拥戴的国君才能坐稳宝座，牢掌天下。统治者应该顺应民心、洞察民意、注重民生、适用民力；应以百姓的善恶为善恶、以百姓的利害为利害。孔子强调人事第一、事在人为，相信人在天地之间，即宇宙和自然之间的地位、作用和力量。他常夸大道德的功用，但强调的是具有道德和智慧力量的人可用主观能动性改造自然、影响社会、塑造人生。孔子"求俗"的社会观架构与西方人性论和人道主义无法相提并论，其并不提倡人的天赋权力、个性解放、合法权益、自由平等和民主法制等，而把民众最终看成被统治的对象。尽管如此，这种社会观在非宗教意义上重视人的地位、作用和能动性，并在当代条件下有可能与争取民主、自由、平等、博爱、人权、法制的世界潮流相合拍。

（三）"求才"——开放型的用人观架构。孔子的用人观表现为"志于道，据于德，依于仁，游于艺"（《论语·述而》）。如何选才用人是衡量社会政治制度是否开明的标准之一，而血统世袭、神定鬼封、任人唯

---

①参见张岱年：《张岱年全集》（第2卷），第379页。

亲等都是腐朽的方式，都阻碍社会的发展和人类的进步。孔子强调正确地识别人才，即"知人"：知其德行与才智，但不能只看表面假象，而被其漂亮言辞所惑。自己不了解的人绝不可推举，以免误国。德才兼备的人一定是那些苦心向学、努力攻读圣贤经典的儒者，只有他们才有资格掌握治国平天下的方法。应善于挖掘而不是埋没和荒废人才。孔子注重合理的选拔方式，即所谓"举贤"。他认为贵族世袭制度不合理，应任人唯贤，从贵族和平民百姓中挑选德才兼备的人才。孔子提倡平等的受教机会，认为培养人才应不分其门第出身、贫富贵贱，所有人都可以入学受教。他还告诫统治者要爱护人才，对人才要尊重、宽厚、包容、体谅，不应求全责备和滥用，要给人才以优厚的物质和精神待遇，但更要以自己的德行来吸引和感召人才，使其诚心实意地服务。"人尽其才""野不遗贤"是历代统治者所标榜的一种兴盛政治局面。孔子的求才思想的确为扩大统治的阶级基础起到了巨大作用。在孔子理念引导下的中国古代科举制度以及其他举贤方式，恐怕对西方，特别是英国的文官制度也有着一定影响。历史学者何柄棣曾评价孔子的"有教无类"对中国社会、教育等方面有积极影响。[1]孔子的政治哲学主张平民政治和唯才主义，其有关选拔政治人才的积极思想，经后世学者的阐释与努力得以发扬光大，并逐步实行科举制度。这项创举可誉为人类思想和政治制度的大革命。在当今社会里，倘若把孔子的贤人政治与民主公正的选举方式相结合，其意义恐怕再积极不过了。

（四）"求行"——开放型的实践观架构。孔子强调知行统一，开拓了注重身体力行的做人方向。他强调"先行其言而后从之"（《论语·为政》），"言之不出，耻躬不逮"（《论语·里仁》），"君子欲讷于言而敏于行"（《论语·里仁》），"志于道，志者，心之所之之谓。道，则人伦日用之间所当行者是也"（《论语·述而》）。孔子"行"的含义比较狭窄，主要表现在个人修身养性以及在正确伦理原则指导下所从事的偏重政治层面的社会性行动，而并不着重经济、生产、科技及其他改造自然的重要的人类实践。孔子的求行观毕竟提供了把主观动机付诸客观行动的可能，其表现为5个方面：1.行重于言。评价和认识一个人并非听其漂亮言辞或看其堂堂外表，而要观其实际的行为、做法和活动。话语、誓言、原则和理论定出后，就应当遵循，并见之于运作和操演，否则会陷于空泛

---

[1]Ping-ti Ho, *The Ladder of Success in Imperial China: Aspects of Social Mobility, 1368–1911* (New York: Columbia University Press, 1967), 92.

而毫无意义。2. 行与言一。人的行为活动应当与其言语、理论相一致，不能说一套、做一套，言行相互矛盾而不统一。3. 行具效果。人的行为和活动不能是无目的和无结果的，它或多或少应带来某些客观和实际的物质或精神效益或成就。4. 行必为善。人的行为和活动应当有益于社会、国家、百姓、家人和亲友，而不应当作有害的不善之举。5. 行靠思导。人的行为和活动来自合理的抉择和决策，而非来自情绪化的冲动或欲望。

（五）"求知"——开放型的知识观架构。"求知"是孔学体系中最有价值的部分之一。孔子是坚定的可知论者，强调"我非生而知之者，好古，敏以求之者也"（《论语·述而》），"朝闻道，夕死可矣"（《论语·里仁》），"为之不厌，诲人不倦"（《论语·述而》），"学如不及，犹恐失之"（《论语·泰伯》）。《大学》的核心就是求知。张岱年认为中国哲学中，关于致知的方法的研讨，始于孔子。孔子对于知识方面，首要强调了求得真知的方法。[1]牟宗三的儒家"三统"说指出："一、道统之肯定，此即肯定道德宗教之价值，护住孔孟所开辟之人生宇宙之本源。二、学统之开出，此即转出'知性主体'以融纳希腊传统，开出学术之独立性。三、政统之继续，此即由认识政体之发展而肯定民主政治为必然。"[2]杜维明提及：以儒家为代表的中国文化有一个长处，它特别强调学习的重要性，"所以《论语》第一句话就是'学而时习之'。这里的'学'就是'觉'，觉悟的意思，就是要不断提高觉悟，不只是吸收知识或者是内化技能的意思"[3]。孔子是伟大的教育家，他把教育和学习看作是造就贤人、纯化世风、改善制度、建立理想社会的必由之路。尽管他的求知说仅限于政治、伦理，而非经济、生产和科技等领域，但他所提倡的认真严肃的求知态度，仍可使人们在日新月异、知识爆炸的今天，跟上时代的步伐。"求知"蕴藏着极强大的开放性功能。如果撇开孔学体系的某些局限性，而抓住其精神的真谛，并贯彻到底，就会发现，"求知"精神鼓励人们学习和掌握一切有用的、符合和促进社会发展的知识和创造性的智慧。在当今世界上，具有悠久历史的中华文化，接受着挑战、撞击，并面临着危机和磨难。世界改变着中国，中国也改变着世界。孔子的思想

---

① 参见张岱年：《张岱年全集》（第2卷），第288—290页。
② 牟宗三：《序》，《道德的理想主义》，《牟宗三先生全集》（第9册），联经出版事业股份有限公司2003年版，第9页。
③ ［美］杜维明：《儒学宽容开放而多元　最终会在中国开花结果》，《瞭望东方周刊》2013年10月10日。

体系也像其他伟大的思想体系一样，以批判和发展的动态运作，积累着自己，扩充着自己。"求知"的开放性能使人们：1.在经济上，学习生产、流通和分配三个方面的先进体制，以增强生产力、健全市场机制、完善管理制度、合理利用资源，使民众生活水平得以极大提高，使现代化、工业化、都市化得以在平衡中飞速发展；2.在政治上，学习民主法治体制，使自由、平等、博爱、人权得以发展；3.在科技上，学习一切先进的发明、发现和创造活动的成果，认识和征服更多新的尚未开发的自然领域，充分开发智力，使人类文明达到更高的境界。孔子的教育方法是开放型的。尽管主观上在其全部思想中并未强调上述知识，但其求知态度客观上对中国文化起了积极作用。汉代以后，历代相传的"五经"基本上是经过孔子及其后学不断整理、补充而流传的。如同古希腊苏格拉底，他采取一种启发式的问答法，对传统的诗书进行活教，培养学生们自觉、主动、积极地进行独立思考的研讨精神。孔子致力于将学术和教育普及化，变官学为私学，有教无类。他提倡"不愤不启，不悱不发，举一隅不以三隅反，则不复也"（《论语·述而》）。朱熹注曰："愤者，心求通而未得之意。悱者，口欲言而未能之貌。……物之有四隅者，举一可知其三。"他还引程子之说："愤悱，诚意之见于色辞者也。待其诚至而后告之；既告之，又必待其自得，乃复告尔。""不待愤悱而发，则知之不能坚固；待其愤悱而后发，则沛然矣。"①即是说，使学生先自己冥思苦想，如仍不能通达，感到愤懑，再去加以启迪。当学生接着深思，似有体会，但想说又说不出来时，再去引导，这样才可加固其所学的知识。如此方法，推动了中华文化两千多年来的发展。孔子的求知思想，包括了某种正确的学习态度、合理的学习方法、客观的学习对象及有益的学习结果等。这样的求知系统具备开放性的特点，为中华文化的进一步发展提供了可能。冯友兰证明了三点：1.孔子是中国第一个使学术民众化的，以教育为职业的"教授老儒"。他开战国讲学游说之风，他为中国士阶级的出现埋下了伏笔。2.孔子之行为与希腊之"智者"相仿。3.孔子的行为及其在中国历史上的影响，与苏格拉底的行为及其在西洋历史上的影响相仿佛。②

（六）"求思"——开放性的理性观架构。孔子强调："学而不思则罔，思而不学则殆。"（《论语·为政》）"博学而笃志，切问而近思，

①朱熹：《四书章句集注》，中华书局1983年版，第95页。
②参见冯友兰：《三松堂学术论文集》，第119—131页。

仁在其中矣。"（《论语·子张》）"故居下而无忧者，则思不远；处身而常逸者，则志不广。庸知其终始乎？"①现代人类一个重要的特点是思想的"自主性"（autonomy）和"理性的抉择和决策"（rational choice and rational decision making）。自主性是历史上一切伟大思想家的共同特点，如古希腊苏格拉底不畏权威，不媚世俗，为了自己所信奉和追求的真理而献身；中世纪一些哲学家在教权的威压下仍坚持自己的理念。尤其近代，即"启蒙"或"理性"的时代，在思想家们鼓吹下，自主思想贯穿了整个法国革命和美国独立战争，以至于影响了整个西方文化文明的发展进程。自主思想在不同的国家、民族、阶层和文化团体也许理解有所不同，但它强调思想独立性这一点是一致的。自主性表现为思维的自在性、自为性、自立性、自足性、自化性、自与性等。思想的自主性还表现为逆传统性、逆权威性、逆功利性、逆神秘性、逆舆论性、逆情感性以及逆一切外压性。孔子同一切大思想家一样，具有自主思想的特点。任何情绪化的抉择和决策都会给人类社会的发展带来损害甚至灾难。广义的理性观表现在不崇拜权威、不迷信神灵、不盲从传统、为求真知而独立思考，以缜密的逻辑思维和推理能力、认真实事求是的态度来审视和考察环境、条件和发生的事物，从而做出正确合理的判断与决定。在现代社会政治、经济、军事、科技、教育及其他领域中，无论个人或团体，都必须做出理性而非情感或感性的决策。理性化的最高标准就是能否促进人类社会的发展。理性化的益处是可以避免宗教式的狂热和利欲熏心的冲动，而使人们平和、冷静地全面地思考问题，从而制定合理的战略、策略和政策。孔子的理性观与西方的理性观不同，其"求思"主要表现为辨知善恶、对错、美丑、真假的内察和外审的慎思能力。他的"思"常与"谋"同义，其动机是为治理国家、统治百姓、安定社会秩序而制定策略，故又有政治实用的效能。孔子的"求思"试图解决四个关系，即思与学、思与知、思与德、思与行的关系，②故对人类的认识论有相当的启迪意义。

（七）"求实"——开放型的真理观架构。孔子说："富而可求也，虽执鞭之士，吾亦为之。"（《论语·述而》）意思是指，只要符合道义的都可以追求。孔子其实很注重社会与人生的实际问题，并不尚空谈，

---

①高尚举、张滨郑、张燕校注：《在厄》，《孔子家语校注》卷五，中华书局2021年版，第299页。

②梁启超认为孔子说的思算得是求知识的学问。参见梁启超：《饮冰室文集点校》，吴松、卢云昆、王文光等点校，云南教育出版社2001年版，第3062页。

故有意避开各种鬼神、荒诞、怪异、来世之事。如"子罕言利，与命与仁"（《论语·子罕》）。"务民之义，敬鬼神而远之，可谓知矣。"（《论语·雍也》）"未知生，焉知死？"（《论语·先进》）"子不语怪、力、乱、神。怪异、勇力、悖乱之事，非理之正，固圣人所不语。鬼神，造化之迹，虽非不正，然非穷理之至，有未易明者，故亦不轻以语人也。"①无论古今中外，正直的人们总是不懈地追求真理，但对真理有着不同的认识、解释、标准和界定。由于认识能力和社会历史条件的局限，人们不可能达到完全的真理，别有用心的人总标榜自己拥有真理。所谓真理，从根本上应该是正确反映客观外界事物发展规律的理论、观念和原则。追求真理就应当尊重事实、顺应事物发展的规律，力求全面、公正、客观地观察和处理问题。真正追求真理的人，一定会不崇拜权威、不迷信神灵、不盲从传统、不计较名利、不取媚世俗、不畏惧艰险。孔子一生为追求真理而奔波，尽管他在世时所憧憬的理想并未得以实现，但其奋斗精神却传世不朽。"求是"精神是孔学体系中很有价值的思想，但也偏重摆正人的伦理行为、针砭不理想的政治现实、劝诚统治者更有效地体察民情和主宰国事。

（八）"求正"——开放型的正义观架构。孔子对"正"与"义"有以下名句："政者，正也。子帅以正，孰敢不正？"（《论语·颜渊》）"君子食无求饱，居无求安，敏于事而慎于言，就有道而正焉。可谓好学也已。"（《论语·学而》）"其身正，不令而行；其身不正，虽令不从。"（《论语·子路》）"苟正其身矣，于从政乎何有？不能正其身，如正人何？"（《论语·子路》）"君子之于天下也，无适也，无莫也，义之与比。"（《论语·里仁》）"君子义以为质，礼以行之，孙以出之，信以成之。君子哉！"（《论语·卫灵公》）"君子义以为上，君子有勇而无义为乱，小人有勇而无义为盗。"（《论语·阳货》）"夫达也者，质直而好义，察言而观色，虑以下人。在邦必达，在家必达。"（《论语·颜渊》）"君子之于天下也，无适也，无莫也，义之与比。"（《论语·里仁》）"不义而富且贵，于我如浮云。"（《论语·述而》）在西方社会和政治哲学的论争中，一个中心概念就是正义或公正（justice）。"正义"体现在社会生活的各个层面，例如国际关系的公正、法律审判的公正、机会均等的公正及收入分配的公正等。"正义"

①朱熹：《四书章句集注》，第98页。

首先是一个理想社会的概念。在现实社会中，"正义"受到各种政治、经济或其他利益的干扰和"污染"。在一个国家里，相对完善的政治、经济、法律、教育等方面的制度化，使社会的公正得以一定的保持。孔子的"正义"观反映了其"贤人政治"的理念，统治者或君子自身的人品正直是很重要的。正人必先正己，当官的应给百姓做出效仿的榜样。对于部属或老百姓，当首先以德服人。德治是最正确的社会原则，不应欺压和奴役百姓，不得滥用刑法和死刑。对权力的运用要得当，要严格遵循法度的规定；要正确地敬贤用才、赏罚公正，要不徇私情。为扩大统治的基础，应尽量给平民以入仕的平等机会。从今天的眼光看，孔子的"求正"思想，对建立廉洁政府和选拔称职官员，维护民众的利益，加强法治化和制度化建设，都具有一定的启发作用。

孔学体系中存在着开放性的思想架构。这些架构可能以一种潜在、隐性、局部、自发、被动、感性以及单纯逻辑的形式而存在。著名学者杜维明曾如此提示："儒学的包容、开放、多元化，有助于促进市民社会的出现。学术、媒体、企业、宗教等领域的权威，相对独立，与政治权威可以平行对话，也可以抗衡，甚至批评，而后达成共识，以形成政策。这样的社会就弄活了。"①为了弘扬和发展中华文化，我们应尽可能地使这些开型架构转变为现实、显性、整体、自觉、主动、理性、付诸实践的形式。倘若能够真正挖掘出孔子学说中积极的实践理性的"开型"架构，则必将对中华文化的长远发展与儒学西传走向世界起到不可估量的作用。

------

① ［美］杜维明：《儒学大家杜维明：儒学要开放、多元、自省》，《新京报》2014年11月13日。

上篇　儒学西传的缘起与初型

（16—18世纪）

第三章　南欧天主教传教士早期的儒学西传

有西方学者如此评述，为了纪念第3个千年的开始和21世纪的开始，中国建造了一座日晷形状的纪念碑。那里面有一幅长长的壁画，纪念在中国几千年的历史中为文明进步做出过重大贡献的人。在这些令人印象深刻的人物中，只有两位西方人：一位是使中国为西方所知的马可·波罗（Marco Polo，约1254—1324）；一位是使西方为中国所知的利玛窦。利玛窦在壁画中被称为文化交流的促进者。与他在一起的是两位明朝晚期的中国人：一是以医学发现而闻名的李时珍；二是将中国儒学从僵化的经院哲学中解放出来的著名儒家王阳明。为此，这位西方学者主张，应该多加反思利玛窦这位被视为中西关系黄金时代象征的人，他代表着中西方平等、和平地互动。因此，应当讨论这样的问题：为什么利玛窦以及继承他理念的耶稣会士成功地获得了中国帝王和许多儒家学者的信任和尊重？为什么他们能够平等地进行对话和交流，而这种对话和交流是否仍然是我们时代的可行的范式？该学者还继续阐释了利玛窦作为中西对话先驱者的思想形成过程，以及他对当今世界的意义、对文化多样性的尊重和对相互理解的促进等。[1]回顾利玛窦的成就，作为20世纪汉学名家之一的傅吾康（Wolfgang Franke，1912—2007）曾高度誉称他为"有史以来最杰出的中西文化调解人"[2]。

当代西方学术界对耶稣会士与中国文化和社会的关系进行了阐释学分析。这一主题在史学传统上分为第一次任务（1552—1773）和第二次任务（1842—1949），但在1773年至1842年之间，因"礼仪之争"导致了一段遗憾的历史真空期。1949年以后的时期更引起当代史学界的特别关注。耶稣会士与中国的关系史是全球文化史的一部分，涉及科学交流、制图、天文学、植物学、绘画、雕刻、民族音乐学，甚至还有枪炮制造技术。[3]在16世纪到18世纪，科学和宗教还没有像启蒙运动后期那样被划分为生活的

①Jean-Paul Wiest, "Matteo Ricci: Pioneer of Chinese-Western Dialogue and Cultural Exchanges," *International Bulletin of Missionary Research* 36, no. 1 (2012), 17–22.
②L. Carrington Goodrich and Chaoying Fang, eds., *Dictionary of Ming Biography 1368–1644* (New York: Columbia University Press, 1976), 1144.
③Benjamin A. Elman, *On Their Own Terms: Science in China 1550–1900* (Cambridge, MA: Harvard University Press, 2006).

两个领域，[1]这一事实反映在耶稣会士自己的研究课程中，这在很大程度上决定了他们如何在中国介绍基督教。然而，在试图公正对待的内在多元性的同时，应当澄清以下问题：耶稣会士是如何将基督教引入中国的，他们的教义是如何被中国皈依者理解、转化和适应的？耶稣会士对中国宗教是如何理解的？这种理解对西方和中国的现代宗教理解有何影响？耶稣会士是如何回应这些改变了中国近现代宗教的事件和辩论的？

第一节 耶稣会来华与儒学西传的由来

据天主教会本身考证，第一位来到华夏大地的传教者，是耶稣基督召选的十二宗徒之一的圣多默宗徒。在唐太宗时代，基督教聂斯脱利派，即景教大德阿罗本率他的门生弟子，来到长安定居传教，时间长达百余年之久；唐代长安义宁坊大秦寺所立的"大秦景教流行中国碑"，就刻有"真常之道，妙而难名，功用昭彰，强称景教"的文字。后来教宗特使、总主教约翰·孟德高维诺（Giovanni da Montecorvino，1247—1328），[2]从印度启航，几经辗转与长时间的海上颠簸，穿过马六甲海峡，于1293年在福建泉州登陆。接着陆路北上，终于在1294年初到达元大都——北京，遂在华夏之域停留数十年传播福音。[3]然而，遗憾的是，元朝灭亡后，天主教的传教活动似乎就销声匿迹了。

可以说，耶稣会士于16世纪正式开始的访华传教活动以及其儒学西传，与文艺复兴运动有着一定的关联。狭义的文艺复兴发生在中世纪晚期的危机之后，与巨大的社会变革有关，深刻影响了近代早期欧洲知识分子的生活，乃欧洲历史上标志着从中世纪向现代性过渡的时期。也有人更宽泛地将文艺复兴视为在14世纪发端，并于17世纪终结的社会运动。[4]传统观点更关注文艺复兴早期的现代方面，并认为这是对过去的突破，但今天许多历史学家更多地关注它的中世纪特征，认为它是中世纪的延伸。[5]

---

[1]Nicolas Standaert, ed., *Handbook of Christianity in China*, vol. 1, *635–1800,* (Leiden: Brill, 2001).

[2]Jacques Gernet, *A History of Chinese Civilization*, 2nd ed., trans. J. R. Foster and Charles Hartman (Cambridge: Cambridge University Press, 1996), 377.

[3]参见本刊编辑部：《若望孟高维诺总主教在中国》，《中国天主教》1994年第6期。

[4]Tim Carter and John Butt, eds. *The Cambridge History of Seventeenth-Century Music* (Cambridge: Cambridge University Press, 2005), 4.

[5]John Monfasani, *Renaissance Humanism, from the Middle Ages to Modern Times,* (Abingdon: Routledge, 2016).

改变了历史的文艺复兴从意大利开始，到15、16世纪传播到欧洲其他地区，它的影响体现在艺术、建筑、哲学、文学、音乐、科技、政治、宗教等各个方面。文艺复兴时期的学者在研究中采用了人文主义的方法，在艺术中寻求现实主义和人的情感。

一个显著特征是文艺复兴时期的人文主义者力图寻找古代的拉丁文学、历史和演讲文本。[①]这个时期的人文主义者并未排斥基督教，相反，教会赞助了许多文艺复兴时期的艺术作品，而许多伟大的作品也都关注基督教。但此时对待宗教的态度发生了微妙的变化，这种变化反映在文化、生活的诸多领域。此外，许多希腊基督教作品自远古以来首次吸引西方学者。这种《新约》向希腊原文的回归，也为新教改革铺平了道路。

虽然文艺复兴始于意大利，但随着这场运动向北迁移到英国、德国和斯堪的纳维亚半岛等地，人们更多地注重对基督教的理解，尤其是对早期基督教的理解。北方发生的文艺复兴被称为北方文艺复兴，其人文主义的版本被称为基督教人文主义。在基督教中，耶稣的存在既有凡人的一面，也有神的一面。在文艺复兴之前，基督教的教义主要集中在他们信仰的精神和神圣方面：耶稣是神圣的奇迹、救赎和诅咒等。然而，在北方文艺复兴时期，人们更多地关注凡人耶稣，包括他的教诲、关系和经历等。耶稣以被钉十字架处死而告终，这对北欧宗教生活有深刻的影响。对耶稣凡人方面关注的结果之一是，产生了与受难相关的身体和情感痛苦的艺术品。以前，耶稣的死亡被描绘为他通过牺牲来拯救世人，艺术家们描绘了耶稣平静地倒在地上，好像他在睡觉。然而，受基督教人文主义影响的艺术家经常描绘耶稣在痛苦中的扭曲。那些目睹他死亡的人被刻画为悲伤的而不是充满被救赎的喜悦。一方面，基督教人文主义者关注古典语言文学方面的人文主义教学与学术，另一方面，与包括《圣经》和教父在内的古代基督教研究有着密切的联系。更重要的是，他们将学术工作与实现基督教社会精神复兴和体制改革的决心联系起来。"他们的学术研究与其对精神和制度更新的渴望之间的联系，是'基督教人文主义者'作为一个群体区别于其他恰好是宗教的人文主义者的具体特征。"[②]除了狭义的文艺外，

①Marvin Perry, J. Wayne Baker, and Pamela Pfeiffer Hollinge, *Ancient to Medieval*, chap. 13, vol. 1 of *The Humanities in the Western Tradition: Ideas and Aesthetics* (Mason: Cengage Learning, 2002).
②Charles G. Nauert, "Rethinking 'Christian Humanism,'" in *Interpretations of Renaissance humanism*, ed. Angelo Mazzocco (Leiden: Brill, 2006), 155–180.

政治哲学家马基雅弗利（Niccolò Machiavelli，1469—1527）试图理性地理解与阐述政治生活的真实面貌。文艺复兴杰出的人文主义哲学家米兰多拉（Giovanni Pico della Mirandola，1463—1494）写的著名的《论人的尊严》一书，被誉为"文艺复兴的宣言"，其中包括一系列关于哲学、自然思想、信仰的论文，以理性为理由反对任何论敌。除了学习古典拉丁语和希腊语，文艺复兴时期的作家也开始越来越多地使用白话文。再加上印刷机的出现，这使更多的人能够接触书籍，尤其是《圣经》。

总之，文艺复兴可以被看作是知识分子通过从复兴古代思想和使用新颖的思想方法来研究和改进世俗的一种尝试。一些学者支持中世纪晚期意大利城邦的创新，这些创新结合了政府、基督教和新兴的资本主义。他们认为，虽然伟大的欧洲国家（法国和西班牙）是专制君主政体，其他国家则处于教会的直接控制之下，但意大利的独立城市共和国接管了在修道院地产上发明的资本主义，并掀起了一场巨大的革命。[1]

就在欧洲文艺复兴方兴未艾之际，明朝神宗万历十一年（1583）秋，有两位传教先驱者从欧罗巴远渡重洋，途经印度和中国澳门，最终在广东肇庆登陆，并先在那里定居下来。他们并不忙于立即宣教，而是先学习这里的民族语言和生活习俗，广结善缘，融入这悠久文化之中，吸取其传统精华。这两位开拓者就是青史留名的意大利耶稣会士利玛窦与罗明坚。他们自建之宅名曰"仙花寺"，即首座在中国境内的天主教堂。5年后，罗明坚奉命返回欧洲，请求教宗派使臣来华，可惜未能实现，还丧失了返华的机会。独自留下的利玛窦却不孤单，有后继者抵华成了利玛窦得力的帮手，并发现了适当的宣教途径。

1579年到1724年，基督教在中国被禁，耶稣会士来到异国他乡，面临完全不同的文化的挑战，他们深陷在一种险境中，即完全陌生的"中国儒家伦理体系"。[2]他们上演了以北京朝廷、山西乡村和长江三角洲地区繁华城市为背景的一幕幕高潮剧，每一步的场景都展示了耶稣会士们如何传教，并将其基督教社区塑造成在广袤中国的前哨。利玛窦等耶稣会士的故事跨越了大洲和几个世纪，"揭示了东西方真正早期交往的深刻政

---

①Rodney Stark, *The Victory of Reason: How Christianity Led to Freedom, Capitalism, and Western Success* (New York: Random House, 2005).
②Authur Wiford Nagler, *The Church in History* (New York: The Abingdon Press, 1929), 77.

治、文化、科学、语言和宗教复杂性"①。

在中国改革开放之前，西方天主教耶稣会传教士的"儒学西传"大致可分三大阶段：其一，从明末清初，到1773年耶稣会遭到镇压；其二，1814年，耶稣会复苏后，新一代耶稣会士来到中国生活和工作，并在一些地区恢复了各种形式的"汉学研究"，特别是在上海成立了汉学研究办公室；其三，耶稣会华文研究的传统于1949年后继续进行，并与世界发生的变化同步。特别是在第二届梵蒂冈理事会的影响下，这些中国研究不仅是在个人基础上进行的，也是在研究机构的基础上进行的。②

哥伦布和麦哲伦等人促成的地理大发现，使欧洲经济强国找到了海外资源和新的市场，同时也为罗马天主教等在更大范围的传教提供了历史的机遇。西班牙、葡萄牙、荷兰、英国等海洋国家，纷纷向欧洲以外的北美洲、非洲和亚洲拓展殖民地。客观地说，传教运动也正是随着这种历史的机缘兴起的。

16世纪中叶，明朝将澳门租借给葡萄牙，罗马天主教会借机设了主教。从那以后，澳门除了具备商业功能外，还成了对华传教的大本营，属于天主教的耶稣会、多明我会、方济各会、遣使会、奥斯定会、外方传道会，等等，都在这里创建会所。很多西方各国的传教士集聚于此，蓄势待发，伺机进入中国内地。虽然明王朝也设法加以限制，但仍有相当数量的传教士们最终得偿所愿进入中国内地。其中一些人在宣教的同时，还勤于笔耕，甚至呕心沥血地著书立说。这类作品主要包括葡萄牙商人伯来拉（Galeote Pereira）的《中国报道》，葡萄牙传教士克罗斯的《中国志》，西班牙修道士拉达（Martin de Rada，1533—1578）的名著《中国札记》以及西班牙修道士门多萨的集大成之作《大中华帝国志》等。③

耶稣会士通常通过澳门进入中国内地，在那里他们建立了圣保禄学院。16世纪和17世纪的耶稣会中国传教团将西方的科学和天文学引入中国，将欧几里得的几何学翻译成中文。当时西方科学和天文学正在经历自己的革命。耶稣会士带来的科学革命，恰逢中国科学创新的低谷。耶稣会

---

①参见Liam Matthew Brockey, *Journey to the East: The Jesuit Mission to China, 1579–1724* (Cambridge, MA: Belknap Press, 2007)。
②Yves Camus, "Jesuits' Journeys in Chinese Studies" (paper delivered at the World Conference on Sinology 2007, Renmin University of China, Beijing, March 26–28, 2007), http://material.riccimac.org/doc/monographs/1/Jesuits_Journeys_in_chinese_studies.pdf.
③参见杨植峰：《帝国的残影：西洋涉华珍籍收藏》，团结出版社2009年版。

士努力将西方的数学和天文著作翻译成中文，这引起了中国学者的兴趣。耶稣会士还进行了非常广泛的天文观测，绘制了中国的第一份现代地图。他们还学会了欣赏这种古老文化的科学成就，并使之在欧洲广为人知。我们从早期汉学在西方的传播，也可从侧面了解到东西方思想对话的大致线索。通过书信，欧洲科学家逐渐了解了中国的科学和文化。经过一个多世纪，像利玛窦、罗明坚这样的耶稣会士不断完善的翻译，将中国的文化、历史和哲学传播到欧洲。他们的拉丁文作品普及了"孔子"这个名字以及孔子所创始的学说，[1]并对自然神论者和其他启蒙思想家产生了相当大的影响，其中一些人对耶稣会士试图调和儒家道德与天主教的过程很感兴趣。1552年至1773年间，来自欧洲的耶稣会传教士促成了中国与世界其他地区重大的跨文化交流，他们是知识的传递者和文化间的对话者。他们得到了中国学者和朋友的大力帮助，其中一些人自己也成了基督徒。17世纪末，耶稣会士已经使许多中国人皈依了基督教，这些耶稣会士对儒学经典印象深刻，并适应了中国士大夫的生活方式。[2]

最初的一批来华耶稣会士正赶上当时中国社会的大动乱。明末清初南北政权都与天主教传教士有着密切的关系。当时，为了保护天主教在中国的"种子"，传教士们经常用"两手策略"来指导他们的行动，同时与两种势力周旋。

在19世纪初汉学在欧洲的大学中建立起来之前，耶稣会士是探究中国文明最受尊敬的权威。正如奥布莱恩（Patrick O'Brien，1914—2000）指出的："耶稣会为欧洲人提供了一个令人印象深刻的民族历史之镜，反映了中华文明的各个方面。"[3]不过，也有不少学者认为耶稣会士严重歪曲

---

①最早的耶稣会士将"儒家"或"儒学"译成拉丁文"Confucianism"或意大利文"Confucianesimo"。这可能是因为他们习惯用创始人的姓名或其某种特定称谓来为一个宗教或学说体系冠名。再如神学上的新柏拉图主义，新亚里士多德主义，新托马斯主义，等等。其实，从中国人传统习惯来说，"孔学"并不完全等同于"儒学"，前者为创始人的原创思想，而后者则意味着包括后人一代代根据社会需要，不断加以诠释、增添、发展重构的整个思想体系，其中包括孟子之说、程朱理学及阳明心学等等。从这个意义上说，若当时西方传教士将儒家或儒学音译为"Ruism"，也许更为贴切和达意。——笔者注
②Agustin Udias, "Jesuit Astronomers in Beijing, 1601–1805," *Quarterly Journal of the Royal Astronomical Society* 35, no. 4 (1994): 463.
③D. E. Mungello, *The Great Encounter of China and the West 1500–1800*, 2nd ed. (Lanham: Rowman & Littlefield Publishers, 2005), 122.

了儒家思想的本质。[1]耶稣会士对中国的描绘非常强调儒家思想理性的一面，以此作为中国社会政治和经济结构的基础，并用来吸引欧洲理性信仰的增长。这种对儒家思想的描绘对于耶稣会士的宗教动机也是必要的，因为它为基督教留出了空间。1687年，耶稣会士柏应理在巴黎以拉丁文出版了《中国贤哲孔子》（*Confucius Sinarum Philosophus*），该书将孔子描绘成"图书馆里的学者圣人，而并非寺庙里的神或先知"[2]。耶稣会士把原属中世纪的经院哲学家和神学家的思想归于孔子。[3]他们企图操纵孔子的形象，以便能够捍卫自己的文化通融（cultural accommodation）政策以及在"礼仪之争"中的地位。这就要求耶稣会忽略和拒绝对理学进行更形而上学的解释。[4]这就招致了同时代人的批评，后者认为他们混淆了孔子原著和补充著作之间的区别，并忽视了《中国贤哲孔子》中的理学注释。1687年12月，勒克莱尔（Jean Le Clerc，1657—1736）在《世界和历史文库》（*Bibliothèque Universelle et Historique*）上发表了对《中国贤哲孔子》一书的一篇长评论，除了指出其来源模糊外，他还批评作者未用汉字来区分中国的概念以及采用有问题的翻译。[5]儒学变成这样一种过于简单化的形式，却能引起耶稣会士以及那些正在寻找解决欧洲困境的自由主义者的钦佩，从而赞扬它的完美和道德。[6]

　　笔者认为，在早期与中期的儒学西传中，意大利、西班牙和葡萄牙属于南欧，西地中海北岸的意大利语、西班牙语与葡萄牙语同属拉丁语系，也同属于天主教耶稣会，具有地域与教派的联系，故传教士的行为特征较为类似，可以归于一个亚组合。再如法国与比利时，法语区占一半，文化大多相同，国土相邻，又同信天主教，也可归于一个亚组合。另外，英美

---

[1]Paul A. Rule, *K'ung-tzu or Confucius? The Jesuit Interpretation of Confucianism* (Sydney: Allen and Unwin, 1986), ix.

[2]Mungello, *The Great Encounter of China and the West 1500–1800*, 96; Hobson, *The Eastern Origins of Western Civilization*, 194.

[3]Rule, *K'ung-tzu or Confucius? The Jesuit Interpretation of Confucianism*, 120; David Martin Jones, *The Image of China in Western Social and Political Thought* (New York: Palgrave, 2001), 19.

[4]D. E. Mungello, *Curious Land: Jesuit Accomodation and the Origins of Sinology* (Stuttgart: Franz Steiner Verlag Wiesbaden GmbH, 1985), 17.

[5]Jonathan D. Spence, "What Confucius Said," review of *The Analects of Confucius*, trans. Simon Leys, *The New York Review of Books*, April 10, 1997.

[6]Basil Guy, *The French Image of China Before and After Voltaire* (Geneve: Institut et Musée Voltaire, 1963), 144.

（包括加拿大在内的整个北美地区）在历史渊源、文化传承和语言共通上，与其他地区有显著的区别，可归为另一亚组合。

第二节　意大利耶稣会传教士对儒学西传的贡献

意大利当代汉学家兰茨奥提（Lionello Lanciotti）意味深长地感叹："意大利汉学研究在欧洲是最古老，同时也是最年轻的。"[①]对此，很多西方汉学家都很赞同。

提及汉学的开山鼻祖，当然必数最早来华传教的意大利耶稣会会士利玛窦和罗明坚。利玛窦作为天主教在中国传教的开拓者之一，也是首位对中国典籍加以考察的西方学者，[②]被誉为"杰出的孔夫子的诠释者"[③]。他曾高度赞扬孔子为"博学的伟大人物"和"中国圣哲之师"[④]。

在利玛窦逝世400周年纪念活动中，西方汉学界举办了许多会议，并推出了不少出版物，其中包括三本英文传记：其一是《明朝宫廷的耶稣会士利玛窦》（*Matteo Ricci: A Jesuit in the Ming Court*，中文书名为笔者译），著者为方塔纳（Michela Fontana）；其二是《中国使命：利玛窦和耶稣会与东方的相遇》（*Mission to China: Matteo Ricci and the Jesuit Encounter with the East*），著者为拉文（Mary Laven）；其三是《利玛窦：紫禁城里的耶稣会士》（*A Jesuit in the Forbidden City: Matteo Ricci 1552–1610*），著者为华裔学者夏伯嘉（Po-Chia Hsia）。这三本著作对利玛窦在中西文化交流中的努力作出了细致的描写，尤其在第三部传记中，著者重新审视了利玛窦的在华传教以及对儒学西传的贡献，评价他沉浸在东道主的语言和文化中，跨越了中西文化的鸿沟。即使400年后，他仍然是中国最著名的西方人之一，以向中国介绍西方科学和宗教思想以及向欧洲推广和解释中国文

---

①转引自杜筑生：《儒学与中华人文精神——欧洲儒学研究之现况》，《国际儒学研究》2011年第17期。

②早在16世纪，西班牙籍历史学家门多萨根据三位到过中国南方福建等地的，来自西班牙、葡萄牙的传教士、商人和水手的报告，撰写了《大中华帝国志》，于1585年用西班牙文首版，1588年又出了英文版，至16世纪末，共用7种欧洲文字重印了46次，为欧洲学者了解、研究中国所广泛利用，成为此后欧洲汉学兴起的奠基性著作。

③［意］利玛窦、［比］金尼阁：《利玛窦中国札记》，何高济、王遵仲、李申译，中华书局1983年版，第127页。

④［意］利玛窦、［比］金尼阁：《利玛窦中国札记》，何高济、王遵仲、李申译，第3、4页。

化而闻名。该传记使用了中西方大量相关的资料，揭示了一位耶稣会士非凡的人生故事，即他如何在反改革的天主教欧洲与明代末期的中国之间架起了桥梁。著者叙述了利玛窦在马其顿的童年，在罗马的教育，在葡萄牙和印度的旅居，直到他在明朝开始了漫长的自我发现和文化接触之旅的经历。从中读者可以看到葡萄牙海洋帝国在亚洲的运作、耶稣会的使命，和传教士们在中国沿海澳门的生活，以及对利玛窦的耶稣会士同胞的珍贵素描和中国官员的肖像描绘，他们都是利玛窦成功中不可或缺的人脉网络。通过对一系列新的资料的分析，该传记对利玛窦在广东传教长期受挫的原因提供了重要的新见解。利玛窦首次以外国僧侣的身份出现在广东，在1595年到南昌之前，他与一位著名的儒家学者进行了长期学术交流，随后在中国传播福音书的过程中开始融合基督教和儒家思想。利玛窦凭借其在地图、数学和天文学方面的专长，很快赢得了认可，尤其是1599年在他定居南京之后。随着他的名声和人气的增长，利玛窦展开了一场反对佛教的尖锐辩论，其事业在明都北京也取得了辉煌的成就，留下了至今仍然非常鲜活的生活和工作的痕迹。[1]

据报道，关于利玛窦的研究，若从1615年金尼阁（Nicolas Trigault，1577—1628）根据《利玛窦日记》编纂《基督教远征中国史》算起，迄今已逾400年。其间涌现了一大批世界级的顶尖研究专家，出版了一批利玛窦研究的优秀著作，海内外学者如汾屠立（Pietro Tacchi Venturi，1860—1956）、德礼贤、裴化行（Henri Bernard-Maitre，1889—1975）、邓恩（George H. Dunne，1905—1998）、平川佑弘、塞比斯（Joseph Sebes）及史景迁、洪业、罗光、方豪等；中国学者如朱维铮、张铠、林金水、许明龙、沈定平、张西平等。其间，有关利玛窦研究的各种论文发表不下万种。"但令人遗憾的是，在以往相关研究成果中普遍存在着一个问题，西方学者无法全面掌握和利用中文文献中的利玛窦资料，而东方学者亦未能全面掌握和利用第一手的西文利玛窦资料。"[2]

在利玛窦之前有两位耶稣会重要人物不能忽略，应简要提及一下。一位是被称为东亚宗徒的沙勿略（Francisco Javier，1506—1552）。一个有意思的历史巧合是：耶稣会成立之初，其开山始祖西班牙巴斯克贵族依纳

---

[1] R. Po-chia Hsia, *A Jesuit in the Forbidden City: Matteo Ricci 1552–1610* (New York: Oxford University Press, 2012).

[2] 参见《研究利玛窦有了新资料，〈利玛窦明清中文文献资料汇释〉出版》，《澎湃新闻》2017年11月8日，https://www.thepaper.cn/newsDetail_forward_1855186。

爵·罗耀拉（Ignatius de Loyola，1491—1556）的挚友沙勿略就到了印度和日本，但是没有能够进入中国本土，遗憾地于1552年在上川岛客死他乡。至今，广东台山上川岛北面海边山崖上还有着一座白色大理石砌筑的小教堂，其内安放一具石棺，上面镌刻着圣方济各·沙勿略的名字。1555年，耶稣会神父巴烈图乘葡萄牙的商船上岸澳门，仍无法进入中国内陆，便建立了被当地华人称为"花王堂"的"圣安多尼堂"，其前的街道即叫"花王堂街"。据西班牙来华方济各会士、《天儒印》著者利安当（Antonio de Santa María Caballero，1602—1669）的记述，传教士汤若望（Johann Adam Schall von Bell，1591—1666）受到顺治极大的宠信，并由皇帝敕建了北京新教堂，即"无玷始胎圣母堂"，此座建筑正面墙上刻有四座人物浮雕，其中之一便是沙勿略的雕像，另一位是意大利传教士范礼安（Alessandro Valignano，1539—1606）。范礼安，生于那不勒斯，出身名门望族。他于19岁时获得帕多瓦大学法学博士，1566年在罗马入耶稣会，同年入圣安德修院，后任修院教习。1573年范礼安被任命为视察东印度及从果阿到日本之间各地耶稣会使团教务的巡视神父。1574年，范礼安随由41人组成的第27批耶稣会远征队，由葡萄牙里斯本出发，9月6日抵达印度果阿，并经马六甲于1577年10月到达澳门。范礼安在澳门滞留两年，渴望赴内地传教，但阻碍重重。据另一位神父曾德昭（Alvaro Semedo，1585—1658）在其《大中国志》中的记载，范礼安在澳门时，有一日遥望窗外的陆地，大声呼喊："岩石！岩石！汝何时得开！"①

在抵达澳门后不久，范礼安就察觉到在澳门的传教士一直未能成功地在中国内地立足。在他看来，要提高耶稣会士在这个国家的渗透率，并成功地使当地人皈依，首先必须学会说、读、写汉文。为此，他便给印度教区主教鲁伊兹（Vincent Ruiz）致函，请其派人到中国学习汉语。派来的人就是德费拉里斯（Bernardino de Ferraris，1537—1584）。当德费拉里斯在科钦担任新的耶稣会会长时，耶稣会学者罗明坚和巴范济（Francisco Pasio，1551—1612）被派往澳门。范礼安在澳门的九个月内，仔细观察了当地葡萄牙人与中国人之间的关系，突然悟到，基督教进入中国的最佳途径为渗入。文化适应是以尊重当地文化为基础的，它根植于谦虚的态度和对无论何处的人民都有同等价值的理解之中。范礼安的途径不外乎仍为古

① ［法］费赖之：《在华耶稣会士列传及书目》，冯承钧译，中华书局1995年版，第20页。

老的解决难题之法，但还是具有革命性的。^①范礼安于1579年7月离开澳门前往日本，并给将于数日内到达的罗明坚留下了指示。罗明坚一开始学习中文，就意识到这项任务的艰巨性，他写信给范礼安，要求他把利玛窦也送到澳门，与大家共同开展这项工作。1580年，范礼安将罗明坚的请求转达给了印度教团的上层，于是，利玛窦于1582年8月7日在澳门与罗明坚会合了。^②这两位贤者因此兼智者成为首批研究中国和汉语的欧洲学者。培养教士的澳门圣保禄学院规模逐渐扩大。万历年间，该学院的耶稣会士最多时约有80人，为当时驰名远东的最大修院。范礼安曾于1582年3月从日本回到中国澳门，年底赴果阿，后晋升为省主教，在果阿设立了主教府，并多次往返于中国澳门和日本。1606年1月20日，范礼安在澳门逝世。

就在沙勿略去世的那一天，即1552年的10月6日，利玛窦诞生于意大利的马切拉塔。^③1583年，作为耶稣会传教士的利玛窦跟随罗明坚，终于在肇庆西江边的上清湾码头登岸了，两人剃度，身着袈裟，以"西僧"之名准入。当他们向翰林出身的知府王泮行磕头礼时，后者以礼相待，接受了这两位"西方的和尚"。据载，当利玛窦要为在中国建立的第一座天主教教堂起名时，肇庆知府王泮为之题名"仙花寺"，并差人送来手书的"仙花寺"和"西来净士"两块牌匾——前者挂在教堂大门上，后者则悬挂在中堂。对此，在《利玛窦对中国的科学贡献》（*L'apport scientifique du P. Matthieu Ricci à la Chine*）一书中，著者法国传教士裴化行有这样的解读，"仙花"是中国人对圣母的一种别称，"寺"则为中国佛教的道场，听到如此诗意的名字，老百姓立即认为圣母就是大慈大悲的观音菩萨。利玛窦同意将天主堂起这样一个中国化的名字，自然、巧妙地拉近了他与肇庆人的距离。在中国南方的肇庆、韶州、南京、南昌等地辗转18年后，他终于在1601年进入北京。利玛窦在中国成功的一个契机就是他选择了"易佛从儒"，1594年，利玛窦和郭居静（Lazzaro Cattaneo，1560—1640）二位神父按中国"身体发肤，受之父母"的传统说法，开始留胡养须。利玛窦离开韶州到南京时，全身改换儒装，并以秀才之礼待客，这倒是与当时的官吏和文人更有几分贴近感。1597年，利玛窦在中国士大夫圈子中已获得相当的

①George H. Dunne, *Generation of Giants: The Story of the Jesuits in China in the Last Decades of the Ming Dynasty* (Whitefish, MT: Kessinger Publishing, 2010), 15.
②Camus, "Jesuits' Journeys in Chinese Studies."
③Charles E. Ronan, S.J. and Bonnie B. C. Oh, eds., *East Meets West: The Jesuits in China, 1582–1773* (Loyola University Press, 1988), 36.

好感。[1]

利玛窦在宣教时，结识了很多官员和士绅，传播了西方各种科学技术知识。1595—1598年间，在南昌时，他与以章潢为首的享有"海内第一书院"之誉的白鹿洞书院师们面谈，这可谓中西方知识分子思想的首次直接对话。利玛窦以交友传教，建立了广泛的人脉关系，有效地促进了中西交流，并对日本和朝鲜等地推介西方文化产生了重大影响。

1601年，利玛窦得到万历皇帝的批准进京，从而使自己在中国的任务更加广泛。他为京城朝臣带来了精巧的新鲜事物，如钟表和棱镜等，皇帝表示赞赏。[2]到北京后，利玛窦与礼部尚书兼文渊阁大学士、内阁次辅、后皈依基督教的徐光启合作，翻译科学书籍。徐光启所译的第一本书是万历三十五年（1607）推出的《几何原本》，同年他们两人又合著了《测量法义》，全书分15个题目，说明测量之法。利玛窦在京师居住了9年，主要时间都用在了讲授科学上，以达到助人爱人的传教目标。这一期间，他深刻地观察了儒家思想治国的社会政治结构，并了解到中国皇帝的绝对权力仅是理论上的，实际上是有限的，甚至有些软弱的皇帝很可能被篡权。[3]利玛窦来华时年仅31岁，他年富力强又有刻苦钻研中文的热忱和毅力，而且请有学问的先生面教，批改文章。因此，他的中文造诣提高甚快，后竟将"四书"译成拉丁文。北京的士大夫们对这位人品、学品均堪称一流的奇人，不由得按中国推崇贤人的惯例，尊称利玛窦为"利子"，并誉之为"西儒"。这些人当然赞同其最后一部著述《畸人十篇》中《序》的观点，当时的翰林院编修王家值所说的："深叹利子之异也！"社会名流们都乐得与他谈经论道，请教天主教教义。利玛窦便模仿《论语》的成书方式将这些对话问答编辑成书，使没有机会面谈的人们，也能了解自己宣讲的教义的真谛所在。据考证，在广东、江西、南京、北京等地，利玛窦所结识交游的中国士者就达129人之多，另还有道士、高僧、太监等。那些士者中，仅29人为布衣，其中包括一位举人和一位医生，而另外100人全为从县丞到六部官员的各级官吏，甚至还有两位公侯和三位

---

① 参见Gallagher, *China in the Sixteenth Century: The Journals of Matthew Ricci: 1583–1610*, bk. 4。

② Ronan and Oh, *East Meets West: The Jesuits in China, 1582–1773*, xx.

③ Charles E. Ronan and Bonnie B. C. Oh (ed.), *East Meets West: The Jesuits in China, 1582–1773,* (Loyola University Press, 1988), 36.

皇族。①

　　利玛窦写信给欧洲的耶稣会众院，并告知牧师们，中国人不仅是"好人"，而且是"有才能的人，因为我们在这里面对的是一个既聪明又有学问的民族"。②利玛窦一方面认真训练新来的传教士，使他们能够接近中国官方，向朝廷提供学术和科学方面的援助，另一方面有意使其生活方式、思维方式、说教和宗教信仰尽可能地与儒家相适应。利玛窦和罗明坚都认为，可以"证明基督教教义已经在中国人民的经典著作中奠定了基础，尽管是伪装在中国经典中的"。他们及其追随者深信，"总有一天，所有在中国的传教士都会在中国古代文献中寻找原始启示的痕迹"③。利玛窦以其倾听中国人的声音、适应中国文化、结交众多朋友的能力而闻名。难怪他在1595年写了一篇著名的关于友谊的文章。当时的肯恩·甘公爵（Duke Kien Ngan）对此表示欣赏。利玛窦立刻提笔再次表达对友谊的理解，写道："我，利玛窦，从遥远的西方乘船来到中国，对明朝天子的美德和历代帝王的旨意怀有深深的敬意。……今年春天，我翻山越岭来到了南京。我带着对中国之光的暗暗敬佩，认为我会从这次旅行中受益匪浅。"④1584年，利玛窦出版了他用汉语书写的名著《天主实录》。在该书中，他讨论了上帝的存在和属性，以及祂的天意。他解释了一个人如何通过自然法、摩西律法和基督教律法来认识上帝。他写了基督化身时的话，并讨论了圣礼。通过中西学者的对话，利玛窦引导读者走向东西方相似的本真良知。他在介绍中说："我写下这些对话，并收集成一本书。一个愚蠢的人认为他的眼睛看不见的东西是不存在的，就像一个盲人不相信天空中有太阳，因为他看不到天空。即使你的眼睛看不见，太阳不在那里吗？上帝的真理已经在人们心中。然而人类并没有立即意识到这一点，而

---

①林金水：《利玛窦与中国》附录一，中国社会科学出版社1996年版，第286—316页。

②Leonard M. Outerbride, *The Lost Churches of China* (Nashville: Westminster Press, 1952), 85.

③转引New World Encyclopedia Contributors, "Matteo Ricci," *New World Encyclopedia*, https://www.newworldencyclopedia.org/p/index.php?title=Matteo_Ricci&oldid=1086233。

④After the French translation of Father Stanislas Yen (University of Shanghai, 1947), 转引自New World Encyclopedia contributors, "Jesuit China Missions," *New World Encyclopedia*, https://www.newworldencyclopedia.org/p/index.php?title=Jesuit_China_missions&oldid=1140920。内容为笔者译。

且他们也不容易对这样的事情进行反思。"①一位汉学家总结道："耶稣会士为在中国的传教活动和政策做出了杰出的贡献，但并未做出对自身不利的妥协。他们在被严密监控的同时避开了不利的因素，而之所以向中国人表达对祖先的崇敬，是因为其主要目标是为了基督教的传播。他们成功地使基督教看起来至少是受中国人尊敬的，甚至是可信的，其实，这并不是什么了不起的成就。"②

历史学家公认，西学的输入造成了中国的近代化，而利玛窦则是带来西方科学和思想的第一人。按李约瑟（Joseph Needham，1900—1995）的看法，中国自古以来，科学研究一直处于领先地位，然而遗憾的是，宋代以后，文人陷于理学冥思与空谈，更加深了中国士大夫迂腐萎靡的风气。在《中国近三百年学术史》一书第一讲中，梁启超曾严厉批评道："明朝以八股取士，一般士大夫，除了皇帝钦定的《性理大全》外，几乎不读书，学界本身，就像患贫血症的人，衰弱得可怜。直到明万历末年，利玛窦等西洋人来到中国后，学术界的风气，才有了变换。"③在《中国政治思想史》中，萧公权这样感叹，明末清初传教士远来中国，致力于传播自然科学知识，如利玛窦虽为教家而非科学家，但是他所输入的科学知识，则为哥伦布与哥白尼，发现新天地以后的知识。如果我国能谦虚接受，并加以研究，那么中国的维新，将会提早两三个世纪。④利玛窦曾坦率地评价："中国所熟悉的唯一较高深的哲理科学就是道德哲学，但在这方面他们由于引入了错误，似乎非但没有把事情弄明白，反倒弄糊涂了。他们没有逻辑规则的概念，因而处理伦理学的某些教诫时毫不考虑这一课题各个分支相互内在的联系。"⑤"因为他们不知道地球的大小而又夜郎自大，所以中国人认为所有各国中只有中国值得称羡。就国家的伟大、政治制度和学术的名气而论，他们不仅把所有别的民族看成野蛮人，而且看成没

①Matteo Ricci, *The True Meaning of the Lord of Heaven*, ed. Robert A. Maryks, trans. Douglas Lancashire and Peter Hu Kuo-chen (Chestnut Hill, MA: Institute of Jesuit Sources, 2016).

②Kenneth Scott Latourette, *A History of Christian Missions in China* (Piscataway, NJ: Gorgias Press, 2009).

③转引自张栋豪、张胜前：《从明末译介的西方逻辑学看中西文化的交汇》，《湖北大学学报（哲学社会科学版）》2017年第1期。

④参见萧公权：《中国政治思想史》，商务印书馆2011年版。

⑤［意］利玛窦、［比］金尼阁：《利玛窦中国札记》，何高济、王遵仲、李申译，第31页。

有理性的动物。在他们看来，世上没有其他地方的国王、朝代或者文化是值得夸耀的。"①又说："中国人把所有的外国人都看作没有知识的野蛮人，并且就用这样的词句来称呼他们。他们甚至不屑从外国人的书里学任何东西，因为他们相信只有他们自己才有真正的科学和知识。"②不过，利玛窦还是承认当时的中国文人具有智慧，并对科学还是感兴趣的。他以深邃的洞见觉察到了，中国人的世界观表现为全球性的，是一种将科学、技术、伦理以及哲学学说组合为有机整体观念体系。③

　　尽管利玛窦并非首位来华的西方传教士，但其思想遗产也许最有价值。这在一定程度上是因为与他相关的各种成就——获准居住在北京，绘制了一幅著名的世界地图，加之其汉语能力而被中国学者们接受，并成功地在一种截然不同的文化中长期生活。利玛窦还因其学术研究的广度而被人们记住：他制作日晷，绘制地图，并翻译中国经典。他作为一名传教士不知疲倦地工作，制作教义，争取学者和乡村居民的皈依。利玛窦确实是现代文艺复兴时期的典范。当然，在早期的现代世界中，获得如此广泛的学术成就的并非只有他一人，事实上，他也并非唯一拥有这种知识的人。在很多时候，学术界的目光都集中在利玛窦和他的功绩上。近年来，学术界的视野不断扩大，一些学者现在关注到了利玛窦在不同的人生阶段接触到的不同圈层：一是他在罗马学院成为一个年轻耶稣会士的世界；一是明朝末期他所进入的中国知识界。还有一些学者则认为他在印度的4年可能对他后来在中国的工作产生了影响。然而，更多的作家正在深入研究利玛窦作为"来自西方的智者"所经历的人际关系。利玛窦本人所写的以及有关他的书籍已经传播于世。因此，这场东西方对话理所当然地超越了利玛窦，并融入了一个更加丰富的世界。

　　无论在智慧还是人格上，利玛窦都堪称一个真正杰出的个人。历史学家对他最为赞赏的一点就是他使基督教适应中国文化，而那些后来来华但傲慢无知的传教士脱离了基督教本身的传统。由于欧洲教权的盲目性，他们甚至未能遵循查士丁（Justin Martyr，前100—前165）、克莱门（Titus

---

① ［意］利玛窦、［比］金尼阁：《利玛窦中国札记》，何高济、王遵仲、李申译，第181页。
② ［意］利玛窦、［比］金尼阁：《利玛窦中国札记》，何高济、王遵仲、李申译，第94—95页。
③ Joseph Sebes, S.J., "The Precursors of Ricci," in *East Meets West: The Jesuits in China, 1582–1773*, 39–40.

Flavius Clemens，约150—215）和奥古斯丁（Aurelius Augustine，354—430）等基督教核心思想家所提出的文化适应原则（principles of cultural adaptation）。

从1580年开始到1773年被镇压，耶稣会对儒学的解释来源于耶稣会在世界各地的传教经历。耶稣会在中国传教时同样面临着语言和文化压力。这些压力标志着，在一定程度上，早期外国宗教传播遇到极大的阻碍。而利玛窦则通过儒家思想对中国人采取了新的态度。他对儒家经典中最初的有神论与后来的无神论之间的区别的解读，一直是耶稣会对儒学解释的基础。可以说，利玛窦的科学知识、道德教诲和反佛立场对当时的中国士大夫阶层很有吸引力。与先前的传教士不同，他主动接受了儒家的许多礼节。

利玛窦对儒学的解释受到了来自耶稣会的质疑，受到了怀疑理学的无神论者的驳斥，也受到了其他教派传教士的挑战，因为他们主张把儒家的"礼"视为偶像崇拜。不过，耶稣会还是很快同意利玛窦的路线。在1667—1668年的广州会议上，一项关于"礼"问题的工作方针被耶稣会采纳了。在耶稣会的推动下，其对于"中国哲学家孔子"的看法在欧洲广为传播，并深深影响到欧洲的思想家。有关礼的问题在19世纪90年代再次爆发，主要是因为它涉及了非中国教会的争论。教宗使节的使命，以及与之相关的反对仪式的宗教法令，削弱了耶稣会的社会基础，抑制了耶稣会的中文写作。北京的一些耶稣会士试图用一种新的方法来满足欧洲和中国的批评家们的要求——在中国古典文学中发现原始启示和旧约历史的痕迹。然而，这种"形象主义（figurism）"被中国传教团的大多数耶稣会士拒绝，认为这是毫无根据的，但白晋和傅圣泽等在欧洲找到了共鸣者。他们的批评者冯秉正（Joseph-Anna-Marie de Moyria de Mailla，1669—1748）和宋君荣（Antoine Gaubil，1689—1759）以及欧洲的耶稣会编辑，都为欧洲了解中国做出了贡献，奠定了欧洲汉学的基础。[①]

《利玛窦中国札记》由法国传教士金尼阁对利玛窦的日记进行翻译、整理、汇总，于1615年在奥格斯堡首次以拉丁文出版，之后迅速翻译为多种语言。1622年，该书由出版商斯科里吉奥（Lazzaro Scoriggio）在那不勒斯出版，书名页采用了精心设计的建筑结构，构成了书的文本框架。然

[①]Pual A. Rule, "K'ung-tzu or Confucius? The Jesuit interpretation of Confucianism," (PhD diss., Australian National University, 1972), http://hdl.handle.net/1885/11233.

而，在这个版本中，所有宗教象征都被删除了。顶部的符号已被替换为臂章，利玛窦和沙勿略——也同样从照片中消失。虽然现在的结果是一个完全世俗化的形象，仅仅是风格化的柱子和带有纹章的过梁，但这很可能是印刷商为了削减成本和保持原貌的需要，而不是审查制度的要求。毕竟，这些内容确实描述了中国年轻教会的进步。《利玛窦中国札记》被译成多种语言译本，因而"轰动了欧洲"，"重新打开了通往中国的门户"。"对欧洲的文学和科学、哲学和宗教等生活方面的影响，可能超过任何其他十七世纪的历史著述。它把孔夫子介绍给欧洲……它开启一个新世界，显示了一个新的民族"。①

在《利玛窦中国札记》第十章中，利玛窦着重引介中国人的三教，即儒教、佛教和道教。他开宗明义："儒教是中国所固有的，并且是国内最古老的一种。中国人以儒教治国，有着大量的文献，远比其他教派更为著名。"②接着，他阐述道："从他们的历史一开始，他们的书面上就记载着他们所承认和崇拜的一位最高的神，他们称之为天帝，或者加以其他尊号表明他既管天也管地。看来似乎古代中国人把天地看成是有生灵的东西，并把它们共同的灵魂当作一位最高神来崇拜。他们还把山河的以及大地四方的各种神都当作这位至高无上的神的臣属而加以崇拜。他们还教导说理性之光来自天上，人的一切活动都须听从理性的命令。我们没有在任何地方读到过中国人曾把这位至高神及其臣属的各种神祇塑造成鬼怪，象罗马人、希腊人和埃及人那样发展为神怪或邪恶的主宰。"③

他进一步指出："这种教义肯定整个宇宙是由一种共同的物质所构成的，宇宙的创造者好象是有一个连续体（corpus continuum），与天地、人兽、树木以及四元素共存，而每桩个体事物都是这个连续体的一部分。他们根据物质的这种统一性而推论各个组织部分都应当团结相爱，而且人还可以变得和上帝一样，因为他被创造是和上帝合一的。"④不过，利玛窦明确否认儒教是正式的宗教，而仅是一个学术体系，其目的在恰当地调

---

① ［意］利玛窦、［比］金尼阁：《英译者序言》，《利玛窦中国札记》，何高济、王遵仲、李申译，第31—32页。

② ［意］利玛窦、［比］金尼阁：《利玛窦中国札记》，何高济、王遵仲、李申译，第100—101页。

③ ［意］利玛窦、［比］金尼阁：《利玛窦中国札记》，何高济、王遵仲、李申译，第99页。

④ ［意］利玛窦、［比］金尼阁：《利玛窦中国札记》，何高济、王遵仲、李申译，第101—102页。

和国家和国家的普遍利益。为此,他判定中国人既可为儒教成员,也可兼为天主教教徒。[1]

利玛窦宣扬天主教教义的名作《天主实义》,也从比较的角度谈及了儒学。后来利玛窦自己研读"四书",在其造诣和理解大大提高之后,便对旧作进行大量修订,部分内容明显接受了中国传统的儒家思想,将天主教教义和儒家思想加以汇合。在16—18世纪,《天主实义》对天主教在中国、日本等地的传播起了很大的作用。特别是其内容适应了儒家伦理的说教,故较易被儒家文化辐射地区接纳。此书共八篇。其中第二篇驳斥了佛教和道教的关于世界起源的主张,否定将"空"和"无"当作世界起源的原因。同时,他也批判了儒教之观,强调"太极"为"理",而非"自立体",故也无法成为世界起源的原因。由此延伸出天主教之理,即信奉天地由天主所创,这才是世界的起源。利玛窦尤其强调,天主教所信奉的天主等同于中国古书中所谈的"上帝"。

以下是利玛窦此书中的几处有趣的对话:

其一,有关"空"和"无"不能是万物起源的原因。

> 中士曰:我中国有三教,各立门户。老氏谓物生于无,以无为道;佛氏谓色由空出,以空为务;儒谓易有太极,故惟以有为宗,以诚为学。不知尊旨谁是?
>
> 西士曰:二氏之谓,曰无曰空,与天主理大相剌谬,其不可崇尚明矣。夫儒之谓,曰有曰诚,虽未尽闻其择,固庶几乎?[2]

其二,有关"太极"也不能是万物起源的原因。

> 中士曰:我儒言太极者是乎?
>
> 西士曰:余虽末年入中话,然窃视古经书不怠,但闻古先君子敬恭于天地之上帝,未闻有尊奉太极者。如太极为上帝、万物之祖,古圣何隐其说乎?[3]

---

[1]参见[意]利玛窦、[比]金尼阁:《利玛窦中国札记》,何高济、王遵仲、李申译,第105页。

[2]Edward J. Malatesta, S.J., ed. *The True Meaning of the Lord of Heaven* (T'ien-chu Shih-i) (St. Loiuis: Institute of Jesuit Sources, 1985), 98.

[3]Malatesta, *The True Meaning of the Lord of Heaven* (T'ien-chu Shih-i), 106.

其三，有关天主就是"上帝"。

> 中士曰：吾国君臣，自古迄今，惟知以天地为尊，敬之如父母，故郊社之礼以祭之。如太极为天地所出，是世之宗考妣也，古先圣帝王臣祀典宜首及焉，而今不然，此知必太极之解非也。先生辩之最详，与古圣贤无二意矣。

> 西士曰：虽然，天地为尊之说，未易解也。夫至尊无两，惟一焉耳；曰天、曰地，是二之也。吾国天主，即华言上帝。①

为了更有说服力，利玛窦还援引几句《诗经》上的话来做证：

> 《周颂》曰："执竞武王，无竞维烈。不显成康，上帝是皇。" 又曰："于皇来牟，将受厥明，明昭上帝。"《商颂》云："圣敬日跻，昭假迟迟，上帝是祗。"《雅》云："维此文王，小心翼翼，昭事上帝。"②

在此之后，一些中国天主教文人教徒便用"合儒""补儒"和"益儒"或"超儒"这几种术语来表明利玛窦对中国宗教的立场。侯外庐在其主编的《中国思想通史》中的解读如下：（一）在对儒、佛、道三教的关系上，是联合儒教以反对二氏，这即所谓的"合儒"；（二）在对儒家的态度上，是附会先儒以反对后儒，这即是所谓的"补儒"；（三）在对先儒的态度上，则是以天主教经学来修改儒家的理论，这即所谓的"益儒""超儒"。③利玛窦将佛教和道教视为人为的宗教，故加以反对，而他不把儒教当作正式的宗教，故觉得无必要反对。他以为儒教是一种哲学，其中还包括一些自然宗教的成分。因此，利玛窦对中国人的宗教知识以及所持的态度，也像圣奥斯丁的主张一样，有其缺点也有其优点。《天主实义》探究了东西方的形而上学之根本差异，利玛窦试图根据亚里士多德之形而上学和阿奎纳的神学观对宋明理学加以抨击，也就是否定一种以太极（理）为基础的道德形而上学，当然大部分的中国文人难以赞同。"不过，他从另一面肯定儒家伦理。他接受儒家伦理所强调的个人的道德

---

① Malatesta, *The True Meaning of the Lord of Heaven* (T'ien-chu Shih-i), 120.
② Malatesta, *The True Meaning of the Lord of Heaven* (T'ien-chu Shih-i), 122.
③ 参见侯外庐等主编：《中国思想通史》第四卷下，人民出版社1960年版，第1207页。

启发之重要性，因而比附儒家伦理，以说明基督教伦理也是归于行'仁义'。而且利玛窦从儒家经传里找出'上帝'或'天'之概念，而说基督教所讲的'Deus'就是中国古代人所祭祀的'上帝'或'天'。因此，他开拓了所谓适应于儒教文化的基督教本土化之第一步。……这一点上利玛窦做出莫大的贡献。"①法国汉学家谢和耐评价说："利玛窦的全部策略，实际上是建立在中国古代的伦理格言与基督教义之间的相似性，'上帝'与天主之间的类比关系上。"②2001年，在《利玛窦到北京四百周年国际学术研讨会致辞》中，罗马教宗若望·保禄二世高度赞扬道："利玛窦神父使自己紧密地'与中国人在一起'，以至于他成了一个杰出汉学家，这是从最深层的文化和精神意义上说的，因为他自己实现了牧师与学者、天主教徒与东方学家、意大利人与中国人之间非凡的内在融合。……利玛窦神父在中国的工作新颖而持久的原因之一是他从一开始就对中国人民的整个历史，文化和传统产生了深切的同情。从1595年在南京出版的第一部书起，他的短篇《交友论》（"De Amicitia"）就获得了巨大的成功，他在中国28年间不断建立的广泛而深入的友谊网络仍然存在。这是他的忠贞，真诚和受人们欢迎的无可辩驳的证明。这些崇高的精神从他对中国文化的尊重开始，一直到引导他学习和解释古代儒家传统，从而对中国经典进行了重新评价。"③

提到利玛窦对儒学西传的伟大贡献，再顺便提一下他为中国绘制的世界图。据南京博物院院长龚良考证，从1582年来华到1610年于北京去世，利玛窦在华共绘制了6种世界地图，但国内现存的仅有2幅，其中有南博收藏的摹绘彩色《坤舆万国全图》。在利玛窦来华前，中国人自认为处于大地中央，文化昌明，神州之外皆为蛮荒之地；而欧洲人则将中国视作虚幻之国，乃根据马可·波罗杜撰的神话传说。利玛窦在中西方搭建了一座交流的桥梁，而这张400年前的《坤舆万国全图》，就是当年中国与欧洲得以相互了解的一件标志性文物。

---

① [韩] 宋荣培：《利玛窦的〈天主实义〉与儒学的融合和困境》，《世界宗教研究》1999年第1期。
② [法] 谢和耐：《中国与基督教——中西文化的首次撞击》，耿昇译，上海古籍出版社2003年版，第17页。
③"Message of Pope John Paul II to the International Conference Commemorating the Fourth Centenary of the Arrival in Beijing of Father Matteo Ricci," *The Holy See*, http://www.vatican.va/content/john-paul-ii/en/speeches/2001/october/documents/hf_jp-ii_spe_20011024_matteo-ricci.html.

　　1602年，即万历三十年，在李之藻的配合下，利玛窦制成并刻版印刷了黑白世界地图《坤舆万国全图》，开创了中国视角绘制世界地图的模式，如欧罗巴、亚细亚、大西洋、地中海、罗马、古巴和加拿大等大量地名的汉译沿用至今；一些术语如地球、经线、纬线、南北极和赤道以及五大气候带等等，成为中国地理学的基础概念。最有意义的是，《坤舆万国全图》《两仪玄览图》等一批世界地图，首次将整个地球展现在中国人面前时，人们才恍然大悟，原来中国仅为世界诸国之一，并非世界的中心，更谈不上一国独尊，朦胧"天下观"受到实体"世界观"的挑战。利玛窦的《坤舆万国全图》共刻印了十余次之多，然而当世界面貌突兀呈现在中国士大夫眼前时，他们中一些人有意闭目塞听，甚至是排斥和嘲笑。直至1840年第一次鸦片战争爆发，满朝文武竟然对开战的"英吉利"位于何处几无所知，甚至对英军战斗力全凭臆测。1840年8月初，就连林则徐向道光皇帝上折都是说英军仅恃船坚炮利，而"一至岸上，则该夷无他技能，且其浑身裹缠，腰腿僵硬，一仆不能复起，不独一兵可手刃数夷，即乡井平民亦尽足以制其死命"。15世纪到17世纪的地理大发现使世界连为一体，而清朝却仍闭关锁国。在利玛窦《坤舆万国全图》推出之时，中国大门外的欧洲势力早已蠢蠢欲动，但即便葡萄牙盘踞澳门、荷兰侵占了台湾，都无法惊醒"中央之国"的迷梦。此时世界的天平正在悄悄地发生倾斜。16世纪前，中国的发明创造水平远超欧洲，但之后却发生了180度大逆转。这就是"李约瑟难题"："尽管中国古代对人类科技发展做出了很多重要贡献，但为什么科学和工业革命没有在近代的中国发生？""当我们再次审视《坤舆万国全图》时不禁感慨万千，因为当年与世界失之交臂，中华文明不得不经历枪炮与热血的淬炼，才得以浴火重生。即使今天，在这幅堪称艺术精品的地图上，那鼓起的风帆仍能让人感受到一个新时代扑面而来的气息。400年后的今天，我们是否应该把它看作带着密码的文化启蒙呢？"[1]

　　同为意大利传教士的罗明坚出生在斯皮纳佐拉，当时是那不勒斯王国的一部分。他在那不勒斯大学获得民法和教会法博士学位，并在菲利普二世政府里任职。1572年10月27日，他加入了罗马耶稣会。在完成了耶稣会的培训之后，罗明坚自愿参加了亚洲传教士团，先到印度传教。1579年，前往澳门学习汉语和中国的风俗习惯，并创办了圣马丁之家，这是第一所

---

①王宏伟：《当"天下观"碰上"世界观"》，《新华日报》2011年3月21日。

对外汉语教学学校。[1]与利玛窦一样，罗明坚的目的是"真正的"在中国定居，而不仅仅是在澳门，为此，他多次前往广州和肇庆，与当地官员进行了有益的接触。因此，他是最早进入明朝内地的西方传教士之一。在多次申请在中国设立常驻代表团的许可失败后，终于在1582年得到了当地政府的同意，1583年利玛窦和罗明坚最终定居肇庆，这是耶稣会士想要"长途跋涉"到北京的第一阶段。1584年，罗明坚发表了第一个中国教义，接着到了肇庆的几个村庄，给几个家庭施洗。后来，这些家庭构成了中国大陆基督教社区的核心。1583—1588年间，罗明坚与利玛窦合编了一部葡汉词典，这是人类史上首部欧汉词典。他们为之还开发了一套用拉丁字母抄写汉语单词的系统。[2]不幸的是，手稿被错放在罗马的耶稣会档案馆，直到1934年才被德礼贤重新发现，最终于2001年得以出版。罗明坚将最早的手绘中国地图翻译成拉丁文。1588年11月，罗明坚离开中国前往罗马，目的是让教宗向中国派遣大使。这一计划是为了让耶稣会士能够到达北京并得到皇帝的接见，然而却毫无结果，他的健康又每况愈下，最后这位疲惫的耶稣会士退休到萨勒诺。1607年他在那里去世，再也没有回过中国。

在萨勒诺，这位退休的耶稣会士是萨勒诺学校广受追捧的精神向导和忏悔者。他从事着使中国在欧洲更广为人知的工作，开启了欧洲人用中文创作的先河，并分发他从肇庆带来的中国地图副本。最重要的是，他划时代地将儒学最经典的"四书"译成拉丁文，因而被称为"西方汉学之父"。人们往往将利玛窦视为中西文化对话史的伟大奠基人，但在《儒学西传欧洲研究导论：16—18世纪中学西传的轨迹与影响》一书的第一章"罗明坚：中国古代文化经典西传的开创者"中，著者张西平从翻译《大学》、绘制中国地图、介绍中国、翻译"四书"等四个方面，探讨了罗明坚为中国古代文化的西传所作的伟大贡献，明确了这位为利玛窦的荣光所掩盖的意大利传教士的历史地位，高度评价其为"耶稣会入华的真正开创者、西方汉学的真正奠基人和儒家文化西传的真正开创者"[3]。

意大利传教士龙华民（Nicolas Longobardi，1559—1654），号精华，

---

[1] Jonathan D. Spence, "Matteo Ricci and the Ascent to Peking," in *East Meets West: The Jesuits in China, 1582–1773*, 10.

[2] Heming Yong and Jing Peng, *Chinese Lexicography: A History from 1046 BC to AD 1911* (New York: Oxford University Press, 2008), 385.

[3] 张西平：《儒学西传欧洲研究导论：16—18世纪中学西传的轨迹与影响》，北京大学出版社2016年版，第11页。

出生于意大利西西里的卡尔塔吉罗内城一个没落贵族的家庭。他自幼受过良好教育，于1582年加入耶稣会。其后在墨西拿的耶稣会初学院费时7年攻读文学、哲学、神学等，成绩特优。又经过3年实习教学后，龙华民担任初学院助教两年，导师一年。在此期间，他结识了罗明坚，深受其影响，决定赴华传教。1596年4月，龙华民从葡萄牙的里斯本启航，于1597年抵达澳门，此后在华宣教达58年之久，勤劳尽职，至死方休。抵澳门后不久，负责耶稣会东方传教事务的范礼安就派龙华民前往广东韶州，主持广东的教务。他选择了与当时大多数来华传教士不同的途径，他主张走向社会，公开发展教徒，并要求皈依者必须与传统的中国习俗决裂。遗憾的是，龙华民后来被卷入了"礼仪之争"，而且与利玛窦等持相反的立场。

1609年，龙华民奉诏前往北京。第二年，病逝前的利玛窦遗命他为耶稣会中国教区会长。龙华民与利玛窦在宣教的策略与神学见解相左，后者爱走上层路线，而且并不期待短期收效；而前者则喜大众路线，并急盼扩充信徒。两者因为在对待中国礼仪问题上，持相反的意见。利玛窦持让步之策，主张各种风俗习惯只要不影响基督教基本信仰就可通融，故他对"God"的汉译，以及尊孔祭祖等问题都较为包容，然而龙华民对这些问题却难以接受。当时，有关"God"的译名争议最大。基督教刚入华时，许多专有宗教名词的规范很难统一。因无法找到与"God"直接对应的中文名词，而只得将其暂译为"陡斯"（Deus）。利玛窦先选用"天主"一词，但不久觉察到中.华古典中的"天"或"上帝"，乃古圣先贤用来指天地主宰的，便改用"天"或"上帝"取代"天主"了。再后来他了解到，朱熹将"天"视为一种义理，于是便将"天主"和"上帝"同义而用，这就引起了长期的争论。以龙华民为首的一派人只称"天主"，反对称"天"或"上帝"；而较为开明的另一派，则坚持三者可以并用，因其均指称天地之主宰。另一个焦点问题就是："祭祖敬孔"是否为宗教行为？是否犯了拜偶像之罪？显而易见，尊孔祭祖乃中华民族千百年来传承的习俗，若遭到排斥，定会阻碍传教活动，而基督教即成破坏中华文化的外来势力。对此，利玛窦持折中之法，视"祭祖敬孔"为一种礼节，仅为表达敬仰与孝思，故让中国基督徒参与并无伤大雅。然而在龙华民一派看来，这实为大逆不道，与佛教、道教的拜偶像并无二致，当然违背天主教的教义，故必严禁。

高一志（Alfonso Vagnone，1566或1568—1640），又名王丰肃，字则圣，出生于意大利贵族家庭，自幼就受过良好的教育，1584年入耶稣会初学院学习。1605年入华，初至南京，便潜心钻研中国语言文字，探究古籍经典文献，著书立说，受到中国文人群体的高度评价。因他传教有方，于1609年任南京会长，并使南京成为当时中国教务很发达的地区之一。1616年，南京有三位知名的士大夫入教，这一切都与他积极贯彻利玛窦的学术传教的上层路线是分不开的。[①]1615年，由明神宗任命的南京礼部侍郎沈榷策划取缔天主教，虽然当时的士大夫徐光启、李之藻、杨廷筠、孙元化等极力上疏为之开脱，但明廷仍逮捕传教士并驱逐出境，这就是所谓的"南京教案"。高一志与另一位神父谢务禄遭受严刑拷打，后被囚禁木笼，押送至澳门。在澳门期间，高一志推出了不少中文著述，为东山再起做积极的准备。1624年他返回中国内地，将曾用名王丰肃改名为高一志，并于1624年12月底转赴山西绛州传教，得到当地段衮与韩云两大家族的鼎力相助，首建教堂一座，入教者颇多。其后，他又到蒲州（今山西永济）宣教，得到高官韩圹的大力支持。高一志深通中国儒家经史典籍，常与名流谈经论道，广交学友。1634年，山西爆发大饥荒，饿殍数以千计。高一志全力救贫济困、救死扶伤。灾后，仅在绛州和蒲州两地就有1530人受洗。高一志在山西传教15年，受洗8000余人，内有功名者二三百人，建教堂50余座。据载，高一志至1640年已建立102座教友聚会中心。当时的中国耶稣会副省会长，葡萄牙耶稣会士傅汎济（Franis Furtado，1587—1653）致耶稣总会长信中说："高一志神父照顾着数千名教友，分布于五六个城市，以及50多个乡村中。他每年巡视两次，其余时间则埋首于中文书籍的编著工作。"高一志在学术方面亦颇有建树，平生著有约27部专著，在文学、历史、哲学、信理、伦理、教育、社会、政治、自然科学诸领域均有卓越的建树，其中不少与儒学有关，其学术见解对明清中国社会的儒家伦理建设和教育理念影响颇深。1639年末，正在平阳府传教的高一志由于积劳成疾突然病倒，于1640年4月9日在绛州离世，享年74岁。有人曾评价道："在明末清初的传教士中深受教友及教外人爱戴的，除利玛窦之外，或首推高一志神父。"

艾儒略（Giulio Aleni，1582—1649），号思及，意大利人，1600年入耶稣会。他于1610年抵澳门后，曾教授数学两年。后至北京、常熟、杭州等地，仅在福建传教就有23年。艾儒略旅华达36年之久，堪称自利玛窦以来最为精通汉学和汉语的耶稣会士。他发扬利玛窦的传教精神与策略，身

---

①参见［法］荣振华：《在华耶稣会士列传及书目补编》，耿昇译，中华书局1995年版。

穿儒服，入乡随俗，曾被利玛窦看作其接班者。不过，他在福建传教风格与利玛窦和其他传教士有所不同。照柯毅霖（Gianni Criveller）的看法，艾儒略的传教策略已开始走向文化本土化。艾儒略以透过学术与文化交流探讨哲学和宗教问题为切入点，尤其强调儒耶的相合之处，尽可能地吸引士大夫阶层接受基督教。他既顾及社会精英分子，同时也积极关注平民阶层。艾儒略大致沿袭了利玛窦的方式，在尊重祀孔祭祖传统前提下，尽量用天主教精神感化中国皈依者。在福州，艾儒略在宣扬儒家"天命之谓性"的同时，渗入天主教的信念，与许多当地社会名流切磋天学，借此在士大夫阶层中宣教。不少当地名士，如何乔远、苏茂相、黄鸣乔、林欲楫、曾樱、蒋德璟等都参与其中。艾儒略与叶向高论道析疑，写出了《三山论学纪》（"三山"为福州的别称）。叶向高的两个孙子、一个曾孙和一个孙媳都受洗入教。艾儒略格外重视与地方官员和士绅的交往，他同福建巡抚张肯堂、督学周之训交情不浅，还结识了曹学佺、曾异撰、孙昌裔、翁正春等要人。1625年，叶向高长孙叶益蕃在福州宫巷为艾儒略建造了"三山堂"，即"福堂"，它也是福建的第一座天主教堂。1626—1639年之间是艾儒略在闽传教的黄金时期，他传教的足迹遍布福建各地。1635年，即崇祯八年时，福州城内教徒已达数百人，此城亦成为耶稣会在中国刻印出版汉文著作的中心之一。①在华传教期间，艾儒略共出版了20余种著述，涉及天文历法、地理、数学、神学、哲学、医学等诸多领域，代表作有《万国全图》《职方外纪》《西学凡》《西方答问》《几何要法》《三山论学纪》《涤罪正规》《悔罪要旨》《耶稣圣体祷文》《万物真原》《弥撒祭义》《天主降生言行纪略》《天主降生引义》《圣梦歌》和《圣体要理》等。这些著作使他成为西学东渐之桥的重要构建者，故被誉为"西来孔子"。

在教廷裁决中大获全胜的黎玉范（Juan Bautista de Morales，1579—1664）并未就此停战，1648年10月15日，他再次向教廷举报，指控耶稣会士仍在违反1645年有关中国礼仪的教敕，从而将中国耶稣会传教团逼入更为险恶的境遇。《传信部1645年9月12日部令》的颁布，无疑对耶稣会士是毁灭性的打击。由利玛窦开创的以调适基督教义与儒家思想为基础，宽容中国礼仪习俗为特征，在和平环境里传教已取得巨大进展的适应性策

---

① 参见潘凤娟：《西来孔子艾儒略：更新变化的宗教会遇》，天津教育出版社2013年版。

略，正沦于动摇、颠危乃至覆灭的绝境。在这决定命运的危急时刻，必须选派一位能力挽狂澜的传教士前往罗马进行申辩，指出黎玉范误解了他们的传教实践，争取教廷发布新的训令，使形势转危为安。这众所期待者，非在学历、胆识、业绩和对适应策略的理解方面都公认为卓越的卫匡国莫属。

卫匡国（Martino Martini，1614—1661），字济泰，出身于意大利北部特伦托城一个曾以航海为生的市民家庭。卫匡国11岁，开始在当地的耶稣会学校读书；17岁加入耶稣会；18岁进入罗马的耶稣教义学校，作为见习修士；20岁进入罗马学院。罗马学院由依纳爵亲自创办，聚集了众多著名学者，并拥有完整教学体系的最高学府里，卫匡国于三年学习期间，既研习了修辞学、拉丁文、希腊文、历史学、地理学、种族社会学、法律、伦理和宗教学等等；又探究了哲学，包括逻辑学、物理学、数学与天文学等等。在经历这严格训练和考核之后，他的博学多才开始崭露头角。卫匡国于1643年，即崇祯十六年奉命来华传教，不久便充分表现了自己的实力。很重要的是，他对利玛窦的适应策略真正具备正确的理解和深厚的感情。

1650年，会长阳玛诺（Emmanuel Diaz，1574—1659）在与教廷巡视员傅汎济商议后，决定派卫匡国作为特派员回罗马教廷传信部说明。1651年3月，卫匡国由福建金门岛出发，途经马尼拉、望加锡、雅加达，后取道好望角、英伦三岛，于1653年8月31日到达挪威的卑尔根港。登陆之后，并未直往罗马，而是绕道德意志和比利时，沿途受到各国学者的欢迎。1654年，在欧洲的这次旅游中，他还曾利用幻灯片对中国事物进行演讲，辗转抵荷兰阿姆斯特丹，即从事于《中国新地图集》及其他诸书之刊行。卫匡国随身带回了用拉丁语编写的汉语语法手抄本，其分为两个部分。第一部分阐述发音，第一篇为《中国话语的单数和复数》，列出320个用汉字写的汉语的词语、它们的拉丁语音译以及解释；第二部分为用法说明。虽然此手抄本起初很可能仅为了个人需要而成稿，但他还是将其展示给当地的学者看。自那时起，人们争相传看，该手抄本名气日益高涨，逐渐传遍了整个北欧地区。在教会催促下，卫匡国于1654年10月上旬抵达罗马。在他看来，罗马理解耶稣会中国政策的主要障碍，就在于其不是很了解中国的文明和文化，因此必须全力清除这个障碍，而有效方式之一就是更多地出版介绍中国的著述。在《鞑靼战纪》（1654）、《中国新图志》（1655）、《中国上古史》（1658）和《中国基督徒的数量和质量简述》（1654）这几本书中①，卫匡国从不同的角度、不同的范围阐述了对中国新的认知。卫匡国于1655年撰写的《中国新图志》和1658年的《中国上古史》等书，均为早期西方中国研究的经典之作。尤为称道的是，他在《中国上古史》中也讨论了儒家哲学，甚至还展示了伏羲的八卦图和六十四卦图。很遗憾，这些著述长期都被中西方学术界所忽视。卫匡国的《中国上古史》（*Sinicæ Historiæ Decas Prima*），1658年以拉丁文首版于慕尼黑，翌年在阿姆斯特丹再版，1692年巴黎出法文版。②此书内容上起传说中的伏羲，下迄西汉末年，取材于儒学典籍和官方正史（主要是《春秋》《论语》《孟子》《史记》），此书细致描述了中国的圣贤帝王、编年史和几个古代王朝。此书首先是一部朝廷编年史，以大量篇幅叙述帝王将相、政局变化及周边关系。书中也谈到宗教和哲学，比如诸子百家、儒学的深入发展和秦汉时代的道教。卫匡国同时使用中国的干支纪年和基督教历法来表示皇帝登基的时间，对于其他事件他则以皇帝的年号纪年而以西历纪日期。总之，卫匡国为欧洲读者提供了一部相当详细的，叙述公元前中国朝代历史的作品。③

有趣的是，来华的传教士中有两个"闵明我"：第一位为西班牙多明我会的神父闵明我（Domingo Fernández Navarrete，约1610—1689），另一位是在他离开中国后，冒用他名字进入北京，做南怀仁助手的耶稣会会士意大利人格里马尔迪（Philippus Maria Grimaldi，1639—1712）。更有趣的是，这两位"闵明我"各属于在"中国礼仪之争"中相互对立的两个天主教派别。格里马尔迪于1657年加入耶稣会，1659年抵达澳门，被封为神父。1664年，汤若望事件后，所有传教士都被关在广州。1669年，那位西班牙多明我会的传教士闵明我越狱，于是格里马尔迪便冒用他的名字，住在真闵明我以前住过的房子里。史家将逃犯称为"真闵明我"，将格里马尔迪称之为"假闵明我"。1671年，康熙允许传教士返回各自的地方，并把那些精通历法的人招到自己身边。因南怀仁的推荐，"假闵明我"格里马尔迪奉召至北京供职钦天监，后继南怀仁为钦天监监正。他曾返欧，赴罗马报告教务，并向西方学者广泛介绍中国见闻。后又率一批传教士启程返华。格里马尔迪受到康熙的信任，于1687年被派往俄罗斯执行外交任务。他于1694年回到北京，并因他的贡献而受到皇帝的嘉奖。格里马尔迪

---

① 部分书名为笔者译。
② Henri Cordier, *Bibliotheca Sinica*, vol. 1 (London: Forgotten Books, 2018), 580.
③ Cordier, *Bibliotheca Sinica*, vol. 1, 1682.

虽然没有直接参与教会传教，但他在中国40年的工作与生活，是康熙对中国教会传教持自由态度的重要原因。格里马尔迪后逝世于北京。

意大利耶稣会士殷铎泽与葡萄牙耶稣会士郭纳爵（Ignatius da Costa，1599—1666）合译了《大学》，改称《中国的智慧》（*Sapientia Sinica*），并于欧洲出版。殷铎泽又独译了《中庸》。这两本书于1672年在巴黎再版，书后附有《孔子传》和孔子画像。此外，殷铎泽还与郭纳爵合译了《论语》。

现于中山大学任教的法国汉学家梅谦立（Thierry Meynard，1963—）评述道："耶稣会士在十七世纪翻译的'四书'，以张居正的《四书直解》为底本，并用朱熹《四书章句集注》做补充。他们声称，《四书直解》更符合先秦儒家的思想，也更符合真理。"[①]

意大利耶稣会神父马国贤（Matteo Ripa，1682—1745）曾在康熙宫廷中担任画师。因"礼仪之争"，清廷驱逐外国传教士，1724年，马国贤带了四名中文教师回国，之后奉教宗克勉十二世之命，在拿波里创办中国学院培养通晓中国语言及文化的意大利年轻传教士，赴华传教。此为欧洲大陆第一所研习汉学的学校，即今日的那不勒斯东方大学。

历史的进程充满着遗憾，17世纪之后，意大利汉学就一蹶不振，主要是因为当时意大利正处在分裂之中，当然会难以顾及对中国的兴趣了。[②]直到19世纪末，佛罗伦萨才开设了第一个中文讲座。意大利的汉学研究从第二次世界大战后才真正开始复苏。

第三节 西班牙与葡萄牙耶稣会传教士对儒学西传的贡献

在写往欧洲的书信中，西班牙传教士、耶稣会创始人之一的沙勿略曾大致勾勒了儒学教化下"全国信于一尊"的文化特征，赞誉中国"以正义卓越著称，为信仰基督教的任何地区所不及"；"中国人智慧极高，远胜日本人；且善于思考，重视学术"；"中国人聪明好学，尚仁义，重伦常，长于政治，孜孜求知，不怠不倦"。[③]在信中，他还介绍了中国的宗

---

①［法］梅谦立：《耶稣会士与儒家经典：翻译者，抑或叛逆者？》，《现代哲学》2014年第6期。

②［意］图莉安：《意大利汉学研究的现况》（*The Current Situation of Sinological Research in Italy*），天主教辅仁大学华裔学志汉学研究中心2004年版，第4—7页。

③方豪：《中国天主教史人物传》（第1册），香港公教真理学会1970年版，第60—61页。

教习惯、教育方式、文人学者的地位及对外国学者的态度等。

高母羡（Juan Cobo，1546—1592）出生于西班牙孔苏动乱格拉。担任多米尼加教团的牧师后，他先于1586年到达墨西哥，两年后前往菲律宾马尼拉。受菲利普二世指派，高母羡来到中国传教。他曾将塞涅卡（Lucius Annaeus Seneca，约前4—65）的几部著作包括《问答》译成中文；1593年，还将明代学者范立本于1393年编纂的《明心宝鉴》译成西班牙文出版。[①]该书载有孔子、孟子、荀子、朱熹等儒学家有关劝善、修身、励志的论述，并在译成西班牙文后，逐渐流传于欧洲。此举"第一次将一本中国书翻译成欧洲语言"[②]，高母羡则被认为是"第一个至少是在印刷品上将欧洲哲学和科学介绍给中国的人"。

西班牙传教士门多萨先是从军，但几年后退伍加入圣奥古斯丁骑士团。令人惊讶的是，门多萨虽从未到过中国，却为西方最早撰写有关中国历史的作者之一。他于1584年出版的《大中华帝国志》是几个西班牙游客在中国的观察记录。此书的英文译本于1588年问世，并被客家人协会（Hakluyt Society）再版。[③]

西班牙传教士庞迪我（Diego de Pantoja，1571—1618）因在北京追随利玛窦而闻名。他于1597年抵达澳门，在圣保禄学院收到了在中国工作的指示，随后被派往明朝的留都南京，并于1600年3月开始在那里定居。庞迪我与利玛窦一起工作，后者完成了在中国的第一个全球地图集《职方外纪》的编纂工作。1600年，他与利玛窦一起离开南京，于1601年初抵达明朝的首都北京，并在那里工作多年，担任音乐家、从事历法修正的天文学家和从事纬度研究的地理学家。1617年，他作为中国天文学家的对头而受到审判，与他的同事熊三拔（Sabbatino de Ursis，1575—1620）一起遭到驱逐，后定居在澳门。

真正的西班牙多明我会传教士闵明我，生于西班牙卡斯特罗赫里斯。他在瓦拉多利德接受高等教育后，志愿前往菲律宾，并于1648年抵达那里。1658年，他转到澳门，后在福建和浙江传教。返回西班牙后，他在马德里担

---

①Juan Cobo, *Beng sim po cam o espejo Rico del Claro Corazón* (Madrid: Librería General, 1959).

②陈庆浩：《第一部翻译成西方文字的中国书〈明心宝鉴〉》，（台湾）《中外文学》1992年第4期。

③Donald F. Lach, *The Century of Discovery*, vol. 1 of *Asia in the Making of Europe* (Chicago: University of Chicago Press, 1965), 750.

任特派团检察官。这一期间，他开始撰写一部三卷本的巨著，内容涉及中国的文化、民族以及基督教的渗透，并严厉批评了那里的耶稣会的方法。

在西方天主教的早期对外传教中，其实葡萄牙抢占了一个极为有利的地位。因哥伦布发现美洲新大陆后所定的条约，葡萄牙与西班牙二分天下，由前者掌控天主教在亚洲的传教。正因如此，西方天主教在亚洲的传教活动，都由葡萄牙调派。

葡萄牙传教士曾德昭（Alvaro Semedo，1585—1658），又名谢务禄。他于1602年进入耶稣会见习会。1608年3月29日，曾德昭乘诺萨斯拉号前往果阿和远东，并于1610年到达澳门，1613年到达南京。1616年，因当时的反基督教运动，他和另一位耶稣会士高一志被囚禁在南京，然后被遣送回澳门，在那里他一直待到1621年。[1]随着反基督教活动逐渐平息，这位传教士将其中文名字从谢务禄改为曾德昭，重返内地，并在江浙一带宣教。曾德昭在中国的大部分时间都是在中部和南部省份度过的，也许他唯一的北上之行是于1625年到过西安。1636年，曾德昭作为一名督察官返欧，专为中国使团招募传教士，并确保让欧洲教会继续提供援助。在欧期间，曾德昭先用葡萄牙文写了一篇有关中国的长篇报告，并于1642年以《大中国志》为题发表。不过，学界对此作的成书年代尚存较大的争论。根据计翔翔从《大中国志》的行文推断，书稿完成的时间应该是1641年。《大中国志》的原文标题为《中国及其邻近地区的传教报告》（*Relacao de propagacao de se regno da chinaeoutro adjacentes*）。后经历史学家索萨的整理，并翻译成西班牙文，于1642年出版。曾德昭还曾亲自督促将此文译成意大利文，后于1643年出版。意大利文版的《大中国志》被视为最权威的译本，此后的法文版及英文版，均根据意大利文版而来。

曾德昭在中国前后居住了30余年，历经万历、天启、崇祯三代，对明末中国的观察可谓细致入微。与《利玛窦中国札记》一样，他的《大中国志》之所以被欧洲人重视，是因其内容扎实。该书作为了解中国的第一手资料，有极高的可信度，堪称明末中国社会的百科全书：在地理方面，涉及了中国的位置、版图、气候、人口、物产、各省概况及岛屿，包括台湾与海南等；在社会方面，刻画了中国人的品貌、性格、才智、嗜好、民风民俗等；在政治方面，揭示了行政架构、政体规章；在文教方面，评述了经史子集、科举考试、琴棋书画、出版发行等。此外，该书对语言文学、

---

[1]Mungello, *Curious Land: Jesuit Accommodation and the Origins of Sinology*, 75.

宗教迷信、科学工程、工匠百艺、历史事件、异族异教，都有细致入微的描述。①由于著者本人长期在中国生活，书中的记载多为亲身经历，既具体又生动，如对科举制、围棋和汉语的介绍等。该书由衷地推崇中国，指出中国人天生具有一些美好的品质，谴责那些视中国人为野蛮人的欧洲人；赞扬了中国的政府组织和政治制度，并强调中国政府的行事原则源于儒家学说；还为中国教育勾勒了一幅理想图景。当然，曾德昭对中国也作了中肯的批评，如中国政府忽视武装力量建设，科举仅以文章取士，重文轻武，导致明朝被清朝推翻，御史谏议制度有名无实等。②再次返华后，曾德昭在广州担任耶稣会中国使团负责人之一。1644年后，尽管中国其他地方的大多数耶稣会士都转向了最近建立的清朝，曾德昭却还是继续与南明政权合作，甚至将卜弥格（Michel Boym，1612—1659）送到南明永历皇帝的朝廷。清军攻占广州后，曾德昭被拘禁，几个月后才被释放，据传是由于身居清廷要职的汤若望的作保。此后，他在广州度过了余生。

安文思（Gabriel de Magalhães，1609—1677）是早期的葡萄牙耶稣会派来中国的传教士。他于1640年到达杭州，后于1642年8月前往成都，并与同乡耶稣会士利类思（Louis Buglio，1606—1682）建立了密切的联系，并在后者的指导下开始学习中文，而利类思在35年后又成为他的传记作者。1644年，安文思和利类思都被迫效力于起义军首领张献忠。最初，安文思很同情张献忠，但当他在四川发起恐怖的屠杀时，安文思改变了自己的看法。张献忠于1647年被满族军队击败后，安文思和利类思被肃武亲王豪格俘虏。为了避免被处决，安文思声称被清廷器重的德国耶稣会士汤若望是他们的"兄长"。③1648年，他们被带到北京的紫禁城，在那里得到了顺治皇帝的好感，并获得了职务、房屋和俸禄。安文思等人承接了北京的圣约瑟夫天主教堂（St. Joseph's Church，又名东堂）的修建工作。安文思的职责是维护各种西方机械，包括顺治和康熙朝宫中的钟表。他制造了许多机械设备，包括钟琴和转塔钟，这些钟能播放一个小时的中国音乐。顺治皇帝去世后，反基督教的势力逐渐浮出水面。1661年，在康熙皇帝统治期间，安文思被指控犯有贿赂罪，被判入狱并遭受酷刑，但后来因指控不成立而获释。安文思于1677年5月6日在北京去世，康熙皇帝亲自为他写

①参见杨植峰：《帝国的残影：西洋涉华珍籍收藏》。
②张国刚：《明清传教士的当代中国史——以16—18世纪在华耶稣会士作品为中心的考察》，《社会科学战线》2004年第2期。
③Brokey, *Journey to the East: The Jesuit Mission to China, 1579–1724*, 110.

了悼词。①安文思从1650年开始撰写"对中国最全面，最敏锐的描述"，并于1668年完成。在他逝世后，这个成果被法国耶稣会士柏应理带回了欧洲。1681年，由伯努（Abbé Claude Bernou）译成法文。该书名为《中国新志》（*Nouvelle Relation de la Chine*），最初是用葡萄牙语写成《中国的十二个杰出成就》（*Doze excellencias da China*，中文书名为笔者译），涉及中国的各个方面，例如历史，语言，习俗和制度。然而遗憾的是，部分书稿被大火损坏，因此翻译中有改动和删除，并被重新组织成21章，而不是原来的12章，并以新的法文标题出版。②

综上所述，耶稣会驻华使团的历史与中国从"前现代"政体向现代政体过渡、从一个相对孤立的传统社会向全球社会重要组成部分过渡的复杂历史分不开。一般来说，耶稣会士在中国的历史直到最近都是由耶稣会士，特别是传教士自己写的。耶稣会士的历史应该与耶稣会士自身所写历史一样对待吗？"这个问题有时被认为是客观的问题，但正如完全客观的历史概念在现代心理学、哲学和后现代理论的压力下已经基本消失一样，局外人的优越性也超过了局内人。"耶稣会中国传教团的近代成员裴化行的评价也许比较中肯："无论是'教化'信件，还是'非教化'信件，都不足以解释和揭示传教士的历史及其真实的生活。"③

儒学经过传教士们的西传，西方启蒙运动中的一些伟大思想家们对孔子产生了一些特殊的关注。尽管他被许多西方人视为中国"落后"思想的化身，其教诲也常常被指责为束缚了中国人的天性。但也有人钦佩孔子的信念，如孔子认为公正的统治是符合天命的，而不公正的统治则是违背天命的，故天命可废弃或改变这种不公正的统治，让新的统治取而代之。这种信仰与当时流行的思想可说是相当吻合，如卢梭的社会契约和洛克的自然法等。这种认为政府的合法性来自公正的统治，而当它有不公正的行为时，它就"失去了上帝的爱"的观点，得到了无数时代人物的呼应，并激励着后来法兰西共和国和美利坚合众国的诞生。事实上，孔子关于"苛政猛于虎"的论断包含了人们可能会从托马斯·杰斐逊和托马斯·潘恩等人

①Albert Chan, S.J., *Chinese Materials in the Jesuit Archives in Rome, 14th–20th Centuries: A Descriptive Catalogue* (New York: Routledge, 2015), 453.
②Mungello, *Curious Land: Jesuit Accommodation and the Origins of Sinology*, 95–97.
③转引自Paul Rule, "The Historiography of the Jesuits in China," *Jesuit Historiography Online*, last modified December 2016, http://dx.doi.org/10.1163/2468-7723_jho_COM_192534。

物那里听到的各种政治理念。

第四章　西欧传教士早期的儒学西传

16世纪由马丁·路德发动的宗教改革运动，分裂出基督新教，同时也动摇了天主教会所主导的政教体系，并在文艺复兴的思想大解放中，为西欧资本主义发展和多元化的现代社会创造了前提。在17世纪到18世纪初的欧洲，经过相互妥协，国王与教会得以并存。教会虽失去了政治权利，但1740年以前的欧洲还是为宗教所控制。然而，从18世纪中叶起，这种教权与王权相对平衡的结构开始从根本上瓦解。思想的批判精神与新社会秩序的构建，彻底打破了宗教合理性基础。在这种社会转型的大背景下，整个西欧的对华传教活动也自然而然地顺应了这一历史趋势。

第一节　法国天主教传教士对儒学西传的贡献

自1687年到1773年耶稣会解散，约有88名法国耶稣会士来到中国（此前上溯到金尼阁来华，共约有17位法国耶稣会士抵华）。[①]17—18世纪，在中国的欧洲耶稣会传教士中，法国耶稣会士是一个著名的群体。由于他们的努力，形成了欧洲人较为正面的中国观，也促成了后来"中国风"的兴起。其中有一例很有趣，法国著名风俗画画家博尔热（Auguste Borget，1808—1877）于第一次鸦片战争爆发前抵达中国写生，后来推出的画集《中国与中国人》（*La Chine et les Chinois*）引起轰动，并被献给了国王。后来，博尔热以"中国专家"的身份发表过不少有关中国的文章。此外，他还为小说《开放的中华：一个番鬼在大清国》绘制了215幅插图。被誉为"现代法国小说之父"的巴尔扎克（Honoré de Balzac，1799—1850）专为好友博尔热的这部画集撰写了长篇专论，并诙谐地说道："我的童年是在中国和中国人的摇篮里度过的。"中国读者在他的作品中常常看到某种带有中国元素的描写。这段佳话让人们至少感到了当时"中国热"的余温。这一切都与来华法国耶稣会士的努力分不开。

传教士兼汉学家的杜赫德在《中华帝国全志》序言中列出了被他参考过作品的27位耶稣会士名录，其中除4人之外，全都来自法国：卫匡国、南怀仁、柏应理、安文思、洪若翰、白晋、张诚、卫方济、李明、刘应、

---

①J. Huber, *Les Jésuites*, vol. 1 (Paris: Sandoz et Fischbacher, 1875), 34–35.

雷孝思、马若瑟、殷弘绪（Francis-Xavier Dentrecolles, 1664—1741）、赫苍璧、龚当信（Cyr Contancin, 1670—1732）、戈维里（Pierre de Goville）、夏德修（John Armand Nyel）、巴多明（Dominique Parrenin, 1663—1741）、杜德美（Pierre Jartoux, 1668—1720）、汤尚贤、冯秉正、郭中传（John Alexis Gollet, 1664—1741）、彭加德（Claudius Jacquemin）、卜文气、沙守信（Emerric Chavagnac, 1670—1717）、宋君荣、杨嘉禄（John Baptist Jacques）。从此份名单可看出，在华耶稣会士中最有名的作家和学者都几乎被杜赫德一网打尽，而从这些传教士的活动观察，从先驱者卫匡国到后继者宋君荣和杨嘉禄，"这一切似乎也在表现杜赫德著作的详尽程度和权威性"①。巴尔扎克曾如此回忆到，从自己15岁起，就读过杜赫德神父等关于中国绝大部分的报道，"总之，理论上有关中国的一切知识，我都知道"。笔者因篇幅有限，不可能将这些耶稣会士们都加以一一评述，只列举上述例子。

　　法国传教士金尼阁是代表耶稣会在中国工作的重要人物之一。他于1610年才到中国，但两年后他回欧洲完成了许多任务，包括增加对耶稣会士的物质支持，为在中国各地建立的各种机构招募更多的传教士，以及采购一些书籍等。金尼阁的任务完成得非常成功，他招募了20多个耶稣会士与他一起前往中国（尽管实际上只有8个耶稣会士最终留在那里工作），收集到了各种各样的书籍（其中一些现在藏于中国国家图书馆），并宣传耶稣会士在中国所作的努力。金尼阁在欧洲逗留期间访问了许多城市和城镇，他所穿的中国服饰很有特色，甚至引起了鲁本斯（Peter Paul Rubens, 1577—1640）的关注，后者特为其画了几幅肖像。然而，金尼阁最大的成就是1615年在奥格斯堡出版的《利玛窦选集》。他还写了五本献给保罗五世的书，其中准确而忠实地描述了中国的风俗、法律和原则，以及新教会艰难的传教开端。金尼阁记录了传教士面临的困难，并尽可能多地向欧洲读者介绍中国。他的书非常流行，以至于被多次翻译成意大利文和法文等语种出版。金尼阁于1626年将"五经"译成了拉丁文，同年，他推出了《西儒耳目资》一书。1625年，在中国文人的帮助下，他还推出了《伊索寓言》的第一个中文译本。遗憾的是，在17世纪20年代，金尼阁卷入了一场有关基督教"上帝"正确中文翻译的争论，在1625年与耶稣会高级官

①张国刚：《明清传教士的当代中国史——以16—18世纪在华耶稣会士作品为中心的考察》，《社会科学战线》2004年第2期。

员维泰莱斯基（Muzio Vitelleschi，1563—1645）对禁止使用"上帝"这一用词进行辩驳。1628年，耶稣会督察员帕尔梅罗下令调查金尼阁之死的情况。根据郭居静提供的说法，精神欠佳的金尼阁在未能成功捍卫这一用词的使用后，变得极度抑郁最终自杀了。

　　白晋，字远明，生于法国勒芒市。他年轻时就读耶稣会学校，接受神学、语言学、哲学和自然科学的综合教育，尤其对数学和物理学兴趣浓厚。求学期间，白晋对沙勿略在上川岛抱恨终生的故事有所耳闻，也受到利玛窦等耶稣会士在中国获得卓越成就的巨大鼓舞，于是决心继承这二人的遗志到中国传教。1678年，即康熙十七年，深受康熙信任的比利时传教士南怀仁致信欧洲教会，请求增派传教士来华。此时，法国正值路易十四统治时期，对外推行殖民政策，频频发动战争，法国此时成了欧洲的军事强国。法国科学院奉路易十四之命，在全球范围内进行科学考察，派遣专家在欧、美、非洲等地进行大地测量。但在亚洲的印度和中国，由于"保教权"被葡萄牙控制，这一工作遇到阻碍。收到南怀仁的请求后，路易十四立即想到此乃扩大法国在东方影响的绝佳之机，于是决定增派耶稣会士赴华。1684年，白晋就应允出使中国传教。出发前他获授"国王数学家"称号，入法国科学院为院士。与其同行者还有洪若翰（Jean de Fontaney，1643—1710）、刘应（Claude de Visdelou，1656—1737）、塔夏尔（Guy Tachard，1648—1712）、李明（Louis Lecomte，1655—1728）和张诚（Jean-François Gerbillon，1648—1707）等人。这批传教士以洪若翰为首，于1685年3月3日自布雷斯特起航，途经泰国暹罗时，塔夏尔被暹罗国王留用。其余五人则于康熙二十六年（1687）夏登陆浙江宁波，请求在华永久居住。当时海禁未开，严禁洋人深入内地。浙江巡抚金宏以这些洋人非法入境为由，上报礼部，拟遣送回国。当时南怀仁年事已高，康熙正物色新人接替。当南怀仁告知这五人为法国国王所遣，并精于天文历法之后，康熙立准他们进京，旨曰："洪若等五人内有通历法者，亦未可定，着起送来京候用。其不用者，听其随便居住。"[1]白晋和张诚当即被康熙留京供职，其他三人则获准前往他省自由传教。

　　1688年2月7日，白晋和张诚等人抵达北京，遂应召进宫。他们进献了当时欧洲先进的天文仪器，包括四分象限仪、水平仪、天文钟，还有一

---

①韩琦、吴旻校注：《熙朝崇正集　熙朝定案》（外三种），中华书局2006版，第416页。

些数学仪器。白晋同时将路易十四之子梅恩公爵赠给自己的测高望远镜转献给康熙。白晋、张诚在讲解所献仪器之时，还向康熙讲解了一些天文现象，并介绍了法籍意大利天文学家卡西尼（Jean Dominique Cassini，1625—1712）和法国数学家、天文学家拉伊尔观测日食和月食的新方法，并绘图加以说明。康熙大为欣赏，下令将进献之物置于宫内御室中，并传旨让白晋、张诚学习满语和汉语。1690年，白晋等人开始系统地向康熙讲授几何学和数学，课程安排先讲《几何原理》，然后陆续讲授天文历法、医学、化学、药学等西洋科学知识。康熙非常认真，听讲后亲作习题和绘图，并随时质疑。学习一段时间后，成效很大，康熙对几何图形，相关数学定律及其证明颇能领会。接着，康熙又向二人学习了法国数学家巴蒂（Ignace-Gaston Pardics，1636—1673）的《应用和理论几何学》。同时，康熙还努力学习数学仪器的操作。白晋、张诚编写了满文的实用几何学纲要，他们将满文的讲稿整理成册，并译成汉文，由康熙亲自审定作序。这就是现藏于故宫博物院的满文本《几何原本》，汉文本则收入了《数理精蕴》一书之中。1691年，白晋和张诚应康熙之托曾准备向其讲授欧洲哲学史，但因康熙患病而未能实行。在康熙患病期间，二人向他介绍了西方医学，并为此专门编写了一份附有人体解剖图的解剖学讲稿。康熙对此很受启发，特命宫廷画师精心绘制仿图。白晋二人还用西方医学理论讲解康熙帝患病的生理原因，并参照法国皇家实验室的药典，制作出多种西洋药品。1693年7月，白晋、张诚两人进献的奎宁治愈了康熙皇帝的疟疾。为了奖赏他们，康熙帝特令在皇城西安门内赐地建房，作为传教士的住宅。[①]从现有的例证看来，康熙的确为中国帝王中绝无仅有的，对西方科学与文化如此青睐的一位。难怪有记者问史学大师史景迁，哪一位中国皇帝可以选作朋友？他回答道："经过了这么多年的教学、研究与写作中国历史的过程，我依然会选择康熙——在我做学生的时候就已经对他很感兴趣，并且围绕他写了我最初的两篇论文。理由大概需要很多讲座才能说得清，比如他相当灵活，他爱钱但并不如命，他爱他的60个孩子组成的大家庭，他有帝国设计，他也是第一个一对一接见西方人的皇帝，甚至去学了一点外语。"[②]

[①]参见［法］白晋：《康熙皇帝》，赵晨译，刘耀武校，黑龙江人民出版社1981年版。
[②]许荻晔：《史景迁：如果交朋友，我会选择康熙》，《东方日报》2014年3月10日。

关于《易经》的西引，白晋有很大的贡献。从白晋起，在华传教士就开始分化。在京的法籍教士走上层路线，尽量与皇帝亲近，奉皇命著述。他们以其本身所具有的宗教、哲学、科学知识和观念为基础，来研究中国古代典籍，形成一种独特的思想体系，从而使易学研究进入一个具有跨文化意义的发展时期。白晋作为"索隐学派"（Solitude School）的开创者，其形象理论的神学哲学体系之建立，直接得益于对《易经》的系统研究。1697年，白晋在巴黎就《易经》的题目作了一次演讲。在演讲中，他把《易经》视为与柏拉图、亚里士多德一样合理、完美的哲学，他说："虽然（我）这个主张不能被认为是我们耶稣会传教士的观点，因为大部分耶稣会士至今认为《易经》这本书充斥着迷信的东西，其学说没有丝毫可靠的基础……但是我相信我有幸发现了一条让众人了解中国哲学正确原理的可靠道路。中国哲学是合理的，至少同柏拉图或亚里士多德的哲学一样完美。我想通过分析《易经》这本书中种种令人迷惑的表象论证其真实性。《易经》这本书中蕴含了中国君主政体的第一个创造者和中国的第一位哲学家伏羲的哲学原理。再说，除了中国了解我们的宗教同他们那古代的合理的哲学独创么一致外，我不相信在这个世界还有什么方法更能促使中国人的思想及心灵去理解我们神圣的宗教。"白晋甚至认为《易经》及中国古史以"先知预言"的方式表达了基督教教义。1698年2月离欧返华之前，白晋给莱布尼茨写了一封信，信中谈到了《易经》并扼要地叙述了对中国历史的看法。返华后，白晋更认真研读中国典籍，并保持与莱布尼茨的通信。1700年11月，白晋在给莱布尼茨的信中，高度评价《易经》为中国一切科学和哲学的源头，甚至高于当时欧洲的科学和哲学。白晋把中国的起源置于三四千年之前的时代，将伏羲称作第一位立法者。他认为，4000多年前中国圣贤的知识和西方先哲的知识之间，存在着很多相似之处。1701年2月，莱布尼茨在信中向白晋详细介绍了他发明的二进制数学，系统列出了二进制数与十进制数对照表。同年11月，白晋在给莱布尼茨回信中，提及二进制的有关问题，并附寄了伏羲六十四卦方位图。他强调莱布尼茨二进制所依据的原理，正是中国古代数的科学所依据的原理，并把易卦中的阳爻"▬"比作二进制中的"1"；把阴爻"▬▬"比作"0"。白晋的这封信使莱布尼茨确信二进制与《易经》有着内在联系，更加坚信二进制是一种完全正确并且极有意义的发明。1703年4月，莱布尼茨将自己的论文《关于二进制算术的说明，并附其应用以及据此解释古代中国伏羲图的探讨》提交给他的老师毕纽恩，以便在皇家科学院《纪要》上发表。这篇论文问世后，莱布尼茨的发明与白晋的相关思想公之于世，引起了欧洲科学家的广泛关注。[①]1715年，晚年的莱布尼茨给当时法国摄政王奥尔良公爵的顾问德雷蒙写了一封信——《致德雷蒙先生的信：论中国哲学》。在这封长信中，他如此论述了二进制与八卦的关系："我和尊敬的白晋神父发现了这个帝国的奠基人伏羲的符号显然是最正确的意义，这些符号是由一些整线和断线组合而成……这恰恰是二进制算术。这种算术是这位伟大的创造者所掌握，而在几千年之后由我发现的。在这个算术中，只有两个符号：0和1。用这两个符号可以写出一切数字。当我把这个算术告诉尊敬的白晋神父时，他一下子就认出伏羲的符号，因为二者恰恰相符：阴爻就是0，阳爻就是1。"[②]这个算术提供了计算千变万化数目的最简便的方式……但是这个算术完全失传了。由此也可以看出古代的中国人不仅在忠孝方面（在这方面中国达到了最完满的道德标准），而且在科学方面也大大地超过了近代人。

白晋的著述与译作很多，仅有关儒学的就有《易经大意》《诗经研究稿本》等书。此外，白晋还参与不少间接与儒学有关的书籍，如《中国史初编》《中国通史》《中国历史年编》《大唐史纲》《中国兵法》《中国古今音乐记》《孔子传》《中国现状志》等翻译成拉丁文的工作，对中学西引做出了杰出的贡献。1730年6月28日，白晋于北京辞世，享年74岁，死后被安葬在正福寺墓地。

法国耶稣会士李明作为路易十四派往中国的五位耶稣会数学家之一，于1688年2月7日到达中国。在访华的途中，他记录了许多天文现象。尽管1688年李明到达后，皇帝没有选择他来朝廷效力，但他和他的两位追随者被允许在中国的任何地方传教。李明曾在山西和陕西工作。由于葡萄牙对法国耶稣会士在中国的存在施加压力，李明被派往法国报告使团的情况，于1691年回到法国，担任耶稣会士的督察官。他于1696年在巴黎出版的《中国新纪元》引起了很大的争议，此作既给作者本人带来了声名但也给他带来了厄运。李明从巴黎前往罗马，在那里他与耶稣会上层讨论了这些问题。回到巴黎后不久，他出版了一本《八封》，这是写给不同贵族和神职人员的书信集。他在书中支持耶稣会对中国礼俗的迁就政策。1700年，索邦大学对这部作品的谴责，是引发欧洲中国礼仪争议的催化剂。尽管李明渴望回到中国，但他还是成了勃艮第公爵夫人的忏悔牧师，后来在家乡去世。

---

①吴伯娅：《法国传教士白晋与中西文化交流》，《中国文化报》2014年1月27日。
②转引自吴伯娅：《法国传教士白晋与中西文化交流》，《中国文化报》2014年1月27日。

到了18世纪，法国神父汤尚贤（Pierre Vincent de Tartre，1669—1724）在1701年寄自广州的一封信中，曾这样表述他到达上川岛"这片由于印度圣徒之死而神圣化的土地"时的激动心情："当我辨别出我曾在方济各·沙勿略的传记中读到过的那些具有拗口名字的岛屿和海洋时，我才真切地体会到我已身处于新世界之中了。"汤尚贤的《易经注》，对欧洲学术界产生了重大影响。

法国传教士马若瑟（Joseph de Premare，1666—1736）出生于瑟堡，1698年启程前往中国，在广西传教。马若瑟曾表示，自己愿竭力继承沙勿略的精神及圣徒的德性。1724年，在雍正皇帝因中国礼仪之争，事实上禁止了基督教之后，他被囚禁在广州，后来被流放到澳门，最终死于那里。马若瑟于1736年编写并于1831年首次出版的《汉语札记》（*The Notitia Linguae Sinicae of Premare*），是欧洲第一部重要的汉语语法参考书。他还著有《书经以前之时代及中国神话》《中国经学研究导言略论》《经传议论》，译有《诗经》（8首）以及《赵氏孤儿》等，其中《经传议论》曾经得到康熙皇帝亲阅。在《儒交信》中，马若瑟曾对基督教与中国文化的关系，有着很中肯的说明："耶稣不灭孔子，孔子倒成全于耶稣。"上述著述极大地促进了中国文化与思想在欧洲的传播，并由此兴起了"中国热"。此后"汉学"（sinology）日益成为显学走进了正式的学术领域。

法国耶稣会会士雷孝思（Jean Baptiste Regis，1663—1738），字永维，其中文名字出自《诗经》"永言孝思，孝思维则"。雷孝思出生于法国普罗凡斯州的伊斯特尔城。于1679年9月13日，在里昂教区的阿维尼翁城入读初修院。1698年3月6日，他随白晋和巴多明等传教士搭乘法国商船"海神号"一同来华。1698年11月4日到达中国广州，因其善历算天文，应召进京供职。雷孝思精通汉文，曾将《易经》翻译成拉丁文。传教士雷慕沙评价到，《易经》为中国诸经中之最古、最珍、最不明确和最难解者，而雷孝思神甫利用冯秉正神甫之译文并用满文译本对照，参以汤尚贤神甫之解释，由是其义较明。

法国传教士巴多明等旅华传教士与欧洲之间大量的通信来往，对东西方交流起到推动的效用。据统计，仅法国所编纂的此类通讯集就有34卷之多，其中有约10卷来自中国。①这些都给欧洲学者了解中国提供了依据，

①参见贾植芳：《序》，朱静：《洋教士看中国朝廷》，上海人民出版社1995年版，第2页。

成为欧洲18世纪法国著名中国学专家杜赫德编写《中华帝国全志》的重要素材。

傅圣泽（Jean-François Foucquet，1665—1741），字方济，出生于法国约拿州的韦泽莱，1681年进入巴黎耶稣会，并于1693年被任命为祭司。1698年，傅圣泽随同白晋乘"海神号"船启航，于1699年7月抵达中国厦门，初在福建和江西两省传教，1711年，他被康熙召至北京。傅圣泽进京后原本是和白晋一起研究《易经》，但后来两人在认识上有了分歧。教廷的一份官方记录可以作为佐证："有旨问，白晋你的《易经》如何？臣叩首谨奏。臣先所备《易稿》粗疏浅陋，冒渎皇上御览，蒙圣心宏仁宽容，臣感激无极。臣固日久专于《易经》之数管见，若得其头绪尽列之于数图，若止臣一人愚见，如此未敢轻信。傅圣泽虽与臣所见同，然非我。皇上天纵聪明，唯一实握大易正学之权，亲加考证，臣所得易数之头绪不敢当，以为皇上若不弃鄙陋，教训引导，宽假日期，则臣二人同专心预备，敬呈御览。"这是白晋告诉康熙两人在研究上的分歧，他希冀得到康熙圣裁。这说明白晋和傅圣泽在对《易经》的理解上分歧甚巨。傅圣泽是白晋让康熙从江西调到北京同他一起研究《易经》的，现在他又向康熙抱怨傅圣泽。这说明两人的理论分歧已经相当严重，不然他不会让康熙来调节他们之间的矛盾。[①]在华传教士中，傅圣泽颇具争议。他属"索隐派"，或译为"符象派"的小团体，其核心观点为：中国古经所载上古三代帝王事迹均非信史，而为对《圣经》新旧约故事的象喻（拉丁文 *Figura*）。[②]后来，傅圣泽写了几篇关于索隐派的文章，试图从中国经典中找到《旧约》中的相应角色。在广州期间，傅圣泽否认了耶稣会在中国"礼"的问题上的共同立场。他把形而上学看作是一种介于这种立场和对立观点之间的方式，而其他人则把中国哲学家理解为无神论者。傅圣泽企图证明中国古籍中的"道"和"太极"就是基督信仰中所崇拜的真神，而《易经》则为真神传给中国人的玄秘经典。可以说，傅圣泽对儒、道、诸子等古代经典和近人注疏等典籍相当熟知。由于坚持己见，傅圣泽与法籍耶稣会同僚分道扬镳，于1720年离开中国。为向教廷证明其索隐思想，他去了罗马。1772年，傅圣泽将带回国的近4000种中国古籍，全部捐献给法国皇家图书馆，

---

①参见张西平：《中西文化的一次对话：清初传教士与〈易经〉研究》，《历史研究》2006年3期。

②［美］魏若望：《耶稣会士傅圣泽神甫传：索隐派思想在中国及欧洲》，吴莉苇译，大象出版社2006年版，第312—372页。

故为法国以至欧洲其他国家学者阅读和翻译中国古典经籍打开了方便之门。1725年，他在圣彼得大教堂被任命为主教。在巴黎，傅圣泽结识了伏尔泰和圣西蒙公爵；在罗马，孟德斯鸠与他进行了几次详谈。此外，他还通过书信帮助了几位法国学者发展了汉学。傅圣泽携回的私人档案在梵蒂冈宗座图书馆也得以完整保存，这在同时代法国耶稣会传教士中是仅有的一例。这批档案数量巨大，内容丰富，还包括不少罕见的关于传教团藏书以及日常生活的文献，不仅为其索隐派立场正名和辩白，更重要的是促进了法国汉学的深入研究。①由于自身的立场，傅圣泽被努力顺应中国文化的耶稣会士看作异端，18世纪中后期欧洲汉学家则认为他很荒谬，这就招致耶稣会对其著述的封杀，也致使他无法参与欧洲汉学的研究。然而无论如何，傅圣泽仍属"耶稣会士汉学家"这个整体中的一员，在汉学发展史上依然留下了不应被遗忘的痕迹。②

　　杜赫德是法国的神父兼著名汉学家。尽管他从未到过中国，但却出版了非常翔实的介绍中国历史、文化、风土人情的著作。1735年，他出版了《中华帝国全志》，全名为《中华帝国及其所属鞑靼地区的地理、历史、编年纪、政治和博物》，被誉为"法国汉学三大奠基作之一"③，该书轰动了欧洲，几年之内便出版了3次法文版、2次英文版，另外俄文和德文本也有出版发行。法国传教士钱德明的《孔子传》《孔子弟子传略》等，对"中国热"更是加油添柴。这一切有效地搭建了西方对中国研究的平台。法国传教士宋君荣来中国之前，就在神学、哲学、天文、地理方面有很高的造诣，乃法国许多一流科学研究机构的成员。他在中国居住了36年之久，苦心钻研中国文化，在中国科学技术史、古代史、民族史、中外关系史等研究中，都卓有成就，著作达80多部，有"耶稣会士中最博学者"之美誉。他于1747年被聘为圣彼得堡科学院院士，后来又被聘为巴黎科学院通讯院士。洪若翰于1699年回法国时被聘为法国皇家科学院通讯院士。冯秉正的《中国通史》（*Histoire de la Chine, ou Annales de cet Empere*）成了当时最有影响的中国历史专著，其史料来源的真实性和可靠性得到学者们很高的评价，成为欧洲中国通史的"楷模"。

---

①［美］魏若望：《耶稣会士傅圣泽神甫传：索隐派思想在中国及欧洲》，吴莉苇译，第312—372页。
②吴莉苇：《耶稣会士傅圣泽与早期欧洲汉学》，《中国文化研究》2002年第3期。
③计翔翔：《西方早期汉学试析》，《浙江大学学报（人文社会科学版）》2002年第1期。

据考证，1773年，罗马新任命的教宗宣布镇压耶稣会。消息传到北京时，北京城里还有17名耶稣会士。此后，耶稣会士逐渐减少，到18世纪末19世纪初，耶稣会士所剩无几。作为中西文化交流的主力军，耶稣会士终于完成了他们的历史使命。其一，法国耶稣会士的"北京经验"是18世纪西方认识中国的主要来源。法国耶稣会士在北京创作的具有代表性的汉学著作包括李明的《联合国圣殿：1687—1692》和《北京耶稣会士：中国现状新回忆录》，杜赫德编辑的《中国帝国和法国任务准则》和《关于中国的帝国的描述》。这不仅拓宽了西方对中国的认识视野，也拓展了汉学研究的领域，堪称18世纪西方传教士汉学的典范之作。法国《中国史研究》曾对这些作品的价值作出如下评价：在启蒙时代，耶稣会士在遥远的美国或中国旅居期间，曾在思想和精神面貌的发展方面发挥过极其重要的作用。他们的信件，虽然今天被冷落在图书馆里，但曾经在书店里非常畅销。他们不仅迷住了伏尔泰和孟德斯鸠，而且吸引了大量欧洲的"知识分子"。其二，作为中西文化交流的中间人和西方文化的使者，法国耶稣会士在"北京体验"的过程中促进了双向交流：一方面，他们的经历给西方带来了有关中国科技和文化的信息；另一方面，他们把西方的科技、艺术和音乐带到了中国。这对促进中西文化交流起到了重要作用。其三，法国耶稣会士的经验总结传递了有关中国的信息，从而成为18世纪欧洲"中国风"的原材料。其四，法国耶稣会士的经验成为法语的重要来源，并对18世纪法国启蒙运动甚至对现代欧洲文化的全部思想革命有着重要影响。[①]

顾赛芬（Séraphin Couvreur，1835—1919）是法国耶稣会传教士、汉学家和法国远东学院中文抄本的创造者。由他发明的Couvreur汉语音译系统，在20世纪中叶虽然被拼音逐渐取代，但在大部分法语地区依然被用来音译汉语。

第二节 比利时天主教传教士对儒学西传的贡献

在17—18世纪的欧洲学者评介和研究中国哲学的著述中，影响最巨者当推比利时传教士柏应理的《中国贤哲孔子》一书，该书的中文标题是《西文四书直解》，说是"四书"，却独缺《孟子》。值得注意的是该书

[①]Ouyang Zhesheng, "The 'Beijing Experience' of Eighteenth-Century French Jesuits: A Discussion Centered on *Lettres édifiantes et curieuses écrites des missions étrangères*," trans. Carissa Fletcher, *Chinese Studies in History* 46, no. 2 (2012–2013): 35–57.

的"导言"部分对中国哲学的儒、释、道三家分别进行了评介，并附有《周易》六十四卦图，介绍了宋代朱熹的理学和易学、《五经大全》、《四书大全》和《性理大全》等书以及"太极""理"等理学概念。1691年英国出版商泰勒（Randal Taylor，1664—1694）以柏应理的《中国贤哲孔子》和法国人萨夫亥（Pierre Savouret）的《孔子的道德，中国的哲学》（La Morale de Confucius, Philosophe de La Chine，1688，中文书名为笔者译）为蓝本，改编为英文版的《中国哲学家孔子的道德观》（The Morals of Confucius: A Chinese Philosopher），该英译本后来被多次印刷，成为当时英语世界普通读者了解孔子和中国哲学的主要信息来源之一。

　　柏应理出生于比利时，他自小求学于当地的耶稣会学校，并于17岁那年成为耶稣会的见习修士。1642—1644年，柏应理就读于比利时鲁汶大学学习哲学和神学。1654年他受刚从中国回来的传教士卫匡国的影响要求去中国，于1656年随传教士卜弥格来华。1682年，受耶稣会中国传教会的委派，柏应理回到欧洲，赴罗马朝见教宗英诺森十一世，并献上由传教士编纂的400余卷的中国文献，这批书被收于梵蒂冈图书馆，成为该馆早期汉籍藏本。1684年9月，柏应理赴凡尔赛宫晋见法王路易十四，向他陈述派遣传教士去中国的必要性，说明此举不仅有利于传教，而且对从中国获得科学知识也大有益处。法国主管科学院的政治家福瓦侯爵（Marquis de Louvois，1641—1691）发给柏应理一张清单，其罗列了35个有关中国的问题，并向他请教。这些问题涵盖中国历史地理、法律宗教、军队武器、工艺科学、植物动物等。柏应理对此全都加以答复，法国随即于1685年派出白晋、张诚、李明、洪若翰、刘应等一批传教士赴华，后来这些人士对中学西传起了关键作用。

　　柏应理对孔子极为推崇，曾如此赞誉：哲学家孔子的伦理体系是崇高的，同时是简单的、明智的，并出自自然理性。它没有神的启示，人类的理性从来没有达到这样的水平和力量。1687年柏应理在巴黎以拉丁文出版了《中国贤哲孔子》一书，中文标题为《西文四书直解》。它堪称17世纪欧洲介绍孔子及其著述的最完备的书籍。①此书其实为几名欧洲耶稣会士多年工作的结晶，其中出力最大的还有殷铎泽（Prospero Intorcetta，1626—1696）、郭纳爵、鲁日满（François de Rougemont，1624—1676）

---

①Thierry Meynard, trans. and ed., *Confucius Sinarum Philophus (1687): The First Translation of the Confucian Classics* (Rome: Monumenta Historica Societatis Iesu, 2011).

和恩理格（Christian Wolfang Herdtrich，1625—1684）。殷铎泽和郭纳爵曾于康熙元年（1662）在江西建昌出版了《中国之智慧》，其中包括孔子的传记及拉丁文的《大学》的前五章和《论语》的前五章。康熙六年（1667），殷铎泽又计划在广州刻印《中庸》，但未完成。过了两年又续刻于果阿，书名为《中国政治道德学》，内有他自己写的一篇短序和《中庸》的拉丁文译文以及孔子的传记。此书的编者虽为殷铎泽，但参与者还有柏应理、郭纳爵等11名耶稣会士。殷铎泽于康熙十一年（1672）回到欧洲，在巴黎又以法文出版了《中国政治道德学》。此书仅是《中庸》的译文，至于《大学》和《论语》的译文尚未介绍到欧洲。柏应理编辑出版的《中国贤哲孔子》完成了这个任务，其作的拉丁文全称是 *Confucius sinarum philosophus, sive, Scientia sinensis latine exposita*，直译是"中国哲学家孔子"，后来的中译书名为《中国贤哲孔子》。1687年，巴黎印刷家霍特梅尔（Daniel Horthemels）印刷了这部重要的作品。这是首次将儒家经典翻译成欧洲语言——学术界的共同语言拉丁文，并由皇家授权印刷专门献给路易十四。标题页写明：该书乃4位耶稣会牧师，即柏应理、恩理格、殷铎泽以及鲁日满，在中国传教的辛勤成果。这是两个比利时人，一个意大利人和一个奥地利人，他们在中国待了大约75年。恩理格和鲁日满在此书出版之前就已经离世，柏应理于6年后在返回中国时，死于果阿海岸的一次船上事故中，只有殷铎泽活得比较长，于1696年故去。他在中国待了37年，于1671年至1674年间回到欧洲。殷铎泽是江南地区，特别是杭州传教的重要人物，当时那里也是耶稣会华文作品的重要出版地。实际上，这本汇编也不仅仅是这4个人智力合作的产物，也是自利玛窦和罗明坚时代以来，耶稣会传教士数十年来翻译工作的顶峰。每一次新的耶稣会传教士学者来到中国，都能更深入地研究中国的知识文化，这得益于他们的前辈的早期文化沉浸和语言能力的训练。耶稣会的结构使学术界与中国哲学，尤其是通过儒家经典所展示的传统文化，保持积极的互动。

每一位在华的耶稣会士很快都意识到，自己必须沉浸在中国文化中，并为中国文人所接受，后成为正统（或非正统）的仲裁者。然而要达到这一点，他们还需将自己与佛教分开，后者本身是另一种文化现象的产物。尽管他们希望被称为有智慧和宗教的人，但还需要自证并非赞同佛教。因此，为了使自己融入中国文化并被接受，他们需要了解这种文化，而这要通过深入研究奠定这种文化基础的典籍来实现。这是他们关注儒学的一个原因，尽管对这些文本的研究是所有中国学者都会选择的途径。选择这些经文的另一个原因是，利玛窦等人认为，儒家戒律和基督教教义之间有某种相似之处。就像《圣经》中保罗在阿略帕格斯讲道的故事一样，耶稣会士认为他们可以在儒家环境中谈论基督教。因此，他们选择翻译这些文本，尽管这样做也是为了满足自己的需要。这些翻译后来给沃尔夫、伏尔泰和莱布尼茨等一代欧洲思想家留下了深刻影响。每当这些学者使用"儒学"这个词时，他们都会默默地向耶稣会的长期付出者致敬。

给路易十四的献书是一个非常有计划的举动，这是耶稣会在中国（甚至在世界各地）的一连串传教战术计划中的一环。传教士们意识到，他们需要重要人物的支持，不仅是为了资助他们在世界各地的努力，而且也为他们在政治困难时期提供保护。将这些重要的学术著作献给路易十四，只是给法国国王留下深刻印象的一种方式，他们希望通过这种方式获得路易十四对他们进一步的支持。这也是一个雄心勃勃的策略，并得到了回报，因为作为作者之一的柏应理也是负责将文本带到欧洲的人，他能够亲自将作品交给国王。柏应理是在一位中国皈依者沈福宗（Michael Shen Fu-Tsung，1657—1692）的协助下完成的，沈福宗也给国王留下了耶稣会在中国劳动的成果。第二年，六位法国耶稣会士被"太阳王"路易十四派到亚洲，以传播科学以及法国皇室的荣耀和福音。遗憾的是，沈福宗于1692年底在莫桑比克附近去世，1693年柏应理也在果阿海岸被一个坠落的箱子所伤，两人都没能重回中国。

《中国贤哲孔子》为精装书，书的扉页上列出了四位编著者姓名：殷铎泽、恩理格、鲁日满和柏应理。《中国贤哲孔子》共有四部分，第一部分是柏应理给法王路易十四的《献辞》，表达了他对法王支持在华传教事业的敬意。第二部分开宗明义地说明耶稣会士所以编著此书，并非为了满足欧洲人对中国的兴趣，而是希望此书能为到中国去传教的教士们提供一种可用的工具。第二部分对中国的道教、佛教做了介绍与批判，讨论了佛、道和儒学的区别，指明何为中国的经典，它们又有哪些重要的注疏书籍。这一部分指出"四书"和"五经"乃中国最古老的经典著作，其中"经"的地位要高于"书"的地位。"五经"之首是《书经》，《易经》是"五经"中最古老的"经"，居第三；《诗经》居第二；《春秋》居第四；《礼记》居第五。第二部分还有六十四卦的卦图，按照乾、坤、屯、蒙、讼、师等次序排列，显然这是《周易》卦图。在每个经卦之上标注拉丁文字，标明每个经卦的象征意义，即八卦中每卦所代表的自然现象。柏应理所引介的易图等，不仅包含伏羲八卦次序图和伏羲八卦方位图两张图，还有周文王六十四卦图。引人关注的是柏应理在这些图中均标有阿拉伯数字1、2、3、4、5、6、7、8直至64。此外这部分还介绍了宋代朱熹的理学和易学以及《五经大全》《四书大全》和《性理大全》等书以及"太极""理"等理学的范畴。柏应理追随其前辈利玛窦，既利用儒家学说来反对佛、道，又将儒家区别为先儒和后儒，即先秦儒学和宋明理学，他肯定前者，批判后者。

该书的第三部分为孔子传记，材料取自中国文献，开卷便是孔子的全身像，这是欧洲出版物中最早绘制孔子画像的：身穿儒服，头戴儒冠，手持笏板，站在一座庙宇式的书馆之前；书馆上端标有"国学"二字，附拉丁注音和解释，书馆柱子上写有"天下先师"字样；孔子身后的两旁是装满经书的大书架，其上的书籍均标出书名，自上而下，一边是《书经》《春秋》《大学》《中庸》和《论语》；另一边是《礼记》《易经》《诗经》和《孟子》，并都附以拉丁文注音。

该书的第四部分是《大学》《中庸》和《论语》的译文和注解，共288页，总题目为《中国之智慧》（*Scientiae Sinicae*）。译文并不仅借"译"宣教，而且力求阐释中国先儒的经典著作中，早就存在同天主教义相合对接之处了。如《大学》第一段的第一句原文为："大学之道，在明明德，在亲民，在止于至善。"该书译为："伟人们做学问的目的，在于精炼或改进我从上天汲取而来的理性（rationalem naturam），这就如同一面最明亮的镜子，唯有扫除了蒙于其上的邪欲瑕疵，才必然会恢复它那无比的清澈。伟人们做学问的目的还在于使人民得到更新或再生（renovando seu reparando），当然，要依靠他们的以身示范和规劝。伟人们做学问的目的还在于坚定立场，保持最大的德行，译者以此希望所有伟大的行为都和真理相一致。"显而易见，这并非单纯的翻译，而是混合了译者的宣教。上天的"理性"即为天主教。"自然理性主义"（natura rationalis）乃17世纪天主教神学常用的一个术语，亦即在华耶稣会士经常借以发挥的一个术语，如《性理参证》《超性学要》和《性理真诠》等。耶稣会士喜欢在译法中尽力添加宗教元素。如《中庸》曰"虽圣人亦有所不知焉"，此处"圣人"原指"品学高超"的大智之士，却被译成仅具有天主教意义的"圣人"（Sanctus），故被局限在狭小的范畴中。该书最后附有柏应理编写的《中华帝国年表，公元前2952年—公元1683年》（*Tabula Chronologica Monarchiae Sinicae, 2952 B.C.–1683 A.D.*）及他所绘的中国15个省的省图，115座大城市的位置以及耶稣会士在华建立的近200处教堂的位置。

《中国贤哲孔子》是首部较为系统地向西方介绍中国传统文化的著述，故在欧洲产生了广泛而深远的影响，对中学西传具有启蒙意义和先驱作用。在此之后，来华传教士开始注重研究中国的文化典籍，"四书"和"五经"开始有了更多的西文译本，如比利时籍传教士卫力济将"四书"及《孝经》译成拉丁文，于1711年在布拉格出版。奥地利耶稣会士白乃心（Joannes Grueber，1623—1680）和法国耶稣会士傅圣泽等都曾深入研究中国典籍，并分别在欧洲出版有关译著。

　　《中国贤哲孔子》的出版具有开先河的重大意义，它第一次将中国、孔子、政治道德三个名词相关联，孔子在西方因此被誉为在道德与政治哲学上最伟大的学者与预言家。自由派人士欢呼这位被拉丁化了的孔子是人类最伟大的英雄人物之一，是中国的苏格拉底。该书最初的目的是给那些到东方传教的人做参考用的，但发行后在社会各界引起广泛关注和强烈反响。1688年1月在巴黎出版的《学者杂志》上有人发表书评，认为孔子是道德原则的老师，而这些原则也有点像基督徒的道德原则。该书评在谈到孔子的"仁"时说："就目前的论题而言，我看不出中国人的博爱和基督徒的博爱有何区别……不论如何，他们与基督徒的理性并无二样。"1688年6月发表的另一篇《中国贤哲孔子》一书的读后感写道："中国人在德行、智慧、谨慎、信义、诚笃、忠实、虔敬、慈爱、亲善、正直、礼貌、庄重、谦逊以及顺从天道诸方面，为其他民族所不及，你看了总会感到兴奋，他们所依靠的只是自然之光，你们对他们还能有更多的要求吗？"1688年至1689年，法国出版了此书的两个法文节译本，一本叫《孔子的道德》，另一本叫《孔子与中国的道德》。1691年，英国出了一个英文节译本，也叫《孔子的道德》。有了法英文本，普通的民众就可以参与阅读了。当时及后来的一些名人如英国政治家、散文家汤朴（William Tample，1628—1699），英国著名的东方学家威廉·琼斯（Willian Jones，1746—1794），德国伟大的哲学家、数学家、科学家莱布尼茨，德国著名的古典学家、历史学家、语言学家巴耶（T. S. Bayer，1694—1738）等都曾怀着浓厚的兴趣读过此书，并坦言此书对自身的研究有着重要的帮助。汤朴在《中国贤哲孔子》一书读后感中写道："孔子的著作，似乎是一部伦理学，讲的是私人道德、公众道德、经济上的道德、政治上的道德，都是自治、治家、治国之道，尤其是治国之道。他的思想与推论，不外是说：没有好的政府，百姓不能安居乐业；而没有好的百姓，政府也不会使人满意。所以为了人类的幸福，从王公贵族以至于最微贱的农民，凡属国民，都应端正自己的思想，听取人家的劝告，或遵从国家的法令，努力为善，并发展其智慧与德性。"关于孔子的为人，汤朴推崇备至并赞到，孔子是一位极其杰出的天才，学问渊博，德行可佩，品性高超，既爱自己的国家，也爱整个人类。他也提到了孔子的文风，说孔子"词句典雅，巧譬善喻"。此外，汤朴在《讨论古今的学术》一文中，把孔子的思想与希腊哲学相提并论，他说："希腊人注意个人或家庭的幸福，至于中国人则注重国家的康泰。"

英国东方学家威廉·琼斯爵士在23岁时，就读过柏应理的书，读了《大学》之后写了一篇教育文章，但流传下来的只有其"大纲"。"大纲"的开头就引了《大学》开头的一句："大学之道，在明明德，在亲民，在止于至善。"莱布尼茨在评论《论语》时说："这部著作并非由孔子亲手著成，而是由他的弟子将其言论加以收集、编辑而成。这位哲学家超越了我们所知道的几乎全部希腊哲学家的时代，他总有着熠熠闪光的思想和格言。"法国启蒙思想家大都或多或少受过《中国贤哲孔子》的影响，如伏尔泰在《风俗论》中谈及孔子学说时，就引用了柏应理的这本书。孟德斯鸠怀着极大的兴趣，仔细阅读了这部用艰涩的拉丁文撰写的书，并作了详细的笔记，还表达了一些批评，又将书中的不少段落译成了法文。

柏应理传播的儒学，对启蒙时代的法国和英国的学者产生了重大影响。法国思想家培尔（Pierre Bayle，1647—1706）最初由柏应理的著作了解了中国的宗教特别是佛教，继而发现了中国存在着唯物主义思想与无神论。法国思想家弗雷烈（Nicolas Fréret，1688—1747）通过柏应理的著作，也得知古代中国人存在无神论的看法，他指出孔子的教义涉及了哲学的四个部分："伦理、逻辑、政治和雄辩术，但他既不接受玄学，也不接受博物学和神学，所以他本人也讲一名贤士不应该对所有的事感到不安。"因此，其教理主要是伦理性的，伦理学在中国人看来是所有科学中"最高和最受器重的一门科学"。因此，孔子既不讲天主，也不讲灵魂的不死性，更不讲彼世。"他鼓励道德是为了道德本身以及它由于自然后果而必然会导致的功利。"现代美国学者孟德卫（David E. Mungello，1943—）在所著的《奇异的国度：耶稣会适应政策及汉学的起源》一书中把柏应理同卫匡国、曾德昭、文安思、白晋一起，推崇为继利玛窦之后发展欧洲汉学基础的主要人物。①

---

① 以上陈述参考以下资料：孙丽莹：《柏应理与中西文化交流》，《世界历史》2000年第4期；李长林：《柏应理在欧洲早期汉学发展中的贡献》，《社会科学战线》1998年第1期；吴孟雪：《柏应理和〈中国哲学家孔子〉》，《中国文化研究》1996年第3期；马东海、董粉和：《杰出的汉学家、神学家——柏应理》，《铁道师院学报》1987年第2期。

　　与柏应理一样为介绍儒家学说作出巨大贡献的，是另一位比利时耶稣会传教士卫方济（Francis Noel，1651—1729）。他出生于法国海诺德的赫斯特鲁德，于19岁时在图尔奈加入了耶稣会，曾担任语法和修辞学老师数年；后在杜埃大学学习了神学、数学和天文学。起初，卫方济想参加日本传教团，但当时德川幕府已禁止基督教和欧洲来访者入境多年。尽管如此，他还是去了葡萄牙的里斯本，并于1684年1月出发前往东亚，其旅程是由阿威罗公爵夫人玛丽亚资助的。他希望通过荷兰东印度公司前往日本，但在马六甲，来自比利时的天主教徒告诉他这是不可能的。在最终未能到达日本之后，卫方济便正式加入了耶稣会中国代表团。他先在澳门学习了基础汉语，在经过进一步的训练后，卫方济于1688年10月上旬在崇明岛开始了他的传教任务，并获得巨大的成功：上海有120名受洗的信徒，崇明地区有800名。这以后，他前往江苏的淮安和南京，安徽的五河市，江西的南昌、赣州、南丰，福建的福州、南安等地进行传教。1703年卫方济向耶稣会提交的一份报告显示，他的工作主要是在下层阶级和工人阶级中，尤其是在妇女和被遗弃的孩子中开展的。

　　卫方济翻译的中国经典表现出一种学术性的尝试，注重以自己的术语来加以引介，与先前的耶稣会版本有明显不同。为了更有效地传播福音，1711年，卫方济在布拉格推出了《中国六经》（*Sinensis Imperii Libri Classici Sex*）。此书包括《大学》（*Adultorum Schola*），《中庸》（*Immutabile Medium*），《论语》（*Liber Sententiarum*），《孟子》（*Memcius*），《孝经》（*Filialis Observatia*）以及《小学》（*Parvulorum Schola*）。这是欧洲最早问世的拉丁文全译本"四书"，历史地位极为重要，却一直为人所忽略。与前面提及的，1687年在巴黎出版的那部柏应理主编的巨著《中国贤哲孔子》相较，便有"门庭冷落"之感。《中国贤哲孔子》有《大学》《中庸》《论语》，无《孟子》。这部"六经"中的《孟子》，实乃西方首部《孟子》的全译本。除"四书"外，本书还收录了《孝经》和朱熹的《小学》。与印制精美的《中国贤哲孔子》巴黎版相比，这部《中国六经》质朴无华。除了5页前言、20页目录兼索引以及两页刊误外，就是长达608页的译文。问世后可能仅有沃尔夫在莱比锡的《学者杂志》上发表过一篇详细报道。据揣测，当时正处于所谓"礼仪之争"的风口浪尖时期，故此书难以引起轰动，也可说明"中国热"开始逐渐降温。尽管如此，从1732至1754年间，德国学者齐德勒（Johann Heinrich Zedler，1706—1751）所编撰出版的64卷《百科辞典》中，还可以发现，直到18世纪中期，这两部著作对欧洲知识界仍有一定影响。有学者指出，柏应理的巴黎本与卫方济的布拉格本间隔24年，时间虽不算长，但变化似乎很大。柏应理的译文基本上沿着利玛窦的老路，坚持认为中国经典中所说的"天"相当于，甚至可以说就是基督宗教中的"主"，即"上帝"；而卫方济的布拉格译本比较"忠实"原文，对"天"没有做出更进一步地解读，而是尽量按照字面意义翻译。沃尔夫曾说，巴黎译本的作者"竭尽全力地试图证明中国人从一开始就认识了真正的上帝，崇拜了真正的上帝"，卫方济却在翻译中原封不动地"保留了中文中的'天'"。不过这也许是沃尔夫为了自圆其说，因而是不可全信的一家之言。

卫方济在《中国六经》的序言中告诫："读者在阅读本书的汉语教义时，应牢记基督徒的生活，并希望这本书能成为一生的基石。"耶稣会士最初专注于翻译儒家经典，而不是佛教经文或道教经典，因为在明清时期的中国官场它更重要。[1]孟子的著作最初并未被翻译，因为利玛窦不喜欢孟子对其他经典著作的解释，特别是孟子强烈谴责独身主义是不孝的这种观点。[2]前四经中的每一个都有全新的译本，以朱熹的《四书章句集注》的评论开头。后二者均为该作品的第一批欧洲译本。所有这些都是从朱熹建立的版本中自由地翻译过来的，它的序言指出，这些作品"不是中国人写的，而是我真正的意思"[3]。同年，他发表了《中国哲学三论》（*Philosophia Sinica Tribus Tractatibus*，中文书名为笔者译）。它的三个部分涉及"论中国人的第一存在或上帝的知识"（*De Cognitione Primi Entis seu Dei apud Sinas*，笔者译）；"论中国人丧礼的仪式"（*De Ceremoniis Sinarum erga Denunctos*，笔者译）；以及"论中国伦理"（*De Ethica Sinensi*，笔者译）。与早期的耶稣会著作不同，它并不声称朱熹等人的理学是儒家衰败的结果。它仍然将其视为有机发展，但仍告诫其模糊的术语不应该用于提及基督教上帝。在同一年，卫方济还出版了《中国祭奠亡父母和遗属仪式的历史意义》（*Historical Notices of Chinese Rituals and Ceremonies in the Veneration of Deceased Parents and Benefactors*，中文书名为笔者译），比《中国哲学三论》更多地引用了中国文献。在描述对中国祖

---

[1]Vladimir Liščák, "François Noël (1651–1729) and His Latin Translations of Confucian Classical Books Published in Prague in 1711," *Anthropologia Integra*, no. 2 (2015): 46.

[2]Liščák, "François Noël (1651–1729) and His Latin Translations of Confucian Classical Books Published in Prague in 1711," 47.

[3]Liščák, "François Noël (1651–1729) and His Latin Translations of Confucian Classical Books Published in Prague in 171," 50.

先崇拜与天主教兼容的理解时，这本书进行了激烈的争论，尽管声称获得教宗批准出版，但几乎立即遭到禁止。①

当代德国学者卢曼（Werner Lühmann，1927—1998）指出，18世纪初，卫方济的译作已很难见到。对中国问题甚感兴趣的莱布尼茨则从未提及过卫方济。②德国哲学家比尔芬格（Georg Bernhard Bilfinger，1693—1750）及德国汉学家巴耶曾经指出《中国六经》很罕见，在莱比锡及法兰克福两地皆找不到。③尽管如此，《中国六经》仍具相当影响。法国汉学家高第（Henri Cordier，1849—1925）指出，这部讨论中国哲学的著作，在礼仪之争中发挥重要作用。正如美国历史学家福斯（Theodore Nicholas Foss，1950—）所强调，法国人杜赫德在撰写《中华帝国全志》第二卷《中国次要经典》（*Des Livres Classiques ou Canoniques du second Ordre*）提要时，几乎完全袭用《中国六经》；而在"四书"之中，杜赫德论《孟子》最为深入，共计35页篇幅，皆须仰赖卫方济的译作。④在福斯看来，"六经"的内容，因《中华帝国全志》这部18世纪极具影响力的著作而得以广泛传播。⑤另一方面，尽管莱布尼茨并未读过卫方济的译作，但莱布尼茨的一个学生，德国哲学家沃尔夫却深受"六经"影响。确实，《中国六经》出版后的第二年，沃尔夫便阅读了这部书，从此便结下了他与儒家经典文本长达一生的缘分。受这些文本的启发，1721年，他发表了著名的《中国人实践哲学演讲》（*Oratio de Sinarum Philosophia Practica*）。在这篇文章中，他将自己的哲学与儒学思想建立了内在的一致性，并就此提出了与犹太—基督教这种传统一神论范式不同的伦理学。沃尔夫在其时代是

---

①Liščák, "François Noël (1651–1729) and His Latin Translations of Confucian Classical Books Published in Prague in 1711," 51.

②黄正谦：《论耶稣会士卫方济的拉丁文〈孟子〉翻译》，（香港）《中国文化研究所学报》2013年7月号。

③参见M. Abel-Rémusat, *Nouveaux Mélanges Asiatiques*, vol. 2, 256。

④J. B. Du Halde, *Description Géographique, Historique, Chronologique, Politique, et Physique de l'Empire de la Chine et de la Tartarie chinoise*, vol. 2 (A la Haye: Chez Henri Scheurleer, 1736), 400–434.

⑤Daved E. Mungello, "The First Complete Translation of the Confucian Four Books in the West," in *International Symposium on Chinese–Western Cultural Interchagne in Commemoration of the 400th Anniversary of the Arrival of Matteo Ricci, S.J. in China* 540–541; Theodore Nicholas Foss, "A Jesuit Encyclopedia for China: A Guide to Jean-Baptiste Du Halde's Description...de la Chine (1735)"(PhD diss., University of Chicago, 1979), 433–444.

欧洲最具影响力的哲学家，他奠定了德国启蒙哲学的基础，并对中国哲学进行了全面研究。阿尔布雷希（Michael Albrecht）为1985年出版《中国人实践哲学演讲》所撰的一篇长序指出，沃尔夫在个别问题上有多少受莱布尼茨直接影响，甚或沃尔夫究竟是否读过《中国近事》，迄今尚不清楚。[1]不过，沃尔夫对中国的认识基本上都源于《中国六经》。有学者认为，沃尔夫以拉丁文撰写的《中国人实践哲学演讲》的"精神因素"即为卫方济的《中国六经》。香港学者黄正谦指出，卫方济翻译的《孟子》虽然在技巧上未尽人意，但功绩不容抹杀。卫氏努力调和《孟子》与耶教思想（如《中国哲学三论》），基本上并无扭曲《孟子》原意之举，例如在翻译中动手脚，或删除与教会思想不相容的部分以求符合基督宗教。"整体而论，身兼传教士与知识分子两重身份的卫方济可称笃实勤勉，尽忠职守。可惜译本在出版时，正处于'礼仪之争'的大漩涡，光芒被《中国哲学家孔子》所夺，加时之后世西方汉学家批评异常严苛，所以卫氏《孟子》译文的优点鲜有学者深入讨论。"[2]

比利时著名传教士南怀仁精于天文学，曾著有《坤舆图说》《新制灵台仪象志》《康熙永年历法》等书，他深通中文，熟悉中国的历史和文化，是一位学者型的西方传教士。顺治皇帝任命南怀仁为在钦天监任职的汤若望的副手，南怀仁在汤若望去世后，向康熙皇帝提出修改历法，取消1669年的闰十二月，得到康熙皇帝的赞同，从此南怀仁的威望大增。1670年为顺治皇帝修孝陵时，需要把修陵用的巨石运过卢沟桥，他提出用绞盘牵引的办法，使巨石顺利通过了卢沟桥。他还为清朝造火炮，康熙皇帝亲自点炮试射，甚为满意。南怀仁还为康熙皇帝讲几何学和天文学，陪同康熙皇帝出巡。南怀仁从事这些工作的目的也是传教。然而，中国教区的传教活动到17世纪末日渐冷落，这使在清朝宫廷中备受重用的南怀仁坐立不安。南怀仁在晚年病重的时候，已经预料到了这种中国教区冷落的局面，为了加强传教活动，他向西欧发出呼吁，要求增加派遣来中国的传教士。南怀仁的呼吁引起了法国国王路易十四的重视。1685年3月3日，路易十四

---

[1]"Es ist aber bisher ungeklärt, wie weit ein direkter Einfluß von Leibniz auf Wolff in Einzelfragen vorhanden war, ja sogar, ob Wolff überhaupt die *Novissima Sinica* gelesen hat." Michael Albrecht, perface to, *Oratio de Sinarum Philosophia Practica; Rede über die praktische Philosophie der Chinesen*, by Michael Albrecht and Christian Wolff (Hamburg: Felix Meiner Verlag, 1985), xxii.

[2]黄正谦：《论耶稣会士卫方济的拉丁文〈孟子〉翻译》，（香港）《中国文化研究所学报》2013年7月号。

经过精心挑选，派了6名有"皇家数学家"之称的学者型传教士前往中国。临行前，路易十四召见洪若翰说："我的神父，那些科学不值得你去承受远涉重洋之苦，不值得你去违背自己的意愿远离你的祖国和朋友。但是，我也希望，在你们布讲福音不很忙的时候，能以一个观察员的身份在当地去观察那些完美的艺术和科学，而这一点，正是我们所缺乏的。"法国财政总监柯尔贝特（Jean-Baptiste Colbert，1619—1683）在向洪若翰交代来中国的任务时也说："希望你们珍惜这种机会，宣传教义之余，随时随地做些必要的考察和探索，使科学和艺术臻于完美。"可见，不论是路易十四还是柯尔贝特，都明确地把科学考察作为传教士的一项任务。从此之后，这些学者型传教士的工作，与他们的先行者略有不同，传教固然是他们来中国的主要目的和首要使命，然而，他们同时也是明确地带着科学考察和文化交流的任务来中国的。对于他们来说，科学考察和文化交流既是传播天主教的手段，也是他们来中国的目的之一。

第三节　德国基督新教传教士对儒学西传的贡献

前面阐述过，最先来华的传教士来自意大利、葡萄牙、西班牙等当时的南欧强国，而同时期的德国因处于分裂和混乱而自顾不暇。17世纪下半叶，德国耶稣会士珂雪（Athanasius Kircher，1602—1680）根本没有到过中国，却因从卫匡国等中国传教的耶稣会同事们那里获得的大量资料编写了《中国图说》（*China monumentis, qua sacris qua profanis, nec non variis naturae & artis spectaculis, aliarumque rerum memorabilium argumentis illustrata*，简称*China Illustrata*）一书而造成了轰动，从此，德国的汉学研究开始启动。

从18世纪起，德国思想界的沃尔夫、康德、黑格尔、谢林等都曾从不同的视角，以不同的价值取向评论介绍过中国文化和儒家思想；文化艺术界的歌德、席勒、海涅、黑塞、布莱希特等都曾倾情研究和赞赏中国文化。德国传教士中，儒学传播的代表人物是卫礼贤。他对于儒家思想的把握是多视角、全方位的，不同于一般的传教士和汉学家。福兰阁（Otto Franke，1863—1946）著作等身，他最负盛名且穷其毕生精力的是五卷本《中国历史》。从18世纪至今，中国的古哲在德国文化中拥有了自己的地位。在目前的德国，孔孟老庄等先秦哲学家的影响很大，《论语》的译本已有十几种，《老子》的译本有104种。有些《论语》译本还附有汉语文本、拼音、解释等。①

德国传教士中，以汤若望最为有名，其在中国的境遇最具戏剧性，他服务于朝代更替的明末清初之际，因被清廷判凌迟处死而差点丧命。汤若望出生在德国莱茵河畔科隆城的一个贵族家庭，父母都是虔诚的天主教徒。他出生时，父母抱他到教堂领洗，取名Johann Adam。到中国后，根据Johann Adam的发音和当时的译法，取中国名为"汤若望"，还按中国的传统，取"道未"为字，出自《孟子》的"望道而未之见"。②汤若望幼年受到良好的教育。中学生活是在耶稣会创办的"三王冕"中学度过的，毕业时因其出类拔萃，被选送进天主教的高等学府，即设在意大利的德意志学院。1608年，16岁的汤若望就离开家庭到罗马读书，先是学了三年哲学，接着又攻读神学、天文学和数学，先后共四年。1611年在罗马加入耶稣会，后来考入耶稣会创始人建的罗马学院。1618年4月16日，在从中国返欧的耶稣会法国修士金尼阁的带领下，汤若望、邓玉函（Johann Schreck，1576—1630）和罗雅各（Giacomo Rho，1593—1638）等22名传教士，从葡萄牙的里斯本启航东渡。就这样，汤若望告别了欧洲故土，一生再未返回。

汤若望也是学者型的传教士，《主制群徵》一书的《序》中说："利玛窦卒后，名业与利玛窦相并，堪称耶稣会之二雄者，若望也。"他在服务中国宫廷、研究天文、修制历法方面，做出了重大贡献，深得清朝顺治皇帝的喜爱，是中国历史上第一位担任钦天监监正的外国人，而汤若望给顺治皇帝修历的真正目的，是想以此敲开皇家的大门，争取顺治皇帝皈依天主教。然而，顺治皇帝却公开向汤若望表示："朕所服膺者，尧舜周孔之道，经一执中之理。西洋之书，天主之理，朕素未阅览，焉能知其说哉？"可见，汤若望并没有达到他的真正目的。③1630年，汤若望在北京接替了在这一年早些时候去世的邓玉函的工作。他历经明朝和清朝两个朝代，并在顺治朝时，于1655年被任命为钦天监监正。他一直担任这一职务，直到1664年，因受反基督教的迫害，被剥夺了职务，被判入狱。尽管后来免除了对他的指控，但他的健康每况愈下，最后在1666年去世。之后，南怀仁取代了他在北京钦天监的职务。汤若望拥有绘制地图的科学仪

①朱仁夫：《德国的儒学情结》，《东方论坛》2011年第4期。
②参见李兰琴：《汤若望传》，东方出版社1995年版。
③冯志伟：《东西方文化交流史上的光辉一页——来华西方传教士学术成就琐议》，（台湾）《古今艺文》1998年第1期。

器，并参与了制图。在清廷任职期间，他还建造了一座大型教堂，称为南方教堂。汤若望著述颇丰，虽无直接论及儒学，但始终对此有着某种间接的影响。

德国人米勒（Andreas Müller，1630—1694）是一位很有意思的宗教人士，他并未到过中国传教，但对儒学西传却做了不少卓有成效的工作。正如有学者所指出的：在米勒的时代，德国北部已成为新教的势力范围。故除少数人，如汤若望等外，德国很少有赴华的耶稣会士。然而，德国人对中国的好奇，绝不会落在葡萄牙人、意大利人和比利时人之后，德国也照样出现了一批汉学名著，如珂雪的《中国图说》、米勒的《中华帝国观察》、门采尔（Christian Mentzel，1622—1701）的《古今中国帝王年表》等。这些著作的共同特点，便是作者都未去过中国，内容也是炒别人的"冷饭"。即便如此，因作者大多是学术大家，即使没有自己的见解和新意，也照样走红。①

米勒出生于格瑞芬哈根，先在格赖夫斯瓦尔德及罗斯托克学习路德派神学理论及东方语言。他原是以神学和语言学立身的，但在语言学方面，确有异常禀赋。除了自己的母语及拉丁语外，他精通阿拉伯语，通晓土耳其语、波斯语、叙利亚语，并略通古代西亚的通用语阿拉米亚语、巴勒斯坦地区的撒玛利亚语、古埃及的科普特语、亚美尼亚语、俄语、匈牙利语及现代希腊语。他在莱顿继续其学业时，首度接触到了中文，之后对象形文字的迷恋便一发不可收拾。米勒推出过名著《中国帝王录》（*Basilicon Cinese*，1674）、《中华帝国观察》（*Hebdomas Observationum de rebus Sinicis*，1674）等，并编撰了米勒版的《马可·波罗游记》。当时的荷兰语言学家维特森（Nicolaes Witsen，1641—1717）在其著作中便曾大量引用米勒的研究。《中华帝国观察》一书是米勒的文集，上下两册合一，1674年于柏林出版第一版。米勒的研究并无新意，基本上是"翻炒"前人成果。书中内容包括中国的编年史、《圣经》中有关中国的描述、其后的文学作品中有关中国的描述、门多萨著作中的中国历代帝王列表、有关人参及其他植物的记录、马可·波罗在中国的经历、耶稣会的中文圣歌（含乐谱及拉丁文翻译）、有关景教碑的评注等。②

19世纪德国国力有所增强，于是更多传教士被派往中国，传教士汉学

---

① 参见杨植峰：《帝国的残影：西洋涉华珍籍收藏》。
② 参见杨植峰：《帝国的残影：西洋涉华珍籍收藏》。

家群体逐渐形成。由于对华态度不同,他们在汉学研究中的表现也存在差异。以花之安和安保罗为代表的传教士遵循"孔子加耶稣"传教理念。

花之安,又名福柏(Ernst Faber,1839—1899),是19世纪在中国的德国新教传教士中最多产的一位。他生于德国科堡,于1858年到巴门一所礼贤会(Rhenish Missionary Society,简称"RMG")神学院求学。毕业后又先后去巴塞尔大学、图宾根大学和哥塔大学攻读神学、医学和植物学。花之安于1858年加入德国基督教礼贤会,并于1865年作为礼贤会传教士被派往广州工作。花之安终身未婚,这使他能够全身心投入福音传播之外的几个领域,包括科学发现。尽管他不是一个训练有素的医生,但他治疗了数千位病患。花之安于1880年辞职后,越来越坚信文学作品是接触中国读书人的最有效的手段。这种信念因他患喉疾而得到加强,因为他无法继续在公众场合传教。1885年,花之安加入了一个新成立的总福音新教传教士协会,协会宗旨是改变中国人的"思想"。1886年,他移居上海,并在那里度过了生命的大部分时间。作为当时汉学研究最杰出的学者之一,花之安以中文、英文和德文出版了大量不同领域的书籍,如比较宗教、神学、历史以及植物学。他写了大量关于儒家思想的文章,是西方比较宗教领域的主要专家之一。他称自己的使命是"在非基督教国家已存在的真理基础上传播基督教和文明",这也表明了他对其他信仰的包容态度。事实上,他认为儒教和基督教有一些相似之处,必须得到承认和赞赏。这些遵循黄金法则(the Golden Rule)的信念,即祈祷的重要性、道德义务、有德行的政府以及精神世界的存在。花之安对所谓的"信仰间对话"很感兴趣,甚至还被邀请在1893年芝加哥世界宗教议会上宣读一篇有关儒学的论文。然而,他的研究使他确信儒学作为一种实践信条有着本质性的弱点。无论是花之安对比较宗教的研究,还是他与自封的"自由派"使命的从属关系,都使他偏离了相对保守的福音派神学立场。他死后,在其遗物中发现了一张字条,上面清楚地表明了他的个人信念:"我不知道主我的神什么时候会召我到天上的家里去,所以我要说,我怀着喜乐的信心,耶稣基督,万民的救主,怜悯我,用圣灵完备我,我就离开这地上的世界。我所盼望的,是神荣耀的国。"①他于1899年在青岛去世,葬在那里的一个德国公墓里。

---

①Douglas Brent Whitefield, "Ernst Faber," *Biographical Dictionary of Chinese Christianity*, https://www.bdcconline.net/en/stories/faber-ernst.内容为笔者据英文版自译。

花之安基本上遵循"利玛窦路线"，也就是"儒耶相合——孔子加耶稣"和"补儒、合儒、超儒"的方法，来增加中国人的认同感，而更易与福音产生共鸣。花之安明白，"必须深入研究中国人精神组织的心理基础，并从基督教真理出发，对中国现有的精神生活进行批判分析，从根本上说服中国人，使其自觉地接近基督教的福音信仰及其知识宝库"。为此，他下功夫研读了大量的国学经典，并指出"耶稣道理，实与儒教之理，同条共贯者也"。在35年的旅华传教生涯中，花之安以"文字宣教"为重点，一方面用中文撰写了《自西徂东》（1884），《泰西学校论略》（1873），《教化议》（1875），《人心论》（1879），《性海渊源》（1893），《中国史编年手册》（1902）等书。另一方面他也研究翻译中国传统经典作品，用德文和英文写作，把中国社会、历史和文化系统地介绍到西方世界，其代表作有《儒学汇纂》（德文，1872），《中国宗教科学导论》（德文，1873），《孟子思想》（德文，1877），《中国著名男子名录》（英文，1889），《中国著名女子名录》（英文，1890）等。其他代表作还有《德国学校论略》，《经学不厌精》五卷，《明心图官话》，《中国妇女的地位》，《从历史角度看中国》，《玩索圣史》以及《马可讲义》等作品。花之安在中国最出名的著述是《自西徂东》，此书于1884年首次在香港独立出版，在随后的20年中多次重印。到1902年，此书销售量为5.4万册。花之安通过中西方文明的具体对比，指出了晚清中国社会、道德、文化现状与西方相比落后的地方，并提出只有基督信仰才能解决中国存在的问题，福音才是改良中国文化的最佳方案。一个多世纪过去了，此书在今天的中国仍然是畅销书。此书有力地强化了花之安的信念，即西方式的进步和基督教是同一个硬币的两面。他认为，一个社会的物质进步不仅与技术的进步有关，而且与美德和伦理的进步有关。在商业交易中原谅敌人或保持诚信的能力与挖掘地雷和建造海军舰艇的能力同样重要。①

在当时希望变革的中国知识分子中，《自西徂东》产生了重大的影响，有人甚至认为此书是晚清影响最大的西方书籍，花之安也因此被人誉为"19世纪最高深的汉学家"。"自西徂东"出处为《诗经·大雅·桑柔》中"自西徂东，靡所定处"一语，因此更显得"中国化"。在《自序》中，花之安声言："耶稣之真理，无所不备，无所不包，天之奥旨，

_____

① Whitefield, "Ernst Faber."

人间之伦纪，地中之万物，无不统括其中矣。"同时认为若以"耶稣道化民"，民则不会"离心离德"。《自西徂东》全书共分五卷，花之安将西方文明的结构，对应于中国儒学的"五常"，析成五门，分别从仁、义、礼、智、信进行阐述，分门再别类，以问题的性质列目，归纳成七十二章。"仁""义"两卷中主要叙述了花之安所理解的仁、义之行为。"仁集"所述的内容大体与"欲立立人，欲达达人"的仁爱和仁政有关；而他对"义"的理解为"义为人之正路，义者出人维均，义为事理之宜"，所述主要为国家理财和人民权利。"礼集"主要是介绍西方的社会礼仪风俗，同时对当时社会中存在的种种陈规陋习进行了猛烈的批判，如缠足、纳妾等，特别是妇女缠足。卷四"智集"以西方的经、史、子学为先，介绍西方文化、科技，并与中国进行比较。末卷"信集"主要介绍西方社会团体，包括诸多基督教会组织。在介绍过程中，融入了对基督教教义、信仰与实践，以及基督教律例与礼仪的详细介绍。花之安在书中常常引用《论语》《礼记》《尚书》《孝经》和《易经》等中国传统经典，作为自己观点的理论支撑。动之以情，晓之以理，让读者受耶稣爱人之心的感染，并向往泰西诸国之"自由、民主、人权"的社会。如在"义集"第二十五章"禁溺儿女"中，写道："泰西体耶稣救人之心，恒欲拯救人之危厄，岂闻溺女之残虐，而不出一言以劝止乎？至用堕胎药，西国尤必严禁，倘经讯实，必定死罪。"《自西徂东》通过涉猎内容繁多的中西对比，直接揭露了中国晚清社会的社会、道德、文化现状，对存在的问题和弊端加以批评，并提出改良的"药方"。①

因花之安所取得的成就，1888年，杰那大学授予了他神学博士学位。1893年，中华教育会在上海举行了第一届年会，致力于在华推广基督教教育。花之安在会上发表了"中国基督教教育问题"的演说，强调传教士在宣教和教育事业中，必须尽力融合儒家思想和文化，最终使中国文化基督化。同年他还应邀参加了在芝加哥举行的世界宗教研究大会，并宣读了有关儒学的论文。

卫礼贤是德国汉学家、神学家和传教士。他生于德国斯图加特，为基督教同善会传教士。1899年，卫礼贤来到德属胶澳青岛传教。他对道教与儒教有很深的兴趣，在结识中国学者劳乃宣后，从他身上学到《易经》及

---

① 参见黄丹阳：《传教士对中国晚清社会的双重影响——以花之安和〈自西徂东〉为例》，《法制与社会》2012年第22期。

一些全真教典籍的要义。1901年10月，由德国、瑞士同善会出资，卫礼贤创办了礼贤书院，由于办学有功，1906年被清廷封为道台。在卫礼贤聘请的中国教员中，有不少是熟读儒家经籍的旧文人，他们几乎都是科举出身的举人或贡生。其中不乏饱学之士，如平度籍举人邢克昌，就是卫礼贤最早的经学老师。卫礼贤对《论语》《大学》《诗经》等儒家经籍的理解、学习及早期翻译，多得益于他的帮助。正是在办学和同这些旧文人打交道的过程中，卫礼贤对中国古典文化有了更进一步的了解，他的汉学家生涯，也就是从这里开始起步的。1911年辛亥革命之后，许多满洲王公和前清大臣都在青岛找到了避难所，卫礼贤见其中有不少是出身翰苑的名流，便在礼贤书院内建了一所"尊孔文社"。尊孔文社不仅是研究儒学的一个机构，还是卫礼贤联系前清遗老的一个组织。在这里人们不仅探讨中国传统文化，也经常进行中西学术交流，既安排中国学者讲授中国文化，也安排德国学者讲授西方文化。一战后，卫礼贤全家被迫返回德国，任教于法兰克福大学，成为首席汉学家。1930年，卫礼贤于德国图宾根逝世。其子卫德明（Hellmut Wilhelm，1905—1990）也是著名汉学家。卫德明曾将多本中文著作译为德文，再转译为英文，流传至西方世界。卫德明在华25年中担任过北京大学教授，回国后创建了中国学院，创办了汉学杂志。在《孔教可致大同》中，他赞扬儒学说："凡所谓经济学说、社会学说，皆不如孔教。西国只知爱国，国之下缺家，国之上缺天下，非孔教无以弥补之。西国一哲学家兴，即推倒前之学说而代之，中国则以孔教通贯数千年。历代大儒，虽代有扩充，而百变不离其宗，此孔教之所以为大也。今后惟孔教中和之道，可致大同。"

卫礼贤翻译的《易经》至今仍然被认为是最好的译本之一，正如他翻译的《太乙金华宗旨》（*The Secret of the Golden Flower*）一样；这两本书都是由瑞士心理学大师荣格（Carl Gustav Jung，1875—1961）引介的，他是卫礼贤的私人朋友。《太乙金华宗旨》一书是道家修炼的经典，一向秘传。1899年，作为基督教传教士的卫礼贤来到中国，他在全真道家龙门派的祖庭圣地崂山接触到了正宗的全真道教。卫礼贤被道教那深奥的玄理和真实的修正所吸引，他在中国21年，学到了道家全真派的正宗修炼方法。回德国后，他将《太乙金华宗旨》翻译成德文，取名为《金花秘诀》。瑞士著名心理学家荣格为德文版的《金花秘诀》作序。荣格曾如此回忆与评价卫礼贤：

　　20世纪20年代初，我第一次在达姆施塔特的"智慧学校"会议上见到卫礼贤。1923年，我们邀请他到苏黎世心理俱乐部讲《易经》。在认识他之前，我就对东方哲学感兴趣，在1920年左右，我就开始尝试学习《易经》。在博利根的一个夏天，我决心对此书之谜进行一次全面的研究。我为自己剪了一束芦苇，而不是传统方法所要求的猪笼草。我会在百年古树下的地上坐上好几个小时，《易经》就在我身边，通过问答的相互作用来练习这个技巧。所有这些不可否认的显著成果都与我自己的思维过程产生了有意义的联系，我无法向自己解释。……在我第一次用芦苇做实验的几年后，《易经》和卫礼贤的评论一起出版了。我立刻拿到了那本书，并很欣慰地发现卫礼贤对这些有意义的联系的看法同我差不多。但他对整个作品了如指掌，因此可以填补我力所不及的空白。当卫礼贤来到苏黎世时，我和他详细讨论了这件事，我们谈了很多有关中国哲学和宗教的问题。从他对中国人的了解中，我理清了欧洲潜意识给我带来的一些最棘手的问题。另一方面，我告诉了他我对无意识的研究结果，这使他感到不小的惊讶，因为他从中发现了一些他认为是中国哲学传统的东西。①

德国著名汉学家福赫伯（Herbert Franke，1914—2011）如此赞誉道："儒家和道家经典著作所反映的中国思想世界，一般说没有受到德国哲学界的重视，只有极少数哲学家在他们的著作里或课堂上多少提及一点中国哲学，有一阵子读书人对中国思想的兴趣变得浓厚起来，这首先要归功于卫礼贤。他在世纪之交作为新教传教士去中国，返回德国后越发感到传教士有利于传播中国文化。他那数不清的著作已经或多或少地把中国的形象印刻在德国读者的心中。卫礼贤的翻译作品从整个成就来看不会很快被超过，至今几乎还没有更新的中国古典哲学著作的德文本问世。"②波鸿鲁尔大学卫礼贤翻译中心于1993年创立。卫礼贤是中国著名教育家、外交家厉麟似的密友。卫礼贤的儿子卫德明继承父业，也成了汉学家，曾任华盛顿大学的中文教授。卫礼贤有关儒学或中国经典的著述或译著有：《孔子在人类代表人物中的地位》（1903），《论语》（1910），

①参见C. G. Jung, *Memories, Dreams, Reflections*, narrated by James Cameron Stewart (Ukemi Audiobooks, 2016), 373。
②转引自黄长著，孙越生、王祖望主编：《欧洲中国学》，社会科学文献出版社2005年版，第1211页。

《老子的道德经》（1911），《辜鸿铭：中国对欧洲思想的抵抗（批判文集）》（1911），《列子的太虚真经》（1912），《庄子的南华真经》（1912），《孟子》（1914），《大学》（1920），《易经》（1924），《孔子——生平与事业》（1925），《老子与道教》（1925），《吕氏春秋》（1928），《孔子与儒教》（1928），《中国哲学》（1929），《礼记——大戴和小戴的礼仪书》（1930），以及《易经》的各种英译本。1961年他的儿子还出版了他的遗译《孔子家语》。

和士谦（Carl Johannes Voskamp，1859—1937）是德国柏林传教会牧师。1899年，他被派来青岛传教并任教区负责人，先后在青岛及周边即墨、胶州等地建立传教站和教会学校。1908至1911年，主持建造柏林传教会青岛基督教堂。1914年日德青岛战役爆发后，和士谦父子参加"保卫青岛"的战斗，其儿子阵亡。1925年，原属柏林传教会的山东教区被美国信义会接管，他也加入该教会。1926年，和士谦离开青岛前往美国，一年后返回德国，1929年重返青岛定居。他曾撰写过大量著述，其中以日德青岛战役期间所写的日记《青岛围城日记》最著名，该日记详细记述了战争情况，并于1915年3月1日出版，同年即多次再版，发行量超过10万册。1937年和士谦在青岛病逝，按其遗愿，葬于青岛万国公墓，德国著名汉学家花之安墓旁。

和士谦悲剧性的遭遇冲淡了他本人对传教的深刻反思。在《从基督到孔子：德国传教士、中国基督徒和基督教全球化（1860—1950）》（*From Christ to Confucius: German Missionaries, Chinese Christians, and the Globalization of Christianity, 1860–1950*，中文书名为笔者译）一书中，和士谦阐述了德国传教士因未能使中国人皈依基督教而自责负疚，重新审视了他们对中国文化和儒家思想的态度，并指出，随着时间的推移，中国人越来越开放，促使欧洲基督徒对基督教本质的思考发生了一场革命。1924年，在中国传教了几十年的和士谦对基督教与中国文化的关系进行了一系列的阐释。他写到，基督教徒应当学习孔子的智慧，因为它象征着整个中国传统的哲学和文学，并以此作为与中国人民建立友谊和联盟的基础。尽管今天这种对跨文化友好的呼吁似乎并不起眼，但这标志着和士谦思想的戏剧性逆转。1904年，他曾痛斥儒家思想是中国所谓的消极和腐败的根源，它阻碍了欧洲基督教和普遍文明的传播。正如他在1902年出版的《孔子与今天的中国》一书中嘲讽的那样，"西方思想激励人们对未来抱有希望，而儒家思想则促使中国人凝视过去的黑暗"，谴责后者永处于"愤怒的无政府状态"。与当时几乎所有欧洲传教士一样，和士谦看待中国，以其庞大的人口和领土，成为寻求世界福音的中心战场。然而，他最初声称基督教的胜利将通过镇压中国文化而实现，但后来却逐渐认同合作、多元化和宽容的呼吁。

在该书中，和士谦描绘了欧洲传教士对非欧洲人观念的根本转变，从需要管教的孩子般的野蛮人到受尊敬文明的代表。同几乎所有的欧洲人一样，19世纪末的德国人热衷于"文明使命"的号召，他们理所当然地认为自己的责任是向全球的"异教徒"灌输福音和欧洲社会规范，尤其是一夫一妻制。然而，第一次世界大战的冲击和德国的失败促使德国传教士对本国的世界地位有了新的认识。在《凡尔赛条约》剥夺了德国的殖民地之后，他们把自己改造成西方帝国主义的反对者，声称传教团应通过保护当地语言和礼仪等行动，来接纳甚至捍卫非欧洲文化。基督教与"欧洲文明"概念的分离使德国成为第二次世界大战后其他欧洲人的典范。在另一场摧毁了欧洲及其全球力量的战争之后，英国、法国和其他欧洲传教士追随德国先辈，对外国宗教和文化采取了更加多元化的态度。同样重要的是，这种转变不仅源于欧洲内部的讨论，也源于与中国基督徒的接触。事实上，《从基督到孔子》一书生动地扩展了大多数传教士研究的视野，探讨了中国基督徒与自称为欧洲领导人的紧张关系。尤其是欧洲教区的信徒们，不断鼓动地方教会自治的举动也显示了他们对自治的渴望。这本书最有分量的一章追溯了在传教机构长大的中国基督徒，如何严厉批评他们的前欧洲教育家的文化帝国主义，并把老师们刚刚开始的反帝主义再向前推进一步。他们认为，中国基督教需要脱离欧洲根源，于1951年支持驱逐西方传教士。诚然，德国人从来都无法忍受这种激进的批评。即使在他们谴责西方帝国主义和赞扬中国文化的时候，他们仍然认为自己比当地的基督徒更"先进"，并且经常争夺他们对教会和学校的控制权。"尽管如此，这种跨文化的接触给欧洲基督教留下了印记。他们缓慢而痛苦地迫使欧洲人将基督教视为并非一种可以出口的欧洲财产，而是一种真正的全球性宗教，他们对此毫无任何独特的权威。"[1]

正如《从基督到孔子》一书所详细展示的那样，当像柏林使团团长克纳克（Siegfried Knak，1875—1955）这样的传教士，在20世纪30年代谈到与儒家合作时，他们主要动机是需要对抗据称更令人震惊的反基督教势力，如日本帝国主义。他们仍然对其他亚洲宗教，特别是佛教表示强烈的

---

[1] Wu, *From Christ to Confucius: German Missionaries, Chinese Christians, and the Globalization of Christianity, 1860–1950.*

怀疑。同样重要的是，克纳克等人仍然坚持严格的"文明"等级观，即使他们声称基督教不能为欧洲帝国主义在中国辩护，德国传教士仍然认为自身属"先进"的民族，乃"不成熟"中国人的老师。中国的宗教和文化，也就是说，还未提升到平等参与宗教间和文化间对话的地位。倘若说欧洲人在20世纪60年代接受了一种对非西方宗教和社会的更宽容的观点，那么这并非德国人在两次世界大战期间著述的直接延续。在这些著述中，中国文化至多为一种战略盟友，在战胜主要敌人之前，中国文化仍是一种"较小的罪恶"。欧洲人对基督教的自我反思和重新评估究竟在多大程度上是从与亚洲人的交往中产生的，目前还不十分清楚。《从基督到孔子》一书揭示了中国基督徒是多么渴望与他们的欧洲导师公开交流。只要基督教徒相信自己会继续统治欧洲，他们就会对儒家思想表现出一贯的蔑视。1919年德国政教分离，国内发生了一系列反基督教的袭击事件，以及欧洲大陆激进共产主义的兴起，动摇了他们的自满情绪，他们开始感到欧洲和亚洲也面临着类似的危险，他们才逐渐提升了包容度。即便如此，德国人也很少超越非常有限的改革，例如在当地教区任命一名中国主教等。简言之，欧洲人似乎对真正倾听中国人的意见并不特别感兴趣，而且正如此书表明的那样，他们对大多数当地人的抱怨和恳求置若罔闻。就算德国人在战败很久后，他们的跨文化"对话"也常常是片面的。因此，该书"不仅揭示了一个重大的思想转变，一个复杂的自我反省的过程，以及一个新意识的出现，而且突出了基督教思想中的持续性，即以自我为中心的执着，对所意识到敌人的困惑，以及对他人胜利的疯狂追求。不管怎样，《从基督到孔子》都是一种令人印象深刻的成就"①。

　　清末来华的德国传教士安保罗（Paul Kranz，1866—1920）对儒学经典的"四书"进行了白话文翻译，②其目的是让中国民众更容易地理解和接受他对基督教文化与儒学思想比较分析所进行的思考，从而更有效地促进"孔子加耶稣"的传教目的。安保罗注重对儒学经典中"上帝观""人性观""伦理观"和"社会观"的考察和分析。"孔子是先知"是安保罗对孔子的独到见解，为认知孔子的历史定位提供了一种新视角。③1904年，由商

---

①Udi Greenberg, review of *From Christ to Confucius*, by Albert Monshan Wu, *The Immanent Frame*, February 14, 2017.
②参见［德］安保罗：《四书本义官话》，胡瑞琴整理，齐鲁书社2016年版。
③胡瑞琴：《晚清传教士对孔子的认识——以德国传教士安保罗为个案》，《孔子研究》2008年第1期。

务印书馆出版的安保罗《孔子基督为友论》一书也对儒学西传产生了影响。

1900年到1920年，在孔子家乡进行传教的德国圣言会传教士们以积极的方式对待儒家传统。他们尊重中国经典和孔子的道德教导，并且试图与儒家传统的正式代表人物——衍圣公孔令贻，保持友谊关系。儒家传统最高的代表人物和山东南部天主教的官方代表之间的友好拜访和会谈具有重大的历史意义，它们在基督宗教与孔子传统的漫长对话史上形成一个独特的高峰。①

第四节 "礼仪之争"与西方对华态度的逆转

总的说来，自耶稣会成立起，西方传教士就要应付欧洲教权与王权的双重压力。尤其在近现代，人们经常将传教士的活动与西方的"殖民主义"与"文化侵略"紧密相连在一起。从客观公正的角度来看，不少传教士并不一定肩负教廷或国家利益的责任，他们的使命是建立在《旧约》《新约》圣经所宣导的平等博爱的基础之上的。我们应正确地将多数普通正直的传教士与教会领导层或国家统治层区分开来。

加拿大华裔学者李晟文如此阐释，祭祖反映了儒家强调的"孝"道，体现了子孙对先祖去世的悲痛与追念，而尊孔则更直接体现了人们对儒家创始人孔子的敬仰。传教士能否尊重中国人的这两大礼仪实际，反映了他们能否尊重中国传统文化的问题。当明末利玛窦来到中国的时候，他为了在中国这个古老的王国打开传教局面，采取了一种迂回的、较为现实的传教策略：他对这两大根深蒂固的礼仪采取较为宽容与通融的态度，如允许教徒在先祖牌位前焚香行礼等。利玛窦的这一传教策略尽管在其去世后遭到其继任者、在华耶稣会会长龙华民及其追随者利类思、庞迪我、傅汎济等人的反对，并在耶稣会内部引起一些争执。但从总体上讲，利玛窦之后的在中国的耶稣会士基本上遵循了他所开创的这一传教传统，如龙华民之后的耶稣会领导人汤若望，葡系耶稣会中国修会副省会长南怀仁、徐日升（Thomas Pereira，1645—1708）及法国耶稣会会长张诚等人对中国文化的态度即是这方面的例证。这是为什么耶稣会士能够在中国站稳脚跟并获得顺治、康熙皇帝信任的重要原因之一，也是为什么耶稣会士后来遭到其他修会传教士猛烈攻击的重要原因之一。

---

① 参见［奥］雷立柏：《互相尊敬与和睦相处：在山东的德国传教士（1880—1950年）与儒家的关系》，尼山世界文明论坛秘书处编：《首届尼山世界文明论坛论文集》，五洲传播出版社2011年版，第420—434页。

　　1631年和1633年西班牙系的多明我会会士、方济各会会士来到中国后，情况开始变得复杂。这些既非葡系又非耶稣会士的传教士到达中国后把中国人的祭祖、尊孔习俗斥为迷信与偶像崇拜，把耶稣会士对上述礼仪相对宽容的态度指责为对天主教的出卖，并向罗马教廷控告耶稣会士，于是一场声势浩大的、旷日持久的"礼仪之争"在耶稣会士与这些传教士及后来的巴黎外方传教会会士中展开（后来进一步扩展到欧洲哲学界）。这场"礼仪之争"因有着极为复杂的政治、宗教背景（政治上西、葡等国势力在东方的角逐，宗教上各修会间的分歧及罗马教廷与保教国的矛盾，等等）而变得十分扑朔迷离，不过如果我们从文化传播与文化交流的角度来观察，那么可以讲这场有关中国礼仪的争论实际上反映了外来文化要不要适应本土文化的问题，也即从"西土"欧洲东来"中土"的基督教要不要适应中国文化环境、要不要"中国化"的问题。在这场激烈的论战中，法国耶稣会士作为在华耶稣会士的一部分从总体上讲站在对中国礼仪表示宽容、通融的一边。耶稣会在中国的第二阶段活动始于1669年，当时不懂历法反对地圆说的原钦天监杨光先赦免回乡，南怀仁接钦天监的职位。至少在当时，耶稣会与新儒家的争论似乎是以对耶稣会有利的方式结束的。1692年，康熙皇帝正式批准基督教在中国社会的地位。①

　　1680年，当时中国教区副省会长毕嘉（Giandomenico Gabiani，1623—1694）指出，利玛窦神父在做出任何决定之前，花了将近18年的时间仔细研究中国传统的风俗、仪式和宗教书籍，并在各省、地方察访各种学者和各种级别官吏，尤其是最高层级的看法。毕嘉和后来的耶稣会辩护者，就像他们的反耶稣会辩护者一样，似乎都认为利玛窦否认了祖先和孔子仪式的"宗教"性。利玛窦本人受文艺复兴后期的基督教人文主义影响，强调"自然宗教"和"自然神学"。他教导他的中国信徒，"上帝的律法是一致的"，都"奉行自然之光（理性之光），而同他们最初的圣贤所教导的一致"。利玛窦承认可能非基督徒的宗教仪式中有迷信成分，但这些不是必要的，可以消除。利玛窦相信中国天主教徒是可以信任的，他们有正确的意图，即在执行这样的仪式时有尊敬和效法的意图，而不是崇拜的意图，决定行为道德的是人，而不是神和意图。此外，非基督教教育的精英被利玛窦视为持有唯物主义，甚至无神论的观点，这使他们较少，而不是

---

①John D. Young, *Confucianism and Christianity: The First Encounter* (Hong Kong : Hong Kong University Press, 1983), 109.

更多地怀疑偶像崇拜和迷信。正如许多后来的耶稣会辩论家所指出的，他们的对手最奇怪的论点之一是，中国人同时是无神论者和偶像崇拜者，既是唯物主义者，又是鬼神信仰者。[①]伊拉斯谟（Desiderius Erasmus，约1466—1536）则认为中国人所认为的礼，涵盖了从我们称之为宗教仪式到社会交往和政治正确的所有行为形式。[②]

1693年，在福建的外方传教会主教颜珰（Charles Maigrot，1652—1730）发布了有关中国礼仪的禁令，在欧洲的李明随后于1696年出版了其著名的《中国现状新志》，对中华民族大加赞扬。此书被看成对颜珰禁令的一个有力的回击。1700年，张诚、白晋及其他几位葡系耶稣会士晋见康熙皇帝，并呈上奏折以表明他们对中国礼仪的态度：他们认为中国人尊孔是以孔子为先师，而非以他为神灵来祈求好运；中国人祭祖是为了表达对先祖的纪念与感情，而非为了祈求保护。这一态度受到康熙的称赞。但是法国传教士却为他们的立场付出了很大的代价，他们被其他欧洲传教士控告到罗马教廷，被指控犯了三大罪状：第一是不遵守教宗有关中国礼仪的禁令；第二是促使康熙皇帝拒绝教宗令；第三是造成了罗马教廷传信部派来的传教士下狱。耶稣会的总会长还收到要他把巴多明、冯秉正、卜文气（Louis Porquet，1671—1752）和赫苍璧（Julien-Placide Herien，1671—1745，他当时任在华法国耶稣会会长）从中国召回欧洲的命令（后因故未执行）。[③]

与他们那个时代的其他传教士不同，耶稣会士并不要求皈依者成为"欧洲人"，而是允许皈依者保留某些文化习俗。在《欧洲之中国》一书中，法国汉学家艾田蒲（René Etiemble，1909—2002）指出："我们将来有可能会理解矛盾的各个方面，明白为什么中国人会有美好的形象，为什么会不断有人赞美他们，耶稣会士为什么让不信教的哲学家和无神论者占了上风……他们为自由观点（思考的自由）和对无来由地制造出身体痛苦的上帝的批评辩护……为儒家无神论学说的传播作出了很大的贡献，同时

---

① Paul A. Rule, "What Were 'The Directives of Matteo Ricci' Regarding the Chinese Rites?," *Pacific Rim Report*, no. 54 (May 2010).

② 参见 Roger Chartier, *The Cultural Uses of Print in Early Modern France*, chap. 3 (Princeton, NJ: Princeton University Press, 1987), 95。

③ ［加拿大］蒂尔贡、［加拿大］李晟文：《明末清初来华法国耶稣会士与"西洋奇器"——与北美传教活动相比较》，《中国史研究》1999年第2期。

为我们的无神论者以孔子的圣徒自居开释。"①主教会对耶稣会士的迁就主义的不满引发了一场冲突，最终导致基督教在中国被禁。其实，耶稣会士并没有为了获得更多的皈依者而牺牲天主教教义的完整性。相反，他们尊重中国的文化习俗，如尊崇祖先等，只要这些习俗不违反教会教义。耶稣会士通过掌握汉语和对儒家文学的了解，处理了对中国神明、祖先和孔子的明显崇拜，将皈依者的虔诚转向基督教三位一体的上帝，同时用圣母玛利亚和圣徒的形象取代中国的神，强调尊崇孔子先祖的文化价值。利玛窦允许皈依者保留他们的文化，同时确保天主教教义的正统性，并巩固了他在基督教传播史上的地位。②

经过利玛窦等在华耶稣会传教士的不懈努力，1692年，即康熙三十一年，康熙下了一道容教令：

> 查得西洋人仰慕圣化，由万里航海而来。现今治理历法，用兵之际，力造军器火炮，差往俄罗斯，诚心效力，克成其事，劳绩甚多。各省居住西洋人，并无为恶乱行之处，又并非左道惑众，异端生事。喇嘛僧等寺庙尚容人烧香行走，西洋人并无违法之事，反行禁止，似属不宜。相应将各处天主堂俱照旧存留，凡进香供奉之人，仍许照常行走，不必禁止。俟命下之日，通行直隶各省可也。③

遗憾的是，由于天主教内部本身就矛盾重重，再加上西班牙与葡萄牙的利益冲突，于是发生了"中西礼仪之争"，也就是清朝与天主教就儒家崇拜引发的一场大争论。从利玛窦自己的著作、批评者的辩驳以及许多声称自己有亲身经历的耶稣会士之作中，可以相当准确地复原当年历史的实际情况。

自诩教宗和教会与世界对话之声的梵蒂冈官方广播电台，曾在《天主教历史浅谈》第三章"15到18世纪的传教工作"如此追述，中国的"礼仪之争"起于17世纪中叶，到了这个世纪末发生了严重的逆转。当时的福建

---

① ［法］艾田蒲：《中国之欧洲》（上卷），许钧、钱林森译，广西师范大学出版社2008年版，第435—436页。
② Sarah Coleen Hinds, "The Model of Missionaries: Matteo Ricci and the Chinese Rites Controversy," *Aletheia: The Alpha Chi Journal of Undergraduate Scholarship* 1, no. 1 (Spring 2016).
③ 韩琦、吴旻校注：《熙朝崇正集　熙朝定案》（外三种），第359页。

宗座代牧，法国籍的巴黎外方传教会会士主教颜珰于1693年下令，禁止教区内的传教士使用耶稣会的中文词汇"天"和"上帝"来称呼天主，也禁止中国教友敬孔、敬祖。耶稣会为此向颜主教陈述，但不被接受，颜主教甚至把他的禁令送到罗马，请求圣座作最后的裁决。但这同时，耶稣会士奏请清朝康熙皇帝，请他就敬孔、敬祖的真正含义作个解释说明。1700年，张诚、白晋等晋见康熙，并上折以表明中国人尊孔是以孔子为先师，而非以他为神灵来祈求好运；中国人祭祖是为了表达对先祖的纪念与感情，而非为了祈求保护。康熙对此颇为赞赏。[1] 康熙皇帝乃于1700年11月30日批示说，敬孔敬祖为敬爱先人和先师的表示，并非宗教迷信。耶稣会士认为问题到此该当解决，于是也把皇帝解释说明的相关文件呈送罗马。不料，罗马信理部的枢机主教们认为：在有关信仰问题上，神学界比中国皇帝更具权威。信理部的批示经过4年，也就是1704年才抵达中国，但当时教宗克莱孟十一世已经预料到罗马的决定在中国实行起来必有困难，于是在宣布决定之前，便派总主教铎罗（Carlo Tommaso Maillard de Tournon，1668—1710）为特使，到东方说明圣座的意旨，并就地解决传教士之间的礼仪之纷争。铎罗总主教先到印度，后到中国，在两地禁止教会采纳地方语言和风俗习惯。康熙皇帝一听说这位罗马特使来中国的目的，便要把他遣走，后将其囚禁在澳门。他在澳门又遭葡萄牙当局的敌视，最终抑郁而终客死他乡。1706年12月，康熙皇帝对教宗使节图伦的活动感到恼火，决定用"利玛窦规矩"[2] 作为传教士留在中国的条件。

在天主教教宗克莱孟十一世看来，儒家的祭孔及祖先崇拜违反天主教教义，于是偏祖当时主要有西班牙背景的多明我会，压制主要有葡萄牙背景的耶稣会。教宗委派亚历山大城总主教嘉乐（Carlo Ambrogio Mezzabarba，1685—1741）为特使，率领30余人访华使团，于1720年10月12日抵达广州。抵京后，嘉乐受到康熙前后十数次接见，并向康熙转达了"自登极之日"通谕及教宗旨意。1721年，即康熙六十年，在阅取嘉乐的《自登极之日》禁约后，康熙下旨曰：

> 览此条约，只可说得西洋等小人，如何言得中国之大理。况西洋等人无一通汉书者，说言议论，令人可笑者多。今见来臣条约，

---

① Huber, *Les Jésuites*, vol. 1, 34–35.
② 北平故宫博物院编：《康熙与罗马使节关系文书影印本》，北平故宫博物院1932年版，第13—14页。

竟与和尚道士异端小教相同。彼此乱言者，莫过如此。以后不必西洋人在中国行教，禁止可也，免得多事。钦此。[①]

尽管嘉乐设法附加了八条变通之法，史称"嘉乐八条"，但遗憾的是为时已晚，康熙主意铁定，下旨曰："中国道理无穷，文义深奥，非尔等西洋人所可妄论。"[②]本来的礼仪之争竟成了清王朝与罗马教廷之间强烈的政治对抗，甚至演化为两种文化的根本冲突。除了康熙、雍正，梵蒂冈七位教宗，罗马教会宗教裁判所、传信部枢机团、巴黎大学神学院，葡萄牙、西班牙、法国等国的世俗国王，还有大哲伏尔泰、莱布尼茨等，都纷纷卷入了这场大争议。这场争论的影响是深远而全方位的，但却是两败俱伤的典例。康熙之后，继承皇位的雍正坚持禁教；到了乾隆年间，传教士虽受到的礼遇不低，但传教仍禁；其后嘉庆、道光两朝也萧规曹随。不过，在鸦片战争后，西方列强用武力彻底粉碎了此种"禁教"。

总而言之，18世纪对教会来说，特别是对圣座负责传教区传教事务的传信部来说，是个充满挫折、令人沮丧的时代。教会内外受困：外有英国、法国、西班牙和葡萄牙在海外争霸，直接影响教会在传教区的工作；内有耶稣会在欧洲各国被逼得走投无路，以及在印度、日本、中国等地发生的"礼仪之争"和所引发的大小教难，以致被教宗克莱孟十四世忍痛予以解散。这一切使罗马圣座心力交瘁，一筹莫展，教会普遍感到无能为力，西方世界已经放弃使东方皈依基督的宏图。不过，在这种不幸和挫折中，教会竟成了普世性的教会，许多因为罗马教会与各地不同文化文明的接触而衍生出来的问题，固然没有获得解决，却也让教会当局和各修会团体知道以更审慎、更长远的眼光来看福音与地方文化接触的问题。

1939年12月8日，信仰传播神圣会（SCPF，现为圣座万民福音传播部）发布了《中国礼仪指南》（*Plane Compertum*）。教宗庇护的十二世在当选为教宗后的几个月批准了该法案。主教彼得罗·富马索尼·比翁迪（Pietro Fumasoni Biondi，1872—1960）和刚恒毅（Celso Costantini，1876—1958）牧师于12月18日和19日分别签署了这份文件，并强调了其重要意义与新时期性：它结束了一个历史时期，该时期在1742年7月11日的《本尼迪克特十四世宪法》之后表现得最为明显，并开辟了一个新时期。该指令没有否认过去，它只是指出了中国目前存在的情况，并得出了合理

---

①北平故宫博物院编：《康熙与罗马使节关系文书影印本》，第41—42页。
②杨森富：《中国基督教史》，台湾商务印书馆1978年版，第140页。

的结论。①

这些著名的神父发布了以下宣言：一、中国政府多次公开宣布，任何人都可以自由信奉自己喜欢的宗教。就宗教问题立法是出于人们为纪念孔子而举行或下令举行的仪式，并非出于宗教崇拜的目的，是为了促进和表达对前人和对传统的适当尊重，因此，天主教徒出席在孔子纪念碑或学校的孔子像前举行的纪念活动是合法的。二、在天主教学校里放置孔子的肖像，或刻有孔子名字的石碑，甚至在它面前鞠躬，都不被认为是非法的，尤其是如果朝廷下令这样做的话。三、必须接受天主教官员和学生，在带有某种迷信色彩的公共仪式上提供协助。但根据教规第1258条，他们要保持被动，只参加这种外在的尊重仪式，因为他们可能被视为纯粹的公民，为避免对其行为的误解而有必要这样做。四、在死者面前，或在死者的肖像前，甚至在刻有死者姓名的石碑前鞠躬和进行其他表示尊重的仪式，也应被视为合法和合理的。因此，该指示决定，除其他所有先前的规定外，应免除教宗格列高利十六世所要求的，中国和其邻国的所有神职人员对中国礼拜的誓言。只要本宣言尚未进行更改，则将继续有效，特别是禁止对中国礼仪进行讨论。②总之，该宣言允许中国天主教徒在孔庙或学校参加孔子纪念仪式，并在天主教学校中设置孔子画像、孔子雕像或带有他的名字的碑刻。最后，神职人员所要求的反对参加中国仪式的誓言变得多余，不再是必须的。

"中西礼仪之争"是一个与汉学一样具有教会性或使命性的问题，"因此，研究者必须试图涵盖两个非常复杂和要求很高的领域。当然，这是一场关于跨文化理解（和误解）的争论，以及中国宗教和语言特殊性的体现，也是中国和西方令人担忧的历史关系的一个插曲。然而，这场争论本身是教会性的，教宗及其权力决定了结果"③。这场"礼仪之争"所造成的不良后果是，就连当时不少不明究竟的西方大哲和思想家也对中国产生了负面的印象，如康德、黑格尔、尼采等。

在17至18世纪，整体上欧洲人对中国持正面看法，因为他们看到了中

①Sergio Ticozzi, PIME, "The Official End of the Chinese Rites Controversy," *Triple* [鼎] 29, (Winter 2009): 5–16.
②参见"Instruction Regarding Certain Ceremonies and the Oath on Chinese Rites," *The Rock* (March 1940),112。
③Paul Rule, "The Chinese Rites Controversy: Confucian and Christian Views on the Afterlife," *Studies in Church History* 45, (January 2009): 280–300.

国的长处。其中最重要的是中国对"自然法"或"自然秩序"的坚持。所以，西方人认为中国的问题和缺陷与其成就相比是无足轻重的。然而，到了18至19世纪，欧洲的态度发生了一个几乎完全逆转的改变。中国被普遍描绘为一个落后、停滞的国家。到18世纪末，中国在一个以欧洲为中心的世界观的框架下被加以阐述。正当欧洲人试图了解扩展了的世界及其自身的位置时，中国——作为一个相对陌生的先进文明，在启蒙思想中占有一个独特的地位。在近代，欧洲的中国观已被广泛研究。当占主导地位的范式分析经历了从崇华到恐华的转变时，对这种转变的范围、性质和时机的看法分歧表明，刚性并置（the rigid juxtaposition）可能并不总是有用的。为了突出18世纪欧洲思想中有关中国构建这一特定论题的重要性，有西方学者专门考察了中国的政府制度。对文明先进的中国政府的讨论，感兴趣的读者可与启蒙纲领中对文明和进步意义的界定、解释和反思联系起来。人们发现了一个令人惊讶的共识，即崇华心态与恐华心态传统的并置。此外，18世纪的欧洲观察者也无法设想中国优势。相反，在他们观念里具有一定程度的文明相对主义，并将中国视为有益的借鉴。这种做法同样让我们思考启蒙思想家没有答案的那些问题，并为这种情况找出原因。中国作为一个有用的模型被抛弃了，因为在许多方面它被认为是无法成为欧洲启蒙运动普遍模式的一个特例。[1]

在东西方思想的对话中，曾对古代中国有无哲学发生了激烈的争论，这涉及对哲学这一概念的主观界定，甚至或许只是一个伪论题。笔者不打算在这里深入讨论。但无论如何，目前至少没有太大争论的是，中国古代有"思想"。

英国大科学史家李约瑟，曾感叹："当余发现十八世纪西洋思潮多系溯源于中国之事实，余极感欣忭。彼十八世纪西洋思潮潜流滋长，固为推动西方进步思想之根据……吾人皆知彼启蒙时期之哲学家，为法国大革命及其后诸种运动导其先河者，固皆深有感于孔子之学说，而曾三复致意焉。"[2]瑞典学者阿尔文（Hannes Alfvén，1908—1995）宣称："如果人类要在21世纪生存下去，必须回到2500年前，去汲取孔子的智慧。"福斯（Thomas Fuchs）如此评述道：

---

① Ashley Eva Millar, "Revisiting the Sinophilia/Sinophobia Dichotomy in the European Enlightenment through Adam Smith's 'Duties of Government,'" *Asian Journal of Social Science* 38, no, 5 (2010): 716–737.

② 转引自朱谦之：《中国哲学对于欧洲的影响》，第190页。

在海外宣教神学"颂华"姿态的激励下，1650年之前欧洲已经出版了大量有关中国文化及社会的作品。这些作品参与了启蒙运动关于宗教、政治以及国内社会事务的讨论。告解时期［confessional period，指"三十年战争"（Thirty Year War）——英译注］的残酷暴行所留下的创伤使欧洲人将中国设想成一个比自己无限好的世界。……对中国文化的赞赏在最初就产生了一种特定的评价标准，中国文化被解释得博大精深。在18世纪反对教权的讨论中，这种解释的意义就很有轰动性了。……这种观点——同欧洲相比，中国虽然在科学技术的发展上滞后，但他们却有更发达的伦理学——是对中国进行评价的决定性因素之一。……在启蒙运动早期，自然法问题对于如何评价中国是至关重要的。中国这一实例似乎就是自然法观念之普遍性的一种情形。这样，某种"颂华"的法律理论就与某种"颂华"的政治理论结合起来，它以中国的伦理和政治为标准来衡量欧洲的国家制度。显然，中国当时拥有18世纪的欧洲知识分子朝思暮想的东西：一个强大的且按理性标准行事的中央政府。①

乾隆朝时，虽然传教士仍受很高的礼遇，但传教仍属非法行为，萧规曹随的嘉庆、道光两朝也始终奉行禁教政策。当然，西方列强通过鸦片战争打破了这种禁教状况。不过，直到1939年，罗马教廷才撤销禁止中国教徒祭祖的禁令，尽管其并不承认当时的这个禁令是错误的。教宗庇护十二世颁布"众所皆知"（Plane compertum est）通谕："允许教徒参加祭孔仪式；可以在教会学校中放置孔子之肖像或牌位，并容许鞠躬致敬；如果教徒必须出席带有迷信色彩的公共仪式，必须抱持消极的态度；在死者或其遗像、牌位之前鞠躬，是被允许且是合适的。"这场礼仪之争的一个后果是，就连当时不少不明究竟的西方大哲和思想家也对中国产生了负面的印象，如康德、黑格尔、尼采等。英国政治思想家霍布森（John Atkinson Hobson，1858—1940）将欧洲人对中国的看法从钦佩到蔑视的转变描述为"表现了启蒙运动的精神分裂"。②

基于这种文化传播的背景，当时的欧洲顶尖的学者，无论其对中国的

---

①中国人民大学国际中国哲学与比较哲学研究中心译：《康德与中国哲学智慧》，第42页—43页。
②Hobson, *The Eastern Origins of Western Civilization*, 197.

看法如何，都无法回避中国这个话题，多多少少都要对中国和中国文化发表一些看法，从培根到莱布尼茨，从康德到歌德，无一例外——因为这是当时欧洲学术界的一种时尚。[①]18世纪，欧洲学者研究中国文化和哲学的著作不断涌现，在西方的影响甚至逐渐超过中国经典原著本身，直至今天，人们还能在梵蒂冈图书馆看到10余种西方人研究《易经》的著作。

意大利当代学者莫利（Giuliano Mori）分析了17世纪末18世纪初在中国耶稣会传教环境中发展起来的古代神学的传教用途。这一时期与欧洲自然神论的传播大致是同一时期的，基于对自然神学的世俗化解释。他认为："这种学说传播所造成的威胁，对耶稣会为了与儒家思想相联系而发展起来的哲学产生了重大影响。"特别是在17世纪末，中国传教团的耶稣会士逐渐放弃利玛窦的自然神学，转而采用以古代神学为基础的方法。然而，在18世纪之后，情况发生了变化。自然神论继续传播，但古代神学则被认为是危险的、接近自由主义的。在中国传教会上，人们对古代神学越来越怀疑，这反映在他们接受所谓的"形象主义者"的学说上，"他们是一群法国耶稣会士，他们提出把中国五经中的某些字符解释为《圣经》的形象"。[②]

[①]参见张允熠、陶武、张弛编著：《中国：欧洲的样板——启蒙时期儒学西传欧洲》。

[②]Giuliano Mori, "Natural Theology and Ancient Theology in the Jesuit China Mission," *Intellectual History Review* 30, no. 2 (2020): 187–208.

中篇　儒学西传的拓展与转型

（18—19世纪）

第五章 英美传教士的儒学西传

15世纪末到16世纪初，处于历史转折关口的英国，刚刚从中世纪的"千年黑暗"中挣脱出来，逐渐强盛的王权越来越有实力与罗马教权分庭抗礼。亨利八世在婚姻上企图摆脱教宗的控制，既为政治经济利益，又为非道德的私欲而另搞一套，结果终于与教廷决裂。从宗教改革一开始，教徒们对国家在宗教事务中的权限问题就争论不休。在这个运动的精神领袖马丁·路德看来，任何只要信奉新教的君主都可被认为是本国的宗教首脑。从亨利八世以后，以英王为首脑的教会一面反对天主教，另一面又反对大部分新教宗派，因而它自诩为折中派。玛丽女王和詹姆斯二世力图将国民拖回罗马教廷，内战的赢家则极力将国民引向日内瓦。但在1688年以后，英国教会具有了稳固的地位，同时反对势力得以保存。所谓新贵族与新型工商阶级，最初是在专制君主们或多或少的保护下积聚力量的，因此尚能为都铎王朝所确立的新君主制所包容。宗教改革使新教国家中的王权能够压过教权，例如亨利八世就掌握了以往任何英王所没有的大权。但后来清教徒又将亨利八世的霸业完全否定。这样一来，英国哲学家霍布斯就得出了结论，"对抗主权必出现无政府状态"。在较为开明的伊丽莎白一世时代，清教的产生反映了英国的自由传统首先在宗教领域得到相当的突破。这一新教派别代表了新贵族和工商阶级的利益。

伊丽莎白一世于1558年11月17日至1603年3月24日任英格兰与爱尔兰女王，她是继亨利七世、亨利八世、爱德华六世以及同父异母姐姐玛丽一世之后，都铎王朝的第五位也是最后一位君主。这位女王统治的时期称"伊丽莎白时期"，亦称"黄金时代"：她改变了宗教分裂引起的混乱状态，成功地维护了英格兰的统一。在其近半个世纪的统治后，英格兰成为欧洲最强盛的国家之一，并在北美建立了英国殖民地，美国的弗吉尼亚州就是以她"童贞女王"的称号来命名的。同时，英格兰的文化发展也达到了一个顶峰，涌现如剧作家莎士比亚、哲学家培根等许多杰出人物。随着经济尤其是工商资本的发展，新兴阶级羽翼渐丰，要求先是产权后是人权上的法律界定和保障。争取权利的意识更物化为社会民主运动的具体操作，于是在议会中抗衡王权的力量日益强大，同时与王权的冲突也日益激化。都铎王朝完结后的斯图亚特王朝也是逆社会潮流而动。英国内战和革命便以自己独特的途径展开，即用"温和——暴力——温和"的模式演进，结果就是1688年所谓光荣革命后带来的妥协——君主立宪制。此后，经过18世纪60年代至19世纪40年代的工业革命，英国登上世界第一强国的宝座。

19世纪初，英语世界发生了史上被称为第二次大觉醒的宗教大复兴，英美国家的不少传教士到许多国家和地区去传播基督新教的信仰，其中重要的一环就是对华大宣教。不过，当时的清朝依然采取的是闭关锁国的政策，因此传教士们的活动范围仅限于澳门与广州两地。1842年签订《南京条约》之后，传教士们方能逗留于五个通商口岸。1860年第二次鸦片战争之后，才得以进入内陆。①当时仅有60位新教传教士，而到1900年时已经有2500多位传教士（包括他们的妻子儿女），其中1400余位来自英国，1000余位来自美国，100余位来自欧洲，主要是北欧国家。②有旅英学者在认真查阅了大英图书馆档案后指出，从清末算起，来华传教总数在1.5万人左右。来华传教士最多的一年是1925年，达1万人。③20世纪20年代，基督新教的宣教形成高潮，不久即因军阀混战、国共战争以及日本侵华等原因，渐趋衰落。到了1953年，全部在华新教传教士退出中国大陆。

500年来，中国在天主教会的想象中占据了重要地位，几乎一直是耶稣会传教士梦想的中心。利玛窦与罗明坚等是17世纪和18世纪耶稣会对中国第一阶段影响的核心和灵魂人物。他们把西方的观念和艺术带到中国，也把包括汉语和文学在内的中国文化思想带回欧洲。耶稣会是第一个在中国受到欢迎的跨国组织，他们采取了一种特殊的方式，即建立友谊关系，分享礼物，包括关于基督教的对话。但19世纪40年代，第二次重返中国的情况却大不相同。由于欧洲政府和贸易商的到来，许多人来这里不仅仅是为了传播他们的"优越"宗教，更是为了经济利益。西方学者斯特朗（David Strong）揭示了1840年后，欧美传教士在不平等条约的保护下重返中国大陆，直至新中国成立后被驱逐的整个过程。④

从19世纪40年代到1949年，耶稣会传教士在中国的传教活动约持续了一个世纪。新使团的历史资料在教化和娱乐方面非常丰富，为的是吸引捐

---

①参见 David Strong, *A Call to Mission—A History of the Jesuits in China 1842–1954* (Hindmarsh: ATF Press, 2018)。

②Larry Clinton Thompson, *William Scott Ament and the Boxer Rebellion: Heroism, Hubris and the "Ideal Missionary"* (Jefferson, NC: McFarland Publishing Company, 2009), 14.

③中华书局聚珍文化：《访谈|来华传教士档案是另一个敦煌宝藏》，https://www.sohu.com/a/299799977_410481。

④Strong, *The Wider European and American Adventure*, vol. 2 of *A Call to Mission—A History of the Jesuits in China 1842–1954*.

款。尽管这些档案数量庞大，但过于分散，信息量远不如17世纪和18世纪，尤其是现代交通工具、通信工具使其与总部的直接和频繁联系成为可能之后。尽管耶稣会高级首领罗特哈恩（Jan Roothaan，1829—1823年在位）曾于1842年派一些法国耶稣会会士到上海重建国际传教团，[①]然而在中国的新传教团很快分裂成各自国家的传教团，每个国家的传教团都先是依赖于欧洲，后来依赖于美国的人力和资源。因此，中国近现代耶稣会士的历史写作也同样被分割成各个民族的部分。大多数这样的历史是旧意义上的任务历史，按时间顺序记述而不是分析性的表达，倾向于由任务推动者记录而不是训练有素的历史学家所撰写的传记性的和"启发性的"著述。这显然对后来的历史学家有用，"但往往为中国的历史学家所忽略，尽管在外国入侵和国内革命的动荡年代，传教士常常是中国偏远地区的唯一外部观察者"[②]。自1842年以来，尽管一些有用的观点出现在专门讨论传教和中国的期刊上，如《华裔学志》（Monumenta Serica），但对耶稣会在中国的传教仍然达不到一本书的篇幅。尽管传教士接受了共同的耶稣会训练，并假定他们有共同的目标，但不同国家传教的方法上仍存在差异。这与19世纪和20世纪对西方帝国主义和中国民族主义的研究不谋而合。正如政治史学家在很大程度上忽视了基督教思想在中国民族主义中的作用一样，传教史学家往往也忽视了基督教与西方侵略和剥削联系在一起的深层原因。最后，关于中国共产主义下的基督教，有相当多的文献，其中一些是耶稣会士写的或关于耶稣会士的。[③]当然，"要想追溯耶稣会自1970年代末以来与中国交往的历史，还为时过早，而且在政治上也过于敏感，但其中一个重要方面是回忆过去。从重要意义上说，历史的书写是历史创造的一部分。不管专家们怎么说，我们还没有走到历史的尽头"[④]。

耶稣会成功地建立了一个经得起时间考验的中国教会。然而，"我们也不应忽视这样一个事实：耶稣会不当的财政政策加剧了该教会的危机。

---

①参见Robert A. Maryks and Jonathan Wright, eds., "China and Beyond," pt. 4 of *Jesuit Survival and Restoration: A Global History, 1773–1900* (Leiden: Brill, 2015)。

②参见Wu Xiaoxin, ed., *Narratives from the Hinterlands: Perspectives, Methodologies and Trends in the Study of Christianity in China* (Guilin: Guilin University Press, 2014)。

③Claudia Deveaux and George Bernard Wong, S.J., *Bamboo Swaying in the Wind: A Survivor's Story of Faith and Imprisonment in Communist China* (Chicago: Loyola Press, 2000).

④Rule, "The Historiography of the Jesuits in China."

其传教士从事各种各样的商业活动，成为有收入有财产的地主，发展丝绸业对西方进行贸易，并组织大规模的放贷活动。所有这些活动最终在外国社会和中国人民之间产生了误解"[1]。

第一节　英国基督新教传教士对儒学西传的贡献

英国虽为老牌强国，但儒学西传在英国的发展一直比意、法、德、比等国要晚。不过，历史还是给了它绝佳的机遇。梵蒂冈在追述传教历史时，极为感叹地说道：

> 十八世纪初期，信奉天主教的西班牙、葡萄牙和法国的海外殖民势力逐渐衰退，被英国所取代，也因此，天主教的海外传教工作大受影响。一七七三年耶稣会被迫解散后，三千多位在欧洲以外传教区服务的耶稣会士终于完全罢手，放下他们两百多年来苦心经营的传教事业。其他修会或教区司铎能够递补耶稣会遗缺的毕竟很少。因此，许许多多的教友终于成了无牧之羊，陷入自生自灭的绝境。不久，法国又发生大革命，传教的财力和人力资源完全中断。又由于英国掌握了海上霸权，天主教传教士的海外航行旅途变得相当困难，在英国的誓反教传教组织应运而生，他们随着英国的舰艇船舶，前往世界各地，所向无敌，如入无人之地，誓反教得以顺利建立传教基地，快速拓展教务。

早在1691年，英国出版商泰勒以比利时人柏应理的《中国贤哲孔子》和法国人萨夫亥的《孔子的道德，中国的哲学》为蓝本，改编成英文版的《中国哲学家孔子的道德观》，该英译本后被多次重印，成为当时英语世界普通读者了解孔子和中国的主要信息来源之一。19世纪，基督新教开始进入中国，伦敦会传教士将《三字经》与《大学》翻译成英文，编写《华英字典》，开办英华书院，等等。尤为振聋发聩的是，新教传教士大声疾呼"耶稣加孔子"，主张这两者并不相悖，基督教要融合于中国文化。

英国传教士马礼逊（Robert Morrison，1782—1834）出生在英国诺森伯兰郡莫尔佩斯的布勒格林，在泰恩河畔的纽卡斯尔长大。在接受了初级教育之后，跟父亲当做鞋的学徒。他于1798年加入长老会。1802年母亲去

---

[1] New World Encyclopedia contributors, "Jesuit China Missions."

世后，他决定传教。他于1803年就读伦敦北部的霍克斯顿学院，于1804年就读汉普郡戈斯波特的传教士学院（Missional Academy）。英国皇家海军任命他为传教士，他随后在伦敦学习医学、天文学和中文。1807年1月受命后，他乘船经北美前往中国。1809年2月20日，在澳门他被任命为东印度公司（EIC）的翻译，这使他有了留在中国的合法身份。1813年，马礼逊完成了《新约》的中文译本，并于次年出版。1817年，他任阿默斯特勋爵（Lord Amherst，1773—1857）在北京的翻译。1817年，格拉斯哥大学授予他博士学位，以表彰他作为词典编纂者和翻译家的工作。1818年，马礼逊和他的同事威廉米尔恩在马六甲创办了英华学院。他们一起在1819年完成了整本《圣经》的翻译。他于1823年带着价值两千多英镑的几千本中文书籍回到英国，最终存放在伦敦大学学院。这是对英国汉学以及西方儒学发展的一件功德无量的举措。1824年，他成为英国皇家学会的成员，并帮助在伦敦建立了一个语言机构。1826年，马礼逊回到广州，并于1834年在那里去世。马礼逊曾同米怜（William Milne，1785—1822）一起创办过《察世俗每月统记传》（Chinese Monthly Magazine）。他认为自己翻译《圣经》只是第一步，将来会有更好的译本。他的代表作是他的三卷本《汉英词典》（1815—1823）。此外，他还写了一本汉语语法书和几篇关于语言的论文。他把圣歌和祈祷书翻译成中文，并写了许多小册子和文章。[1]

118年后，马殊曼（Joshua Marshman，1768—1837）承续了泰勒未竟的事业，出版了世界上第一部《论语》的直接英译本。马殊曼出生于英国威尔特郡韦斯特伯里利，他贫困的家庭几乎不能给他提供教育条件。1794年他们全家搬到布里斯托尔，在那里，他们加入了布罗德米德浸信会，马殊曼在当地一所由教会支持的慈善学校任教。同时他还在布里斯托尔浸会学院学习。1806年初，马殊曼搬到瑟兰堡，开始在精通汉语的加扎里安教授（Johannes Lassar，1781—1835）的指导下进行了5年的汉语培训。[2]1809年，他出版了世界上第一部《论语》的直接英译本，取代了

---

①参见Wilbert R. Shenk, "Morrison, Robert," in *Biographical Dictionary of Christian Missions,* ed. Gerald H. Anderson (New York: Simon & Schuster Macmillan, 1998), 473–474。

②Joshua Marshman, *Elements of Chinese Grammar: With a Preliminary Dissertation on the Characters and the Colloquial Medium of the Chinese; and an Appendix Containing the Ta-hyoh of Confucius, with a Translatio*n (Serampore: Mission Press. 1814), ii.

1724年通过法语和拉丁语进行间接翻译的读本。①马殊曼称这部作品是计划出版的两卷书中的第一卷，但第二卷似乎从未出版过。马殊曼1809年11月发表了关于汉语的字和音的论文。1814年之后，他的《中国言法》（*Clavis Sinica: Elements of Chinese Grammar*）是已知最早出版的英文版汉语罗马化著作。1817年，马殊曼与人合作出版了《圣经》的第一个中文译本。在马殊曼的译本出现以前，英语世界已经有了多种《论语》选译本、转译本和对孔子生平的介绍。马殊曼版英译《论语》只有第一卷，完整书名为《孔子的著作，附原文、译文及汉语汉字研究论述》（*The Works of Confucius, Containing the Original Text, with a Translation to which is Prefixed a Dissertation on the Chinese Language and Character*）。他将"论语"音译为"Lun Gnee"，含译者前言、孔子生平、研究论文和《论语》一至十一章译文，四开大本，共760页。在译文前，马殊曼对孔子生平做了详细的介绍。该书基本体例为，每一个汉字旁标注音标及汉字序号，音标同时标明发声声调：1. 平；2. 上；3. 去；4. 入。英文基本为直译，每一个英文单词也有与汉字对应的序号标注。马殊曼在"序言"中提及该译本的三重意义：向读者如实展现孔门弟子眼中的中国圣人形象以及他在公共和私下场景中的言行；使读者对中国人的行为举止有所了解；充分展示汉语的结构与特点。

麦都思（Walter Henry Medhurst，1796—1857），自号"墨海老人"，出生于伦敦一个商人之家。他于年少时入圣保罗座堂学校（St. Paul's Cathedral School）读书，15岁时迁往格洛斯特城（Gloucester）当了印刷学徒。据《麦都思行略》记载："十五岁，习装印书籍事，得值以赡父兄。"从此他与印刷业结下了不解之缘。这段工作经历使麦都思掌握了印刷技术，为日后在华的文字出版工作帮助甚大。17岁时，麦都思受洗成为一个独立教会的成员。1816年，当伦敦会在马六甲设立印刷所招募印刷工人时，麦都思前往申请报名，获准。在伦敦海克尼神学院（Hackney College）接受几个月培训后，即被派往马六甲，于1816年9月搭乘轮船离开伦敦。1817年2月10日，轮船抵达印度的马德里，在那里逗留数月之久。在此期间，麦都思得遇伊丽莎白（Elizabeth Martin）——一位印度官员的遗孀，二人坠入爱河，遂结为连理，同赴马六甲。由于教会在南洋设

---

①James St. André, "Consequences of the Conflation of *Xiao* and Filial Piety in English," *Translation and Interpreting Studies* 13, no. 2 (2018): 303–304.

立印刷机构的目的是向中国人宣教，因此，麦都思在那里出版了多种中文福音书籍。从1823年到1842年的20年时间里，麦都思用雕版法和石印法先后印行30种中文书籍，其中28种都是麦都思独自一人编写出版的。这些出版物既有福音性质的书卷，也有知识性的史地读物。他于1823年在巴达维亚以"尚德者"笔名出版的一本传扬基督信仰的《三字经》，行销数十年，时至1851年还在宁波美华书馆重印出版。1828—1830年间，麦都思先后到新加坡、马来半岛、爪哇和巴厘岛等地散发福音书册、布道、考察华人聚居区和各地风土民情。马礼逊去世后不久，麦都思于1835—1836年间前往广州探访那里的中国基督徒，并沿中国沿海北上到上海、山东等地为宣教目的进行考察。①1838年，麦都思将自己的研究成果，编成一部600页的大作《中国的现状与传教展望》（*China: Its State and Prospects*, 1938），向西方广泛而深入地介绍中国的历史与文明，包括中国的疆域与人口、语言、文化、宗教、礼仪、三大发明、天文学、植物学、法律、医学、绘画、雕刻、丝绸、瓷器等内容。他对中国古代科技高度评价："中国人的发明天才，很早就表现在多方面。中国人的三大发明（航海罗盘、印刷术、火药，后来宣教士艾约瑟加入造纸术，形成四大发明之说），对欧洲文明的发展，提供了异乎寻常的推动力。"

在宣教上，麦都思采用适应性策略，非常注重灵活性和策略性。他一方面通过广泛游历、巡回宣教以传播基督福音；另一方面他也撰写出一些世俗的和宗教的作品，用来提高中国人心目中西方文明的地位，塑造宣教士的儒师形象。他常"借儒宣教"，用中国人易于接受的词汇来表达基督教信仰。不可否认，麦都思是一位成功地将学术宣教与巡回宣教相结合的学者型传教士。麦都思也是19世纪前中期颇有影响的汉学家。他翻译了不少中国的典籍、方志等，为中学西传做出了贡献，其中《书经》译本是第一部直接由中文翻译成英文的译本，并为随后的理雅各（James Legge, 1815—1897）《书经》译本及1904年欧尔德（Walter Gorn Old, 1864—1929）的《书经》译本奠定了坚实的基础。他在《圣经》汉译、语言研究、典籍翻译、文字宣教等方面皆取得了杰出的成就，促进了西学东渐。他堪称语言天才，通晓中国、日本、朝鲜、马来西亚语言文字，还懂福建方言。他所编纂的多部字典，都有很深的造诣和极大的影响，如两卷本

①Richard Lovett, *The History of the London Missionary Society 1795–1895* (London: Henry Frowde, 1899).

《汉英字典》、两卷本《英汉字典》、《福建方言字典》、《中文、韩文和日文对照词汇》以及《探讨"上帝"一词的正确翻译法》等。他所编写的《中国的现状和展望》《中国内地一瞥》《中国说书趣闻录》以及译著《千字文》等，均对西方产生了一定的影响。

伟烈亚力（Alexander Wylie，1815—1887）出生在伦敦一个颜料商人的家庭。年幼时进入苏格兰德鲁里西（Drumlithie）的一所学校接受启蒙教育。长大后回到伦敦，在切尔西的一所文法学校接受了初等教育，当时所学课程包括拉丁文、几何、代数等科目。毕业后，伟烈亚力跟随一位木匠当学徒。随后他受雇于英国刑事法庭（Crown Court）和考文特花园（Convent Garden）。在此期间，他受洗加入苏格兰长老会教会。1845年冬，伟烈亚力得到一本法国耶稣会士马若瑟用拉丁文所写的《汉语札记》，便有了学习中文的愿望；不久又从大英圣书公会得到一本《新约圣经》中文译本。于是他就凭借这两部书自学中文。1846年，英国伦敦会传教士、汉学家理雅各因病回国，受上海传教士麦都思的委托，为伦敦会印刷局墨海书馆物色印刷工作者。在友人推荐下，伟烈亚力前往拜会了理雅各。后者测试了他的中文能力，并对他自修中文的经历大为惊讶和赞赏。理雅各安排伟烈亚力跟他进修中文一段时间，同时又学习印刷技术和印刷所经营管理方式。[1]1847年8月26日，伟烈亚力作为伦敦会传教士，奉派到上海协助麦都思管理墨海书馆，与他同来的还有绍思韦牧师夫妇（Rev. B. Southwell and Mrs. Southwell）和慕维廉（the Rev. W. Muirhead，1822—1900）。从此开始其30年在华宣教、传播西学和研究汉学的不凡历程。[2]

伟烈亚力不但对西学东渐作出重要的贡献，他在东学西渐方面的工作更是功不可没，是公认的汉学家。伟烈亚力有四本闻名于世的著作：三部是关于汉学的，另一部是《在华新教传教士纪念录》。在繁忙的印刷、宣教、译书和学术活动之余，他还致力于研究中国及其文化，相继发表或出版了若干汉学论文及著作，内容涉及文献学、数学、天文学、地理学、宗教、历史与考古等多门学科。其中，他的《中国文献纪略》《中国科学札记》《中国研究》及其对景教碑的研究奠定了他在西方汉学界的地位。《中国科学札记》（*Jottings on the Science of Chinese*）是伟烈亚力于1852年在《北华捷报》（*North China Herald*，《字林西报》前身）上所发

---

[1]M. H. Henri Cordier, "The Life and Labour of Alexander Wylie," in *China Researches*, by Alexander Wylie (Shanghai, 1897), 9.
[2]参见汪晓勤：《中西科学交流的功臣——伟烈亚力》，科学出版社2000年版。

表的系列论文，对西方学者很有影响。《中国科学札记》最早向西方学界介绍了中国古代的算筹，指出筹数乃是十进位制，比欧洲和阿拉伯早了几个世纪。伟烈亚力在文中详细介绍了中国古代典籍和数学著作，如《通鉴纲目》《书经》《九章算术》《孙子算经》《数术记遗》《夏侯阳算经》《海岛算经》《五曹算经》《周髀算经》《五经算术》《张丘建算经》《缉古算经》《数书九章》《详解九章算法》《乘除通变本末》《弧矢算术》以及《测圆海镜》等。伟烈亚力熟悉西方数学的发展史，能对中国数学和西方数学进行比较，他指出秦九韶作的《数书九章》已经运用十进制和零，指出《数书九章》中的"玲珑开方"法领先于英国数学家威廉·乔治·霍纳（William George Horner，1786—1837）于1819年发表的解高次代数方程的方法。伟烈亚力此文受到欧洲学者的重视，1856年被译为德文，1862年有了法译本。迄今为止，伟烈亚力《中国科学札记》仍影响着数学史的研究。①

　　1867年，伟烈亚力以《钦定四库全书总目》为底本所编写的《中国文献纪略》（*Notes on Chinese Literature*）在上海出版，堪称他对汉学界最卓越的贡献。该书介绍了2000多部包括文学、数学、史学、哲学、宗教、医学和科学技术等方面的中国古典文献，其中包括：第一章，经典：《易经》《诗经》《春秋》《四书》《礼记》；第二章，史学：编年史，断代史，官方文献，传记类，地理类，书目类，史论类等；第三章，哲学：兵法类，历法类，农书类，医书类，天文数学类，卜算类，百科全书类，佛教类，道教类，杂家；第四章，文学：《离骚》、《李太白集》、《东坡全集》、《欧阳文集》、《陆九渊集》、五代宫词、《月满楼诗别集》、《诗女史》等，涉及的领域之广泛，至今无人能够企及。②1897年，伟烈亚力文集《中国研究录》（*Chinese Researches*）由上海墨海书馆推出。该文集分为四个部分：第一部分收集伟烈亚力关于传世典籍的作品，包括《景教在中国》《阿育王传》《佛陀传》《西藏的教会》《玄奘传》《法显传》《中国的舍利》《孔子》《孟子》《墨子》《道教》《中国的圣经》以及《中国秘密会社：三合会、白莲教、新加坡天地会、香港三合会》等；第二部分收集了伟烈亚力关于中国的史学著作，包括《中

---

①参见［德］傅海波：《欧洲汉学史简评》，任继愈主编：《国际汉学》（第7辑），大象出版社2002年版。
②Paul A. Cohen, *Between Tradition and Modernity: Wang T'ao and Reform in Late Ch'ing China* (Cambridge, MA: Harvard University Press, 1974), 63.

的以色列人》《开封府的犹太寺》《马可·波罗》《伊本巴图》《大秦景教流行中国碑》《中国的景教寺》《阿拉伯旅行家》《高丽攻略》以及《高丽之臣服》等；第三部分为科学论文，包括《北京的元朝天文仪器》《传教士制造的天文仪器》《1279年的观象台》《郭守敬传》《郭守敬发明的十七种天文仪器》《中国文献中的日食记录》《恒星图》《中国的罗盘》《僧一行罗盘》以及《中国科学札记》等；第四部分为语言学论文，包括《满语文法》《辽》《金》《成吉思汗》《努尔哈赤》《满文之起源》《辽代的文》《维吾尔文与叙利亚文之比较》《蒙文与阿拉伯文的比较》《满文草书》等。

此外，伟烈亚力创办了"通中外之情"的《六合丛谈》，并兼任《中西通书》《皇家亚洲文会北华分会会刊》《教务杂志》《北华捷报》以及《中日杂纂》等期刊的编辑或撰稿人。不仅如此，伟烈亚力还参与创建了皇家亚洲文会北华分会及其博物馆和图书馆，以及格致书院和中国益智会等机构。1878年和1882年，他作为皇家亚洲文会北华分会的代表，分别参加了在佛罗伦萨和柏林举行的第四、第五届国际东方学家大会。在华期间，伟烈亚力多方收集中文古典文献，并在上海山东路伦敦会大楼的第一层设立了一个私人藏书楼，藏有不少善本珍本，约有两万种，其中一千余种于1869年售予亚洲文会，其余于1882年售予牛津大学图书馆。"伟氏藏书"（Alexander Wylie Collection）堪称牛津大学图书馆博德利书库的一批重要的馆藏。

伟烈亚力在上海交游甚广，其中传教士有麦都思、艾约瑟（Joseph Edkins，1823—1905）、慕维廉等等；汉学家有理雅各、高迪爱（Henri Cordier，1849—1925）、庄延龄（Edward Harper Parker，1849—1926）、麦华陀（W. H. Medhurst，1823—1885）等；外交家有威妥玛（Thomas Francis Wade，1818—1895）等。艾约瑟如此赞扬道："他是《中国文献纪略》一书的杰出作者，这部著作价值极高，因为伟烈亚力求知欲强、功底扎实，并能坚持不懈地阅读中国文献。他是一个性情温和、勤勉的人，是位出色的数学家，而且酷爱学习语言。在搜集书籍和掌握所搜集文献的内容时，他从来不知疲倦。他非常谦虚，但实际上他脑子里装满了各个领域的知识。"在1879年2月3日亚洲文会例会上，会长金斯密（Thomas William Kingsmill，1837—1910）宣称：也许我们最遗憾的就是失去了已故副会长伟烈亚力先生，他那谦逊而不引人注目的贡献将被那些有幸曾与之共事的人们久久缅怀。虽然他有着深厚的汉学根基，却能不耻下问，而且总是乐于随时向别人提供建议和帮助，我们学会的许多会员都受了他很大的影响，最终走向从事中国研究的道路。伟烈亚力对19世纪西方汉学主要有两大贡献：其一，他为牛津大学图书馆、皇家亚洲文会北华分会图书馆以及圣书公会或赠送或出售了大量有价值的中文文献。其二，他所编写的《中国文献纪略》是那一时期有关汉语书目的第一部全面系统的权威著作。尽管伟烈亚力并未受过西方高等教育，也从未任过大学教职，汉学研究仅为其个人兴趣，并以自学成才得以实现。然而他获得的非凡成就在19世纪英国汉学史上占有不容置疑的地位。他谦和低调，豁达大度，从不夸耀，反而使其地位和声名备受尊崇。[1]1877年，伟烈亚力因年迈体弱，视力衰退，返回伦敦定居，1887年2月10日与世长辞。

　　另一位英国传教士将前辈的事业发扬光大，这就是理雅各。理雅各出生于英国阿伯丁郡的亨特利，是一家七口中最小的一位。他在阿伯丁学院获得硕士学位，在加入公理会之后，进修于伦敦海伯里学院。他由伦敦传教协会任命，并于1840年1月加入驻马六甲的中国使团。同年，他成为该城英华学院的校长，并于1843年移居香港。代表团将学院转变为神学院，理雅各继续担任校长，直到1856年。在此期间，他还建立香港的英国联合教会，帮助建立了独立的华人会众，以中文或英文撰写了许多文章，并以七卷本的中国经典英文译本而闻名。在对中文上帝恰当称谓的长期争论中，理雅各和大多数英国传教士一起提倡使用"上帝"这个名称。理雅各经常受到其他传教士批评，因为其对孔子的非凡见解，以及主张中国古代经典中的"自然神学"也包含一些基督教真理。1875年，他被任命为牛津大学科珀斯克里斯蒂学院的研究员，从1876年到1897年，他是牛津大学的第一位中文研究教授，也被誉为"19世纪最重要的汉学家"。1894年，他成为第一位除英国王室成员之外，出现在香港邮票上的人，这就算是他所留下遗产的见证。[2]

　　理雅各强调传教士必须能够理解中国人的思想和文化，于是他于1841年开始翻译许多卷的中国经典著作，这是他在去世前几年完成的一项重大工作。理雅各在香港居住期间，在王韬和洪仁玕等的帮助下，翻译了中国古典文学作品。他曾担任香港第一家中文报纸《遐迩贯珍》（*Chinese Serial*）的终审编辑。1867年，理雅各回到苏格兰，并于1870年从阿伯丁学院获得法学博士学位。在此期间，在王韬的陪同下，理雅各回到了自己

---

[1] Cordier, "The Life and Labour of Alexander Wylie," 14.
[2] Ralph R. Covell, "Legge, James," in *Biographical Dictionary of Christian Missions*, 392–393.

的家乡亨特里。之后，他回到香港，从1870年到1873年担任联合教堂牧师，并于1871年出版了《诗经》。1873年4月2日，理雅各在上海乘船抵达天津，然后乘骡子车，于1873年4月16日抵达北京，在伦敦传教士协会总部下榻。他参观了长城、明十三陵和天坛，这些地方让他感到必须带着神圣的敬畏来参拜。他在艾约瑟的陪同下离开北京，乘骡车前往山东参观泰山，在那里，他们由四个人抬着椅子登上了神圣的泰山；并于5月15日离开泰山，去参观了曲阜的孔庙和孔林，拜谒孔子墓。理雅各经大运河回到上海，然后在1873年经日本和美国回到英国。

理雅各极力主张传教士与华人平等，强调走中西宗教相互融合的道路。理雅各反对鸦片贸易，认为"这是一种罪恶的交易"，不仅使成千上万的中国人受害，而且也不利于中英之间的正常贸易。在传教和教学的过程中，理雅各告诫其他传教士："只有透彻地掌握中国的经典书籍，亲自考察中国圣贤所建立的道德、社会和政治生活，我们才能对得起自己的职业和地位。"在这种思想的支配下，理雅各开始系统地研究和翻译中国古代的经典著作。在中国学者王韬等人的辅助下，花费了25年光景，理雅各陆续翻译了《论语》《大学》《中庸》《孟子》《春秋》《礼记》《尚书》《孝经》《易经》《诗经》《道德经》以及《庄子》等中国的经典著作。理雅各之前的西方来华传教士虽也对中国的经典著作做过翻译，但都是片段性的翻译，而且不少都相当粗糙、语焉不详，甚或谬误百出。理雅各在翻译中一丝不苟，众采百家，扬长避短，他尽数收罗拉丁、英、法、意等各语种的不同译文版本，相互比对。此外，他还与中国学者反复商讨。理雅各的中国经典著作翻译，时至今日仍为西方公认的标准译本，作为闻名于世的杰出汉学家，理雅各于1876年获法兰西学院儒莲汉籍国际翻译奖。1870年，阿伯丁大学授予他法学博士学位，在爱丁堡大学举行300周年校庆庆典中，理雅各是最受尊重的人物之一。理雅各还多次访问法国，同法国著名的东方学家朱利昂进行高水平的汉学交流，积极向西方社会介绍中国文化。回到英国之后，理雅各极力宣传研究中国文化的重要性。在英国驻华公使和香港总督的倡导下，英国牛津大学设立了汉学讲座，理雅各当之无愧地成为牛津大学的第一任汉学教授。

理雅各堪称历史上第一个系统研究并用英语全面翻译中国古代经典的人，他所译中国典籍包括儒家经典十三经之主体部分，还有部分道家和佛家文献。一个多世纪之后，其译著仍被联合国教科文组织视为中国典籍的标准译本，是欧美世界借此了解中国传统文化的重要来源之一。①理雅各的译本远不只是译文，他还有长篇序言和详尽的注释。这些严谨的研究考据内容的重要性不亚于译文本身，为后来者研读思考提供了重要信息与方向。翻译的可信度很大程度上取决于理解，要保证理解的精确性就要在所依据的诠释本上下功夫。值得一提的是，从1862年到1873年，理雅各的翻译事业得到中国学者王韬的帮助，可谓中西合璧的佳话。王韬的主要作用在于为理雅各收集十三经的注疏本。对王韬所提供的注疏，理雅各选择性地使用。王韬曾评价理雅各："其言经也，不主一家，不专一说，博采旁涉，务极其通。"②理雅各采用了语义翻译策略，尽量忠实于原文。作为传教士，理雅各相信基督教是最好的宗教，但他对中国传统文化无比热爱，认为"除非掌握了中国的典籍，并对中国圣人所掌握的整个思想领域有所研究，否则他就不能胜任其职位的职责。因此，他将先对自己的人民与种族传教，然后再把东方的学术翻译解释给西方的学者与传教士"。③

艾约瑟，字迪瑾，毕业于伦敦大学。1848年，被伦敦布道会派来中国，同年9月2日抵达上海，为伦敦会驻沪代理人，协助墨海书馆麦都思的工作。1856年麦都思离任回国后，他继任监理，主持该馆的编辑出版工作。1852—1860年，他编译了《中西通书》，每年出一册（其中有三年由庞台物、伟烈亚力编）；与中国学者李善兰（1811—1882）等合译了《格致西学提要》《光论》《重学》等书。1858年3月，艾约瑟回国休假，第二年9月携新婚夫人返沪。他于1860年赴烟台，又与杨笃信等传教士5人应太平天国李秀成之邀，去苏州见李秀成。1861年，他赴天京（南京）上书洪秀全，被驳后移居天津。1863年迁北京。1872年，艾约瑟在北京与丁韪良创办《中西闻见录》月刊；1875年，获英国爱丁堡大学神学博士；1880年，被中国总税务司赫德聘为海关翻译，先住北京，后迁上海。艾约瑟是一位具有冒险精神的传教士、翻译家、语言学家、作家和中国宗教专家。他"有一种信徒般的冲动，想把福音带到以前没有传过的地方"。艾约瑟在语言方面很有天赋，尤其在中国文学方面很有研究，并写了大量关于

---

①岳峰、李广伟：《汉籍英译名家理雅各》，《中国社会科学报》2020年7月1日。
②岳峰、李广伟：《汉籍英译名家理雅各》，《中国社会科学报》2020年7月1日。
③James Legge, ed. and trans., *Confucian Analects, the Great Learning, and the Doctrine of the Mean*, vol. 1 of The Chinese Classics, rev. ed. (Oxford: Clarendon Press, 1893). 参见范敏：《〈论语〉五译本译者风格研究——基于语料库的统计与分析》，《北京航空航天大学学报（社会科学版）》2016年第6期。

中国的文章。他是皇家亚细亚学会中国及华北分会的活跃成员，是当时著名的汉学家之一，并被爱丁堡大学授予东方研究博士学位。艾约瑟编译有《欧洲史略》《希腊志略》《罗马志略》《富国养民策》《西学启蒙》等书，由上海总税务司出版，颇有影响。艾约瑟于1905年在上海逝世。他的主要著述有《中国的宗教》《中国在语言学方面的成就》《访问苏州的太平军》以及《重学》三卷本等。

在这里，特别提一下从传教士转为学院汉学家的特例，这就是傅兰雅（John Fryer，1839—1928）。傅兰雅是苏格兰牧师之子，出生在英格兰肯特郡海德镇。其父仅为一个小镇教会的牧师，却十分关注东方尤其是中国的宣教事业。少年的傅兰雅，常随其父去听那些访华宣教士举行的报告会。他在自传中回忆道："在我的孩提时代，没有什么东西能比阅读我千方百计搞到的有关中国的书，更令我愉快。我太想去中国了，因此同学们给我取了一个绰号叫'中国迷'（sinophile）。"1863年，傅兰雅前往北京，与包尔腾（John Shaw Burdon，1826—1907）、丁韪良等人一起，在京师同文馆担任英文教习，同时学习北京官话和中国经典史籍。1865年，傅兰雅又返回上海出任英华书院院长。该书院原名"英华学塾"，是由上海外国侨民发起筹办的一所高档学校，其办学原则大致有四：第一，致力于招收富家子弟入学，提高收费，以确保学校资金雄厚；第二，采用英语教学；第三，聘用本地饱学之中国老师，教授中国传统的经史学科；第四，学校必须授以宗教教育。英华书院的学生多是上海、广东、厦门、宁波等地商贾和买办的子弟，其后出了不少名人，如清末政论家和思想家郑观应便是傅兰雅的学生。除办学外，傅兰雅还担任英商字林洋行的中文报纸《上海新报》的主编，这是西洋人在上海创办的一份中文报纸。

1868年起，傅兰雅在江南制造局度过长达28年的译书生涯，并由此成为开中国近代科技事业之先河的人物。[1]1874年，傅兰雅与英国驻上海领事麦华陀商议后，由麦华陀出面倡议建立"格致书院"，作为研习和传播西方现代自然科学知识的场所。[2]1876年2月，傅兰雅自费创建了科学杂志《格致汇编》（*The Chinese Scientific Magazine*）期刊，自任主编，这

---

①袁锦翔：《晚清杰出的科技翻译家傅兰雅》，《翻译通讯》1984年第2期。
②孙邦华：《傅兰雅与上海格致书院》，《近代史研究》1991年第6期。

是中国第一份科技杂志，所刊多为科技新闻与常识。[①]1877年，傅兰雅应邀参加了基督教在华宣教士组织的学校教科书委员会——益智书会。1879年，他被推举为该会总编辑，从事科学普及工作。1885年，傅兰雅又在上海成功创办了"格致书室"，是为中国第一个科技书店，不仅销售几百种中外学者的科学技术译著，还代售地图、人物画像、仪器、印刷铜模、印刷机等等。1896年6月，赴美度假的傅兰雅，受聘为加州大学伯克莱分校东方语言文学教授，为在华30多年的事业画上了句号。当时，傅兰雅看到了加州大学阿加西讲座教席（Agassiz Professorship Position）的重要性。在1895年5月22日写给加州大学凯洛格（Martin Kellogg）校长的一封信里，他提及了四位当时可证明他能够胜任此教席资格的著名汉学家：其一是牛津大学教汉语的理雅各博士；其二是英国剑桥大学任教的汉学家威托玛爵士（Sir Thomas Wade）；其三是京师同文馆总教习丁韪良博士；其四是当时旅沪的中国文学专家艾约瑟博士。从传教转向学术界，傅兰雅认为自己的资历与阅历足以胜任此教职。他还有一个心愿是培养中国留学生，在他们学成回国后必成为改变中国社会的中坚之力。后来他果然在伯克利接纳中国留学生，开办"中国留学生之家"，建立东方学院。1902年他担任伯克利大学东方语言与文学系（Department of Oriental Languages and Literature in Berkeley）主任，1913年退休，后于1928年去世。[②]

英国传教士苏慧廉（William Edward Soothill，1861—1935）生于英国约克郡哈利法克斯。1882年受英国偕我会（United Methodist Free Churches）的奉派，赴浙江温州传教25年之久，共建立150余所教会，发展信徒及慕道友近万人。他还同时办学校，建医院，为温州近代文明的架构起到奠基的作用。今日温州被称为"中国的耶路撒冷"，基督徒比例位于中国前列，苏慧廉功不可没。在温州期间，他对中国文化产生浓厚兴趣，开始对中国宗教进行初步研究，并动手翻译《论语》。1928年苏慧廉受聘为美国哥伦比亚大学客座教授。1935年5月在英国去世，享年74岁。苏慧廉学问渊博，著作等身，除翻译《圣经》《论语》《妙法莲华经》（*The Lotus of the Wonderful Law*），编写教材字典外，其他专业著述还有：《中国传教纪事》（*A Mission in China*，1907），《儒释道三教》（*The Three Religions of China*，1913），《李提摩太在中国》（*Timothy Richard*

---

① 孙邦华：《寓华传播西学的又一尝试——傅兰雅在上海所编〈格致汇编〉述论》，《华东师范大学学报（哲学社会科学版）》1994年第5期。
② 李亚丁：《傅兰雅》，http://bdcconline.net/zh-hans/stories/fu-lanya。

of China，1924）等。尤其这最后一部，民国时即有中译本，后香港、内地又陆续有译本出版，是研究李提摩太（Timothy Richard，1845—1919）的权威著述。此外，苏慧廉还推出了下列著述：《中国与西方：中西交通史大纲》（*China and the West: A Sketch of Their Intercourse*，1925），《中国简史》（*A History of China*，1927），《中国与英国》（*China and England*，1928）等。苏慧廉对中西宗教文化交流及对中国儒释道三教以及民间宗教的研究，尤其是在中国佛教经典研究及翻译方面，成绩卓著，当时的汉学家无人能出其右。

英国传教士修中诚（Ernest Richard Hughes，1883—1956）主要著有《中国古代哲学》（*Chinese Philosophy in Classical Times*，1942）一书，于1942年出版。此书全面系统地介绍了儒家思想发展史，对孔子及其孙子子思、孔门诸儒及孟子、荀子、董仲舒、班固、王充等后儒及其思想都做了介绍，称孔子为"礼学的权威"，称孔门后学孟轲为"政治哲学家和心理学家"，还介绍了《论语》《孟子》《大学》《孝经》《易经》《白虎通义》等儒家经典。

第二节　美国基督新教传教士对儒学西传的贡献

与欧洲各国相比，"年轻"的美国在传教资历上也是"浅薄"的，不同于耶稣会等天主教会所，美国的传教士都属于新教，并具有清教徒的特征，更带有新兴大国的创意与朝气。虽与中国的来往始于18世纪，但直到19世纪初，美国"基督教差会"（Missionary Society）才逐渐向中国增派传教士。通过这些人的努力，中国文化典籍大批传入美国。

从19世纪70年代起，美国汉语教学和中国学研究蓬勃发展，美国商人和企业家纷纷设立基金会资助中国学研究。美国的儒学研究开始全方位、系统化地进行，如经学史研究、经学思想研究、孔子研究、孟子研究、荀子研究、宋明理学研究、清代儒学研究，等等，都有成批著作出版。1783年后美国才脱离英国而成为后起的资本主义国家，故其商业资本和海外传教活动较之欧洲的葡、西、荷、英、意、俄、法、比等国要晚一两个世纪。美国第一艘商船"中国皇后号"。开往中国广州是1784年。美国第一个来华的新教传教士裨治文是1830年10月到华的。至19世纪末，美国已有1500多名传教士在华传教了，尽管美国以传教士为媒介传播儒学要比欧洲晚两个世纪，但儒学研究在美国的发展是快速的。这是为什么？有学者试图从以下几个方面给予答案：其一，美国有最原始的研究儒学的动力；其二，美国的儒学研究随着对华政策的发展而发展。①

禅治文（Elijah Coleman Bridgman，1801—1861）是美国第一位来华的传教士。他到中国广州后，努力学习，并积极参加传教活动。不久，他开始察觉，传教工作面临着三方面的束缚：清政府在"华夷秩序"观影响下对外交流的消极冷淡、诸多中国知识分子的盲目自大以及中国社会传统"守旧"思想的阻力。与欧洲其他国家的传教士不同，禅治文是带着完全不同的国际关系观念和美国的政治主张、宗教理想来到中国的。而要想展开有效的传教，就一定要与清政府进行直接交流，所以他必须尊崇中国式的往来礼仪，来逐渐调和文化和政治的冲突，增进所在国官员和知识分子对美国文化的理解，并使社会公众产生一定的正面印象。因此，禅治文等联合广州的英美商人和美国领事于1834年11月29日在广州共同发起成立了"在华实用知识传播会"（Society for the Diffusion of Useful Knowledge in China）。该会主要注重两方面工作：一是出版杂志《东西洋考每月统记传》，一是出版禅治文撰写的书籍《美理哥合省国志略》。前者的目的正如禅治文认为的那样，是用"知识之力"打开中国人的思想大门，所以在该杂志上大量刊登关于西方各国在南亚和东南亚殖民地活动的文章，禅治文试图通过该杂志告诉中国人，西方在这些地方的殖民是"不可避免的"，试图增强中国人对外来势力的接受心理。该期刊编纂的形制上，主要采用西方刊物的形式。刊物还经常将中文中的经典句子与西方知识短句进行并列，不仅增加了中国读者的信任，也间接传播了西方的思想。从1837年、1838年发表的文章看，各种实用的知识成为该刊物的主要内容，如《希腊国史略》《荷兰国志略》《俄罗斯国志略》《法兰西国志略》《大清年间各国事》等。该刊物的传播，吸引了不少中国读者。在禅治文的要求下，伯驾（Peter Parker，1804—1888）继卫三畏（Samuel Wells Williams，1812—1884）等人之后于1834年来到中国。

从禅治文等人在华工作的效果看，尽管他们的传教工作并未取得太多成效，大量的工作传播了美国的文化和价值观，但在一定程度上对美国在华形象的树立起到了非常重要的作用。他们不仅影响了清政府对美国的印象，也增加了中国民众对美国的接受度。虽然当时英国的对华鸦片贸易中也有美国商人参与，但清政府不仅对美国的印象有别于英国，在当时条件

---

①参见汤一介、张耀南、方铭主编：《中国儒学文化大观》，北京大学出版社2001年版。

下还与美国进行了比较友好对等的往来。这一极为难得的中美关系，可以说是源于裨治文等人在华的一系列工作而搭建起来的中美交流公共平台，他们所开展的丰富多样的信息出版、医疗服务等促进沟通理解的活动，在广州形成了一个传播美国文化和科学的中心。裨治文等人的努力为美国政府与清政府、中国公众的文化信息交流和互动搭建起了重要桥梁，不仅在一定程度上增进了当时中国公众对美国文化、科学的认识和了解，也增加了他们对美国的好感，因此产生了一些认同美国文化的中国人。这也成为以后美国实行符合实际的对华政策的基础。[1]

卫三畏，又译卫廉士，字听泉，19世纪美国基督教宣教士、汉学家、语言学家和外交家；近代中美关系史上的重要人物，晚清时期许多重大历史事件的亲历者，杰出的研究中国问题的专家；美国汉学研究的先驱者和奠基者，堪称美国第一位汉学教授，被誉为"美国汉学之父"。卫三畏出生于美国纽约州由提卡镇一个虔诚的基督教家庭，父母都是长老会的成员。卫三畏自幼便在其父投资创办的教会学校就读，1831年受洗入教，具有坚实的基督教信仰。由于其父生意不顺，高中毕业时他错失心仪的耶鲁大学。不久其母故世，他只得入读特洛伊城的伦斯勒理工学院。在校期间，他钟爱自然科学，特别是植物学。1832年，长老会捐赠给美国公理会差会（American Board of Commissioners for Foreign Missions）一台先进的印刷机，投用于刚刚在广州成立的宣教站，因此那里急需称职者来掌管这台机器。卫三畏之父随即写信希望他能够担任此职。卫三畏起初难以取舍，一方面舍弃不下酷爱的科学，一方面对赴海外宣教也毫无准备，而且他对印刷技术几乎一窍不通。反复思忖后，卫三畏还是接受挑战，选修印刷出版技术。1833年10月，20岁的卫三畏到达广州。由于中国的闭关锁国政策，他只能以一个贸易商的身份入住广州十三行，在那里他结识了马礼逊和他的儿子马儒翰（John Robert Morrison，1814—1843），还有第一位美国新教传教士、《中国丛报》（The Chinese Repository）的主编裨治文和他的助手雅裨理（David Abeel，1804—1846）以及郭实腊（Karl Friedrich August Gützlaff，1803—1851）等人。卫三畏在工作的同时，抓紧学习汉语。在欧美商人的资助下，他创办了印刷所。1835年，广州时局开始紧张，同年12月，印刷所迁往澳门。在此期间，卫三畏协助裨治文编辑《中国丛报》。此时，他的中文进步很快，并对中国的历史、文化与现状的了

---

①林孝斌：《从公共外交视角看鸦片战争前后美国传教士的在华活动》，《新视角》杂志 2018年8月31日。

解也不断加深。不久，他就在《中国丛报》发表文章，向海外介绍中国的政治、经济、军事、历史、地理和文化习俗，还协助裨治文编著了《广州方言撮要》，为后来系统研究汉学奠定了基础。1843年，他在《中国丛报》第2卷第10期上发表了《论中国的度量衡》和《论广州的进出口贸易》两篇文章，标志着其汉学研究的正式启动。1847年，裨治文离粤赴沪后，卫三畏接过《中国丛报》的编辑工作，并设法解决了人力、财力的严重匮乏的问题。①

旅华40余年的卫三畏，熟读中国经典，曾先后推出10多部有关中国的著述，涵盖政治、经济、历史、文学、文字等诸多领域，如《拾级大战》（*Easy Lessons in Chinese*，1842），《英华韵府历阶》（*An English and Chinese Vocabulary, in the Court Direct*，1844），《中国地志》（*Chinese Topography*，1844），《中国商业指南》（*A Chinese Commercial Guide*，1844），《英华分韵撮要》（*A Tonic Dictionary of the Chinese Language of Canton Dialect*，1856）以及《汉英韵府》（*A Syllable Dictionary of the Chinese Language*，1874）等。外国来华宣教士和商人纷纷将它们奉为必读之书。返美后，在耶鲁大学担任汉文教授的卫三畏，经常举办有关中国问题讲座，并出版了《我们同中华帝国的关系》（*Our Relations with Chinese Empire*，1877），《中国历史》等书。

《中国总论》，英文书名为*The Middle Kingdom*，意为"中央王国"，是卫三畏撰写的一部全面介绍中国历史文化和晚清社会的名著。他写此书的目的之一，是要在西方读者中，"为中国人民及其文明洗刷掉如此经常地加予他们的那些独特的、几乎无可名状的可笑印象"，客观地评价中国文明，并将它"放在适当的位置"上。同时他也指出了当时中国社会的种种落后和愚昧。他为本书确定的目标，是尽可能客观地评价中华文明的成就和落后之处。本书初版于1847年，1883年又重新修订再版，增加了许多新的内容。全书分上下两册，共23章，总计1200多页，对中国的自然地理、行政区划、人口民族、各地物产、法律政府、语言文字、历史文化、衣食住行、社会生活、工艺美术、科学技术、对外交往等，作了全方位的研究和系统的论述，堪称关于中国的百科全书。②

---

① 参见［美］卫斐列：《卫三畏生平及书信：一位美国来华传教士的心路历程》，顾钧、江莉译，广西师范大学出版社2004年版。
② 参见［美］卫三畏：《中国总论》，陈俱译，上海古籍出版社2005年版，第664页。

作为卫三畏最有影响力的代表作《中国总论》，是他对大量有关中国的研究论述和演讲的结晶，最能反映其在汉学领域的造诣与成就，无论在广度还是在深度上，都超过了此前的同类著作，堪称美国汉学的奠基石与里程碑。在1847年此作问世之前，美国人对中国的了解，主要是通过翻印发行英国的著作。与欧洲相比，美国的汉学研究虽起步较晚，但起点较高，发展也较快，并在不长的时间里跃居国际汉学研究的前列。这显然与卫三畏的贡献是分不开的。1876年，在卫三畏主持下，耶鲁大学首先开设了汉学课程，建立了第一个汉语教研室和东方图书馆。此后美国的加州大学、哈佛大学、哥伦比亚大学等也相继效法，一些著名的图书馆开始收藏研究汉学的图书资料。此外一些汉学研究机构也陆续成立，如美国现代语言学会（1883）、美国历史学会（1884）、美国亚洲协会（1898），等等，这些组织都直接或间接地促进了美国汉学的发展，使之走上职业化、专业化的轨道。因此可以说卫三畏是"美国汉学第一人"。

卫三畏通过对中国历史的研究，充分认识到儒家思想在中国社会中的重要地位，认识到儒家思想对中国人的心理和行为的巨大影响。他在《中国总论》中首次"将孔子的儒家学说和佛教、基督教以及伊斯兰教相提并论"，认为"他们同样具有永恒的价值"。他认为中国需要基督教教义并不意味着要摧毁中国传统文化，而是要进一步完善它，使它更具有价值。他对中国儒家文化具有的"信义"价值内涵极为推崇，称"世界上很少国家能与中国相比"。不过，尽管他指出了儒家思想的不少长处，但仍然认为中华文化与民族需要拯救。《中国总论》反复强调的一个论点就是："中国人不仅需要标志西方文明的技术，而且还需要耶稣基督的教义。"在宣教策略上，他提出"孔子加耶稣"的模式。他认为："如果基督思想在人们头脑中扎根，那么政府权力性质自然就会改变。"《中国总论》的独特视角和观点，以及其中时常出现的智慧闪光，对我们今天的读者来说不仅饶有兴味，而且颇富启迪。对历史研究者来说，其中有许多是不可替代的珍贵资料。书中还大量引用了当时西方学者研究中国问题的著作，这些著作涉及面之广，研究之深入、细致，令今天的读者也眼界大开，叹为观止。同时本书还对发生在近代的两次鸦片战争作了叙述和评论，其视角与材料都比较新颖、独特。尽管其中不乏可以商讨之处，但其力求客观的科学态度还是可取的。作为一个外国人，一个传教士，不可避免地有其局限性，但这与因个人好恶而故意无视甚至歪曲事实还是有本质差别的。该书与他所编写的《汉英韵府》在过去一直是外国人研究中国的必备之书。

1848年，卫三畏在《中国总论》中写道："四书五经的实质与其他著作相比，不仅在文学上兴味隽永，文字上引人入胜，而且还对千百万人的思想施加了无可比拟的影响。由此看来，这些书所造成的势力，除了《圣经》以外，是任何别种书都无法与之匹敌的。"①卫三畏十分强调利用儒家经典以开展传教活动，极力主张把儒教与基督教结合起来，以致于后来有些传教士一手拿《圣经》，一手捧"四书"。1845年，美国长老会差会在宁波建立崇信义塾。最初通过儒学教育，传教士试图在学校的外国色彩和本土性之间寻求某种平衡。不过在传教士逐渐意识到宁波地方士人、儒学教义与一般民众之间存在若即若离的复杂关系后，他们便将士人划入"无法教育"的一类，转而争取下层社会。与之相应，在19世纪50年代后，传教士开始逐渐调整办学思路，通过雇佣华人基督徒担任教师和引入罗马字注音系统来传播西学，儒学教育在义塾中的地位逐渐下降，渐趋边缘。②

　　丁韪良出生在印第安纳州，是福音派长老会一位牧师的儿子。1843年，他就读于印第安纳大学布卢明顿分校，在那里他开始相信天命论，即"美国的使命是把'科学、自由主义原则和真正的宗教带给亚洲人民'"③。1845年，丁韪良从传教士的报告中得知他们在中国的工作，于是决定去中国当传教士。他进入新奥尔巴尼神学院，准备担任长老会牧师。他在学校教了一段时间的书，因此获得了教育经验。他毕业演说的主题清楚地指出了他后来的传教士生涯："将物理科学作为传教士的一种装备。"在他很小的时候，他就认为传教事业必然包括各种各样的活动和目标，也包括通识教育。他于1849年1月向长老会外交使团委员会提出申请，并于1849年10月被任命为长老教会的教长。一个月后，他与简·范桑特结婚，从而满足了当时被认为是对男性传教士的要求。他和他的新娘立即启航到达宁波，并立即开始了艰苦的汉语学习过程。丁韪良是一个热心而有天赋的学生，他雇了两个老师，以便他可以日夜学习，很快他就喜欢上了语言学习。由于宁波方言不能用普通话准确地表达出来，于是丁韪良就设计了一套拼音系统，用罗马字母来帮助传教士学习汉语。他们还教一些中国人使用这套系统。一位传教士用拼音字母写了一本赞美诗，马丁和他的兄弟为这本书贡献了几首赞美诗。使用拼音文字，"中国人惊讶地

①参见［美］卫三畏：《中国总论》，陈俱译，第664页。
②赵力：《美国长老会传教士对儒学教育的地方性适应——以宁波崇信义塾为例（1845—1867）》，《近代史研究》2018年第3期。
③Ralph Covell, *W.A.P. Martin: Pioneer of Progress in China* (Washington, DC: Christian University Press, 1978), 56.

看到他们的孩子在几天内学会了阅读，而不是像他们从头学习母语文字一样，花上数年的痛苦辛劳。三十岁和十岁的老妇人，以及不识字的仆人和工人，在他们皈依的时候，发现他们用自己的语言睁开眼睛，用自己的语言读上帝的奇妙作为"①。

在传教中，丁韪良与长老会传教士产生了多次争执。他被认为对接受洗礼的人太宽容，也因认可儒家思想而受到批评。他的立场是："基督与孔子之间没有必然的冲突。"②他明确指出，儒家思想虽然在他看来是正确和美丽的，但并不完整，"儒学和基督教可能在广度和狭义上有所区别，但在真理和错误上却没有区别"③。另一方面，他又强调耶稣是唯一的救世主。

丁韪良意识到，祖先崇拜对中国人来说是极其重要的。"它是人民宗教的主导元素……它构成了中国宗教的核心。"④因此，问题是传教士对这个问题的态度应该是什么样的。有时，敬拜的原因是清楚的，就像崇拜者为自己祈祷祝福一样。但在这个行为里能找到什么好东西吗？大多数传教士认为不能。在中国方面，"没有什么比发现基督教与祖先崇拜形成不可调和的对立，而引起（中国）对基督教如此强烈的反对令人头疼的了"⑤。丁韪良认为基督徒应该"删去（偶像崇拜的成分），保留一切美好的东西"。上面刻着祖先名字的石碑可以保留下来，献花可以代替香烛和食物。更进一步，他坚持认为，即使是在逝者墓前跪拜也是可以允许的，因为其他传教士都认为在活着的长者面前鞠躬没有什么错。除去风水和在祈祷中为"亡灵祈福"，中国的信徒可以保持其余的仪式。⑥1869年12月1日，在中国海关总税务司赫德的推荐下，丁韪良辞去了长老会的职务，出任京师同文馆总教习，新工作的工资是他传教士收入的十倍，因其正处于严重的经济困境中，非常急需这笔钱。京师同文馆无论是在组织管理，还是在教学内容和教学方法上，都具有近代欧美学校的特点，

---

①Covell, *W.A.P. Martin: Pioneer of Progress in China*, 56.

②Covell *W.A.P. Martin: Pioneer of Progress in China*, 455.

③Covell, *W.A.P. Martin: Pioneer of Progress in China*, 118.

④W. A. P. Martin, *Cycle of Cathay; or China, South and North: With Personal Reminiscences*, 2nd ed. (Edinburgh: Oliphant Anderson and Ferrier, 1897), 266–267.

⑤Martin, *Cycle of Cathay; or China, South and North: With Personal Reminiscences*, 276.

⑥Martin, *Cycle of Cathay; or China, South and North: With Personal Reminiscences*, 277.

培养了近代中国第一批具有双语能力的外交官、外语教习和翻译。同文馆的新式教育实践促进了教育现代化，为签订《辛丑条约》后废除科举、建立新型教育体制提供了宝贵的经验。①1898年12月31日，京师大学堂正式开学，在李鸿章的推荐下，光绪皇帝任命丁韪良为京师大学堂首任西学总教习，授二品顶戴。由于几名教职员工和助手来自基督教学校，他们获准在开学典礼上不必遵守儒家礼节。但丁韪良等人却摘下帽子，向孔子像鞠躬，这引起许多传教士的惊愕。他是当时其中年龄最大的外国人，在中国工作长达66年。作为传教士和进步人士，他获得了许多荣誉。1916年12月，丁韪良在北京因肺炎去世。在他的葬礼上，中华民国总统黎元洪发表了一份声明，赞扬丁韪良"享有极高的声望，受到了政府和其他地方学者和官员的尊敬"②。

美国传教士林乐知（Young J. Allen，1836—1907）出生于伯克郡。他的父亲是一名教育家和棉花种植者，在其出生前就去世了，母亲在他出生后不久也去世了，他还不到一个月大就成了孤儿。他的姑妈和叔叔抚养他长大，他们的支持加上从父亲那里继承的遗产，使他得以进入牛津埃默里学院（即埃默里大学牛津学院）。在获得本科学位后不久，他与玛丽·休斯顿（Mary Houston）成婚。这对夫妇多年来一直计划作为传教士出国旅行，1859年，在第一个女儿出生后，他们全家在纽约登上了开往香港的一艘轮船。林乐知在佐治亚州拥有土地和至少两名奴隶，为了到中国旅行，他全都变卖了。1860年7月，林乐知来到上海后，立即制定了在该地区建立卫理公会轮值部长制的计划。起初，林乐知单纯作为传教士进行传教工作，但在上海待了几年后，他发现这种策略显然行不通。林乐知刚开始工作，美国内战就爆发了，这导致美国内政部对传教工作长期忽视，所以这项任务几年来几乎没有得到任何资助。林乐知和他的同事们为了生存便从事民事工作、出售教堂土地。在此期间，他在上海同文馆工作后，受到最基本的启发之一就是：受过教育的中国公民和绅士通常比其他国家的人更容易接受卫理公会。所以这使他的目标转向提高中国教育。他特别强调西方哲学，希望这样做能帮助他的中国学生理解和接受基督教思想。林乐知积极从事翻译书籍和撰写文章，目的是说服中国人放弃儒家制度，在他看来，儒家制度阻碍了对基督教的皈依，因为儒家体系的公共精神与基督教

①武海霞：《强盗？阴谋家？教育先驱？文化大使？——众说纷纭的北大第一任校长丁韪良》，《中华读书报》2013年4月10日。
②Covell, *W.A.P. Martin: Pioneer of Progress in China*, 266.

的个人主义观念相悖。林乐知意识到，中国人需要了解更多的西方概念，才能使卫理公会有意义。

1868年，林乐知开始在上海新报社当记者，在那里的工作激励他创办了《中国教会新报》，后来改名为《万国公报》。他的新闻报道成了一个更大范围，讨论东西方宗教和哲学的工具，这份刊物有时成为他谴责儒学的喉舌。林乐知通过报道国内外新闻和其他有争议话题的文章，接触到了包括清政府成员在内的广大读者。根据《中国教会新报》的有关记载，林乐知这一时期的主要译著有《格致启蒙博物》《格致启蒙化学》《格致启蒙天文》《格致启蒙地理》《万国史》《欧罗巴史》《德国史》《俄罗斯国史》《印度国史》《东方交涉记》《列国岁计政要》《列国陆军制》《新闻纸》以及《地学启蒙》等10余部。1876年，清政府为表彰林乐知在译书和教学方面的贡献，特授予他五品顶戴官衔，后又"钦加四品衔"。19世纪70年代之后，林乐知采取了新的宣教方式：一是认真了解和研究中国社会，针对中国的文化特点去改造中国；二是把基督教义和在中国占统治地位的儒家文化相融合，再逐步以基督教文化代替儒家文化；三是以传播西方先进的科技文化为手段，如兴教育、建医院、办报纸等，提高中国人的素质，扩大基督教影响，以吸引更多的中国人接受基督教信仰。林乐知强调要以儒家学说佐证基督教教义，将儒家的"三纲五常"与基督教义对应互证，认定双方情理相通，本质无异。他力图从基督教教义中发现对君臣、父子、夫妇乃至兄弟、朋友的论证，结论是："儒教之所重者五伦，而基督教亦重五伦，证以《圣经》。"他指出，儒家讲"仁"，而基督教的"爱即是仁也"；儒家讲"义"，"耶和华以义为喜"；儒家讲"礼"，而《圣经》要人们"以礼相让"；儒家讲"智"，《圣经》中称"智慧之赋，贵于珍珠"；儒家讲"信"，《圣经》中则有"止于信"，即"信"是最高美德。对林乐知而言，孔耶相通，儒家和基督教也相通。①

在上海任职期间，林乐知曾六次返回亚特兰大，逗留时间不一。1878年他获得了埃默里大学的法律学位。在林乐知晚年的生活中，他专注于教育，特别是创办英华学院，并致力于让它成为一所完整的大学。1901年，东吴大学（即苏州大学）在苏州市成立，合并了包括英华书院在内的三所

---

① 参见梁元生：《林乐知在华事业与〈万国公报〉》，香港中文大学出版社1978年版。

地方学院。林乐知一生都面临着来自保守派传教士和家庭委员会的挑战，他们认为他偏离原有任务的计划既有误导性，又超出了他"拯救灵魂"的责任范围。林乐知坚决反对这种批评，坚持认为让中国灵魂皈依的最佳途径是教育。他生活在中国人中间，他的著作表明，他从不把儒家思想看作是一种荼毒人的学说。他去世前相信自己首先是一个福音传道者，尽管他的方法来源于社会工作。林乐知于1907年5月30日在上海逝世，享年71岁。他的传记于1931年出版。1923年，为了纪念林乐知在中国的生活和工作，上海建造了金林教堂。1910年，在乔治亚州牛津市建造的艾伦纪念联合卫理公会教堂也以他的名字命名。①

李提摩太可称为在华的美国传教士中影响最大的一位。他于1845年10月10日出生于英国南威尔士卡马尔登郡（Camarthenshire）的乡村。在父母的基督化教养之下，李提摩太自幼养成富有爱心、乐于助人、品格良善、为人正直的性格。14岁的他在一次奋兴布道大会上受感决志信主。李提摩太先后就读于斯旺西师范学校（Swansea College of Teacher Education）和哈佛福韦斯特神学院（Haverfordwest Theological College），在神学院学习期间成绩斐然。他尚未毕业，国内知名教会即来信聘请，但那时他已经立志要去中国传播福音。因为他认为中国是非基督教国家中最为文明的国家之一，倘若基督得到中国，就会带动其他国家归主。1869年春，从神学院毕业的李提摩太申请赴华传教获准后，于当年11月被封立为牧师，随即在利物浦登上英国蓝烟囱轮船公司的"阿喀琉斯"号（Achilles）轮船前往中国。经过将近四个月的航行，李提摩太于1870年2月抵达上海，随即赶赴山东烟台。当时英国浸礼会在烟台有一个宣教站，曾先后有八个宣教士在那里工作。但当李提摩太到达时，只剩下一个宣教士坚守在那里，而且不到四个月他也因病去世了，仅留下李提摩太孤身一人。然而，李提摩太不畏艰难，一面学习中文，一面在中国助手的帮助下开始宣教。在实践中，他的理念渐渐改变，开始试图接触上层社会的人，因为他觉得"他们有良好的土壤可以撒种"，而且熟知了上层人士之后，就比较容易得到其他人的支持。从那时起，李提摩太就开始刻苦学习儒家典籍和中国礼仪，探究中国儒释道思想体系，并利用各种机会，与地方官吏和士绅接触。为他立传的苏慧廉如此写道："李提摩太在内地传道已经好几年，悟到布道

---

① 参见 Warren A. Candler, *Young J. Allen: The Man Who Seeded China* (Nashville: Cokesbury Press, 1931)。

方法，从官绅入手，自上而下，威力及人，或更容易。比如水自上下流，比使水上流更为容易，所以决定要先引领上层人士信教。"1874年，李提摩太迁往山东青州府，开始租屋布道。此时他改穿中国儒生的长衫，脑后梳着一条假长辫，同时亦施医送药，以便于接近百姓。

从1895年到20世纪初的数年间，李提摩太对中国政治的影响达到顶峰。在甲午战争、戊戌变法、义和团运动期间，他都积极活动于上层人士之间。他和许多政府官员，如李鸿章、左宗棠、张之洞、曾国荃、恭亲王奕䜣等都有着较深的交往。而且他还结交了一些有影响的人物，如康有为、孙中山、梁启超和谭嗣同等。李提摩太的思想直接影响了许多朝廷大员和维新派成员。李鸿章的很多思想就源于李提摩太。在与李提摩太的接触中，李鸿章多次批评顽固派的"夜郎自大"心态，表达了对西学的认同和要求变革的愿望。张之洞十分同意李提摩太的一个观点："生存就像博弈，不掌握一定的技巧是无法同掌握了技巧的对手竞争的。"他承认中国"必须进行改革"。李提摩太还曾向李鸿章提出过很多政策建议，其中派遣皇室亲贵到国外考察、兴办西学等建议后来被清政府采纳。在李提摩太做曾纪泽家庭教师时，曾纪泽对李提摩太的现代教育改革方案也是倍加赞赏，并督促李提摩太在高级官员中宣传，曾纪泽也因之相信"中国的唯一希望在于教育"。

广学会在1891年到1915年这段时间，是中国最大、最重要的新式出版社之一。在李提摩太主持下，广学会主要出版了以下书籍：《中西四大政考》《五大洲各国统属全图》《华英谳案定章考》《八星之一总论》《七国新学备要》《天下五洲各大国志要》《自西徂东》《性海渊源》《治国要务》《开矿富国说》《国贵通商说》《泰西新史揽要》《百年一觉》《欧洲八大帝王传》《中东战纪本末》《印度隶英十二益说》《中国变新策》《醒华博议》《治国要务》《新学汇编》《文学兴国策》《时事新论》《李傅相历聘欧美记》《富民策》《足民策》《大同学》《英国议事章程》《万国原始志》《邦交格致之义》《近时格致之义》《印度史揽要》《广学类编》《新政策》以及《亲历晚清四十五年》等。这些著作对中国社会的影响很大，其中尤以李提摩太编译的《泰西新史揽要》和林乐知编译的《中东战纪本末》最为畅销。梁启超曾称："《泰西新史揽要》述近百年以来欧、美各国变法自强之迹，西史中最佳之书也。"此书原作者为英国历史学家麦垦西（Robert Mackenzie，1823—1881），由李提摩太和著名记者、《万国公报》编辑蔡尔康（1851—1921）合译，原书名是《十九世纪史》，内容是19世纪欧美各国变法图强的历史。该译著于1895

年出版，出版后风行一时，印行3万部，成为"戊戌变法"时期光绪皇帝的主要参考书之一。

回到英国后，李提摩太接受了威尔士大学授予他的法学博士学位。在这之前，他已经获得过美国佐治亚大学和布朗大学授予的神学和文学博士学位。1918年，梁启超到英国访问时，曾专程到伦敦李提摩太的寓所去看望他，赠送他10本自己的著作，并与他一起畅叙维新运动的往事。

在英居住3年期间，李提摩太仍经常到处演讲，并完成其自传《亲历晚清四十五年——李提摩太在华回忆录》，向读者展现了一位传教士在华半个世纪的生活画卷。这本书不仅对李提摩太个人的研究具有很高的参考价值，而且对19世纪70年代以后的近代中国社会史、政治史、文化史都有重要的参考价值。书中记录了北方民众的日常生活、当时人的工资水平、一些生活费用的支出记录、官场错综复杂的关系、历史人物的言行等，都是研究晚清历史不可多得的文献资料。1919年初，李提摩太决定重返中国，但在同年4月因旧病复发而不得不住院手术，终因病重体弱，于4月20日逝世于伦敦，享年74岁。①

美国传教士李佳白（Gilbert Reid，1857—1927）毕业于纽约汉密尔顿学院和联合神学院，自学中国古典文学和文化，1882年作为长老会传教士开始了他在中国45年的职业生涯。在帮助清政府治理黄河洪水失败，以及在山东济南购买房产遭到当地官员的强烈反对后，他提出了一个新的传教重点。他清楚地看到，中国反对基督教的主要力量来自"上层阶级"——中央的国务大臣、地方官员和地方精英。这使他在1894年提议在中国的上层阶级中建立教会。但这一设想过于激进，他的长老会董事会无法接受，李佳白被迫辞职。他的方法是与官员交朋友，而不是传福音，并帮助他们了解基督教信仰和其他宗教如何给予国家道义上的毅力和精神上的帮助。1897年，由他创办的被称为中国国际学会的机构正式成立，并对1898年的中国改革者产生了重大影响。改革运动和义和团起义的失败，导致李佳白将中国国际学会迁至上海。在这个新的环境下，中国国际学会促进了西方文明的价值观的传播，促进了西方人和中国人对彼此的理解。在1910年出版的《孔教之窥见一斑》一书中，李佳白倡导中国应以儒教立国，儒家思想是"教民之本"，基督教与孔教要"互相和合、互相敬爱、互相劝勉、互

---

① 参见［美］李提摩太：《亲历晚清四十五年——李提摩太在华回忆录》，李宪堂、侯林莉译，人民出版社2011年版。

相辅助"。

美国传教士明恩溥（Arthur Henderson Smith，1845—1932）生于美国康涅狄格州的佛农小镇，父亲是公理会教会牧师。1864年，19岁的明恩溥作为威斯康星第40步兵团的志愿兵，参与了美国南北战争。战后他入读贝洛伊特学院（Beloit College），并于1867年毕业。此后他又先后在波士顿的安多弗神学院（Andover Theological Seminary）、纽约协和神学院（Union Theological Seminary, New York）和纽约内外科医学院（College of Physicians and Surgeons of New York）就读，为他日后奔赴海外宣教做了充分的准备。据其同班同学、后来与他在中国同事的博恒理（Henry D. Porter）回忆说，明恩溥为人幽默风趣，写作文采也非常好。

1871年，明恩溥在贝洛伊特与艾迪金森（Emma Jane Dickinson）结婚；次年，他成为公理会教会牧师，不久即受美国公理会海外传道会（American Board of Commissioners for Foreign Missions）差遣，与年轻的妻子一道登船前往中国宣教，没想到这一去就是54载（1872—1926）。[1]

在宣教过程中，明恩溥深入中国社会，了解中国的风土民情，体察民间百姓疾苦，故被上海英文报纸《字林西报》邀为驻山东通讯员，经常发表新闻报道和文章。由于明恩溥在中国工作、生活了54年，先后居住于天津、山东、河北等地，广泛接触了中国各阶层人群，尤其熟悉下层人民生活，并结交了不少朋友，期间他还经历过庚子动乱的生死考验，因此对中国社会、文化及乡村生活了如指掌。明恩溥一生笔耕不辍，写下了10卷左右有关中国文化、历史与社会的著作，把中国清晰而生动地介绍给了世界。其中最为中国读者熟悉的是《中国人的特性》（*Chinese Characteristics*）一书，这是他在华宣教22年之后，于1894年出版的一部代表作。该书是由他连年为《字林西报》所写的对中国人的观感汇集而成，书中总结了中国人的特性共26条，引证丰富，文笔生动，或褒或贬，无不言之有据。时至今日，读来仍使人警醒与反思。诚然，他的立场和观点，他的视角与结论难免带有西方的价值观，书中也不乏针砭、偏颇之词。但他在揭示中国国民性与晚清政体同中国现代化之间的深刻矛盾方面，的确不乏真知灼见，有些观察可谓入木三分，甚至令读者拍案叫绝。

明恩溥一生五分之三的时间是在中国度过的，"在华日久，爱华日

---

[1]Theodore D. Pappas, "Arthur Henderson Smith and the American Mission in China," *The Wisconsin Magazine of History* 70, no. 3 (1987): 163–186.

深"，虽然他这种爱并不完全表现为对中国和中国人的赞美，却可以体会到他的爱之深，责之切。在明恩溥笔下，中国人的优点比比皆是，比如生命力顽强、恪守礼节、遇事忍耐，以及对一方土地的热爱与眷恋，等等。但他也毫不留情地指出中国文化存在的缺失，以及中国人的劣根性，比如他说部分中国人缺乏诚信和公共精神，说中国人喜欢乱占道路，对残障人士、精神病患者、遇难者、陌生人、妇孺，以至牲畜等缺乏同情心，对落水者见死不救，冷眼旁观，甚至趁火打劫等。最后他写道："中国多方面的需要，归根结底就是一个迫切需要——良心。"而"只有基督教信仰，才能永久地、完全地满足这种需要"。明恩溥也因此由原来的报社通讯员升格为专栏作家，并以"中国问题专家"而闻名。

可以说，《中国人的特性》就是一部充满真爱的、颇为公正的著作，也是第一本带有社会学性质的著述，它也代表了一个时代的中国观。因此它曾长期成为来华传教士的必读之作，而且对后世中国学人影响至深，开创了中国国民性研究之先河。《中国人的特性》曾经引起鲁迅先生的极大关注，生前多次在文章中提及。他21岁在日本时，就仔细研读过该书的日译本，并由此致力于揭示和改造中国人的国民性，直到临终前还向国人郑重推荐此书。在1936年10月5日出版的《中流》半月刊上，他在一篇文章中语重心长地说："我至今还在希望有人翻出斯密斯的《支那人气质》来。看了这些，而自省、分析、明白那几点说得对。变革、挣扎、自做工夫，却不求别人的原谅和称赞，来证明究竟怎样的是中国人。"14天之后，也就是10月19日凌晨，鲁迅病逝。①

明恩溥认为中国的乡村就是中国的"缩影"，在写于1899年的《中国乡村生活：社会学研究》（*Village Life in China: A Study in Sociology*）一书中，他对中国农民的社会生活、经济活动、风俗习惯等方面都作了比较详细的观察和记录。19世纪末20世纪初，欧美青年热烈投身于海外宣教运动，召开一次又一次的宣教大会，出版一本又一本的宣教书籍。明恩溥身为资深的勤于写作的传教士，深受后辈的敬重。他在这期间所写的书，都被列为宣教教育的重要教材。例如1907年出版的《中国之进步》（*The Uplift of China*），是为美国的青年宣教运动（Young People's Missionary Movement）而作的。后来在英国加以修订后，又成为适合英国青年阅读的版本。

---

① 参见 http://bdcconline.net/zh-hans/stories/ming-enpu。

　　以上这三本书都被译成多种文字，流传于世。此外明恩溥还撰写了大量有关中国的著作和文章，如《中国文明》《中国在动乱中》《王者基督：中国研究大纲》《中国的进步》《今日的中国与美国》以及《汉语谚语俗语集》等。明恩溥的晚年，主要在直隶通州从事神学方面的写作，他在当时最有影响的《教务杂志》，以及英文版的《中国基督教年鉴》上，都发表过许多有关宣教和中国时局的文章。他的著述和文章、手稿、信件和日记等资料如今都收藏在他的母校——威斯康星贝洛伊特学院——的图书馆特藏馆内。[①]

　　卜舫济（Francis Lister Hawks Pott，1864—1947）出生在美国纽约的一个富有的基督徒家庭里，祖父为基督教圣公会牧师和史学家，父亲卜雅各是纽约的《圣经》出版商，同时兼任圣公会纽约教区的司库。1883年，卜舫济从哥伦比亚大学毕业，随后进入圣公会总会神学院（The General Theological Seminary）学习神学，1886年获神学学士学位。据卜舫济晚年自述，他与中国结缘极为偶然。在纽约学习神学期间，他应邀到一个私人学校教中国洗衣工英语，因而对中国发生兴趣。日后他说，从那时起"我便很想从我们中间这些外乡人了解更多的东西，并且开始阅读关于中国和它古老文明的书籍"。渐渐地，卜舫济萌发了到中国宣教的念头。

　　1886年，22岁的卜舫济从神学院一毕业就接受美国圣公会的差遣前往中国宣教，他怀揣着"播撒基督教火种"的理想，于11月18日抵达上海，受到圣公会上海教区主教文惠廉和上海圣约翰书院院长施约瑟（Samuel Isaac Joseph Schereschewsky，1831—1906）的接待，从此开始了他在华长达半个多世纪的宣教生涯。为尽快掌握中国的语言，并熟悉中国的习俗，卜舫济住进嘉定的一户农家。初到嘉定时，被当地人视为"野蛮人"，常常被街上的小孩喊作"猴子"。为了适应新的社会环境，与民众打成一片，他身穿中国长袍马褂，头戴圆形瓜皮帽，脚穿方头寿字鞋，脑后拖着一条长辫子，学说中国话，学习用毛笔写字，学习用中国的礼节待人接物，饮食起居完全仿照中国士绅。功夫不负有心人，一年多后，卜舫济已满口上海话，也差不多变成了一个"上海通"。正是在嘉定的这一段经历，使卜舫济对中国的社会和文化习俗等有了比较全面的了解，认识到中

[①]Charles W. Hayford, "Chinese and American Characteristics: Arthur H. Smith and His China Book," in *Christianity in China: Early Protestant Missionary Writings*, ed. Suzanne Wilson Barnet and John King Fairbank (Cambridge, MA: Harvard University Press, 1985), 153–174.

国是一个崇尚道德的国家，人际关系是靠礼、义、仁、智、信来维持的。但因官僚腐败，造成了中国的落后和种种社会问题。此外他也看到，虽然中国人的心智很高，但现行的教育方式和教授内容，大大制约了中国人智力的发展。中国私塾从不教授自然科学知识，学生所学内容皆为"四书五经"等古代经典，学习方法全靠死记硬背，也不注重体育活动。鉴于此，当卜舫济后来出任圣约翰书院校长后，就特别注重以西方知识和方法培养中国新一代精英。他全面效仿西方，特别是美国的教育制度和教育内容，想借此来改造中国的教育。①

1888年，卜舫济出任圣约翰学院院长后，进行了大胆的改革，大力推行英语教育，采取全盘美国化的英语训练方法。除国文外，其他课程一律使用英文教材，教师在课堂上用英语授课，同学之间交流也必须用英语，还必须学习西方的礼仪和习俗。在当时中国所有学校中，圣约翰是第一所使用英文授课的学校，也因英文教育声名鹊起，享誉天下，成为"全中国最适宜学英语的地方"。大规模强化训练使圣约翰学生的英文水平居国内各学校之首，不但毕业后出路宽广，在其他方面也占有优势。与此同时，卜舫济也致力于提高办学层次，于1892年试办"正馆"，成立了大学部。卜舫济于1888年9月27日与圣公会华籍牧师黄光彩的女儿黄素娥结婚。1918年黄素娥因病去世，次年，卜舫济与圣约翰英籍教员顾斐德（Frederick C. Gooper）的遗孀艾美丽（Emily G. Gooper）再婚。1896年，大学部得到美国教会方面认可，圣约翰学院改组为"圣约翰学校"，1905年11月，正式在美国华盛顿哥伦比亚特区注册为"圣约翰大学"，成为美国政府认可的在华教会学校，卜舫济被任命为校长。此后的35年间，他一直担任该校校长，如果再加上此前担任学院院长的时间，卜舫济主持圣约翰的时间长达53年之久。期间，他还兼任文理学院院长，兼管中学部，除教授英语外，还讲授物理、化学、天文、地质等课程。正是在卜舫济的主持和推动下，西方的大学制度被引入了圣约翰大学，使得圣约翰大学成为一所中西合璧、学科齐备的高等学府，设有神学院、医学院、文理学院和土木工程学院等四个学院，所授学位被美国各大学认可。②

圣约翰大学曾被誉为"东方哈佛""东方剑桥"，在其存在的73

---

① 参见［美］卜舫济：《卜舫济自述》，丁日初主编：《近代中国》（第6辑），徐以骅译，立信会计出版社1996年版。
② 参见徐以骅主编：《上海圣约翰大学（1879—1952）》，上海人民出版社2009年版。

（1879—1952）年里，它不断地为发生剧烈变革的中国社会，输送拥有现代知识素养的人才。其中有许多赫赫有名的人物，外交界有施肇基、顾维钧、颜惠庆；法学界有史久镛；实业界有吴仁基、经叔平、刘鸿生、刘吉生；教育界有张伯苓、陶行知、陈鹤琴、周贻春；新闻界有邹韬奋；科学界有钱绍祯、萧孝嵘；医学界有颜福庆；经济学界有潘序伦；文学界有林语堂、张爱玲；音乐界有作曲家瞿希贤；建筑界有贝聿铭、沈祖海；政界有宋子文、宋子良、荣毅仁、严家淦等。此外，还有更多的圣约翰毕业生服务于海关、洋行、邮政局和大学里。①

不仅在教育办学上，卜舫济在学术上对"中学西引"也有一定的贡献，尤其对中国历史有相当的研究，著有《中国之暴动》《中国之危机》《中国历史大纲》《中国历史概略》以及《上海简史》等。

基督教来华传教士兴办教育是对中国的一大贡献。到20世纪上半叶，闻名于世的教会大学，就有苏州东吴大学、杭州之江大学、成都华西大学、武昌华中大学、南京金陵大学、北京燕京大学、济南齐鲁大学等。这些各具特色的大学为中国培养了一大批人才，在历史上写下了辉煌的一页。与之相对应，这些大学的校长也成了中国教育史上的风云人物，其中最著名的当数燕京大学校长司徒雷登。而在当年的教育界，与司徒雷登齐名的人物是上海圣约翰大学的灵魂人物，其校长卜舫济，故有"北有司徒雷登，南有卜舫济"之说。卜舫济自称是三分之二的中国人。其实，他何止是三分之二的时间在中国，他把自己一生的事业和全部的心血都倾注于他执教53年之久的圣约翰大学，并终老于上海。②

来德理（Kenneth Scott Latourette，1884—1968）出生于美国俄勒冈州俄勒冈市一个高级知识分子兼虔诚的浸信会信徒家庭。其父母不仅积极参与当地教会的活动，而且每日坚持清晨的家庭背诵经文仪式。③1905年9月，来德理一进入耶鲁大学就加入了学校的YMCA——当时全美最大的学生组织。耶鲁大学也是"学生志愿宣教运动"（Student Volunteer Movement）的主要中心。耶鲁与中国的关系可谓是源远流长。例如早在1835年于广州创办中国第一所西式医院的伯驾医生就是耶鲁的毕业生；而

①参见熊月之、周武主编：《圣约翰大学史》，上海人民出版社2007年版。
②参见http://bdcconline.net/zh-hans/stories/bu-fangji。
③Kenneth Scott Latourette, "My Guided Life," in *Frontiers of the Christian World Mission since 1938: Essays in Honor of Kenneth Scott Latourette*, ed. Wilber C. Harr (New York: Harper & Brothers Publishers, 1962), 282.

第一位在美国拿到大学文凭的中国人容闳（1828—1912）也是从耶鲁毕业的。1901年，耶鲁成立了"耶鲁在中国"（Yale-in-China）的"耶鲁海外传教会"（Yale Foreign Missionary Society）。顺理成章，来德理从此就同中国结下了不解之缘。

在1910年的"耶鲁在中国"年度会议上，来德理正式成为一名宣教士，而那次会议的讲员就是容闳。1910年7月，来德理乘船前往欧洲，再转乘火车由西伯利亚铁路来到中国，又经北京、汉口辗转抵达江西九江的牯岭，在那里来德理见到了包括英国浸礼会宣教士李提摩太在内的许多西方宣教士。离开牯岭后，来德理抵达长沙，造访了"耶鲁在中国"于4年前创立的雅礼学校（后发展为雅礼大学，College of Yale-in-China）及湘雅医院。在长沙，来德理一边学习中文，一边教授美国历史。在这段时间里他感受到中国正面临着革命性的变化，并在第二年见证了清政府被推翻、中华民国成立的关键性历史时刻。1916年，来德理应邀加入丹尼森大学，成为那里的历史教授。那一年圣诞节假期的时候，来德理在诺斯菲尔德大会上遇见了耶鲁大学的宣教学教授毕海澜（Harlan Beach，曾于1883—1890年在中国华北宣教，并且是最早创办中国基督教青年会的人士之一）。当时毕海澜已经快要退休，所以就非正式地邀请来德理回耶鲁接替他的位置。1916—1917年间，来德理又出版了《日本的发展》（出版时更名为《日本的历史》），作为《中国的发展》的姊妹篇。同时他开始为《基督教在华传教史》一书收集资料。

随后在耶鲁的岁月中，来德理继续一边教书，一边从事写作。1929年2月，《基督教在华传教史》一书出版，并受到极大的好评，包括来自天主教方面的肯定。1934年，来德理的《中国人：他们的故事和文化》（*Chinese: Their History and Culture*）一书完稿付印。他在耶鲁神学院最主要的课程之一就是基督教扩展史，这也成就了他篇幅最长的著作——《基督教扩展史》，全书一共有7卷，于1937—1945年间出版。这7卷书涵盖了从初代教会建立一直到1945年间近两千年的历史，涉及了所有不同的教会宗派和分支，从其范围和完整性来说又是一部拓荒之作。①

毕范宇（Frank Wilson Price，1895—1974）可谓是美国在中国大陆第一位传教士兼汉学家式的人物。他于1895年2月25日生于浙江省嘉兴，其父腓力（Philip Francis）和其母以斯帖（Esther Wilson Price）都是美国南

————
①参见http://bdcconline.net/zh-hans/stories/lai-deli。

149

长老会在华宣教50多年的传教士。毕范宇从小在父母的教育与熏陶下长大，同时在一个教会学校读书。因为他生长在中国社会和教会环境中，故可说一口流利的中文。15岁时，毕范宇被父母送往美国读书，先在一所高中进修一年，然后入读戴维森学院。在学期间，他品学兼优，并担任基督教青年会会长。1915年，毕范宇作为"美国大学优等生荣誉协会"（Phi Beta Kappa）的优秀学生，在毕业典礼上致辞。此后，他先在耶鲁大学完成学士学位，接着在纽约哥伦比亚教育学院获得基督教教育文学硕士学位，随后又从耶鲁大学获得哲学博士学位。这一期间还从其母校戴维森学院获神学荣誉博士学位。1918年秋，在国际基督教青年会的资助下，毕范宇前往战后法国，为那里的华工服务数月之久。1922年，他在弗吉尼亚州列克星敦长老教会被立为牧师，并且作为哈里森堡第一长老教会的传教士赴华传教。从1923到1952年被迫离开为止，他一直在中国工作。在近30年的时间里，毕范宇在教育改革、乡村建设、教会发展，以及普世教会运动等方面均为主导人物，做出不少贡献。其中最重要的是一个农村培训中心的建立和一项农村教会五年考察报告。

在其整个生涯中，思想敏锐和语言能力超凡的毕范宇始终坚持学术追求，他的中文精湛，并醉心于中国文化，对中国社会和政治有着深刻的洞察力，"中国通"称号当之无愧。1929年，商务印书馆出版了他的《三民主义》英文译本。毕范宇著作等身，撰写了大量有关中国教会、文化与社会，以及它们与西方之间关系的中英文书籍与文章，主要有《中国对西方的再认识》（*China Rediscovers Her West*，1939），《华西行》（*We Went to West China*，1943），《中国乡村教会，1938—1948》（*The Rural Church in China*，1938），《中国——黄昏？还是黎明？》（*China–Twilight or Dawn*，1948）以及《当马克思遇见基督》（*Marx Meets Christ*，1957）等著述。[①]

第六章　中国教徒的儒学西传

尽管前面提及过，"儒学西传"者的主体应是西方的传教士与汉学家，但也不可否认，中国一些学贯中西并皈依天主教或基督新教的华人教徒以及后来的华裔汉学家的历史地位、重要作用以及独特的贡献。

---

①H. McKennie Goodpasture, "China in an American Frank Wilson Price: A Bibliographical Essay," *Journal of Presbyterian History* 49, no. 4 (1971): 352–364.

第一节　天主教徒沈福宗对儒学西传的贡献

2014年2月28日晚，著名汉学家史景迁在北大做了一场讲座，专题讨论一个叫沈福宗（Michael Alphonsius Shen Fu-Tsung，1657—1692）的中国人，引起中国学界的关注。据考证，1657年左右，沈福宗出生于江宁府（今江苏南京）一个信奉基督教的家庭。沈福宗受过正统儒家教育，因为信仰缘故，他得以接触耶稣会传教士，学会了拉丁文。1681年，沈福宗和耶稣会士柏应理乘荷兰商船前往欧洲，沈福宗这次旅行是耶稣会传教计划的一部分：耶稣会传教士从中国教徒中挑选人员，送往欧洲接受宗教和文化教育，以期他们回国后担任神职，传播天主教。[①]沈福宗于1681年12月初在澳门启程，那一年他23岁。带领他们的柏应理那年58岁。原定一起出发前往欧洲的5名中国人，到启程时只剩下两个人。当他们到达巴达维亚时，已经错过了当年的季风和航海季，只能在当地待上一年，等来年再出发。在这个过程中，沈福宗唯一的中国伙伴失去了耐心和勇气，选择回到中国。最后只剩下沈福宗一个人选择和柏应理导师一起去欧洲。经过一年零一个星期的漫长旅程，柏应理和沈福宗乘坐一艘荷兰船只来到了安特卫普。作为当时少见的"皈依上帝的中国人"，在柏应理的带领和陪伴下，沈福宗迅速成为社交界的名人。随着他对拉丁语、意大利语和葡萄牙语的掌握，越来越多的上流社会乃至宫廷的大门为他敞开。他依次成为法王路易十四和英王詹姆斯二世等人的座上宾，直至觐见教宗本人。为了更好地观察他到底如何使用筷子，法王路易十四曾两次设宴款待他，而詹姆斯二世则命人给他绘制了画像。[②]据史景迁考证，耶稣会当时正在翻译"四书五经"，沈福宗也参与其中，付出了许多努力。[③]不过，公正地说，耶稣会这一举措并非出自对中国的崇拜，而是以中国文化为切入点，更有效地对华传播天主教为主的欧洲文化。

1684年，沈福宗和柏应理应邀前往法国。当时法国正流行"中国热"，这位货真价实的中国人自然大受欢迎。当时法国媒体报道："他带来的中国青年，拉丁语说得相当好，名曰Mikelh Xin……皇帝在听完他用

[①]参见方豪：《同治前欧洲留学史略》，《方豪六十自定稿》（上册），台湾学生书局1969年版，第379—380页。
[②]参见苏琦：《皈依者沈福宗的跨文化环球之旅》，《好奇心日报》2017年6月28日。
[③]参见史景迁：《有历史记载的最早赴法国的中国人》，《跨文化对话》第7辑。

中文所念祈祷文后，嘱他在餐桌上表演用一尺长的象牙筷子的姿势，他用右手，夹在两指中间……"①沈福宗推动路易十四批准印行了一批用拉丁文翻译的中国经典，其中包括《大学》《论语》《中庸》等，许多欧洲学者都受益于这些书。史景迁认为沈福宗也因此受益，收到很多欧洲学者的聚会邀请，通过聚会，沈福宗使这些学者更加了解了中国，后来很多学者，因为他的宣传和著作，给予中国极高评价。②对此，德国大哲莱布尼茨高度评价道："今年巴黎出版的中国哲学王孔子的著作。""他（孔子）有着熠熠闪光的思想和格言。"③在《风俗论》一书中，伏尔泰赞扬道："孔子为天地之灵气所钟，他区别真理与迷信，而站在真理一边；他不媚帝王、不好淫色，实为天下唯一师表。"④1685年，沈福宗和柏应理前往英国，获詹姆斯二世接见。沈福宗到达英国后，会见了许多英国学者，其中包括当时英国第一流的东方学学者托马斯·海德（Thomas Hyde，1639—1703）。海德评价他说："中国南京人沈福宗使我懂得很多中国知识。""他为人礼貌、热情，有中国文化和哲学方面的良好素养，读过用汉文写的各种各样的书，而他在中国时就早已是懂得拉丁文的少数人之一。"⑤史景迁举出了波义耳和沈福宗相谈的文字记录，在波义耳的科学工作中，沈福宗可能起到一些启发性作用。⑥

为具体介绍沈福宗这个历史人物背后的意义，史景迁从7个部分来讲述他。"第一个部分：欧洲王室对沈福宗的兴趣。"当时法国国王路易十四和英国国王詹姆斯二世都对沈福宗都有浓厚的兴趣和好奇，路易十四还派人把沈福宗接到刚刚建好的凡尔赛宫，让沈福宗表演书法，听沈福宗用汉语念祝祷文。1687年，詹姆斯二世在牛津召见了沈福宗，他让人给沈福宗画了全身像。"第二部分：沈福宗与欧洲学术界的交流。"沈福宗当时最重要的贡献之一就是帮助耶稣会士把《论语》等中国古籍翻译成拉丁文，"这可能是西方第一本翻译成欧洲语言的《论语》"。沈福宗在欧洲

---

①参见史景迁：《有历史记载的最早赴法国的中国人》，《跨文化对话》第7辑。
②参见史景迁：《有历史记载的最早赴法国的中国人》，《跨文化对话》第7辑。
③转引自张允熠：《中国文化对西方文化的影响》，《中学西渐》2017年5月18日。
④转引自武斌：《伏尔泰：在中国发现了新世界》，《京师文化研究》2020年1月3日。
⑤转引自何谞睿：《沈福宗：清朝向欧洲介绍中国第一人》，《文化观察》2014年第200期。
⑥参见史景迁：《有历史记载的最早赴法国的中国人》，《跨文化对话》第7辑。

学术圈最重要的朋友是海德，他是牛津大学博德里图书馆的管理员，是一名东方学家，对东方语言都有研究，在英国学术圈很有地位。"当他得知《论语》被翻译成拉丁文后，他就邀请沈福宗去牛津，沈福宗就在1687年去了英国，认识了很多学术圈朋友，我们可以想象，沈福宗与英国学术圈的人一起共进晚餐，一起讨论《论语》，讨论中国文化。""第三部分：从《论语》出版看当时欧洲的出版界。"沈福宗帮助欧洲人翻译了《论语》，但这本书并没有在罗马出版，而是在法国出版。史景迁说："《论语》的出版，得到了路易十四的资助。当时英国建立了新的邮政体系，方便了图书的传播。沈福宗在法国和英国，有一个出版界圈子，他进入了英国出版界的核心圈。""第四部分：当时西方学术界对东方语言的兴趣。"当时的欧洲人对东方语言很感兴趣，他们对语言和语法结构都有研究，对中国更感兴趣，"中国长期是东方最强大的国家。西方对东方语言的兴趣，能深入理解沈福宗故事的意义"。"第五部分：当时的欧洲，出版流通非常发达，书籍流通非常方便，出现了新的运输公司和体系。沈福宗恰好利用了欧洲发达的出版业和流通业。"史景迁介绍，海德还邀请沈福宗帮他做博德里图书馆中文图书的目录和摘要。史景迁最感兴趣的是"第六部分：海德与沈福宗探讨过中国的象棋。"海德个人最大的兴趣是研究世界各地的象棋，他不仅是研究象棋本身，还希望通过象棋了解其他国家的历史。在沈福宗来到英国之前，海德已经研究了很多种象棋，比如印度的，"但他来到英国后，解决了很多海德关于中国象棋的疑惑。1690年，海德出版了《各国象棋比较研究》一书，他在书中提及沈福宗对这本书的贡献，感谢他的帮助。但我们知道，棋牌游戏不仅是游戏，在以后的政治社会中，还可以通过游戏考虑更深入的问题。这是沈福宗更深刻的价值。"沈福宗的交际范围不仅仅在欧洲汉学界，史景迁发现，这个中国人在欧洲与当时最负盛名的科学家波义耳见过面。沈福宗与欧洲科学界的关系就是其中的第七部分。"波义耳问沈福宗，一个中国人，一个受过教育的中国人要认识多少个汉字，沈福宗的回答是：12000个。沈福宗与波义耳就很多科学问题进行了交流，比如气压、气压的测量等，沈福宗则向波义耳介绍了草药、中医，因为沈福宗的父亲是一名中医。他们还交流了一些化学问题，这可能跟中国的炼丹术传统有关。"[1]沈福宗在英国盘桓两年后，回到法国与柏应理会合。之后前往柏应理故乡比利时，居住一段时

---

① 石剑峰：《沈福宗的故事是我写作的典范》，《东方早报》2014年3月3日。

间后又前往荷兰。

沈福宗带来的中国文化，对欧洲后世思想家产生了影响，无论是见过沈福宗的胡克、海德，还是透过他带来的并加以校译的拉丁文中国经典了解中国文化的伏尔泰、莱布尼茨，某种程度而言，欧洲的启蒙运动也受益于此。可惜的是，沈福宗没能回到中国。1692年，沈福宗乘船返回中国，但旅途中不幸病逝于莫桑比克附近。与他同时代的那些留学者，也因为清政府与罗马教廷的"礼仪问题"之争，最终未能回国，只得长期定居欧洲。欧洲人通过他们了解中国，学习中国文化，包括有名的马戛尔尼使团。这个使团在访问中国前，也是从这些留学生中寻找翻译的。[1]与欧洲对中国文化感兴趣相反，彼时的中国根本不屑于去了解欧洲，直到中国国门被鸦片战争打开数十年后，中国人特别是士大夫们才试着去了解欧洲文化。

有一件少有人知的事值得说一下，沈福宗是詹姆斯二世宫廷的名人，这位国王竟然委托当时著名肖像画家戈弗雷·内勒（Godfrey Kneller，1646—1723）为他画了一幅肖像画。画中沈福宗穿着中国长袍，手持一个十字架，看着窗户，灯光照在他的脸上，暗示着神圣的灵感。有意思的是，克内勒曾为查尔斯二世、詹姆斯二世、威廉三世、玛丽二世、安妮、乔治一世和乔治二世等七位英国君主画过肖像。1687年7月，海军外科医生兼航海家詹姆斯·永格（James Yonge，1646—1721）在温莎见到了沈福宗，他形容后者是"一个年轻、面色苍白的家伙，从他的国家来到这里，成了一名教徒"。1687年夏天，沈福宗在牛津的博德莱安图书馆帮助东方学学者兼图书馆馆长托马斯·海德编目和翻译中文书籍和手稿。当年9月，詹姆斯二世来访时，他向沈福宗问好，并说"他的卧室旁边的房间里挂着他对生命崇拜的照片"。这幅画可称为宗教肖像画，它的成功在于未受影响的设计感。据霍勒斯·沃波尔（Horace Walpole，1717—1797）所评价的，"在所有自己的作品中，戈弗雷爵士最为自豪的是这幅温莎的《中国皈依者》（*The Chinese Convert*）"[2]。沈福宗也许不是第一位来牛津的中国游客，但他可以说是第一位给牛津留下了深远影响的中国人。

当我们谈论欧洲与中国的关系时，尤其是在科学和宗教方面，我们的

---

[1]参见肖朗：《清代初期至中期的留欧学生及其教育》，《西北师大学报（社会科学版）》2005年第2期。
[2]Rufus Bird and Martin Clayton, *Charles II: Art and Power* (London: Royal Collection Trust, 2017).

焦点总是集中在耶稣会在中国的活动，尤其是利玛窦等人物从事的与政治有关的活动。沈福宗的故事当然在某种程度上与这些事情交织在一起，但这些关系是复杂的，最终是相互影响的。

正如波乐（William Poole）所指出的，沈福宗与海德之间的书信往来是我们在英汉语境下保持学术往来的最早的例子。沈福宗在欧洲各地的旅行中，在凡尔赛和罗马，他也遇到了像路易十四这样的人，并利用了宗教和帝国的圈子和网络。然而，这并不是欧洲在中国有影响力的证明，而是一个中国人利用这些圈子传播有关中国的知识和在自己感兴趣的领域进行学术交流的例子。

通过所有这些活动，沈福宗不仅对海德未来在牛津的工作产生了重大影响，而且极大地加深了人们对中国藏书的了解。所有使用过那些文献的人"都应该感谢沈福宗为波德林图书馆（Bodleian Library）所做的工作……以及他对中国研究的影响"[1]。

第二节　基督新教徒王韬对儒学西传的贡献

王韬（1828—1897），原名王利宾，字懒今，号仲弢、天南遯叟、弢园老民等，苏州府长洲县甫里村（江苏省苏州市吴中区角直镇）人。是清末著名的翻译家、出版家、文学家、改革家及思想家。王韬被公认为是中国新闻事业发展和近代中国思想革命的先驱，尤其是西方思想的重要传播者。王韬出身于书香门第，自幼饱读群经，博学多才。18岁便考中秀才，后应乡试不第，从此绝意仕途。1849年，在家乡水灾后，王韬应英国传教士麦都思邀请，来到上海墨海书馆专门从事将《新约》和许多西方科学著作翻译成中文的工作，其中包括光学，基本机械原理，中英贸易简史和西方国家天文学史等。麦都思非常欣赏王韬，他在报告中写道："他（指王韬的父亲）的继任人选也颇难觅。据说他才成年的儿子天资非凡，虽不如父亲之广博，而灵敏活用则有过之，文采优雅而论断允当，于是雇用之，并深庆得人。他不仅受到其他年长同事的敬重，又勤奋地承担大部分译事。"[2]

①Gordon Barrett, "Shen Fuzong 沈福宗 (Michael Alphonsus), c. 1658-1691," *Oxford and Empire Network*, https://oxfordandempire.web.ox.ac.uk/article/chen-fu-zong-shen-fuzong-c-1658-1691.
②转引自蔡辉：《王韬，被遗忘的中国报纸之父》，《北京晚报》2017年11月3日。

1860年，太平军占领了苏州、常州，并威胁上海。在此期间，王韬与太平天国的将领保持着联系。1862年2月4日，他具名苏福省儒士黄畹上书太平军，提出了针对清军的战术，并暗示西方人不是太平天国的敌人，真正的敌人是清政府。如果太平军能够战胜曾国藩领导的清军，那么西方人可能会支持太平天国。清军占领上海后，这封信落入了清政府手中，同治帝下令逮捕王韬。为此，他在英国领事馆避难了4个多月。1862年10月，英国领事秘密地把王韬安置在一艘开往香港的轮船上，于是他开始了长达23年的逃亡生涯。

王韬初到香港时非常窘困，过了好几年他才习惯在这个陌生环境的生活。他是在慌乱中偷渡出来的，身无分文，还把身患重病的母亲抛在家中。他不知道这次逃亡何时结束。英华学院校长理雅各邀请王韬协助翻译"十三经"，王韬先后将《诗经》《易经》《尚书》《礼记》以及《春秋》等译介到西方，有的译本至今仍为人称道。在香港，王韬叹道："（欧洲）道垂于千百年，教讫于数万里，亦足以证明彼土有杰出之士。"王韬曾撰写过不少有关今文经学方面的著作，但大都是为理雅各提供翻译材料。他通过对《周易》《礼记》和《毛诗》的注释，阐发了今文经学的变革思想。王韬博采众家之长，在深入发掘古经内涵价值的同时又注入自己新的改革理念，实现新旧思想的融会贯通和古代经学的创新性转化，为自己的变革理论提供扎实的古代经典的依据。[1]理雅各曾赞誉到，译者亦不能不感激而承认苏州学者王韬之贡献。余所遇之中国学者，殆以彼为最博通中国典籍矣。……彼以满怀热忱，进行工作，随处为余解释或论辩。彼不特助余工作，且于工作辛劳之际，并为余带来乐趣也。[2]他还如此评价：我的中国助手王博士（王韬）对我是那样的重要而不可或缺。现正在译述《诗序》，他的贡献尤其重要。对我来说，只有第一流的中国学者才有价值。我还没有遇到过一个能够与他匹敌的本地学者。[3]

有意思的是，王韬本人在其公开发表的著作中从未写过他曾参加过基

①霍金坡：《近代今文经学与晚清变革思潮——以魏源、王韬、康有为为例》，《三门峡职业技术学院学报》2010年第4期。
②Helen Edith Legge, *James Legge, Missionary and Scholar* (London: The Religious Tract Society, 1905), 43.
③参见岳峰：《架设东西方的桥梁——英国汉学家理雅各研究》，福建人民出版社2004年版，第154—165页。

督教。然而在英国伦敦海外布道会（London Missionary Society）档案中却正式记载说，王韬在1854年8月26日受洗入教。其以兰卿之名于咸丰四年（1854）受洗礼，成为基督徒。当王韬通过麦都思、理雅各这样杰出的传教士接触到基督教之后，就开始思考其与中国传统文化的关系了，他因为卖身事夷，当然被传统守旧的乡绅、士大夫看不起，这也激化了他对中国传统文化的反思。然而，他觉得作为中国人，无法站在中国的角度反思中国文化。于是就试图"把中国的古书籍翻译成英文介绍给西方世界，通过西方世界对中国上古典籍的解读，从而获得把中国儒家传统文化进行现代化处理的思路"①。

1867年，理雅各回到了他的家乡苏格兰，在克拉克曼的多勒小镇定居下来。他给王韬写了一封信，邀请他来苏格兰继续协助翻译更多的中国经典作品。王韬从香港登船出发，在到达法国马赛之前，分别在新加坡、锡兰、马来西亚槟城、也门亚丁、意大利墨西拿等地短暂停留，王韬趁机游览了所有的停靠港。从香港到马赛的航行时间超过了40天。他从马赛坐火车到里昂，然后到巴黎。他参观了卢浮宫，还拜访了索邦的汉学家朱利安（Stanislas Julien，1797—1873）。从伦敦到多佛的火车经过一小段时间后就到了。参观完在伦敦的大英博物馆和其他景点后，他前往苏格兰定居下来。在旅途中，王韬匆匆记下了他对所参观地方的印象。后来，他把这些资料的一部分收集到他的《漫游随录》。

1867年，王韬应牛津大学的邀请发表了一篇中文演讲，这是有史以来中国学者在牛津发表的第一篇演讲，讲的是孔子所说的"大同"与西方文化大统一的概念。②1870年春，王韬完成了《诗经》《易经》《道德经》以及《礼记》等典籍的翻译工作。1867年至1870年期间，王韬游历爱丁堡、阿伯丁、格拉斯哥等多个地方，并短途游览坎贝尔城堡、蒂利考利、斯特林城堡，有时还由理雅各和他的三女儿玛丽陪同。有关这些地方的旅行笔记也包括在《漫游随录》中。

王韬完成了中国经典的译介后，于1870年冬季回到香港。在香港，他写了两本有影响力的书：《普法战纪》与《法国志略》。后者受到了包括曾国藩、李鸿章在内的清政府高层的高度重视，并为后来被清政府赦免奠定基础。1872年，王韬在香港购买了英华书院印刷设备，创办了中华印务

①王政民：《关于王韬对圣经观点的杂谈》，https://www.163.com/dy/article/DQHFUU3R0521BNLE.html。
②参见王韬：《漫游随录》，社会科学文献出版社2007年版。

总局。1874年2月4日，王韬在香港创办了著名的《循环日报》，自任主笔，这是我国第一家宣扬资产阶级政治改良主义思想的报纸。通过报纸，王韬积极传播西方文化，呼唤改革创新，鼓吹变法图强，其思想对洋务运动、维新变法和立宪运动都产生了重大影响。林语堂称王韬为"中国新闻报纸之父"；胡适曾称誉道："如果他（指王韬）是日本统治阶级中的一员，他可能轻而易举地成为伊藤、大久保、大隈，至少也是西乡。"王韬在担任《循环日报》主笔的10年生涯中，撰写了近千篇社论，呼吁中国政治体制改革，提出实行英国式的议会制。他还呼吁通过在课程中引入西方科学来改革教育体系。他呼吁建立纺织、铁路、机械和采矿业。他的改革派社论文章获得了广泛的读者，他实际上是中国改革运动的先驱。他的许多改革派文章后来被整理成卷，如《弢园文录外编》等。

1879年，应日本文人的邀请，王韬在日本逗留了4个多月。他访问了长崎、名古屋和东京等多个城市，这次旅行的笔记成了他的一本书——《扶桑游记》。在日本，无论他走到哪里，他都被当地文人包围，有时还坐着八抬大轿。作为一位曾在欧洲生活过、对欧洲政治和文化有深入了解的学者，他在日本享有很高的声望。他的旅行得到了清朝驻日大使馆的照顾。王韬显然对他在日本受到的热烈欢迎感到十分感动，他写到，他离开日本时，有100多位名人参加了盛大的晚宴，他从未想过自己能变得如此出名和重要，因为他年轻时在甫里镇时是个无名小卒。"我真幸运，能在几千里之外受到外国学者的欢迎。"

王韬在海外享有的名望对清政府产生了一定影响。1884年，李鸿章给上海总督写了一封信，信中写道："昆山来的那位先生是一位难得的天才，知识渊博。遗憾的是，他逃亡到香港，如果有可能为我们服务，我们不介意重新启用。"[①]1884年春，王韬一家回到上海，定居吴淞区，创办了"弢园书局"。他给自己起了个绰号"弢园隐士"。1886年，王韬主持上海格致学院（今格致中学）工作，推动西学东渐。1890年，王韬出版了《漫游随录》。他还为《申报》和《国际论坛报》兼职专栏作家。他为中国当时最重要的期刊《申报》撰写了近200篇短篇小说。晚年曾主掌上海格致书院，这是我国第一所教授西方科学知识的书院。这时的王韬已是享誉海内外的文化名人，孙中山于1894年、康有为于1895年先后来沪拜访王

---

① 参见 New World Encyclopedia contributors, "Wang Tao (Nineteenth Century)," *New World Encyclopedia*, https://www.newworldencyclopedia.org/p/index.php?title=Wang_Tao_(nineteenth_century)&oldid=988362。

韬，畅谈中国变法图强的大业。①

1897年5月24日，70岁的王韬在上海寓所城西草堂病逝，归葬故乡甪直。《申报》广告中刊出"新安江干独钓客孙瑞镜湖甫拜撰"的《挽联联志》。发广告的孙瑞是上海名医，文中王紫铨即王韬。

> 王紫铨太守别号天南遁叟，生平足迹曾绕地球一周，著述不下百余种，名重中西。久为格致书院山长，培植人材，卓有成就。小隐淞滨，置遁窟于怀仁里，琴书四壁，梅鹤一家。另辟别墅于西门红栏杆桥，言曰畏人小筑。与昔渊明诗云"亦在尘埃中，人远地自褊"，襟怀洒落，古今同一致也。校文之暇，偕幼铨令孙散步沪北，评花载酒，以娱晚年，白发青衫，风流照耀。余时得杯堤杖履，长聆清谈。拒料黄杨厄闰，夺我诗人，鲁殿灵光，一朝凋谢，特级挽联，以志哀思。②

费正清如此评价道：另一些基督教改革派，如王韬和马良之弟马建忠（1844—1900），人们给予他们应得的评价是改革者，而不是基督徒。王韬的著作和他每天写的关于时事和改革的政论文章，使他享有西方问题专家的称号。王韬的个人命运深受国家动荡、文人日益贫困、太平军失败、洋人和传教士广泛地出入于中国的影响，也同样深受他自己的学术经历的影响，他因而成了一个完全以写作为生的报业人。另外一些人名气虽然不如他，但都在亦步亦趋地效法他。③王韬一生在哲学、教育、新闻、史学、文学等许多领域都作出了杰出成就，著书40余种，如《弢园文录外编》《漫游随录》《普法战纪》《法国志略》《弢园尺牍》以及《蘅花馆诗录》等。

根据不完全的统计，在王韬的协助下，理雅各翻译了《中国圣书：儒家教本》（*The Sacred Books of China: The Text of Confucianism*，1885），

---

① 参见朱传誉：《王韬传记资料》，（台湾）天一出版社1978年版；忻平：《王韬评传》，华东师范大学出版社1990年版；张海林：《王韬评传（附容闳评传）》，南京大学出版社1993年版；［美］柯文：《在传统与现代性之间——王韬与晚清改革》，雷颐、罗检秋译，江苏人民出版社1994年版；等等。
② 转引自蔡辉：《王韬，被遗忘的中国报纸之父》，《北京晚报》2017年11月3日。
③ 参见［美］费正清等编：《剑桥中国晚清史（1800—1911年）》（上、下卷），中国社会科学出版社1985年版。

《老子》（*Lao Tsu*），《孝经》（*The Hsiao King or Classic of Filial Piety*）以及《中国经典》（*The Chinese Classics*，包含《论语·大学·中庸》《孟子》《尚书》《诗经》《春秋·左传》）等等。

在王韬之前，许多中国文人都把西方的思想和书籍译成中文。王韬是第一位参与双向文化交流的中国学者：他与西方人士合作翻译西方宗教书籍和西方科学文献，还协助理雅各翻译了大量重要的中国古代典籍英译本。王韬由此架起了中西之间的重要桥梁。①

第七章　儒化认同圈与儒学西传

笔者曾探究过中国历史上"文化圈"分层的问题。②斯多葛哲学家希洛克勒斯（Hierocles，2nd century CE）③曾提出了认同圈（身份圈）的模式（a circle model of identity）：首先为自我（心灵与肉体），继而直系家庭，大家庭，地方团体，公民同胞，以至整个人类。④对大多数现代斯多葛学派的人来说，希洛克利斯是一个提出同心圆概念的人，这个概念概括了斯多葛主义和世界主义原则。人们天生关心自己，然后也自然而然地被吸引去关心身边的人，主要是他们的家人。希洛克利斯提出，这个理由允许人们使其关注范围越来越广，扩展到同胞，最后扩展到整个人类。希罗克尔斯想象了当人们开始将陌生人视为朋友，将朋友视为亲戚时，最外部的圈子正逐渐被拉进来的情况。他甚至建议应称呼与自己没有亲属关系的人为"叔叔"或"兄弟"，"以便习惯于认为他们与我们真正亲近"。

在1881年出版的《扩展的圈子：伦理学和社会生物学》（*The Expanding Circle: Ethics and Sociobiology*，中译名为笔者译）一书中，西方哲学家彼得·辛格（Peter Singer，1946—）为人类历史进程中的道德进步提供了一个引人注目的说法，即"不断扩展的伦理关注圈（expanding circles of ethical concern）"。这个说法与希洛克利斯非常相似。辛格主张：在人类历史的长河中，人们扩大了自己的圈子，愿意把他人的兴趣同自己的兴趣一样珍视。最初，这个圈子应该是自我、家庭和部落，但随着时间的推移，它逐

①转引自New World Encyclopedia contributors, "Wang Tao (Nineteenth Century)."
②参见丁子江：《思贯中西——丁子江哲学思考》，中国工人出版社2003年版，第17—22页。
③活动于公元430年左右的古希腊新柏拉图主义者兼斯多葛派哲学家。
④参见Martha C. Nussbaum, "Kant and Stoic Cosmopolitanism," *The Journal of Political Philosophy* 5, no. 1 (1997): 1—25。

渐包含了所有其他人以及更大的群体，甚至国家。①随着不断进化的认知能力和越来越复杂的推理能力的帮助，人们可以逐渐认识到自己的道德关注范围应该如何以及为什么会扩大。辛格阐述这个扩展的圈子时，其书最长的一章是关于理性和道德之间的关系。②他认为，利他主义仅指向一个人小圈子的家庭、部落，甚至国家时，是不道德的，但它用于更广泛的圈子就不同了。这是因为人类的理性能力"概括或普遍化"了人们的利他倾向。因此，理性不是情感和本能的对立面，而是建立在情感和本能的基础上。③对辛格而言，"扩展圈"就是对谁都可作利他的考虑，其扩展的原因是理性，即伦理学和社会学的产物。辛格观点在细节上存在争议，但伦理关注圈不断扩大的想法在那些支持道德进步的人中得到广泛接受。这种想法认为，随着时间的推移，人们会发展出更好的道德理论和更多的道德实践。作为每个个体的人们，应当争取将自身的伦理关注圈不断地扩大，以致达到具有最大公约数的伦理关注圈。同理，每一个家庭、社团，甚至国家都应当如此不断扩展原有的伦理关注圈。正如美国民权领袖马丁·路德·金（Martin Luther King Jr.，1929—1968）引用的一句话所说："道德世界的弧线很长，但它向正义弯曲。"

认同圈（也称为身份圈或价值圈）是一个可以深入了解自我和他人关系的社会群体、单位或组合，其成员将有机会与其他成员讨论构成他或她身份的价值观，以及在生活中如何优先考虑这些价值观作为大家基本认同的行为规范。家庭可以看作是中国传统天下主义的最基本的组成部分。"这些空间上分散的家庭构成了一个在不断扩大跨国领域中的要点和联系，并由此出现了中国的新认同，即中国的世界主义。"④在梁启超看来："数人群而成家，千百人群而成族，亿万人群而成国，兆京陔秭壤人群而成天下。"⑤

---

①Peter Singer, *The Expanding Circle: Ethics and Sociobiology* (Oxford: Oxford University Press, 1981), xiii,190.

②Jonathan Warner, "The Expanding Circle: Ethics, Evolution, and Moral Progress," *The European Legacy* 19, no. 3 (2014): 412–413.

③Singer, *The Expanding Circle: Ethics and Sociobiology*, 190.

④Chan Kwok-bun, *Chinese Identities, Ethnicity and Cosmopolitanism* (London: Routledge, 2005), 116.

⑤梁启超：《论学会》，《梁启超文集》，陈书良选编，北京燕山出版社2009年版。

第一节　从文化认同圈到儒化认同圈

从政治哲学角度看，控制人欲与秩序的方式有三种：一是政治权力；二是伦理道德；三是宗教信仰。在中国传统社会条件下，这后两者都是为皇权服务的。在一定意义上，所谓"文化认同圈"或"不断扩展的伦理关注圈"，在中国传统社会中就是其主体认同圈，即"儒化认同圈"，或简称"儒化圈（Circles of Confucianization）"。"儒化"语出"儒化大行"（《后汉书·刘梁传》），意思是"儒家教化"。所谓儒化（Confucianization）可界定为：从传统出发，应现实需要，按照儒家精神与价值体系软性甚或硬性地来建构或重构中国社会的各个阶层、制度和领域。杜维明曾提及汉代的"政治儒化"，并认为许衡①为元朝儒家化的最终成功奠定了基调。事实上，元朝首先正式采用"四书"作为科举考试的"教材"，这种做法一直持续到1905年。杜维明还断言，直至第一次鸦片战争时，东亚社会已经被儒家化了几个世纪。②同考察其他一切社会政治的现象一样，对"儒化"的探究通常也有三个方面：概念的分析、理论的来源和实践的发展，并应该涉及当时社会观、政治观、法律观、价值观、生活观以及人们行为方式的各个层面。"儒化"可以被认为是一种"解释变数"（explanatory variable）、一种"例证参数"（reference parameter）、一种"概念构架"（conceptual framework）或一种"分析模式"（analytical mode）。我们可以依据它的可能基础和特征，如儒化的对象、主体、动因、来源以及范围，来进行比较全面的考察。在对"儒化"做了相对充分的界定之后，再来检验在中国传统文化中是否存在着某些相对应的意识和行为。

东西方对儒学的研究既有异，也有同。因此，在一定的意义上，对中国传统文化中的"儒化"问题，有可能用西方普遍采用的某些概念构架来进行考察。由于不同的性质、特征和功用，儒化的概念可以被分为"刚

---

①许衡（1209—1281），字仲平，号鲁斋，世称"鲁斋先生"。怀庆河内（今河南沁阳）人，宋元之际理学家、政治家和教育家。元宪宗四年（1254），许衡应忽必烈之召出任京兆提学，授国子祭酒，至元六年（1269），奉命与徐世隆定朝仪、官制。

②参见Tu Weiming, "Confucianism," *Encyclopedia Britannica*, last modified October 22, 2024, https://www.britannica.com/topic/Confucianism；Kang Xiaoguang and Huiqing Liu, "Confucianization: A Future in the Tradition," *Social Research: An International Quarterly* 73, no. 1 (2006): 77–120。

性"和"柔性"两种不同类型。这种分类能够帮助我们更好地理解中国传统文化中有关"儒化"的问题。所谓"刚性儒化"是指那些被界定化、形式化、认同化、实体化、现实化和不可否认化的"儒化"，所谓"柔性儒化"则是指那些未被明确界定化、形式化、认同化，仍处于潜在的、可以被否定的"儒化"。我们还可依据"儒化度"分为"强儒化""弱儒化""偏儒化""伪儒化"和"非儒化"五种。有趣的是，有两位中国学者从量化史学的角度，分析了儒化强度对抑制农民造反与社会动乱的正比关系。在清朝267年的历史中，山东经历了多次自然灾害和农民暴动，但是这些灾害和暴动的空间分布却非常不均匀。同时，由于曲阜的存在，儒家思想传播的程度也有所不同。衡量儒教思想传播的理想变量应该是信奉儒家思想的人口比例。然而儒教思想作为一种社会规范，很难清晰界定谁是信奉者。因此两位学者使用孔庙数量和被清政府官方认定的烈女数量来代替儒家思想的影响力，即按照孔庙密度和烈女密度将山东省的乡镇划分为强儒组和弱儒组。从数据分析可以看出，儒家思想可以有效减轻由粮食危机引发的农民暴动的概率，每1000平方公里内的孔庙数量每增加10%，农民因粮食危机而引发暴动的概率减少3.8%。[1]

我们可根据儒化的强度将中国传统社会"儒化圈"分为十层或十维，即："皇族儒化圈""士者儒化圈""乡绅儒化圈""军阀儒化圈""少数民族儒化圈""江湖儒化圈""教派儒化圈""庶民儒化圈""家族儒化圈"以及"自我儒化圈"等。这十层"儒化圈"既相互独立，又相互依赖，形成错综复杂的社会关系。在不同的程度上，这些"儒化圈"都可以说是儒家思想对社会各个亚文化阶层的全面渗透。中国传统社会的结构是皇统、血统、道统以及法统的四者合一，即帝王之权、宗法之权、教化之权以及惩罚之权的四者合一，四者相联互动，缺一不可，方可称"正统"。《汉书·王褒传》曰："《春秋》法五始之要，在乎审己正统而已。"所谓正统，从形式上可归为"儒统"，即"独尊儒术"——以儒家体系作为主体官方意识形态与政治架构导向。

这所谓多层"儒化圈"亦可看作一个多层次的"同心圆"。若以"自我"或"个体"为圆心，那就是修身、齐家、治国、平天下，不同半径"儒化圈"的层层扩展，若以"皇权"为圆心，那就是全能统治核心在精

---

[1]James Kai-sing Kung and Chicheng Ma, "Can Cultural Norms Reduce Conflicts? Confucianism and Peasant Rebellions in Qing China," *Journal of Development Economics* 111 (November 2014): 132–149.

神控制方面的极度外张，也就是在不断地扩大"人治"势力范围的同时，还要不断加大不同"儒化圈"德治教化的威力强度，一直到将不同层级的官宦、封臣、外邦、家族以及所有子民全都收入网中。

有学者收集了西方传教士在中国传教时，在"文化通融"前提下，不断扩展"儒化认同圈"与"儒家伦理关注圈"的部分有关著述如下：《耶稣会士通讯集》（*Letters Edifiants et Curieuses Ecrites des Missions Etrangeres par Quelques Missionnaires de la Compagnie de Jesus*），《中华帝国志》（*Description geographique, historique, chronologique, et physique de l'Empire de la Chine et de la Tartarie chinoise*）以及《北京传教士关于中国历史、科学、艺术、风俗习惯的备忘录》（*Memoires Concernant l'Histoire, les Sciences, les Arts, les Moeurs, les Usages des Chinois par les Missionaires de Pekin*）等著作。《耶稣会士通讯录》，从1702年刊出到1776年，共出了36卷，第16至26卷，收载了传教士们从中国寄到西方的通信，为欧洲读者提供了有关教区的生活的情况，并介绍了有关中国的各种新鲜事物。《中华帝国志》于1735年在法国巴黎出版，是一部多卷本的中国百科全书，共4卷。第1卷记述了中国的地理以及从夏代至清朝的历史大事记；第2卷记述了中国的政治、经济情况，并介绍了中国的经书、教育和科举制度；第3卷记述了中国的宗教、道德、医药、博物情况；第4卷研究了中国的满族、蒙古族等少数民族的情况，并涉及中国西藏和朝鲜的一些资料。《中国丛刊》是重要的学术著作，从1776年刊出到1814年，共出了16册。此刊收集了各家各派对中国的论述，是一部大型的论文集。《中国丛刊》还登载了《大学》《中庸》的法文译本、《本草纲目》的译文以及园林诗。这些著作涉及的学科，除了历史、地理、宗教、道德、政治、艺术之外，还涉及数学、天文、物理、气象、动物、植物、医学等基础学科以及园艺、农业、城市建筑、军事、瓷器、煅烧、化工、漆器、冶金、造纸、度量衡、纺织、运输等技术学科。

1867年，伟烈亚力在上海出版了《来华新教传教士纪念集》（*Memorials of Protestant Missionaries to the Chinese*）一书，对于基督新教传教士在中国出版的书籍作了介绍。他说，在1807—1842年之间，新教传教士出版了100多种汉语书籍，至19世纪50年代末，至少出版了266种，其中253种是用官话写的，其余是用南方方言写的。到1867年，已经出版了777种新教徒的著作，其中187种是用方言写的。德国传教士郭实腊出版论著6种，英国传教士麦都思出版论著59种，英国传教士米怜出版论著21种。到1867年为止，在已经出版的777种著作中，有474种是宣扬宗教的，包括《圣经》、教义问答录、道德箴言录、神学论文集的各种摘录本。1854年以后，又出版了100种不以宗教为题，而以中国文化为主的著作。这些丰富的著作，从侧面反映了西方传教士的学术成就。[①]

第二节　中国传统社会的多层儒化圈

耶稣会士以及很多西方的传教士们与中国传统社会中各个阶层的"儒化圈"进行广泛的接触，并争取融入其中。他们往往因人而异，因地制宜，因时而异，因事而异，故取得一定的效果。为从另一角度阐明问题，我们先从上而下，即从中国传统社会的最上层"儒化认同圈"谈起，一直到最基本单位家庭以及最本初的自我和个体人"儒化认同圈"。

一、"皇族儒化圈"——"君权天授"的主体

"皇族儒化圈"指的是汉武帝之后以皇帝为核心、以血缘为纽带的整个皇朝家族的"家天下"，利用儒家思想作为御用精神统治术。《后汉书·邓骘传》曰："开日月之明，运独断之虑，援立皇统，奉承大宗。"中华传统中帝王最大的政治理想就是"中央帝国，天下一统，万夷臣服"。《诗经·小雅·北山》曰："普天之下，莫非王土；率土之滨，莫非王臣。"《白虎通义·号》云："王者，往也，天下所归往……王者受命，必立天下之美号……必改号者，所以明天命已著，欲显扬己于天下也。"《白虎通义·爵》云："《尚书》曰：'天子作民父母，以为天下王。'何以知帝亦称天子也？以法天下也。"《白虎通义·爵》云："故《易》曰伏羲氏之王天下也，爵有五等，以法五行也；或三等者，法三光也。或法三光，或法五行何？质家者据天，故法三光；文家者据地，故法五行。"在汉代董仲舒"罢黜百家，独尊儒术"之后，儒学就完全在皇统论的掌控下延展。中国历史上各朝各代的皇帝们自命为真龙天子，代表上苍统治江山黎民，自然这世上的一切都归他们所有。"大刀长矛打天下，金钱美女坐江山"，这是中国所有朝代更替的历史循环。为了自己的江山能千秋万代依旧如故，中国的封建统治者把王权建立在天命（神权）的基础上。为此，他们最强调的一点就是"君权天授"，即自己乃天之骄子，而且是"天命"唯一的代表者和执行者，因而是"天授权利"的当然主体。这样一来，他们必然将自己的一切身外之物当作"天授权利"的客

---

①冯志伟：《东西方文化交流史上的光辉一页——来华西方传教士学术成就琐议》，（台湾）《古今艺文》1998年第1期。

体。他们认为，臣民的绝对服从和盲目忠诚是最高的义务。稍明理一些的"好皇帝"多少会给老百姓一点儿喘息的机会，注意一点儿生产，但有的皇帝不是暴君就是昏君，为了穷奢极欲，他们横征暴敛，把老百姓骨头上的最后一点儿残油也刮干，血管里的最后一滴血也吸尽。"天授权利"是中国封建统治者确认自己地位合法性的最后依据。从这种"天授权利"出发，他们将天命化的王权以一种合法继承权的形式世代更替下来。而一部分较开明、较有作为的统治者，一方面鼓吹自己统治江山百姓的"天授正当性"，另一方面则作为恩赐，或多或少地给予臣民一定限度的"权利"。既然帝王受命于天，当然就可以"代天讨罪"，凡其颁发的"诏""令""敕"，或由其签署发布的朝廷"格""式""例"等，都是代表上天意志的最高法规，所谓"奉天承运"，"君者，出令者也"，至此便奠定了"法自君出"的神权政治基石。帝王既可以立法，也可以废法，可以加刑，也可以减刑，可以法外恩赦，也可以法外严惩。

在中世纪的西方，封建国王们也鼓吹所谓的"神圣权利"（divine right or holy right）。这种西方的"君权神授"与中国的"君权天授"有相似性，但也有相异性。相似性主要表现在：1.它们都是为统治社会而建构的一种精神支柱；2.它们都信奉皇朝的合法性来自最高的超自然力量。相异性表现在：1.一般说来，中国封建帝王相信一个非人格化的"天"，西方封建君主们则相信一个人格化的上帝；2.从中国古代的观点看，"天"可以撤回先前授予统治者的正当性，黎民百姓则可以"替天行道"，有中止和改变邪恶统治者并阻碍其世代延续的"权利"，也就是说，民众没有必要对暴君或昏君绝对服从。但在中世纪的西方，人们普遍认为：1.臣民服从的是国王统治本身，而不管是谁占据了或是其如何占据了这个位置；2.臣民服从的是国王本人及其由长子继承权确认的合法接班人。[1]

自汉武帝时，董仲舒"罢黜百家，独尊儒术"，确立儒学的正统地位，直至清朝覆亡，历代封建君王争相尊孔、崇儒、读经，先后有汉高祖、魏文帝、唐玄宗、宋仁宗、清圣祖、清高宗等12位皇帝19次亲临曲阜。尽管未有明朝皇帝亲临曲阜，但在明朝，孔庙就经过20多次扩建，为历朝最多。孔庙内多处都是大明时代的痕迹，如成化年间的碑座，朱元璋时期立的碑亭，等等。现在的曲阜老城区，就被称为"明故城"。

---

[1]John Neville Figgis, *The Divine Right of Kings*, 2nd ed. (Cambridge: Cambridge University Press, 1914).

早在公元635年甚至更早的时候，景教就开始在中国活动了，唐建中二年（781）《大秦景教流行中国碑》在长安大秦寺落成。东方亚述教会中介绍基督教的人大多是商人，而不是定居在丝绸之路附近的传教士。然而一个有趣的事实是，外国人和中国人合作翻译，并在638年出版了一本书，称为《耶稣弥赛亚》。中国皇帝宣称其没有颠覆中国传统的东西，并允许福音在中国传播。据说尼可罗·波罗等人于1271年到中国，由于忽必烈很欣赏他们，所以他们待了17年。①

利玛窦等早期耶稣会士以及后来的一些西方传教士们曾争取与皇帝及皇族建立良好的关系，想将西方科学、数学、天文学和视觉艺术引入朝廷，他们还与中国学者进行了重要的跨文化和哲学对话，尤其是儒家思想的代表。在17、18世纪，耶稣会代表团成员的影响力达到顶峰时，他们被认为是皇帝最受重视和信任的顾问之一，在帝国政府中担任许多有声望的职务。许多中国人，包括著名的前儒家学者，接受了基督教，成为牧师和耶稣会的成员，也使儒学西传得以实行。明清之际，耶稣会士与不少中国帝王将相有过频繁地接触，如明崇祯帝朱由检、南明弘光帝朱由崧、南明隆武帝朱聿键、南明永历帝朱由榔、清朝顺治皇帝福临、康熙皇帝玄烨以及明末农民运动中大西军领袖张献忠等。

在17世纪，明末的崇祯与清初的顺治对耶稣会士，即德国的汤若望与比利时的南怀仁充满信任和敬仰，直接向其学习，甚至赋予了很高的职位。南怀仁去世后，又来了另一位比利时耶稣会士安多（Antoine Thomas，1644—1709），他也获得了同样的信任。汤若望曾在崇祯末年供职于明廷，对崇祯皇帝相当了解，后来又深受清顺治皇帝福临器重。汤若望是明清更替期间唯一同两代皇帝有过间接或直接接触的传教士，后来还直接卷入了清初统治集团内部的政治纷争中。康熙四年（1665），汤若望用拉丁文出版了《耶稣会传教士汤若望主持下的中国传教史》（以下简称《中国传教史》），主要记述了当时基督教在中国的发展情况，以及他所经历的明清之变和明末清初的宫廷情况。此书记载了很多他与顺治帝交往的逸事，堪称一部有关17世纪中国的史书。汤若望笔下明清之变的材料，有一部分是他从当时的社会上收集而来的，尽管不一定是史实，但也反映了当时社会舆论的状况。另有一些是他的亲身经历，或可以与中国史料相印证，补足中文正史之阙。如汤若望对崇祯皇帝之殉国以及山海关之战的描述，以及他对明亡原因的思考，对晚明史研究都极具价值。如汤若望曾对崇祯皇帝的自杀表示深切哀悼称：这就是这位君主的结局，他也许是这个世界上最强大、最有权势的皇帝，并且在思想和性格上也比他人毫不逊色。但由于宦官和官员的卑鄙无耻以及他自身的麻痹大意，他在33岁的时候，用这种可悲的方式结束了自己的生命。和他同时灭亡的还有存在了277年之久的大明王朝以及拥有大约8万名成员的整个皇室。当顺治皇帝问是什么原因促使崇祯丢失了天下，汤若望用下面的方式进行了回答：这个皇帝在各个方面都出类拔萃，他非常节欲，爱护自己的臣民。但他却过于自信，并且他的自信已经超出了时局所能容忍的限度，以至于所有的官员和将士都不再忠诚于他。最后他失去了帝国，同时也丢掉了自己的性命。

二、"士者儒化圈"——"臣权君授"的主体

士者"儒化圈"指的是以士大夫为首的，为皇朝统治服务并推崇儒家的整个官宦集团。从战国时代开始，所谓"士农工商"的"四民"等级就开始形成，"士"是四民之首，整个官僚集团的成员几乎都来自这个阶层。广义的士者可指专事读书求取功名的一个阶层，他们在朝为官，在野为绅，既可从政，又可从事文学艺术的创作，这样的人可合称士大夫，能分享大小不等的政治和经济权力。当然也有"竹林七贤"那样不痴迷于任何功名、离经叛道、放荡不羁、才华横溢的高雅之士。宋代以降，如苏轼、米芾、黄庭坚、蔡襄、张择端一类的大文人、大画家、大书法家，几乎都为出仕当官的士大夫，而像唐代的李白那样几无参政，全凭诗作享誉天下的士人基本销声匿迹。

西方著名社会学家韦伯（Max Weber）在其有关官僚主义的理论中，曾认真地考察了中国传统封建帝王的行政机构。根据他的观点，中国传统的行政体系建立了在某种程度上接近官僚性理想类型的构架。在中国，作为在宗教、伦理传统、文学艺术方面得到密集训练的高层官员们都是"文人"（literati），对官员的选拔和替补都要经过严格的笔试。然而，这种行政体系重视的是文学而非法律、伦理和科学。尽管中国传统文化是人类最高成就之一，但可惜的是没能从帝国时期发展到现代理性科学的模式，而正是这种模式提供了官僚化理想类型形成的框架。[1]由于某种局限，韦伯的论述不一定十分中肯，但的确给人们很大的启迪。

---

[1]Max Weber, *The Religion of China: Confucianism and Taoism*, trans. Hans H. Gerth (New York: MacMillan Publishing Company, 1951).

　　中国封建社会的科举制度的确比欧洲中世纪的世袭制度要先进得多。它以开科取士的办法极大地扩展了统治的阶级基础。由于不讲门第贫富，普通百姓也有机会参与政治。但绝大多数的中选之士，最终不过是在功名利益的引诱下，充当统治者的鹰犬帮凶。大多数中国文人满脑子"万般皆下品，唯有读书高"，因为"书中自有千钟粟……书中自有黄金屋……书中自有颜如玉"。中国的士大夫都称自己为儒者，然儒者又分为"君子儒"和"小人儒"。历朝历代"君子儒"寥寥无几，"小人儒"却多如过江之鲫。所谓腐儒、谀儒、庸儒、伪儒，甚至恶儒们误国误民。①士大夫们常自吹"富贵不能淫，贫贱不能移，威武不能屈"，但实际上他们绝大多数都能"被屈""被淫""被移"。士大夫们大多是一帮具有双重性格和两副面孔的矛盾人物。一方面，他们可能因受过教育、具备知识、自我意识较强，对精神生活有一定的追求而易产生离经叛道的观念和行为；另一方面，作为为统治者效劳的官僚机器上的一个零件，他们又必须以封建伦常的枷锁来束缚和"教化"百姓，否则他们就没有存在的必要。

　　在一定的意义上，士大夫代表了中国传统文化的主流。总起来说，这个圈子里的所有成员都经过良好的教育和朝廷选拔机构的严格考试和审查。相对而言，作为庞大国家机器的最主要组成部分，士大夫阶层得到帝王的授权而履行具体的统治职能，正因如此，他们享有极有限的"臣权君授"，而与此同时，在一定条件下，他们又竭力扩张这种"特权"，或以某种变通的方式尽量利用这种"特权"。通常表现是：1.要求合理的升迁与奖惩的流程和制度，即所谓仕途权。例如：唐代对于官员的考绩，按功过分为九等，流内官②有所谓"四善"和"二十七最"的标准（参见《新唐书·百官志一》）。2.要求优厚的待遇，即所谓俸禄权。例如：汉代各级官吏由国家按品级统一发给俸禄，而且免除各种徭役。3.要求对决策的更多参与，即所谓谋政权。中国古代就有"国家兴亡，匹夫有责"的口

①"腐儒"语出《荀子·非相篇》，"谀儒"语出《史记·儒林列传》，"庸儒"语出刘知幾《史通·惑经》，"恶儒"则转义于《荀子·性恶篇》。
②汉代官吏实行秩禄等级制。从三国两晋开始，官吏等级逐渐采用九品中正制。后来"品"与"级"相结合成为一种品级制度，最初分为九品，到北魏时每品再分为正、从两级，共十八级。隋朝承袭这一制度，但把正四品以下的各品又再细分为上、下两阶，这样，隋代九品以上官员共分为三十阶，总称为流内官，是隋代的正式官员。对于一些临时设立的官职，则根据其职位高低，分为流内视品十四个等级，与流内官员的品级相对应。胥吏的等级称为流外勋品和视勋品，分别有九个品级。

号，历代的文官武将或多或少都有一些忧国忧民、热心国事的思想，他们企图积极参与政治、针砭弊端，甚至大力从事改革，如王安石变法，一些开明的君主为了自身的利益在一定程度上也尽量发挥"忠臣"或"清官"的作用。4. 要求能够对君主提出意见、规劝甚至警告，即所谓上谏权。如中国自古就有"文死谏，武死战"的说法，汉文帝时，就有"直言极谏"的要求。5. 要求能够著书立说，即所谓教化权。如在唐代和宋代，许多大儒都根据自己的理念著书立说、广招弟子，创立了不少学派。6. 要求能够在功成名就后告老致仕，即所谓休致权。如《旧唐书·职官志》记载，五品以上退休官员可得原来一半的俸禄，六品以下虽无俸禄，但可得永业田，而功臣者可获全禄等。

在封建社会里，士大夫有所谓"官当"的特权，用今天的话来说就是所谓"以官抵罪"。如《唐律》规定，官犯私罪，五品以上官，一官抵徒刑二年，九品以上官，一官抵一年；犯公罪者，五品以上官，一官抵三年，九品以上五品以下的官一官抵二年。此外，多官职的可以以部分官职抵罪；官高罪轻的可以降职留用，官低罪重的以官位抵罪后差额治罪。唐律还规定，犯罪官员应给予优待，如遭监因的五品以上官员，可以每月沐浴一次，热天给浆饮，病时给医药并脱去械锁，允许家人一人入侍；三品以上，妇女子孙入侍。没有担任官位的"士"多少也比寻常百姓多一些特权，如享受减免赋役的优待。不用说唐、宋、明、清，士族可以得到某种法定或法外的特权，就连轻视儒士的元代，儒户也可有免去科差的优待。当然，士大夫的种种特权，都是皇权所赐予的，随时都可以被剥夺。

有三个有趣的历史迷思发人深省。一是成也因儒，败也因儒。当一个王朝初创之时，高明而有作为的君主往往能有效地利用一批德才兼备的士大夫，使帝业走向兴盛。就以明朝为例，朱元璋利用学问儒道互补、理学融汇的大师刘伯温建立了大明基业，再如首辅张居正开创了"万历新政"，将明朝推向辉煌之巅。当一个王朝衰亡之际，清儒、谏儒、智儒、真儒、善儒和君子儒稀缺难见，而腐儒、谀儒、庸儒、伪儒、恶儒和小人儒大量泛滥成灾，烂尾之大无法甩弃，就像明崇祯帝那样最终国破人亡。二是多儒误国，少儒误国。在一个封建体制中，必须录用不多不少的儒者，采用不多不少的儒家主张。采用儒家太多则官僚机器过于庞大而人浮于事，互相推诿，而大多儒官仅重牧民、农耕和官方意识形态，不重工商科技的理念；皇臣们均为盲从儒家的信徒，为虚伪道德说教所绑架，将儒经奉为天律，照本宣科的整个王朝陷于僵化、腐朽，必使社会迟滞，而仅简单地循环往复，终究不可遏制地衰亡下去。三是乱世反儒，盛世崇儒。在朝代更替的动荡之际，天灾再加人祸，如农民造反、诸侯割据、军阀混战、外族入侵等，儒家的信条和秩序荡然无存，甚至完全失去道德的底线，到处是烧杀抢掠，生灵涂炭。某一方在自己的掌控地盘上，或许需要一点道德秩序，但对于他人的地盘则认为越乱越好。一旦某一方胜者为王，夺取了整个江山，需要建立和巩固全面秩序时，物质的武器就不够用了，更需要的是精神武器，于是便马上尊孔崇儒读经起来。由于其学养、造诣以及被儒化的强度与深度，士大夫便又成为尊孔读经的主体力量。甚至就在辛亥革命的次年，康有为等人逆流而动，成立孔教会，并立即策划祭孔。

从16世纪末利玛窦等人初入中国后写就的第一批书简看来，"欧洲的编辑者要传播一种基督教的胜利和欧洲文化优越的思想，而传教士所写的，却是欧洲基督教要在中国的社会背景下站住脚，就需要有的文化改变"。①也许一般来说，读者从中印象最深的是中国地方官员对耶稣会士优渥有加，学者绅士乐于问道，普通百姓心怀好感，而这是耶稣会士们谦谨仁和的态度、托庇上层官吏的路线、通过学习中文与中国人顺利交流的各种努力的结果。不过，的确不少耶稣会士及后来的传教士们与中国的士大夫阶层沟通良好，从而促进了儒学西传的发展。

最典型的是，利玛窦与万历进士，官至崇祯朝礼部尚书兼文渊阁大学士、内阁次辅的徐光启的密切关系。利玛窦创立了"以儒释耶"和"以耶补儒"的策略，他在熟读儒家经典的基础上，通过以退为进的策略力图附会基督教教义。他在1609年的一封信中说："在我所著的书中，我就开始一面称赞他们，一面利用他们来攻击别人，不是直接批驳他们，而是对彼此信仰不一致的观点进行解释……有一位非常著名的人物是偶像崇拜派的忠实信徒，他甚至认为我是个拍儒生马屁的人……我热望其他人也会从这一角度来看我，因为如果我们不得不同所有三个教派作战的话，我们要做的事情会多得多。"②利玛窦甚至提出基督教教义与儒家的治国理念并行不悖："重来世之益者，必轻现实之利，轻现实之利而好犯上、争夺、弑父、弑君，未之闻也。使民皆望后世，为政何有？"③这种方式逐渐为一

———————

① ［美］林斯特拉：《〈1583—1584年在华耶稣会士信简〉序言》，《国际汉学》第二辑。
② ［意］汾屠立：《利玛窦神父历史著作》第2卷，AbeBooks1913年版，第313页。
③ ［意］利玛窦：《天主实义》下卷，上海慈母堂1868年版。

些中国士大夫们所接受，一些身居要职的士族阶层皈依了基督。受洗入教的徐光启、李之藻、孙元化被人称为"福音化三支柱"，"他们都往往用以耶补儒姿态接受基督教文化，对基督教在中国的传播起到了重要作用"①。利玛窦等耶稣会士所遇到的明儒，与前朝的宋儒显然不同。改儒学之风气的王阳明舍政求民，其教化的对象与内容转向社会各阶层，社会议题的学术讨论也更加开放，所谓"士者儒化圈"扩张范围不断加宽，如与商人阶层以及其他庶民社会各行各业开始更广泛地交往，并与佛、道、回其他宗教加深沟通等。在一定的意义上，这种儒化趋向有利于利玛窦等传教士的宣教与后来的中学西传。

三、"乡绅儒化圈"——"地权君授"的主体

乡绅"儒化圈"指的是以农耕社会中的头面人物为主体，利用儒家理念维护本地资源和利益的地方势力集团。乡绅（或缙绅）阶层在中国的封建社会，是真正维持某个地方社会、政治、经济以及伦理秩序的主导力量，也是当地精神文化和各种物质利益的总代表。明清之际的颜茂猷如此界定："乡绅，国之望也，家居而为善，可以感郡县，可以风州里，可以培后进，其为功化比士人百倍。"②清末《官绅约》称："那乡绅如中堂、部院、科道、九卿、督抚、司道、有司，无论出仕与林下，毕竟比平常人有力量，所以乡绅尤当急急为善。""乡绅，非将来即应出仕，则已仕。"③乡绅具有双向功能：一方面代表地方利益与各层官府和朝廷应付周旋；另一方面又协助甚至勾结统治当局掌控下层平民百姓。尽管"士绅"一词可能包括士大夫与乡绅，但"乡绅"一词至少指的是当下闲居在家的地方要人。与士大夫阶层不同，乡绅阶层是旧式私营经济的真正主人，也是这种经济利益的直接获得者。他们知道"钱本位"与"官本位"互动的效应，最清楚金钱财富的力量，即以"越是钱多，越是气粗"为简单而现实的真理。为了钱，他们会用最原始野蛮的方式来榨取雇工和佃农，也会用最恶劣狡猾的手段来欺骗顾客和买主，他们甚至还会以其他各种非经济的法子来牟取暴利。他们明白钱与权可以转化，用钱行贿衙门

---

①杨剑龙：《冲突与接受：基督教文化与中国家族观念》，《厦门大学学报（哲学社会科学版）》2008年第2期。
②［清］颜茂猷：《官鉴》，［清］陈宏谋辑：《从政遗规》，上海谢文艺斋刊本，第41页。
③［清］石成金：《官绅约》，［清］周炳麟：《附录》，《公门劝惩录》，光绪二十三年刻本。

就可以换取更大的利益，他们甚至会"捐官"，即花钱买个"县太爷"的官位来做做，并转而把这个买来的官位转化为更多的金钱。乡绅阶层是中国社会中最两面性的阶层之一，有些则是"道貌岸然"与"男盗女娼"的完美结合者。他们可以动用宗法的权威，以孔孟之道的说教，俨然为地方道德秩序的维护者、判决者和整治者。他们私设公堂、动用私刑，甚至将犯戒者处死。一般说来，乡绅阶层最注重的诉求表现为维护地方的伦理秩序和经济利益。①

有很多耶稣会士及后来的传教士们为融入地方乡绅阶层做了很多的努力，也有很大的成果。1624年，耶稣会士高一志到山西绛州投身传教工作时，当时只有24名教友，但他在韩霖与段衮两大家族的鼎力相助下，在不到一年时间内，就显出工作的成效来。高一志作为耶稣会传教士，一方面努力实践利玛窦以学术传教的上层路线；另一方面也积极投身于平民阶层，与普通民众交流，建立亲密的友谊，以有益于信仰的传递。同时他能够以敏锐的眼光洞察时局的瞬息变化，寻找一切向他人传播福音的最佳契机。鉴于过去在南京的传教经验，高一志意识到，只有得到地方官府的认可，传教活动才能免于被中断。故当他再度来华后，即采取了一系列措施与地方官府保持良好的关系。1626年冬，高一志主动向山西官员呈递了山西传教士们的工作汇报，由此得到山西巡抚的好感与重视，并赠送给高一志一件礼物。高一志随即回赠了从欧洲带来的礼物，并在信中表示：愿意随时为巡抚效劳。1627年初，巡抚邀请高一志前往其在太原的府邸，开设一场关于信仰与科学的讲坛。但不巧的是，就在高一志到达太原之前，巡抚突然接到一道圣旨，命他率兵赶往边疆抵御东鞑靼人的侵犯。因此巡抚就不得不取消原定之安排，写了封致歉信并附上了一份精美礼物，将他们送回了绛州。后来，巡抚还特别写信慰问高一志，并赐他一块赞扬天主教的金字牌匾。高一志遂将这块牌匾悬挂于教堂大门之上。山西巡抚对高一志传教的认同，致使地方官员们争先恐后与他结交。久而久之，许多官员与高一志的私交渐深，绛州知府雷翀就是一例。1625年，他一次就为200多名成年人施洗，其中有学者60人，明宗室成员多人。1626年新增受洗者500多人，次年又有500多人，此后逐年递增。至高一志去世时，已有8000多人归信基督。其中有200多人为有功名之士，且有的已入仕途。1640年4

---

①英国绅士是介于贵族和平民之间的阶层，中国乡绅则是介于士大夫和庶民之间的阶层。

月16日，由著名传教士金尼阁主礼，2000多名教徒参加了高一志的葬礼，其中有功名的士绅阶层的官员有二三百人。

四、"军阀儒化圈"——"拥兵自重"的主体

军阀或诸侯、藩王"儒化圈"指的是利用儒家某些说教来独霸一方或伺机夺取江山的武装割据势力。军阀现象是中国有特点的政治文化之一。纵观整个中国古代，总是由三种势力造成改朝换代，尽管大都不一定成功：一是农民起义，如朱明王朝；二是少数民族建立政权，如元朝与清朝；三是以贵族为首的诸侯、藩王之类的军阀，如隋、唐、宋等王朝。甚至有的是这三种势力的合力而为。中国历史中的分分合合、合合分分，大都以诸侯、藩王割据造成的军阀混战开始，又以军阀混战结束。尽管秦始皇统一中国后采用了郡县制，但很难彻底贯彻，例如汉朝为郡县制与分封制并行，唐朝的藩镇制，以及朱元璋分封其子成边等。军阀的成分或是分封的皇亲国戚、功臣贵族，或是起义的农民、叛乱的地方乡绅宗族势力、拥兵自重的军阀、武将等。军阀势力不同于正常状态下的各种统治势力。它以非常的武力手段建立起所控地区的政治经济等社会秩序，更以非经济的方式获得一切它所欲求的利益。除了极少数雄才大略者，军阀们不用受任何传统规范的约束，他们的行为方式既不像士大夫，也不像通常的乡绅。他们在不同程度上，更像皇帝那般荒淫无度。他们的诉求就是拥兵自重、对自己的势力范围有充分的管辖权，以便从中获得最大的经济利益和政治利益。中国古典小说《三国演义》就清晰地勾勒了这种"军阀儒家认同圈"，反映了以儒家思想为核心的经典文化的内涵，如刘关张桃园三结义，刘备则是仁、义、礼、智、信五德集于一身的乱世英雄。罗贯中的"扬刘贬曹"就是鼓吹儒家尊崇的正统观念与价值定式。辛亥革命之后，北洋军阀逆潮流之动反而打起了尊孔复古的大旗。1912年9月20日，其颁布《申诰国人恪循礼法令》："中华立国以孝弟忠信礼义廉耻为人道之大经。政体虽更，民彝无改。""惟愿全国人民恪循礼法，共济时艰……本大总统痛时局之阽危，怵纪纲之废弛，每念今日大患，尚不在国势，而在人心。苟人心有向善之机，即国本有底安之理。"1913年6月22日，袁世凯为恢复帝制作舆论准备，特颁布《重行祀孔典礼令》。1914年9月，袁世凯再发《举行祀孔典礼令》，并操纵了中华民国的开国祭孔大礼。此外，他还将孔子第76代孙"衍圣公"孔令贻加封为"郡王"。1915年2月，袁世凯颁发《特定教育纲要》之后，很多学校重新恢复已废除的尊孔活动和读经讲经课等。从1912年1月至1928年4月，有8名北洋军阀人物掌控山东达16年之久，这些家伙个个都打着尊孔崇儒读经的旗号。其中最可

笑的是张宗昌，竟与衍圣公孔令贻结拜兄弟；效仿帝王旧法行祭孔大典；精印并广发《十三经》；强令学校尊孔读经。曾是冯玉祥得力助手的韩复榘在山东统治8年，也是"倡孔教，正人心"，轰轰烈烈大搞尊孔崇儒的活动。1922年，在北京大学哲学系执教的梁漱溟先生受冯玉祥之邀，在北京南苑基督教青年会，为其下属五个旅的官佐主讲儒家哲学。其中就有韩复榘。30年代初期，韩复榘任山东省政府主席时，梁漱溟曾辞北大教职，在其支持下办"乡村建设运动"的实验区。韩复榘极赞赏梁漱溟对儒家哲学的精辟阐述。

耶稣会士及后来的传教士们试图在社会动乱中，争取地方军阀割据势力的理解和保护。辛亥革命后，西方传教士们也尽量争取各路军阀的帮助。

冯玉祥在军阀中堪称"异类"，人称"基督将军"。曾为冯玉祥部下兼友人的简又文，在其撰写的《冯玉祥传》中，完整呈现了冯玉祥由独自仗赖儒家治道，而至"基督教"，而至"国民党"，以至"共产党"的心路历程。英国传教士海思波（Marshall Broomhall，1866—1937）曾撰写过《耶稣基督的好兵冯（玉祥）将军》（*General Feng, A Good Soldier of Christ Jesus, The China Inland Mission*，1923）一书。冯玉祥的经历也许可算是西方传教士成功宣教的一个范例。冯玉祥认为，基督教有精神、爱心和希望三种力量，基督教的仁爱教义和儒家的思想具有一脉相承的作用。冯玉祥于1913年就成了基督徒。1918年冯玉祥被调任湘西镇守使驻守常德。期间，冯玉祥结识了美国传教士罗感恩（Oliver T. Logan）大夫，罗氏时常给冯部下的官兵看病、讲道。后来，罗感恩在给冯玉祥的妻弟刘礼权治疗精神疾病时，被其开枪打死，冯玉祥对此深感愧疚。为了补偿内心的亏欠，冯玉祥给远在美国的罗感恩之子寄去800块大洋作为学费。不料，罗子却将此款原封不动地返还。冯玉祥便用此款建造了一座可容纳500人的礼拜堂，定名"思罗堂"。他由于仰慕加拿大传教士古约翰（Jonathan Goforth，1859—1936）在河南传教之名，特别邀请他到军中传扬福音。尽管当地有霍乱流行，但古约翰欣然携夫人罗莎琳（Rosalind Bell-Smith，1864—1942）同往。在那里，古约翰每天两次向1000多名军人讲道，其中多半属长官级。其夫人罗莎琳亦与官长太太们聚会宣教。古约翰在最后一天替960位军人施洗，为4000多名官长和士兵主持圣餐。[①]另据美国学者

[①]《古约翰（Gu Yuehan, Jonathan Goforth）1859—1936》，《华人基督教史人物辞典》。

玛瑞亚尼（Paul P. Mariani）的考证，1919年，冯玉祥在他决定系统地向部队传教之前，自1913年起，他已经做了大约六年的基督徒。他深信基督教会拯救他的部下，并在这个过程中拯救中国。为此，冯玉祥邀请传教士古约翰在1919年夏末举行了一系列引人注目的复兴（The Revival）活动。在这些复兴活动中，以福音者查尔斯·芬尼（Charles Finney，1792—1875）的工作为蓝本，冯玉祥亲自在手下面前祷告，最终有507名士兵接受了洗礼。一年多后，古约翰第二次访问冯时，全旅9000人中有5000多人接受了洗礼。玛瑞亚尼根据古约翰1919年的日记、冯玉祥自己的日记，以及其他材料，来了解古约翰与冯玉祥是如何合作，从而使冯玉祥军队中的许多官兵成为基督徒的。他还探究了如下一些问题，如"基督教将军"最终是否真正组建了一支"基督教军队"，甚至是一个本土教会呢？古约翰在冯氏军队中是否有长期的影响？冯玉祥是一个坚定的基督徒，一个中国爱国者还是一个机会主义者？等等。[1]当然对这些争议性问题，很难有明确的回答。

曾受儒家理念影响的青年张学良虽是军阀割据的代表人物之一，但他后来还是逐渐改变了其父张作霖那样的军阀本性。晚年的张学良曾回忆自己信基督教的经过，谈到了年轻时受到奉天基督教青年会的总干事美国人普莱特以及蒋介石夫人宋美龄等人的影响，经历动荡后，终于受洗，"我想上帝既然赐给我这么长的寿命，就是要我为他作见证，传福音，引领人来信上帝和耶稣基督而得救"[2]。总起来说，在国民党上层中，也许为政治的需要，一定程度上兼信基督教与儒家学说的人物还是不少的，如孙中山、宋庆龄等。

五、"少数民族儒化圈"

从整体上说，中华民族的历史本来就是一个数千年不同民族不断融合的历史。纵观中国古代，少数民族建立政权乃改朝换代的三大主要原因之一，也始终是对汉族政权最大的威胁之一，除汉武帝时期一度对外强势之外，几乎后来历朝历代都处于被动无奈，甚至屈辱的状态。唐代的

---

[1]Paul P. Mariani, "China's 'Christian General' Feng Yuxiang, the Evangelist Jonathan Goforth and the Changde Revival of 1919," *Studies in World Christianity* 20, no. 3 (2014): 238–258.
[2]张学良：《我信基督教的经历》，《夏威夷第一华人基督教公理会报告》1995年11月19日。

"和亲"政策，北宋灭亡的"靖康之耻"，南宋灭亡的"崖山之后无中国"，明英宗被俘的"土木之变"，以及明朝灭亡的"煤山之吊"与"扬州十日""嘉定三屠"，等等。相对于"汉族政权"，魏晋南北朝、五胡十六国时期大都为非汉族建立的政权。还有后来与宋朝并立的辽、金、西夏等，更重要的是元朝、清朝都是非汉族建立的政权。魏晋南北朝时期是中国封建制度的不稳定时期，故产生了儒道混合的变种"玄学"。少数民族政权大都竭力仿效中原王朝，亦称"皇帝"，起用汉人士族为官，并采取了中原王朝的典章制度。少数民族政权大都努力融入中华文化，尤其注重儒学，如前秦的苻坚倡导"修尚儒学"。据史书载，"其有学为通儒、才堪干事、清修廉直、孝悌力田者，皆旌表之"。甚至对氐人出身的武将也要求学习儒学。后秦皇帝姚兴在各地设置了"学官"，延请儒学名家讲学，并亲临听讲。后燕政权"敦崇儒学"；西秦政权聘请了汉人儒学名家做太子太师；南凉政权让汉人直接对王族子弟进行儒学教育等。各少数民族政权积极吸收中华文化的政策，事实上就是一种主动汉化的政策。①1236年，即元太宗八年，行中书省事杨惟中，跟随皇子阔出征宋时，就注意收集大量宋儒所著经籍图书送至燕京，并立宋儒周敦颐祠，建太极书院，延请名儒赵复讲学其中。1267年，即元世祖至元四年正月，"敕修曲阜宣圣庙"，五月，"敕上都重建孔子庙"，并将在战乱时"为人掠卖"的儒士"官赎为民"；随后又下令，"凡儒户徭役，乞一切蠲免"。曾有儒生"请世祖为儒教大宗师，世祖悦而受之"，这反映了元世祖的尊孔崇儒。1307年，即元大德十一年九月，刚即位不久的元武宗海山玺书加封孔子"大成至圣文宣王"，这对元帝国继承尊孔崇儒的传统意义重大。在所有非汉族政权中，恐怕清政府尊孔崇儒最不遗余力。1644年，即顺治元年，清廷下令："圣门典例，俱应相沿。"延续了前朝对各地文庙和山东曲阜孔庙、孔府的典制规章和固定赏赐。第二年，又诏令将孔子的尊号改为"大成至圣文宣先师"，每年春秋两季，清廷必派遣一位大学士到曲阜孔庙祭祀。据《清史稿·圣祖本纪二》记载，亲访曲阜的康熙"上诣先师庙，入大成门，行九叩礼。至诗礼堂，讲《易经》。上大成殿，瞻先圣像，观礼器。至圣迹殿，览图书。至杏坛，观植桧。入承圣门，汲孔井水尝之。顾问鲁壁遗迹……诣孔林墓前酹酒。书'万世师表'

---

① 参见［日］王柯：《第四章 分治与同化：五胡十六国时代胡人政权的中华王朝思想》，《从"天下"国家到民族国家：历史中国的认知与实践》，上海人民出版社2020年版。

额"。他竟然在大成门，以皇帝之尊对孔子行三跪九叩之大礼。康熙还专为孔子题写了"万世师表"。自康熙始，清朝历代皇帝登位，必先亲临北京国子监讲学。1723年，即雍正元年，刚登基的雍正看到孔子已有"至圣先师""大成至圣文宣先师"等谥号，便将其五代祖宗都加封了王爵。后来，雍正在祭孔时向孔子行跪拜礼。乾隆曾11次亲临北京文庙、8次亲诣曲阜孔庙祭祀孔子，还赏赐了商周十供，这在历代皇帝中乃绝无仅有的。

在明清更替之际，汤若望与另一位传教士卫匡国都耳闻目睹了这场动乱。卫匡国在其著作《鞑靼战纪》中回顾了中原与北部少数民族的历史，讨论了满族的风俗、政府、军事和崛起，分析了明朝的种种社会和政治弊端，叙述李自成内乱、吴三桂引清兵入关及满族人入主中原的经过，也深深关注战争带来的不幸。卫匡国显然认为满族人的兴起是具有世界历史意义的事件，他并不像同时代一些欧洲人那样，认为这是野蛮对文明的征服，而是大量列举满人在此前的汉化表现，认为满族人在推翻明朝之时已不再是野蛮人。在他的描述下，清朝就是中国传统政权的延续，因为他们努力完整地保存中国固有文明。卫匡国此书具有新闻报道的特点，记述耳闻目睹之事，对满族人兴起的叙述细节准确且分析公允，它既是一本备受读者欢迎的通俗读物，又为后来从各个角度描述这段历史的欧洲人提供了丰富的细节。①

六、"江湖儒化圈"——"适性反叛"的主体

"江湖"是中国传统特有的文化现象之一，它包括各种黑道帮派、地下秘密组织、地痞流氓、游民流寇、犯罪团伙等黑社会势力，也包括农民造反。一些中国学者认为，"造反"——农民运动——是中国历史进步的真正动力。的确，在中国，从某种意义上说，农民运动是朝代变迁的主要原因之一。江湖势力往往以儒家所强调的"义"字为先。中国历史上的会党，如天地会、洪门会、大刀会、哥老会、青红帮，等等，一般都属于江

---

① 参见张国刚、吴莉苇等：《明清传教士与欧洲汉学》，中国社会科学出版社2001年版，第133—139页。

湖秘密民间团体。①历史上的江湖势力，有正义的，有邪恶的，也有正义与邪恶相杂的，他们或因团结互助，或因逃避迫害，或因反抗压迫，或因迫于生计而铤而走险。江湖势力形成自己的政治经济利益和生意行为，正面一些的，可能会行侠仗义、杀富济贫、除暴安良；负面一些的，则可能招摇撞骗、欺小凌弱、打家劫舍、官匪勾结、混迹于黑白两道之间。总起来说，江湖是一种很盲目的破坏力量，它的最大特点就是不遵守官方或社会通常认可的既定政治法律和伦理秩序，他们的观念和行为多带有"违法""犯罪"性质，甚至反社会或者盲目破坏的特点。因此，它的最大诉求就是"自由"，有表现为消极或负面的"自由"的，也有表现为争取反抗暴政和邪恶的"自由"的。作为中国最伟大的古典小说之一的《水浒传》，就描写了这种"义"气为先的江湖文化圈中的生动故事和种种诉求。

在中国的历史长河中，农民起义不断地贯穿其间，这是由封建王朝的农业经济结构所决定的。循环往复的天灾人祸造成的饥荒、徭役和社会的各种不平等刺激农民起义的爆发。明末和清末，爆发了大大小小数百次的农民起义，其中大的，南有太平天国军，北有捻军。有学者深刻阐释道，儒学作为封建政权的统治思想，也具有两面性，即作为农民精神支柱的儒学，以及作为农民怨愤对象的儒学，因为儒学在一定程度上也是一种政权的符号。这说明任何思想都不可能是超然于社会的独立存在。所以"中国的农民战争既尊孔尊儒又反孔反儒，有其历史的必然性与时代的合理

---

① 例如，"青红帮"，就对中国的社会生活影响重大。青帮最早是清初运河两岸码头的水手们秘密结社而形成的团体，以兄弟义气互助相帮的形式反抗漕运官军的欺压，并在"反清复明"的号召下，势力日益强大，形成了全国性的帮会组织，先后以反漕运官军、包运粮秣、联合罢工等途径，不断举行反清斗争，如发生于1774年的山东临清王伦起义、发生于1815年的安徽巢湖起义，以及太平天国首领张宗禹依靠青帮力量在河北和山东运河交界地段与清军展开的大规模武装斗争等。辛亥革命爆发后，青帮成为同盟会团结争取的重要对象，很多青帮派别投入了推翻清王朝统治的斗争。同盟会重要领导人陈其美利用青帮头子杜月笙与黄金荣的特殊关系，委托他们为革命党干了许多暗杀、营救、筹资等工作，并在上海成立了"中华共进会"。武昌起义时，各地青帮大部分成了革命党的重要武装力量之一。"青红帮"是青帮与红帮的合称。清末民初，两帮势力相融合，江湖上流传开"青红帮不分家"之说，人们才开始统称"青红帮"。在近代帮会组织中，青红帮无疑势力最大，后来还发展出不少分支。这些帮会组织虽然后来成了社会毒瘤，但青帮在中国近代革命斗争史中所起的进步作用，是不可否认的。有学者指出，国民党与青红帮有着千丝万缕的联系，甚至还有人指出，国民党本身就是青红帮的某种高级政党化的变种结果。

性"①。例如，即使明末李自成领导农民暴动，也保持着对儒家的尊敬，过山东曲阜的孔府和孔庙而秋毫无犯。②但另有史载，1861年4月，捻军两攻曲阜，"直逼城根，往来游驭"。衍圣公孔繁灏慌忙咨请山东巡抚谭廷襄派兵守护孔林、孔庙。不久捻军退走。9月，李成部捻军攻占邹县城，旋又攻打曲阜，冲进洙泗书院，将书院供奉的"大成至圣先师"孔子及其门徒的牌位付之一炬，砸毁孔庙祭器，扫荡了祀孔"圣地"，使孔繁灏哀叹不已，"闻之深为惊恻"。③

　　早期传教士来华是为了传播宗教，但他们必须熟悉并认识与西方迥然相异的中国各种风土人情以及三教九流的各行各业，其中也包括形形色色的游民与草莽之辈。卫匡国也评价了李自成起义的历史角色。但有趣的是前者与后者均未提及陈圆圆。而据《明史》记载，本来吴三桂已经准备投降李自成了，但"至滦州，闻爱姬陈沅被刘宗敏掠去，愤甚，疾归山海，袭破贼将"。也就是说，姑苏名妓陈圆圆（亦即《明史》中的"陈沅"）在北京被李自成的部将刘宗敏所霸占，吴三桂得知此事后，"冲冠一怒为红颜"，才决定联清击李。耶稣会的传教士对陈圆圆只字不提，很可能是因为耶稣会认为一夫多妻制是违背婚姻宗旨的，因此中国知识分子的纳妾，也是背弃基督教伦理道德的。正如邓恩所指出的那样："他们更倾向于相信，驱使吴三桂做出牺牲自己亲生父亲的重大抉择的动机，是对王朝的忠诚而不是对一个情妇的爱。"④卫匡国对明朝灭亡之因查究似乎相当到位，他揭示道：尽管鞑靼人的攻打给中国中原地区造成极大的损失和骚乱，看来局势仍然平稳，没有更大的危险。辽东西部防守坚固，秦皇岛附近有大军驻守，防止辽东鞑靼入侵。"真正的危险来自中国内部的叛匪和强盗，他们最终摧毁了中国，把它奉送给鞑靼。"卫匡国还剖析了另一位农民起义军首领张献忠的兴亡过程和原因。⑤明朝末年来华传教的天主教耶稣会士利类思（意大利人）和安文思（葡萄牙人），"才德兼优"，由

①修建军、傅永聚：《儒家思想与中国农民战争的关系探究》，《齐鲁学刊》2012年第6期。
②Kung and Ma, "Can Cultural Norms Reduce Conflicts? Confucianism and Peasant Rebellions in Qing China."
③参见《文物》1974第2期。
④参见［美］邓恩：《从利玛窦到汤若望：晚明的耶稣会传教士》，余三乐等译，上海古籍出版社2003年版，第305页。
⑤［意］卫匡国：《鞑靼战纪》，［西］帕莱福等：《鞑靼征服中国史·鞑靼中国史·鞑靼战纪》，何高济译，中华书局2008年版，第237—243页。

大西朝的礼部尚书吴继善推荐给张献忠，获"天学国师"的名号，但仅可传播某些数学和科学，而不可传教。另如有一些传教士曾与太平天国沟通，并建立了一定的联系。例如慕维廉会晤太平天国干王洪仁玕，商讨在太平天国占领区内布道事宜；艾约瑟应太平天国李秀成之邀，去苏州见李秀成，后赴天京（南京）上书洪秀全等。另据《烟台历史》的记载，1861年3月，捻军占通伸冈。美籍传教士豪尔迈斯和哈尔开尔前去游说，被捻军杀死。这个悲剧可从侧面看出，传教士卷入到了当时的农民起义。

七、"教派儒化圈"——"有限教权"的主体

教派"儒化圈"包括道教、佛教、伊斯兰教以及其他民间宗教组织或封建迷信组织。① 其势力不像欧洲中世纪的教会那样全面控制社会，而是在绝对服从世俗皇权的前提下行使其社会职能。中国几乎所有的宗教及其教派，包括经过丝绸之路传来的景教、犹太教、伊斯兰教，都多多少少加上了一些儒家色彩和因素。中国古代比欧洲更早建立中央集权的制度，避免了教权和王权的对立。总的说来，中国历代大部分统治者对各种宗教的并存相当宽容，并不加过多的干涉。为了生存和发展，各个宗教派别以所在地域形成了自成一体的寺院经济，他们具有田地、山林、湖塘及庄园，其来源或是原始的占有，或是朝廷的赏赐，或是民众的捐赠，当然也不排除以不正当的手段巧取豪夺得到的。他们的主要诉求是传教和教派的发展。

耶稣会士及传教士们在调整与中国社会各个宗教及教派的关系上，做了一定的努力。英国伦敦宣道会宣教士慕维廉于1879年推出了《儒释道回耶稣五教通考》一书。在该书自序中，慕维廉宣称，"华有五教，总当察其由来，一儒教，一释教，一道教，一回教，一耶稣正教。请即以五者，通考其义，互相评论，此为至要"；"真理何欤？奚由而得？我生在世，自问何物？从何而来？当作何事？从何而去？当往何途？我住天地中，要悟得万物有真原。问谁为主？独承治理保养之权"。他声言："耶稣正教独为真理，其据甚多，不必与他教齐驱并驾，如日之光，难与萤火比例。"此"五教"之说的目的是让中国人在比较后，去伪存真，以便选择正确的信仰；同时也力图拉近基督教与中国的关系，从而打消中国人对其的异教感。不过，也有当代学者批评说，耶稣会士对自己与中国宗教在精

---

① 与欧洲中世纪的教会不同，中国的宗教从未成为社会主导力量，但是它们对中国社会的精神及其价值体系有着重大影响。据考证，"巫"——巫术和巫文化——是中国最早期的文化根源之一。

x

x

神和实践方面的相互影响,并没有做过多少很认真的探讨。除了在17世纪末,儒家思想总是作为一种哲学而非一种宗教来表现外,很少有二者敌对和竞争的叙述。也许在耶稣会奉行的"通融"模式引导下,这一步走得太远了。①

八、"庶民儒化圈"——"底层求存"的主体

"庶民"一词出自《诗·大雅·灵台》:"庶民攻之,不日成之。""庶民"是一个十分模糊的概念,包容了一个极宽泛的社会阶层,如农民、雇工、手工业者、小商贩、自由职业者和城镇普通市民等。②孟子曰:"天子不仁,不保四海;诸侯不仁,不保社稷;卿大夫不仁,不保宗庙;士庶人不仁,不保四体。"(《孟子·离娄上》)庶民这个阶层是被统治者统治的人,他们只能利用统治者的某些开明决策或疏漏来争取一点儿生存和发展的空间。"皇恩浩荡"或天下太平时,他们也许可以安居乐业、生作养息;但当"龙颜大怒"或天下大乱时,他们便会家破人亡、生灵涂炭。这个阶层只有少数有幸可能成为政治或经济的暴发户,因此,大多数人在垂羡发财者的同时,又无奈地向往一种平均主义的乌托邦社会。庶民阶层是一切社会的最终和最广泛的基础,由它可以分化为其他阶层,如官逼民反、民不得不反时,就会成为破坏既定社会的最大冲击力量。庶民往往是一个特定社会意识形态和既定伦理规范——这当然以儒家的盲从者和牺牲者为主。特权阶层在自己当"花和尚"时,却让他们甘当"苦行僧"。他们在行为和生活模式上没有任何特权。他们不像大多数士大夫和乡绅那般"伪君子",也不像黑社会分子那般"真小人"。庶民中不安分的一部分,根据社会控制的松紧程度,或许干一些越轨出格的行为,但受到官府和宗族势力惩罚和迫害的一定首先是他们。对于庶民阶层,其最大的诉求就是生存和儒家某种乌托邦式的"大同"或"均产"。在法律上,他们的基本诉求是能够有申冤的机会。

中国传统社会的"庶民"当然不具有西方"公民"的任何意义。公民原本指古希腊城邦国家的市民,后来在现代政治意义下指一个国家合法的、并具有选举权的居民。公民与"私民"不同,与"臣民""子民""良民"或"顺民"不同。公民通常表现出在法律保障下政治上的积

---

①Rule, "The Historiography of the Jesuits in China."
②在某种意义上,中国的"庶民"类似于英国历史上的"平民",他们比乡绅地位低,有少量财产,或能做点小买卖,或靠有限的工资度日。

极个人主义，即以当家作主的进取态度在为社会全体成员谋利益的同时争取自己的权益；而"私民""臣民""子民"或"良民"等则表现为无法律保障的消极个人主义，即被动地服从统治者的摆弄，在夹缝中以来自明君清官的某种让步、宽松和恩赐勉强得到一点儿暂时的利益。一个真正意义上的公民，应具备主体性、自觉性和理智性。一般说来，所谓公民有以下几个基本特征：1. 参与某种政治共同体或具有某个国家国籍的自然人；2. 由于具备公共关系和法律规范的特征而不再是原来意义上表现为纯粹"私人"的自然人；3. 作为自由、平等、独立的主体人格，有一定政治地位和合法资格参与公共事务、享有各种权利并承担相应义务和责任；4. 具有对根据契约而形成的国家权力进行合法而有效监控和替换的权利；5. 从根本上说，是一个国家权力和利益的初始起点和最终归宿，即公共权力源于公民权利并归属于公民。直到辛亥革命后，封建王朝的彻底崩溃，中国的"庶民"才逐渐向"公民"靠拢。

实际上，后来大多数西方传教士更注重于对中国庶民的宣教，更了解他们的处境与诉求，并因此为中西方双向交流做出了有益的贡献。例如意大利耶稣会士高一志撰写的《西学治平》《民治西学》《王宜温和》《王政须臣》四部著作，融汇了自古希腊、罗马以来西方政治哲学关于政治权力之合法性来源的理论，关于三种合乎正义的政体形式及希腊哲人关于民选君主制和世袭君主制的论说，关于"议部"议政、君主应服从议部的论述，关于权力制衡和法治的学说，关于如何解决统治者畏惧民众的问题、解决贫富冲突和官民矛盾问题以及如何在税收政策中体现正义原则的理论，其中包含了国家起源于人们相互之间的契约、衡量政体形式是否合乎正义应看其是否以全体人民的利益为依归、法律的权威高于一切、税收应当得到人民的同意等精彩观点，体现了西方政治哲学"正义即和谐"的理论特色。"这一切，向明清之际的中国哲人展现了一个既陌生而又极富吸引力的新的政治哲学慧境。"[1]这些著述都与庶民政治经济等诸方面的权益有关。18世纪的《耶稣会士书简集》"不仅提供了有关传教区的资料，而且还提供了有关耶稣会士在遥远地区从事归化的数目可观的资料，同时还是由于它们提供了有关这些不太为人熟悉的地区的资料"。[2]这些遥远地区的归化人士当然大都属于底层庶民。

---

①许苏民：《正义即和谐：晚明西方政治哲学的东渐——以"西学治平四书"为主要文献依据的考察》，《中山大学学报（社会科学版）》2012年第6期。
②参见［法］毕诺：《中国对法国哲学思想形成的影响》，耿昇译，商务印书馆2000年版，第179页。

九、"家族儒化圈"——"齐家孝悌"的主体

《管子·小匡》曰:"公修公族,家修家族,使相连以事,相及以禄。"以家族为核心的价值观念和行为规范乃儒家思想的主要内容之一。家族是由姓氏、血缘、婚姻、亲属关系构成的组合体,它还涉及文化、历史、经济、政治以及社会结构等诸方面的因素。而在以农耕生产方式为主的中国传统社会,还要表现为父权、夫权、男权为主体特征的家长制和财产继承制。孔子坚持"弟子入则孝,出则弟(悌)","孝慈则忠",居家孝顺父母、敬奉兄长,入世就能尽忠国君、敬仰师长,故不会犯上作乱。孝悌既为家庭伦理规范,又为政治道德规范。孔子意图平衡道德特殊性与道德普遍性之间的关系。对他而言,仁爱应越广泛越好,在一个家庭中所有的个人关系应当和谐。他将自己有关仁爱的思想从个人扩展到家庭,一直扩展到一个国家的所有社会关系,然后扩展到所有国家之间的关系。孔子的正义理论主要包括公平、公正、诚信、平等、合法、适度,正直等。仁爱是人性的最高道德原则之一,它是个人、家庭、国家和国家间关系的终极理想。基于仁爱的世界主义是孔子的最终社会目的之一。孔子最重要的思想之一就是,"君子敬而无失,与人恭而有礼,四海之内,皆兄弟也"(《论语·颜渊》)。"古之欲明明德于天下者,先治其国;欲治其国者,先齐其家;欲齐其家者,先修其身;欲修其身者,先正其心;欲正其心者,先诚其意;欲诚其意者,先致其知。致知在格物。物格而后知至,知至而后意诚,意诚而后心正,心正而后身修,身修而后家齐,家齐而后国治,国治而后天下平。"(《礼记·大学》)孟子界定了"五伦",即:"父子有亲,君臣有义,夫妇有别,长幼有叙,朋友有信。"(《孟子·滕文公上》)董仲舒立三纲,即"君为臣纲,父为子纲,夫为妻纲"(《春秋繁露·深察名号第三十五》);并还规范了五常,即"仁、义、礼、智、信"(《举贤良对策一》)。周敦颐主张:"治天下有本,身之谓也;治天下有则,家之谓也。本必端,端本诚心而已矣,则必善,善则,和亲而已矣。家难而天下易,家亲而天下疏也。家人离,必起于妇人。故睽次家人,以二女同居而志不同行也。尧所以厘降二女于妫汭,舜可禅乎?吾兹试矣。是治天下观于家,治家观身而已矣。身端,心诚之谓也。诚心,复其不善之动而已矣。不善之动,妄也;妄复,则无妄矣;无妄,则诚矣。故《无妄》次《复》,而曰'先王以茂对时育万物'。深哉!"(《通书·家人睽复无妄第三十二》)中国古典小说《红楼梦》就形象地从侧面描绘了四大家族的"儒家认同圈",尽管也弥漫着道与释的神秘空灵气韵。

《圣经》中的很多训诫，中国人很难直接接纳。访华耶稣会士的杰出代表罗明坚就这样感叹："使中华帝国归化的最大困难不在于有些人会抵抗——因为他们不难理解同上帝有关的事情，他们也了解我们的律法是神圣的和虔诚的——而是在于他们所遵守的，按照规定一些人服从另一些人，从上到下直到皇帝的那种庞大的从属关系。那就是为什么一切听命于皇帝的最终意愿和是否想传唤神父们进宫觐见，我并不怀疑他会立即准许他们前去布道和向所有愿意接受的人讲授教义。"①利玛窦等耶稣会士以文化通融政策迎合了中国人祭祖等家族观念，逐渐使基督教在中国站稳了脚跟。耶稣会士高一志在儒耶对话中，试图将天主教的家庭道德观引介给中国人，倡导在家庭关系中敬天爱人，包括一夫一妻制，不再婚，贞洁观念，重视教养子女和财富积累等。

当时受利玛窦成功感化而皈依基督教，并翻译《几何原本》的著名士大夫徐光启宣称："余尝谓其教，必可以补儒易佛。"②他还进一步主张"事天之学，真可以补益王化，左右儒术，救正佛法者也。盖彼西洋邻近三十余国，奉行此教千数百年以至于今。大小相恤，上下相安，封疆无守，邦君无姓，通国无欺谎之人"③。"其说以昭事上帝为宗本，以保救身灵为切要，以忠孝慈爱为功夫，以迁善改过为入门，以忏悔涤除为进修，以生天真福为作善之荣赏，以地狱永殃为作恶之苦报。"④另一位皈依的著名士大夫，曾译《浑盖通宪图说》一书的李之藻声言："人知事其父母，而不知天主之为大父母也；人知国家有正统，而不知惟帝统天之为大正统也。不事亲不可为子，不识正统不可为臣，不事天主不可为人。"⑤深受意大利传教士艾儒略影响，随金尼阁学习拉丁文，并结识龙华民、邓玉函、汤若望、庞迪我等传教士。

①［意］汾屠立：《利玛窦神父历史著作》第2卷，1913年，第403页。尽管不完善，但意大利耶稣会士汾屠立所编的《利玛窦神父历史著作集》（*Opere storiche del P. Matteo Ricci S.I., Macerata*：F. Giorgetti, 1911—1913），堪称对利玛窦研究文献进行梳理的开山之作。
②徐光启：《〈泰西水法〉序》，徐宗泽：《明清间耶稣会士译著提要》，上海书店出版社2006年版，第241页。
③徐光启：《辩学疏稿》，《天主教东传文献续编》（第1册），台湾学生书局1986年版，第25页。
④徐光启：《辩学疏稿》，《天主教东传文献续编》（第1册），第23页。
⑤李之藻：《〈天主实义〉重刻序》，［意］利玛窦：《天主实义》上卷，上海慈母堂1868年重刊版，第5页。

十、"自我儒化圈"——"修身内善"的主体

无论多庞大多复杂的社会，最终还是可还原到具体的每个人，或以每个人为原发点，最终可辐射到家庭、社群、国家以至整个世界。无论是马克思所界定的"人是一切社会关系的总和"，还是萨特所鼓吹的"存在即自我"，实际上讲的是"自我"与"他我"在某种文化语境中的主客观多维关系。哲学家的一个古老想法是，通过认识他人来认识自我，也就是说自我以迂回方式通过多重比较来确认自己，例如儿童们通过模仿或争斗来发展自己。每一个人的新颖和独特只是相对的。康德设定了整体普遍性某些最相关的方面，即理性的理解超越自我的利益，并试图建立一个普遍的秩序。黑格尔明确指出，意识是通过他者认识自身，同样也通过自身来认识他者。什么是真实的，对个人来说比对社会更为重要。什么是儒家学说中的自我、人及个人在国家与社会中的关系？虽然儒家的确强调社会和公共价值，但它同时也强调自我尊严和以人为中心是这种价值的始端。中国传统儒家主张，通过自我实现、自我完善、自我净化和自我改造来产生道德、伦理价值和空想的观念。中国儒家的"天人合一"则强调，不断进行自我伦理完善的圣贤之士，最终必与代表最高精神主宰力量的"天命"相合为一。《中庸》声言："自天子以至于庶人，壹是皆以修身为本。""故君子不可以不修身。"《论语·学而》称"吾日三省吾身"。《大学》倡导"格物、致知、诚意、正心、修身、齐家、治国、平天下"，并尤其强调"以修身为本"。朱熹主张君子的自我完善、自我净化和自我认识。对此，杜维明阐释道，儒家重视人类基于个人尊严的自我发展，可以说它立足于一系列的同心圆：自我、家庭、社团、社会、国家、世界和宇宙。[1]据成中英的论点，儒家道德观盲目地根据德善中之自我而非独立思考界定了人权观念；[2]他揭示了儒家善德潜移默化的过程：1. 一个人的内部能力和其他人的外部需要；2. 自我于社会的义务和社会于自我的义务；3. 本分的德行意识和公众事业的期待；4. 个人的行善与他人的行善；5. 统治者的公众利益与私人利益。[3]儒学最为重视

---

[1]Tu Weiming, "Epilogue: Human Rights as a Confucian Moral Discourse," in *Confucianism and Human Rights*, ed. Wm. Theodore de Bary and Tu Weiming (New York: Columbia University Press, 1998), 302.

[2]Chuang-ying Cheng, "Transforming Confucian Virtues into Human Rights," in *Confucianism and Human Rights*, 145.

[3]Cheng, "Transforming Confucian Virtues into Human Rights," 148–149.

个人"修身"的巨大作用，儒家最主要的目的就是尽可能多地塑造符合需要的个体"君子"，但这是一种与西方非常不同的政治个人主义。[1]儒家"将个人视为本根，而社区仅为枝叶——即个人作为基础"[2]。"儒家个人主义"是指个人必须发展自己的创造潜力，以致可以履行"在社会关系中的特定的角色"[3]。传统的中国社会思想始终存在着普遍性与特殊性之间的两难。普遍主义与特殊主义之间的关系，可以看作一般社会规则、道德准则在具体情况下的实际应用。[4]普遍主义可以看作是进行正确引导的价值观，在任何情况对每个人都普遍适用，而特殊主义只强调在某种具体环境与关系中的个别实施。"中国的文化极为特殊。在这种文化中，人们在某种特定情况下根据关系与环境来决定什么是正确的。对中国来说，法律契约对某种协议仅是一个起点。随着情况的变化，协议的条款也应变化。在中国人看来，由情况和所涉及的特定个人来确定关系。"[5]

第三节　传教士与中国传统社会的多层儒化圈

耶稣会士与后来的西方传教士们大都相当重视这种儒家的个人"修身"。耶稣会传教士高一志贯彻利玛窦的文化适应策略，著有《修身西学》一书。[6]该书考察了于明清之际的儒耶对话中，在奉行阿奎那对宗教的三段式标准论述的前提下，结合中国当时的具体社会状况，对"修身"这一中西方共同关注的主题，特在诠释与重建体系上加以融合协调，从而促进了晚明士大夫个人道德修为上的提高。高一志《修身西学》的主旨并非要与中国儒家思想进行强行辩论，引用儒家经典次数亦极少，然而，只

---

① Andrew J. Nathan, "Sources of Chinese Rights Thinking," in *Human Rights in Contemporary China* (New York: Columbia University Press, 1986), 138.

② Hsieh Yu-Wei, "The Status of the Individual in Chinese Ethics," in *The Status of the Individual in East and West*, ed. Charles A. Moore (Honolulu: University of Hawaii Press, 1968), 280.

③ Derk Bodde. *China's Cultural Tradition: What and Whither?* (New York: Holt, Rinehart and Winston, 1966), 66.

④ Universalism vs. Particularism is a concept forwarded by Fons Trompenaars.

⑤ Fons Trompenaars, quoted in "VI. Universalism versus Particularism," *via-web. de International Business Cultures.* http://www.via-web.de/universalism-versus-particularism/.

⑥《西学修身》（又名《修身西学》）五卷，分十册，卫斗枢、段衮、韩霖同校。1630年后刻于山西，1923年第四次刻本。

要它采用传统汉语进行言说，就仍然无法摆脱由儒家文化传统所塑造经典世界的道德伦理论说系统，而另一方面，作为"西学"，必须对"作为土壤的儒家语境有所利用，方可扎根生长"。①

正如前面所说的，我们也可根据影响、渗透、仿效、利用和掌控程度，将中国传统的上述10层"儒化认同圈"分为"强儒圈""弱儒圈""偏儒圈""伪儒圈"等。从总体上说，"皇族儒化圈""士者儒化圈""乡绅儒化圈"以及"家庭儒化圈"算是"强儒圈"；"教派儒化圈""庶民儒化圈""个人儒化圈"算是"弱儒圈"；"少数民族儒化圈"和"江湖儒化圈"算是"偏儒圈"；而"军阀儒化圈"则可算是"伪儒圈"。至于新疆伊斯兰教区、西藏藏传佛教区，以及云贵等地偏远少数民族地区，则可算作"非儒圈"。此外，我们还可根据各儒化圈成员对儒学的理解与阐释程度，再分为"深层儒化圈"与"浅层儒化圈"。无疑，由于封建教育程度的高下，"士者儒化圈"为"深层儒化圈"，而"庶民儒化圈"和"个人儒化圈"则为"浅层儒化圈"。这后两者因人而异，因家而异，非常不平衡，由于受教育的程度普遍不高，甚至多为文盲，除了致力于科举者外，仅最多受过一些擦边的儒家启蒙感化，有些耳濡目染而已，而并无多少真正了解。

有意思的是，耶稣会士和后来的西方传教士实际上根据上述这10层"儒化圈"制定了区别对待的传教策略，包括"以耶补儒""借儒宣教""儒耶相合""援儒入耶""厚儒薄佛""厚儒薄道"等做法，都各有一定的收获。一些具有奉献精神的传教士们，如对"非儒圈"无成熟宗教的贵州地区的少数民族传教则曾一度很有成效。鸦片战争之后，西方传教士们迅速从沿海到内地，从城市到农村，从南方到北方，如雨后春笋般发展起来。地处大西南云贵高原的贵州，"人无三分银，地无三尺平"，经济文化相对落后。西方教会一方面在汉族聚居地扩展，另一方面大力加强在各少数民族聚居地区开展活动。天主教和基督新教在贵州得到迅速的发展，其中后者的影响较大。20世纪初，基督新教在黔西北成立教区进行传教布道，皈依教徒约9万人，教堂近80所。活动范围包括四川和云南的部分地区。为了发展教徒，教会提出了"哪里有教堂，哪里就有学校"的传教政策，在贵州各地积极兴办从幼儿园到小

---

① 王格：《〈修身西学〉的儒家土壤》，转引自［意］高一志：《修身西学今注》，［法］梅谦立、谭杰、田书峰编注，商务印书馆2019年版，第130页。

学、中学、大学的一整套教育体系。除普通教育外，还办职业教育、特殊教育和社会教育等。①

---

①杨大勇：《西方传教士对贵州近代教育的影响浅析》，《西昌学院学报（社会科学版）》2010年第2期。

下篇　儒学西传的兴盛与成形

（19—21世纪初）

第八章　欧洲大陆现代汉学家的儒学西传

在具有深厚文化传统的欧洲大陆，汉学研究也有着极为肥沃的土壤。美国学者孟德卫将利用来华耶稣会士提供的信息进行汉学研究的学者，如基歇尔（Athanasius Kircher，1602—1680）、威尔金斯（John Wilkins，1614—1672）、莱布尼茨等人划分为欧洲"早期汉学家"，并将其中国文化的见解视作"早期汉学"，因此也就将欧洲汉学的创立定为17世纪。19世纪初以来，欧洲汉学从"传教士模式"向"学院派模式"转变。有学者指出，传教士汉学和专业汉学的区别在于："后者已经正式进入了西方的东方学体系之中，在研究上开始走出传教学研究的框架，按照近代西方所形成的人文学科的方法研究中国。"①

1814年，法国法兰西学院设立汉文及满文讲座，雷慕沙（Jean-Pierre Abel-Rémusat，1788—1832）就任法兰西学院第一位汉学教授，甚至被抬上了现代汉学首创者的地位。在德国，加贝伦次（Hans Gorg on von der gabelentz，1840—1893）于1878年担任莱比锡大学的远东语言教授，也是德国第一位汉语教授，所撰《中国文言语法》（Chinsische Grammatik，1881）至今仍受重视。威廉·硕特（Wilhelm Schott，1802—1889）的著作《中国文学述稿》（1854）是德国最早的一部研究中国文学史的著作。②沙皇俄国的第一所汉语学校则由俄国汉学家比丘林（Никита Яковлевич Бичурин，1777—1853）于1831年在恰克图（原属中国，1728年中俄《恰克图条约》签订后归俄国所有）创立。同时英国伦敦大学也聘请基德（Samuel Kidd，1799—1843）担任第一位中文教授。③理雅各于1841年着手翻译中国经典，出版《中国经典》五卷一共八本，包括《论语》《大学》《中庸》《孟子》《书经》《诗经》及《左传》。1879—1891年又出版了《中国圣书》六卷，包括《书经》《诗经》《孝经》《易经》《礼记》《道德经》《庄子》等。他于1876年担任牛津大学第一位汉学教授，任职长达21年。④

---

①张西平：《欧洲的传教士汉学何时发展成为专业汉学？》，《文汇报》2016年4月22日。

②参见曹景文：《德国中国学研究的历史和现状》，《南京中医药大学学报（社会科学版）》2003年第1期。

③参见姜林祥编著：《儒学在国外的传播与影响》，齐鲁书社2004年版。

④参见习明芳：《国际汉学的推手——蒋经国基金会的故事》，（台湾）天下远见出版股份有限公司2008年版，第188—189页。

西方汉学研究到了20世纪，世俗的研究者就彻底取代了神职人员的地位。进入21世纪后，儒学研究随着东西方思想对话的需要，也到了一个历史拐点：一、儒学研究者的范围扩大；二、儒学研究的题材越来越广；三、儒学研究的对象增加；四、孔子学院成为推广儒学的一种平台；五、学习中文及研究汉（儒）学的人增多；六、西方研究孔学和儒学之学者在整个汉学及中国研究的比例上仍居少数，亦较缺少吸引力。因篇幅有限，本书的主题既然为"儒学西传"，就不可能过多谈儒学与道学和佛学之间的关系以及后两者的重要性，仅是点到为止。因此，在谈及西方汉学家时，尽量少议他们在道、佛研究以及在其他汉学研究如文学等方面的成就。遵循这个主题，从"汉学家"这一笼统的称谓中，区分出三种"儒学西传有贡献者"：一是以儒学研究为相对"主业"的汉学家；二是虽并非以儒学为"主业"，但对此仍有部分专著专论，颇有一定成就与影响的汉学家；三是虽无直接专著专论，但以顺带散谈的方式，对儒学多少具有一些启迪看法的汉学家。至于那些几乎毫无涉及儒学，而在汉学和中国学其他研究上有杰出成就和巨大影响的汉学家们，本书只得忍痛割爱了。

第一节　法国现代汉学家对儒学西传的贡献

在西方国家中，法国很早就把汉学视作一门对中国进行科学研究的学问，并最早创立起现代专业学院派汉学。法国的汉学研究逐步从个人自发的兴趣发展为专业、规范的学科，成为世界汉学研究的风向标。19世纪至20世纪的法国，汉学得到长足的发展，尤其二战后，汉学研究更是不断地专业化。

1814年，在法兰西学院正式开设"满、鞑靼、汉语言教授"讲座的雷慕沙，堪称西方专业汉学第一人。他曾接受过医学专业的教育，并于1813年获得医学博士学位。在学习医学的过程中，雷慕沙发现了一本中国的植物学论著，并为其着迷。他孜孜不倦地学习中文，自学成语。1811年，他撰写了《关于中国语言文学的论文》（*Essai sur la langue et la littérature chinoises*，中文篇名为笔者译）等。1813年，雷慕沙用拉丁文发表了一篇关于汉字和古典汉语性质的文章。这些早期出版物确立了他在学术界的声誉，并于1814年11月29日在法兰西学院为他赢得了中文教席。他的就职演说日期（1815年1月16日）被称为"学术汉学的诞生日"[1]。1814年，他为

---

①David B. Honey, *Incense at the Altar: Pioneering Sinologists and the Development of Classical Chinese Philology* (New Haven, CT: American Oriental Society, 2001), 27.

《箴言报》撰写了《孔子著作》（The Works of Confucius）一文。1817年雷慕沙翻译出版了"四书"之一的《中庸》，法文标题中记明，《中庸》系子思讲述道德的著作，该版本刊载有汉文本、满文本、拉丁文译本和法文译本，并附有一些注释，书前还有关于孔子道德的评论。雷慕沙编译此书根据的是鲜为人知的传教士版拉丁文本。雷慕沙中文课程重点讲授关于语法和古典文献的研究，例如汉文和满文的《尚书》《老子》以及孔子生平。他的讲义最终被编辑成书，于1822年命名为《汉文启蒙》（Elements of Chinese Grammar）出版，这是欧洲对汉语的第一个科学论述。雷慕沙于1818年成为《每日新闻》的编辑，又于1822年在巴黎成立了亚洲学会，并担任会长。1830年左右，雷慕沙受委托清点法国皇家图书馆中的藏书，这启发了他开始翻译《文献通考》的书目部分，以便帮助欧洲学者研究中国。1832年，他完成了第一卷《经典》（Classics），但遗憾的是，他因染上霍乱而在印刷前去世了。

拉克伯里（Terrien de Lacouperie，1844—1894）出生于诺曼底地区，他是特里恩康沃尔家族的后裔，该家族在17世纪英国内战期间移民。拉克伯里早年定居于香港，不久他将注意力从商业转向了东方语言的研究，并且对中文有了特别深入的了解。1867年，他出版了一部8卷本的语言著作《论语言文字的性质与研究》，引起了轰动。此后不久，他的注意力被解密巴比伦碑文的进展以及汉字与早期阿卡德语象形文字的相似性所吸引。两种语言的比较语言学占据了他的大部分后半生，并且他试图显示出两者之间的早期亲和力。1879年，拉克伯里去了伦敦，当选为皇家亚洲学会的资深会员，并开始用英语写作。1884年，他成为伦敦大学的比较语言学教授，讲授东南亚语言。他生命的最后几年主要是对《易经》进行研究。拉克伯里解释《易经》的基础是碎片式的笔记，主要是词汇性的。1892年，他出版了8卷本解释性论著《中国最古老的书》（The Oldest Book of the Chinese）的第一部分，其中阐述了他对《易经》本质的理解，并翻译了其中的段落。然而，该论著在他去世之前也未能完成。为了表彰他对东方研究的贡献，他获得了鲁汶大学的文学博士学位。由于对东方语言学的贡献，拉克伯里两次被授予儒莲奖（Prix Stanislas Julien）。拉克伯里的中华—巴比伦（Sino-Babylonianism）的理论（即中国文明起源于美索不达米亚）给公众留下了深刻的印象，但被当时和随后几年的汉学家所批评或驳斥。理雅各的中文经典译本与拉克伯里的译本同时出现，前者质疑拉克伯里的汉学能力。理雅各在对拉克伯里的《中国最古的书——〈易经〉及其作者》（The Oldest Book of the Chinese, The Yh- King and its Authors，中文书名为笔者译）的批评中指出，只有"轻率无知"才可能导致如此的错误，包括未能查阅《康熙字典》等基本参考资料。当时的另一位批评者将拉克伯里称为"特殊的奇迹制造者"，但莱顿大学汉学家施莱格尔（Gustav Schlegel，1840—1903）的严厉驳斥标志着拉克伯里关于中国文明起源的比较理论的最终衰落。施莱格尔及其追随者坚持中国文明的独立起源和发展。尤其这些学者强调，单音节汉字不能等同于多音节的查丁语（Chaldea）单词。在任何情况下，亚述学知识①乃"危险的不确定"，甚至没有任何证据表明巴比伦文明早于汉语。②

沙畹（Edouard Chavannes，1865—1918）生于法国里昂的一个富有文化教养的新教家庭。1885年，沙畹20岁，顺利进入巴黎乌尔姆街的巴黎高等师范学院学习，主修康德哲学。沙畹受到了高师院长佩柔（Georges Perrot，1832—1914）的赏识，佩柔勉励他将治学方向定位于研究中国。沙畹在放弃哲学转习汉学之后，于1889年被派往中国，并且随即着手翻译《史记》。沙畹在1895年至1905年之间翻译发表了全书130卷中的前47卷，至《孔子世家》止分成5卷，即《史记》中的"本纪""表""书"及部分"世家"。可惜他没有足够的时间继续翻到"列传"的部分。他的译文最后以《司马迁的〈史记〉》（*Les Memoire Historiques de Se-ma Ts'ien*）为题出版，堪称展现其能力的典范之作，获得了一致的认可。沙畹在佛学、中国宗教、敦煌学、碑铭学、中国少数民族研究以及中国历史地图等方面都作出了杰出的成就。他是学术界公认的19世纪末20世纪初世界上最有成就的汉学大师，公认的"欧洲汉学泰斗"。伯希和（Paul pelliot，1878—1945）与马伯乐等几位大汉学家均为他的得意门生，伯希和尊称其为"第一位全才的汉学家"。

谢和耐（Jacques Gernet，1921—2018）生于阿尔及尔，1942年毕业于阿尔及尔高等研究院，1956年获文学博士学位。后任法国高等社会科学研究院及法兰西学院教授、法兰西学院院士。主要研究中国经济史和思想史，尤其注重演变过程中中国社会和思想关系史的考察。对王廷相、唐甄、刘献庭、王夫之、颜元的观点有研究。主要著作有《中国社会史》

---

① 亚述学（Assyriology）是对亚述（Assyria）和古代美索不达米亚其他地区（包括现在的伊拉克、叙利亚东北部、土耳其东南部、伊朗西北部和西南部）以及使用楔形文字的相关文化的考古、历史和语言学研究。
② Norman J. Girardot, *The Victorian Translation of China: James Legge's Oriental Pilgrimage* (Berkeley: University of California Press, 2002), 388–390.

《中国与基督教——中西文化的首次撞击》以及《十七世纪基督教与中国人的世界观》等。

法国汉学大师汪德迈（Léon Vandermeersch，1928—2021）的研究范围是从儒学的现代发展到古代中国的政治和法律制度。他与中国文化的结缘始于18岁。在十几岁的时候，他很快就掌握了各种语言，并且那时已经学习了拉丁语和古希腊语。某日，他找到了一本有关中国语法的书，这本书是由德国语言学家和汉学家格加贝伦兹撰写的。汪德迈回忆说："汉语的表达习惯和心态超出了我的经验。……这与我学过的任何西方语言都有很大不同。我有学习汉语的冲动。"他提及，从那时起，他已经没有一天不读中文了。"当我第一次学习中文时，西方人几乎没想到中国会再次崛起。"他补充说："随着中国对西方的压倒性发展，中国文化的未来似乎难以预测。"他笑着说："然而，我很幸运，活了足够长的时间。"他接着补充说："这是随着中国的崛起而振兴中华文化的时候。"[1]

1951年，汪德迈跟随越南西贡的一名高中老师开始学习亚洲文化，通过长期学习，他深刻理解了中国文化对该地区所产生的影响。从河内、京都到香港，从20世纪50年代到60年代，他曾是法国研究亚洲社会的领先研究机构——法国东方学院的研究员，然后回到法国进一步促进大学中文教学。从1989年至1993年，他担任法国远东学院的负责人。在1986年首次出版的著作《新汉文化圈》（*A New Chinese Cultural Circle*）中，汪德迈探讨了日本、朝鲜、越南以及亚洲其他国家和地区的文化历史与现代社会之间的联系。在他看来，古代中国的礼仪在现代社会中仍然很重要，并指出，中国文化的另一个主要贡献是考试制度，在中国古代，官员是通过考试选拔的。这种选拔形式至今仍在世界范围内使用。他认为，在中国古代，文学的影响极为深远。那时，一个政权的权威不仅体现在皇帝的力量上，还依赖于其背后文人的支持。这种以文人为基础的政治体系因此变得独特。对汪德迈而言，当今世界面临的许多新问题，例如环境问题，都可以从中国的智慧中找到解决方案："我们可以从中国古代经典中汲取灵感，因为它们反映了对自然与和谐的尊重。"尽管汪德迈常被称为"法国大儒"，但他对中国不同的思想流派保持开放的态度。他强调，庄子是公元前4世纪的哲学家，他为道教打下了基础，其出色的想象力让人迷醉。汪德迈于

---

[1] Wang Kaihao, "Searching for His Inner Sage," *China Daily*, January 29, 2019, http://global.chinadaily.com.cn/a/201901/29/WS5c4fae3da3106c65c34e7005.html.

1980年获得儒莲奖。该奖项自1875年以来由法兰西学会颁发，被誉为"汉学诺贝尔奖"。美国汉学家安乐哲赞扬道："他的想法已在世界各地广泛流传"，"我们这一代的所有汉学家都是他的'学生'"①。1966年至1973年，他被任命为普罗旺斯埃克斯文学院新开设的中文系负责人，并在此开始了汉语教学。1973年至1979年，汪德迈任巴黎七大东亚教学与研究单位负责人。之后在巴黎高等研究实践学院教授儒家思想史，直至1993年退休。

于连（François Jullien，1951—）毕业于巴黎高等师范学院。早年试图从事希腊哲学研究，1975—1977年赴中国游历，曾在北京和上海学习中文和中国哲学。1978—1981担任法国汉学中心香港分部主任，1985—1987任东京日法会馆驻地研究员。他以《隐喻的价值：中国传统诗歌诠释中的原创性范畴》（*La Valeur allusive. Des catégories originales de l'interprétation poétique dans la tradition chinoise*，1985）取得法国国家博士学位。于连担任过法国汉学学会会长（1988—1990）。由于他学术方式极为另类，故招来不少非议。许多法国汉学家不认同他为汉学家，而许多法国的哲学家却将其归为汉学家。他尽管中文造诣匪浅，却不重视实证性的研究，仅将汉学视作研究方法，而非对象。而他研究中国是为了研究欧洲的哲学，只把中国的哲学思想当成欧洲哲学的一个对照。自从于连首先建立了他所谓的哲学建造场（construction yard）以来，他就开始探索中欧思想之间的关系。他一直在各种文化之间进行对照，以便反思勾勒出一些共同点。他的工作使其探究了道德、美学、战略以及历史和自然的思想体系等各种学科。这种从无到有的解构主义（deconstructivism）的目的是在两种文化中发现隐藏的偏见，并阐明人们思想中未经审视过的内容（the unthought-of）。它也可以发挥语言和文化的资源或功能，而并非从"差异"或"身份（identity）"的角度来考虑它们。此外，它通过将哲学从其愚蠢的迷惑中解脱出来，并清除其简单的观念来重新建立哲学。在中国和欧洲的语言和思想体系之间的这个建造场内，于连发展了一种"生活"哲学。

于连的主要著述有：《势：中国的效力观》（*The Propensity of Things, Toward a History of Efficacy in China*，1995），《绕道而行，中国和希腊的意义策略》（*Detour and Access, Strategies of Meaning in China and Greece*，2000，中文书名为笔者译），《赞美平淡：中国思想与美学文集》（*In*

---

① Wang, "Searching for His Inner Sage."

Praise of Blandness, Proceeding from Chinese Thought and Aesthetics，2004，中文书名为笔者译），《功效：在中国与西方思维之间》（*A Treatise on Efficacy: Between Western and Chinese Thinking*，2004）以及《关于文化之间的普遍性，统一性，共同性和对话性》（*On the Universal, the Uniform, the Common and Dialogue between Cultures*，2014，中文书名为笔者译）等。

现将其他重要的法国儒学研究者以出生年代为序列简介如下：

艾琼伯（René Etiemblé，1909—2002），1927年就读于巴黎路易大帝公学高等师范学院预科，后入巴黎高等师范学院、现代东方语言学校和巴黎大学攻读语言学，获文学博士学位。1939—1943年任芝加哥大学法国语言文学教授。1944—1948年任埃及亚历山大大学法语及拉丁语系系主任。1949—1956年任法国蒙彼利埃大学法国语言文学教授。1956年任巴黎索邦大学普通文学和比较文学教授，后改任新索邦大学教授，1978年退休。主要汉学著述有《孔子》、《中国之欧洲》（第一卷）、《从罗马帝国到莱布尼茨》，译著有《孔子》《王维》《陶渊明》等。

康德谟（Maxime Kaltenmark，1910—2002）生于维也纳。曾就读于巴黎大学及法国高等汉学研究所，获法学学士、文学学士学位。1950—1953年任设在北京中法大学校址内的巴黎大学中法汉学研究所所长。1955—1956年任巴黎法国全国科学研究中心课题负责人。1957年起任巴黎国立高等学院宗教科学部研究室主任。主要著作有《中国哲学》等。

侯思孟（Donald Holzman，1926—2019）生于美国。于1986—1989年担任法国高等汉学研究所所长。曾从事明清话本小说的翻译和研究，对中国的制度也有研究。主要著述有《孝子与孝女：古代中国长期遵奉孝道》《竹林七贤及其所处的时代社会》《嵇康（223—262）的生平和思想》以及《孔子与中国古代文学评论》（以上书名为笔者译）等。

程抱一（Francois Cheng，1929—），原名程纪贤，长期担任巴黎第三大学所属国立东方语言和文化学院中文系教授，并为该学院中国研究中心教授。欧洲研究中国协会和法国研究中国协会会员。主要著作有《"比"和"兴"》和《一些对比方式的展望：在中国传统中的一些重要的宇宙论的表达方法和现实的表达方法》（以上书名为笔者译）等。

毕雪梅（Michéle Pirazzoli–t'Serstevens，1934—2018）巴黎国立吉梅博物馆高级馆员、鲁佛尔学院教授，欧洲和法国研究中国协会会员。主要著作有《汉代的文化》等。

程艾兰（Anne Cheng，1955—）曾就读于法国巴黎第七大学东亚语言和文学教学研究单位，1982年获博士学位。法国研究中国学会会员。主要著述还有《汉代儒家思想研究，有关经典著作的诠释传统的进一步深入探讨》《曾子：大学》（以上书名为笔者译）等。

第二节　德国现代汉学家对儒学西传的贡献

20世纪以前，儒学等中国哲学对有着思辨哲学传统的纯哲学界并无什么影响，正如德国汉学家福赫伯在其1968年所著《德国大学的汉学》一书中所提出的："儒家和道家经典著作所反映的中国思想世界，一般说没有受到德国哲学界的重视，只有极少数哲学家在他们的著作里或课堂上多少提及一点中国哲学。"[①]20世纪上半叶，德国的儒学研究有了转机，引发了新一轮的"孔子热"。德国著名汉学家佛尔克（Alfred Forke，1867—1944）的三卷本《中国哲学史》是对中国先秦至近代思想史的一次全面概括。在《孔子的〈论语〉》（*Konfuzius Gespräche*，1982）一书中，德国当代汉学家莫里茨（Ralf Moritz）声言，在中国文化史上，孔子具有无可替代的地位，居于贯穿2500年历史传承的起点，他的名字即是中国传统的象征。[②]

有关本节特声明一下，尽管现代德国于20世纪40年代到80年代曾因意识形态一度分裂，但后于1990年重新统一，所以现仍将当年的东西德儒学研究状况并在一起评述。

德国著名的社会学家兼经济学家韦伯在考察"世界诸宗教的经济伦理观"时，试图从东西方文化和历史比较研究角度，来探讨世界诸民族的精神文化气质与该民族社会经济发展之间的内在关系。1920年，他出版了《宗教社会学论文集》，全书分三卷，第一卷《新教伦理与资本主义精神》。他还有《儒教与道教》，1951年美国学者格斯译成英文，改名为《中国宗教：儒教与道教》，由纽约自由出版社出版。有学者批评道："在论述儒教和道教时，韦伯又走向另一个极端，只考虑到精神因素而很少考虑到物质因素，当然也没有考虑到二者之间的互动关系。韦伯的这种论述也不是分析，而是一种比较，是拿西方的基督教来和中国的宗教作比较，是精神与精神的比较。通过这种比较，韦伯认为，基督新教是外在的超越，中国的宗教是内在的超越，外在的超越强调征服世界，控制世界；内在的超越强调适应世界，顺从世界，因而前者改造了传统，后者则是传

---

① 转引自郑天星：《传教士与中学西渐——以德国汉学家卫礼贤为中心》，《宗教学研究》1997年第2期。
② Ralf Moritz, *Konfuzius: Gespräche* (Leipzig: Reclam, 1982), 174.

统主义的。"①在韦伯看来，与西方新教伦理截然不同，儒教和道教思想不可能促进现代化的实现。

德国于20世纪20年代弥补了以往的疏忽，20世纪30年代的德国汉学从教学和研究来说，与欧洲其他国家相比已毫不逊色。二战以前，产生过一些对儒学西传有影响的汉学家。

帕拉特（Johann Heinrich Plath，1802—1874）在哥廷根大学任东方学教授，讲授中国文化和中国历史的课程。晚年为巴伐利亚科学院的院士，在院刊上发表了许多关于中国古代文明与儒学的论文，其中《关于孔子及其弟子的生平与学说》为德国汉学界所推崇，颇具影响。

福兰阁先在柏林大学学习历史，后在哥廷根大学取得博士学位后，曾于1888年至1901年，在中国北京、天津、上海等地的德国公使馆工作13年。1909年，他在汉堡殖民学院创办了东亚语言与历史研究所，担任教授兼所长；1923—1931年任柏林大学汉学教授兼所长，还担任过汉堡"德国学者联盟"主席。福兰阁发表论著有200多种，书评100多篇，最负声誉的当为五卷本《中国通史》。在该书第一卷《序言》中，他尖锐批评了兰克、黑格尔等人对中国历史的偏见。在《资治通鉴与通鉴纲目》一文中，福兰阁断言，中国历史其实是整个人类发展中最重要的、最富有教育意义的和最吸引人的那一部分。

佛尔克于1890年取得法学博士学位后，到北京公使馆供职。他非常注重中国哲学史的研究，发表过题为《从北京到长安和洛阳——在直隶、山西、陕西和湖南的一次旅行》（1898）的长篇文章。1903年，辞职回国后的佛尔克，受聘任柏林东语所教授。1923年起至1935年退休止，他一直担任汉堡大学中国语言与文化研究所教授兼所长。佛尔克的译作有《〈论衡〉——王充哲学散文选》（1906），《墨子》（1921）等，论著有《政治家和哲学家晏子与〈晏子春秋〉》（1925、1927年）分别以《中国人的世界观》《中国文化的思想世界》为题出版，还有《中国上古哲学史》（1927），《中国中古哲学史》（1934）以及《中国近代哲学史》（1938）等。他还介绍了150多位中国哲学家，其《中国哲学史》三卷本，正如在《德国大学的汉学》（*Sinologie an deutschen Universitäten*）一书中，德国汉学家傅海波（Herbert Franke，1914—2011）所赞誉的，该书堪称一部后人难以企及的哲学史著作。

---

① 余敦康：《宗教的文化内涵与社会功能》，《世界宗教文化》1995年第1期。

遗憾的是，第二次世界大战前后，纳粹当局疯狂排外，使德国汉学及儒学研究遭到严重破坏，仅柏林的普鲁士国家图书馆的50000多册单行本和6000多套丛书几乎都被损无余。战后的10余年里，德国的儒学研究几乎停滞。20世纪60年代，尽管冷战阴霾的笼罩，西德与东德的儒学研究都开始复苏。1964年，施唐格（Leandri Jos Stanke）译的《论语》《孟子》《荀子》问世后，欧洲的一些大学曾将《孟子》作为选修课。1963年，金德曼（Gottfried-Karl Kindermann，1903—1983）推出了《儒教、孙逸仙主义和中国共产主义》一书。在1972年东德出版的《世界史上的伟人》一书中就有《孔子》一章。

傅吾康生于德国汉堡。1930年至1935年肄业于柏林大学及汉堡大学，专攻汉学、日语及古近代史。1935年获汉堡大学哲学博士学位。1937年赴上海，任北平中德学会秘书、干事、总编辑等职。傅吾康在20世纪50—70年代还先后担任了美国哈佛大学客座研究员，吉隆坡马来西亚大学、新加坡南洋大学和檀香山夏威夷大学的客座教授，德国东亚协会主席等职。傅吾康1980年出版了《1851—1949年间的中国百年革命》的增订本，他在书中叙述了1851—1949年中国近代革命的历史，把百年革命的历史划分为五个阶段，视中国革命的过程为一个不断发展、上升和深化的过程。傅吾康强调从整个中国历史的角度来观察中国近代史，不是机械地把近代和传统割裂开来，而是从"革命"概念入手，从《易经》里的"革命"说起，谈到五行学说、汉代纬书以及孟子的"君轻民贵"的思想，证明了在中国的国家观念中，革命是作为一种合理的手段而存在的。

鲍吾刚（Wolfgang Bauer，1930—1997）生于德国萨勒河畔的哈勒城。他于1949年左右在慕尼黑大学开始了其汉学生涯，师从海尼士（Erich Haenisch，1880—1966）、福克斯（Walter Fuchs，1902—1979）和傅海波等名家。除学习汉学主专业外，鲍吾刚还选修日本学、蒙古学和哲学，并修习满语、梵文和藏语。1953年，获博士学位之后，他便在慕尼黑大学东亚学院开始了教学生涯。在此期间，鲍吾刚于1959年完成了汉学专业教授资格论文，随后便执教于汉学专业，并于1962年秋参与筹建海德堡大学的汉学学科，次年出任该学科的主任教授。1966年，返回慕尼黑大学后在东方学院执教，任东亚研究所所长。鲍吾刚还担任过下列大学的客座教授：1968—1969年于美国加利福尼亚大学，1977年于密歇根大学，1984年于澳大利亚国立大学和日本筑波大学，并还在中国港台地区和美国夏威夷等地做过研究工作。鲍吾刚培养出一批又一批汉学家，其中有的早已成为活跃于文化和经济领域的国际知名人士。

　　鲍吾刚著作等身，其中与儒学研究有关的有长达600多页的《中国人的幸福观》一书。该书对"幸福"这一概念在中国几千年历史长河中不同阶段的不同文化内涵进行了全面的阐述，采用西方分析哲学及比较哲学的手法来剖析考察中国人的幸福观和理想观。建立中国人传统幸福观的基础应是儒、佛、道三教思想中对生命原始意义的领悟。作者按照历史大线索，分别讨论了先秦不同学派关于幸福的不同理想，汉代董仲舒的天道循环论对幸福观的影响，以及魏晋佛老思想、宋明理学和19世纪各种思想流派对幸福的探索。在《序言》中，鲍吾刚高度概括了在社会发展中中国人对幸福追求的不同方式，其中积极追求在现世实现天堂理想的现实主义者，其根基出于儒学。他由此阐释了先秦的不同学派关于幸福的不同理想：儒家脱离现实追求古道；道家离群索居；墨子代表了一种中国式的"社会主义学说"；孟子的社会乌托邦思想；法家和荀子对现实的肯定和对未来的追求。他接着揭示了董仲舒的历史循环论和具有宗教意义的"大同"思想也体现了这一文化特性。这也涉及天堂和人间这二极力量。鲍吾刚深入论述了古典儒学和宋明理学（新儒学）对幸福观的不同看法，古典儒学幸福观强调人参与现实，把家庭视为幸福的基石，并把外在的要求作为参与现实的出发点。这种参与现实的精神对社会具有积极的作用。宋明理学（新儒学）除这一点外，还强调人的个性，将保留自我看作是人的幸福。这里关涉宋明理学所强调的社会、家庭和群体同自我之间的平衡。做到"真实"是新儒学对"中庸"的新认识。以此避免古典儒学的唯假面。只有做到这点，才能达到理想境界，获得幸福。对于如何达到中和，古典儒学和宋明理学有着不同的看法：古典儒学重视外部，以此达到中和；宋明理学则强调从人的内部、自身去达到中和的境界。此外，鲍吾刚还对宋明理学的渊源和对古典儒学的怀疑进行了论述。还著有长达900多页的《中国人的自我》（*Das Antlitz Chinas*，1990）一书。作者集30年研究成果，广泛搜集了从先秦以来至当代中国人的自传性作品，并对之进行解释和介绍。全书分九章，按时间顺序。从《尚书》说起，涉及人物有春秋战国诸子、汉代的史家哲人、魏晋的隐士、唐宋明清的和尚与诗人、古文大家、道学先生、画家、作家、悔罪者和批评家等，其人数达390人左右。此外，鲍吾刚还著有《中国——从帝国到共产主义》（*China Vom Kaiserstaat zum Kommunismus*，1960，1963）；此外编有长达1026页的《〈春秋〉三传：〈左传〉〈公羊传〉〈穀梁传〉》（*Tsch'un－Tsch'iu mit den drei Kommentaren*，1959）等。

　　陶德文（Rolf Trauzettel，1930—2019）又名陶策德，在1949年高中毕业前不久，他的父亲去世，他成为了小学老师以养活母亲和兄弟姐妹。直到1951—1952年的冬季学期，他才开始在莱比锡大学学习汉学、日本学和印度学。逃离东德后，他师从慕尼黑大学傅海波教授，于1962以《蔡京（1046—1126）——典型的非法大臣》的研究获得博士学位，并于1968年在同一学校取得教授资格。1972年他任教于哥廷根大学直到1975年。陶德文从1975至1995年担任波恩大学汉学教席教授。1968年，他与其老师海波遵循法国汉学家白乐日（Etienne Balazs，1905—1963）的来源批判法编著了一部权威著作《中华帝国》。陶德文没有采取以欧洲为中心的方法，而是从人类普遍史的目的论概念出发，逐步发展为具有欧洲启蒙意义的自我，[1]并力图弄清中国文化在其历史变迁中的特殊性。他指出，由于产生改变个人操作空间的可能性，自19世纪以来中国就出现了历史性的变革，例如引入所谓的中国现代化。陶德文研究了中国史学的传统主义、中国历史上的静态与动态、个人与群体之间的紧张领域以及人类的角色伦理。[2]在他看来，中国社会哲学的概念或历史语义学的方法、跨文化的比较，远远超出汉学"盒子"的特征以及公开划定的界限。这些都是他后来著述的特征，如《示例在中国古代哲学文献中的地位和作用》（*Stellenwert und Funktion des Beispiels in antik-chinesischen philosophischen Texten*）以及《避免惊奇：对古典儒家世界观边界的沉思》（*Das verhinderte Staunen-Betrachtung über Grenzlinien des klassisch-konfuzianischen Weltbildes*）等。1988年，在康拉德·阿登纳基金会和中国孔子基金会联合在波恩举行"儒学与当今世界"国际学术讨论会上，陶德文认为儒家思想对现代化没有积极作用，因为其太过分强调"集体主义"。

　　德国著名汉学家奥皮茨（Peter Opitz）于1968年出版了《中国时代与儒家经典》，1969年出版了《从儒学到共产主义》一书，1974年又出版了《中国的巨变——19世纪和20世纪革命运动》和《龙的子孙——从孔子到共产主义的中国之路》（以上书名为笔者译）等专著，对中国人接受马克思主义文化背景进行了探索，他把儒家思想与中国当代主流意识形态联系

---

[1] Michael Borgolte, "Mittelalter in der größeren Welt: Eine europäische Kultur in globäler Perspektive," *Historische Zeitschrift* 295, no. 1 (2012): 35–61, esp. 38–40.
[2] Rolf Trauzettel, "Historical Aspects of the Individual-Society Relationship in China," in *Society, Culture, and Patterns of Behaviour*, ed. Carl-Albrecht Seyschab, Armin Sievers, and Stawoj Szynkiewicz (Unkel: Horlemann, 1990), 3–4.

起来，指出中国近代知识分子从孔子的儒学出发，到成为共产主义战士有一个自然的文化心理进程。奥皮茨认为，回溯东方法制文明在现代化的进程，一方面以西方模式作为参照系，另一方面重回到自身的文化渊源，成为20世纪的中国最重要的一种政治与文化现象。

顾彬（Wolfgang Kubin，1945—）于1966年至1968年在明斯特大学学习新教神学。1968年，他转学到维也纳大学，从1969年至1973年，在德国波鸿鲁尔大学学习汉学、哲学和德国文学。1977—1985年顾彬一直在柏林自由大学东亚学系任教，教授20世纪的中国文学和艺术。1985年，顾彬担任波恩大学东方语言学院中文系教授。1989年，他成为现代汉学教授。1995年8月，他接替特劳申（Rolf Trauschein）成为波恩大学古典汉学教授，后任波恩大学终身教授和上海外国语大学汉学教授。顾彬发表了数百篇论文和翻译作品，撰写、编辑和出版了50多种学术著作、两种学术期刊、8本诗集、两种散文集和3本小说。他于2005年完成写作、编辑和出版了十卷《中国文学史》。除了教授、研究和翻译外，顾彬还致力于写作和翻译《中国古代思想家丛书》（包括十卷古代中国经典著作）以及《中国古代诗词集》（包括十卷中国古代诗词）。他在德国出版了七本中国经典译本，包括《论语》《老子》《孟子》《庄子》《大学》《中庸》以及《荀子》。《德国之声》记者艾柯曾说："我们笑传他（顾彬）是早晨五点起来读《论语》的那种人。"有意思的是，顾彬于2017年推出《中国往事》（*Life in China*）一书，讲述了他在中国的所见所闻，所想和所感。他风趣地笑谈自己以前是孔子的对头，而眼下却喜欢坐在孔庙的古柏木下，只是让孩子们抓住他的腿并四处张望，偶尔设法看一眼墙上的铁丝网，并同一些英语很差的路人聊天。

2012年2月2日，顾彬在维也纳大学举办了演讲，主题为"儒学及其在现代中国的作用"，并引介自己《论语》的新译本及评论。顾彬在某次答记者问时谈过，欧洲民众肯定听过孔子和儒学的名字，但对此不可能会有什么深刻的了解。然而，在今天的德国，大约40%的人具有高中以上的教育水平，因此有相当的人，不仅仅听说过孔子，甚或还读过《论语》之类的典籍。在他们的眼中，孔子的地位非常之高，但也有好多人认为，老子的地位或许要更高一些。无论如何，谁在德国作关于孔子的报告，都会引起几百个人的兴趣。"我在谈论孔孟之道时，每一次也都会吸引很多的人来听。听众大概希望通过儒学，了解到人究竟应该怎样才可以幸福地生活。……儒学不一定能够完全拯救21世纪的世界，但是可以帮助人们回到原来的路去。原来的路，就是——谦虚的路，知道人有限制的路，发现钱买不到幸福的路，修养代替赚钱的路，为别人的路，牺牲自己的路，凡此等等。"①

现将其他部分重要的德国儒学研究者以出生年代为序列名如下：

库尔茨（Heinrich Kurz，1805—1873），德国汉学家。起先在莱比锡学神学，1827年到巴黎师从雷慕沙学习中文。后来他的兴趣转向中国古典哲学，在巴黎期间翻译过中国古代儒道经典，还翻译过东汉马融的《孝经》等。

德邦（Gunther Debon，1921—2005）。于1948年在慕尼黑学习了汉学、日本研究和梵文。1959年，他在科隆大学任教。1968年，他升为教授，并被任命为海德堡大学汉学系主任。主要著作有《中国的思想世界：从孔子到毛泽东》（*Chinesische Geisteswelt: Von Konfuzius bis Mao Tse-Tung*，1957）等。

林懋（Tilemann Grimm，1922—2002）。1953年在汉堡大学获哲学博士学位。1962年任汉堡大学讲师、明斯特大学教授；1965年任波鸿鲁尔大学教授，1974年任图宾根大学中国史教授。主要著作有《在推崇儒家学说的明代中的教育与政策》《孔子：试论在历史上孔子产生的影响》《在明代变革中的中国传统》以及《中国历史当中的思想与现实》等，译作有《孔子家语》等。

傅敏怡（Michael Friedrich），当代德国汉学家，现任德国汉堡大学亚非学院院长。他主要研究中国古文字文献、宋明理学、佛学、中国现代史等。傅敏怡曾多次访问中国，开展学术交流。他的代表作品有《传统与现代：我对中国文化的一些体认》和《中国哲学的创造——当代儒学的一个主题》等。他已发表的30余篇论文，涉及《易经》《汉书》以及新儒学等。他的一个重大学术成就，就是将张载的《正蒙》翻译成了德文。

第三节　意大利、荷兰、瑞典、瑞士、比利时现代汉学家对儒学西传的贡献

一、意大利现代汉学家的儒学西传

前文提过，16—17世纪，由利玛窦、罗明坚等意大利耶稣会传教士开拓了汉学与儒学西传的先河。遗憾的是，18—19世纪，意大利资本主义发展严重落后于欧美其他发达国家，再加上并无任何远东殖民地，因此在汉

---

①顾彬、常强：《德国汉学家顾彬：儒学帮人回到原来的路去》，儒家网2015年11月9日，https://www.rujiazg.com/article/6809。

学与儒学研究的领军地位也逐渐让位于英、美、法、德等国。第二次世界大战前，意大利汉学研究有过一段短暂的复苏，如中意文化学院的创立者马克尼议员除请汉学家讲中国文化史及《孟子》外，还到处请人翻译汉文书籍，如华裔主教罗光（Lo Kuang，1911—2004）翻译了《论语》《大学》《中庸》等。然而，战后又由于政经问题，汉学和儒学的研究再次沉寂。20世纪中后叶，随着中国的发展和全球"汉学热"和"儒学热"的兴起，意大利汉学研究逐渐活络起来，又有了复兴的态势。正如在《中国文学的意大利文翻译》（Italian Translations of Chinese Literature，文章名为笔者译）一文中，意大利当代著名汉学家马西尼（Federico Masini，1960—）所指出的，在第一次世界大战和第二次世界大战之间，翻译的匮乏和缺乏重新翻译的手段，意味着中国文学几乎从意大利的书店中消失了。第二次世界大战后，新的汉学学校在意大利成立，并在文学史，文学批评和翻译等方面开展了重要工作；重新翻译书籍的工作继续出现；而20世纪60年代则以经典和新的重要翻译为标志。[1]除了文学等，在中国儒学的经典翻译上也有了较大的发展，如汉学家托马西尼所著的《哲学和历史经典译本》（Philosophical and Historical Classics，1974，1977，1984，书名为笔者译）以及汉学家努德拜德（Kund Lundbaek）所著的《欧洲第一批儒家经典著作的译本》（The First Translations from Confucian Classics in Europe，1979，书名为笔者译）等。不过，据马西尼的评估，尽管在过去的几十年中，与其他西方语言的翻译数量和质量相比，来自中国的意大利语翻译数量已经显著增加，但意大利的产量仍然远远不能令人满意。仍然缺乏对中国现代文学的一般方法。这些翻译以随机、零星的方式出版。因此，意大利公众从未对现代中国文学有真正完整的了解。[2]1995年，意大利汉学家葛吉达在《近代欧洲思想界心目中的中国》一文中，如此评价道："把中国与欧洲相比，中国人在几个方面都优于欧洲人。比如，他们总是处于和睦平静之中，总是富于聪明才智……而孔子是倡导一种'幸福

---

[1]Federico Masini, "Italian Translations of Chinese Literature," in *De l'un au multiple: Traductions du chinois vers les langues européennes. Translations from Chinese into European Languages* (From one into many: Translations from the Chinese to the European languages), ed. Viviane Alleton and Michael Lackner (Paris: Éditions de la Maison des sciences de l'homme, 1999), 34.
[2]Masini, "Italian Translations of Chinese Literature," 35.

的大同'统治的伟大人物。"①

研究儒学的重要意大利汉学家有：

德礼贤（Pasquale M. D'Elia，1890—1963）早年间来华传教，后来返回欧洲担任大学讲师、教授，逐步成为专业的汉学研究者。德礼贤对东西方文化关系的研究颇有建树，著有《伽利略在中国：在罗马学院伽利略与耶稣会科学家的关系（1610—1640）》（Galileo in China: Relations Through the Roman College Between Galileo and the Jesuit Scientist-Missionaries 1610-1640，书名为笔者译）等。他尤其对利玛窦绘制的中文世界地图进行了深入的研究，先后发表过多篇论文，其中以1938年的《利玛窦的中文世界地图》和1961年的《对利玛窦神父世界地图的最新发现与新研究（1938—1960）》很有价值。

利策玛（Rudolf Ritsema，1918—2006）曾任爱诺思（Eranos）东西方文化基金会的主席超过30年，并担任《爱诺思年鉴》的编辑（从1972年第38卷开始）。利策玛将《易经》根据中文原著第一次翻译为意大利文版本。在他的业余时间里，利策玛一直钻研着《易经》。1971年是一个转折点，在这一年利策玛开始对卫礼贤的翻译感到不满意，并萌发了重新翻译《易经》的念头。他整整花了20年的时间才完成《易经》的翻译，其中得到了许多学者的支持。他还将《易经》放在了爱诺思日常活动的中心。2006年5月8日，利策玛在他与其夫人的结婚61周年纪念日当天去世，终年87岁。

白佐良（Giuliano Bertuccioli，1923—2001），意大利罗马人，其父曾在意大利工商部工作，对外交工作情有独钟，非常希望自己的儿子能够走上这条道路。白佐良本人的愿望则是当一名教师，他对语言尤其感兴趣。中学阶段，他掌握了希腊文和拉丁文，熟读了大量古典文献，并阅读了意大利和外国的许多文学经典。此外，他学习了法语、英语和德语。1945年在法学院学习期间，白佐良在偶然的机会下结识了罗马大学汉学教授焦瓦尼·瓦卡（Giovanni Vacca，1872—1953）。1946—1950年间，白佐良到中国的南京学习汉语和中国文学，并担任驻华外交官。其间他阅读了大量的中国经典诗词和其他文学作品，这为他日后成为欧洲著名的汉学家打下了坚实的基础。直到晚年，他还能全篇背诵儒家经典著作"四书"，让其

---

① ［意］葛吉达：《近代欧洲思想界心目中的中国——简介欧洲作家和哲学家的不同观点》，翟灿译，《国际汉学》（第1期），商务印书馆1995年版。

中国同事们惊叹不已。1981年，白佐良接任其启蒙老师瓦卡的讲座教授职位。从1982年起，白佐良在罗马大学任中国语言和文学教授，欧洲研究中国协会会员，意大利研究中国协会领导委员会成员等。白佐良撰写了多部著作，在国内外发表了有关中国文学史、中西史、意大利传教士在华活动的论文100多篇。他还把大量中国经典和通俗文学作品翻译成意大利文。主要著作有《中国文学史》（*La Storia della Letteatura Cinese*，*Milano*，*Nuova Accademia*，1959）、《利玛窦和道教》以及《十八世纪欧洲如何看中国》等。在白佐良去世后，有两位著名意大利汉学家富安敦（Antonino Forte）和马西尼推出了《东方的人生旅程：纪念白佐良的汉学研究（1923—2001）》[*A Life Journey to the East: Sinological Studies in Memory of Giuliano Bertuccioli (1923–2001)*]的文集，以示缅怀这位杰出汉学家。

科拉迪尼（Piero Crradini，1933—）1955年毕业于罗马大学中国历史专业，现任罗马大学东亚史教授，马切腊塔利玛窦研究中心副主任，《中国》季刊领导委员会、意大利研究中国协会领导委员会成员等。著作主要有《中国古代文明史》和《利玛窦：欧洲文明和中国文明间的桥梁》等。

富安敦，1964年毕业于那不勒斯东方大学东方（远东）语言和文化专业毕业，现为那不勒斯东方大学文学和哲学系教授，意大利研究中国协会会员，欧洲研究中国协会会员等。他的主要著作有《科学与技术：从汉朝到马可·波罗》和《唐代中国及其邻近国家：从七世纪到十世纪的东亚研究》等。

高利考斯基（Krzysztof Gawlikwski，1940—）于1966年获华沙大学心理学学士学位，1971年获华沙大学政治学院博士学位，1977年获博士后学位。1972—1981年任波兰科学院历史所副教授、亚洲与北非历史室主任。从1981年至今在那不勒斯东方大学研究所教授中国思想史。主要著作有《新斗争之中的孔圣人》和《东亚文明：理解传统的新尝试》等。

史华罗（Paolo Santangelo，1943—）为意大利罗马大学东方学院东亚史教授，国际著名汉学家。他曾任意大利那不勒斯东方大学汉学系主任，现为欧洲汉学学会理事、《明清研究》杂志创办人及主编、意大利汉学学会、欧洲汉学学会理事等。史华罗长期致力于中国历史，尤其是明清史研究，共出版学术专著近60部，发表各类学术文章120余篇。他的主要代表作有《孔子与儒家学派》《中国思想通史》《明清时期中国社会的某些成分》等，并主编过《中国历史和文化百科全书》（第三卷）等。

司马儒（Maurizio Scarpari，1950—）出生在意大利威尼斯，于1977至2011年间任教于威尼斯大学，是该校的古典中国语言教授，同时担任多个学术职务，包括副院长、汉学系系主任以及东亚研究部主任等。2011年退休以后，司马儒就全心投入研究古代中国的语言、历史和哲学思想，并不停地著述。2016年，他与姜楷洛（Gian Carlo Calza）在意大利科莫的奥尔莫别墅举办以"儒家思想和权力于今日中国的影响"为题的讲座会。司马儒以其于2015年出版的两本著作——《儒家学说》（*Confucianesimo*）和《回归孔子之道：在传统文化与现代市场之间的今日中国》（*Ritorno a Confucio: La Cina di oggi fra tradizione e mercato*）为蓝本，探讨了最近几十年中国快速的经济发展，和随之产生的文化和社会的失衡，比如除了越来越多的富人和超级富豪外，仍有数百万人生活在极度贫困之中。

马西尼（Federico Masini，1960—）于1978年开始学习汉语，1987年至1990年在意大利驻华大使馆新闻处工作，1997年起任罗马大学东方学院中国语言文学教授。因其在中意语言文化交流和汉语推广方面的杰出贡献，马西尼曾荣获"中意友好贡献奖"。1983—1985年，他先后在北京语言学院（今北京语言大学）和北京大学中文系公费进修汉语两年，1985年毕业于罗马大学文学哲学院。1987年至1990年，马西尼在意大利驻北京大使馆新闻处任随员，1993年在意大利那不勒斯东方大学获得东方学博士学位。1994年起，他在罗马大学东方学院任教，1997年起任罗马大学东方学院中国语言文学教授，2001年起任罗马大学东方学院院长。2006年罗马大学孔子学院成立后，马西尼又兼任孔院外方校长。在他的努力下，东方学院不仅培养了一批又一批汉学研究人才，罗马大学孔子学院也成为海外孔子学院的标杆。马西尼认识到明清时期的文化嬗变是探究中国新词语产生的源头所在，注意到不同文明因交流而互动得益。他宣称："我很欣赏《论语》里面一句话，那就是'温故而知新'，'温故'不仅是针对学习知识而言，对于不同文化如何展开对话，以及在审视自身文化的时候，我们都需要回顾过去，从历史中汲取经验和智慧。比如现在对中国文化来讲，面临的最大的挑战是与周边国家如何协调、融合，可是这个问题在过去就存在并很好地解决了。过去中国文化以儒家文化为根基，传播到周边，形成了一个汉文化圈，这个角度很值得我们现代人思考。"[1]

二、荷兰现代汉学家的儒学西传

有意思的是，曾一度作为近代海上强国的荷兰，在汉学与儒学研究上

---

[1] 胡文婷：《"中文的难亦是它的美所在"——专访意大利汉学家马西尼》，《中华读书报》2016年6月15日。

与其地位很不相称。直到19世纪下半叶，有关中国思想史经典论著才在荷兰出现。1862年，儒学经典"四书"从法文转译成了荷兰文出版。19世纪末，孔孟和老子之作才首次直接由汉学家包雷（Henri Borel，1869—1933）从中文译成了荷兰文。①汉学家包雷的老师是荷兰莱顿大学擅长中国宗教研究的汉学教授高延（J. J. M. de Groot，1854—1921），而后者的老师是同样为莱顿大学汉学教授的施古德（Gustave Schlegel，1840—1903）。自此之后，荷兰在儒学研究方面逐渐形成了气候。

研究儒学比较突出的、重要的荷兰汉学家有克拉梅尔斯（Robert Paul Kramers，1920—2002）。他曾在荷兰莱顿大学攻读中国学，1950年获中国学博士学位；1963年任职于印尼雅加达的荷兰圣经会，同时在印度尼西亚大学讲授中文课；1964—1980年任苏黎世大学中文教授；退休后任该校名誉教授。克拉梅尔斯在其主持的中国学专业里讲授汉语（尤其是古代汉语）的语言分析、魏晋南北朝史、宋明理学（德文名称为"从11世纪到近代的新儒学"）、中国近代史与现代史等课程。他于1980年担任第27届欧洲中国学大会的组织委员会主任委员。克拉梅尔斯也从事有关孔子和儒学的系统研究，主要著作有《孔子家语》《作为一种宗教的儒家学说：为复兴孔教所做出的若干努力》《孔子：被废黜的中国圣人？》等。

在荷兰汉学家中，许理和（Erik ZüRcher，1928—2008）也是颇有建树的一位。他于1947年起在荷兰莱顿大学汉学研究院攻读中国语言文学，兼读日语，1953年获硕士学位，1956年获博士学位。曾任莱顿大学汉学研究院东亚史讲座教授首任教授，现代中国资料研究中心的创建人和首任主任。除专攻佛学外，也探讨明末清初耶稣会来华史，了解中国对外来影响的适应过程。在其去世前，许理和尤其关注天主教在中国传播（又称为"儒家—神教"）的研究。他的主要著作有《当代中国对于传统文化的重新解释》《耶稣会在中国的纪略：1580—1680》《中国耶稣会士传记，约1580—1680》以及《儒教的一次补充：中华帝国之下的基督教正统学说》（*A Complement to Confucianism: Christianity and Orthodoxy in Late Imperial China*，1993）等。

三、瑞典现代汉学家的儒学西传

被誉为欧洲三大汉学家之一的施舟人（Kristofer Schipper，1934—

---

① 王文欣、姚建彬：《17世纪初到20世纪初荷兰的中国研究与中国文学翻译》，《外国语文》2016年第6期。

2021）出生于瑞典，祖籍荷兰。施舟人通晓8种语言，先后获得法国高等研究院博士学位、法国国家文学博士学位，历任法国远东研究院研究员、法国高等研究院特级教授、荷兰莱顿大学中国历史学讲座教授、荷兰皇家科学院院士等职。施舟人曾担任世界文明研究中心暨西观藏书楼主任。施舟人与中国学界共同萌生了用多种现代西方语言重新进行"五经"翻译，组织大型国际合作学术工程的意愿与共识，即"《诗》《书》《礼》《易》《春秋》，'五经'——中华文明之源"（*THE WUJING PROJECT: The idea of making a new translation of the five Chinese Classics into the major languages of the world was first conceived in 1979 by Jao Tsung-I and Kristofer Schipper*）。

1654年，瑞典人席欧平（Nils Mattson Kiöping，1630—1667）随荷兰商人首次到达中国的福建，回国后发表了其撰写的旅行游记，盛赞中国的文明与富庶。1694年，乌普萨拉大学的勒克纳乌斯（Jonas Matthiae Locnaus，1671—1754）在瑞典写出了第一篇研究中国的学术论文。18世纪，瑞典的东印度公司进一步加深了瑞典人对中国的认识。19世纪，瑞典的传教士陆续去往中国。不过，直到20世纪初，瑞典才有了狭义的汉学出现，即用中文资料研究中国，但从此瑞典逐渐成了北欧的汉学重镇。

世界级著名汉学家高本汉（Klas Bernhard Johannes Karlgren，1889—1978）堪称瑞典专业汉学的鼻祖。高本汉的整个学术生涯主要涉及汉语言学和考古学领域。他所撰写的有关汉语和中国文化的著作成了瑞典和其他北欧国家大学汉语专业的教材。他的不少门生后来成为杰出的汉学研究者，在北欧各国以及美国、日本、澳大利亚各大学任教。

高本汉极为重视对古籍的考证和辨伪，他在这个领域先是推出论著《论〈左传〉的真伪和性质》（*On the Authenticity and Nature of the Tso Chuan*，1926），3年后又推出了第二部《中国古籍的真伪》（*The Authenticity of Ancient Chinese Texts*，1929）。他所采用的核心方法是：根据不同年代作者常用词语的性质和古籍内部的语法特征对古籍作出判断，发现真伪之间的差异。这以后，他还陆续出版了《〈诗经〉研究》《〈老子〉韵考》《汉语词类》以及《〈颂诗〉韵考》等。由于以语言学知识为基础，他的考证方法为中国的音韵研究和古籍的辨伪研究开辟了科学化的道路。此外，他的其余几部著述，如《中国的思想世界》（*Från Kinas tankevärld*，1929），《19世纪的东亚》（*Östasien under nittonde århundradet*，1920）以及《中国和日本的宗教》（*Kinas og Japan*

Religioner，1924）等，都是脍炙人口的佳作。在1940年至1950年，高本汉推出《〈诗经〉诠注》和《〈书经〉诠注》，为这两部中国最古的典籍作了大量的注释，同时根据严格校订过的汉语言本把它们全都译成英语出版。这两部诠注都发表在《远东古物博物馆馆刊》[*Bulletin of the Museum of Far Eastern Antiquities (BMFEA)*]上。1950年，他又出版了《诗经》和《书经》校订本刊。近20年后，高本汉完成了《左传》的注释汇编。1993年，受瑞典学院的委托，马悦然为恩师高本汉写了一部长达500页的传记，此书的瑞典文版于1995年发表。作为高本汉的得意门生，马悦然以其严谨的考证和朴实的笔触，记叙了高本汉70年整的学术生涯。字里行间透露出其对老师的尊敬，以及师生二人深厚的汉学研究功底。"他完全确信，他的作品比他本人更为重要。"马悦然在书中如此评述自己的老师。高本汉的门生并不算多，然而全世界几代汉学家都尊崇他为学术大师。

高本汉最有成就的门生马悦然，出生于瑞典的林雪平，这里也是瑞典著名的"大学城"之一。马悦然的父亲是一位艺术家，母亲是钢琴家。因此，他也可称为一位有艺术家气质的文人。马悦然早年在瑞典乌普萨拉大学学习希腊文和拉丁文；1944—1946年在瑞典乌普萨拉大学学习中文；1946年，入读斯德哥尔摩大学，跟随高本汉学习古代汉语和中国音韵学。马悦然对汉语学习有着很高的天分，他跟随高本汉学习两年中文后，便能够阅读《左传》《庄子》和《诗经》等。1948年，24岁的马悦然被高本汉派往四川学习方言。通过地方音来研究中国文化，这无疑为独创之举。马悦然堪称一个语言天才，他认真研究了四川话的特点。他于1951年获中国学硕士学位，并在乌普萨拉大学、伦敦大学东方与非洲研究院、澳大利亚国立大学等校任教。1965年开始，马悦然建立了斯德哥尔摩大学东方语言学院中文系，并于1968年任北欧亚洲研究中心主席；1975年，他当选瑞典皇家人文科学院院士；1985年当选为瑞典学院院士；1980—1982年和1986—1988年任欧洲研究中国协会会长。马悦然曾创办瑞典现代文学院，他也是唯一一位瑞典学院、瑞典皇家科学院和瑞典皇家人文科学院（社会人文历史考古学院）三院院士。1985年，马悦然被选为瑞典文学院18个常委中的第五位，成为诺贝尔奖的评委之一，因此备受世界关注。在对中国古代典籍的译注和评介方面，马悦然几乎遍及中国整个古代的各个时期和所有的文类；从乐府古诗到唐宋诗词、散曲、辞赋古文，乃至《水浒》和《西游记》这样的大部头小说，他都译成了瑞典文。其中包括《诗经》《楚辞》《论语》《孟子》《道德经》《庄子》《史记》《礼记》《尚书》《春秋繁露》等在内的古代典籍，以及汉朝民歌、南北朝诗、唐诗、宋词、元曲等文学作品。①他还翻译了辛弃疾的大部分诗词，并组织编写了《中国文学手册：1900—1949》。马悦然所研究的《左传》《公羊传》《穀梁传》等成果都曾在《远东古物博物馆馆刊》上发表。除此以外，马悦然还翻译了鲁迅、沈从文、老舍等当代作家的中文作品，他一生致力于提升中国文学在国际上的地位，是当代西方汉学界的领袖人物之一。除了《春秋繁露》外，马悦然也偏爱道家，醉心于翻译《道德经》与《庄子》。据马悦然的门生罗多弼（Torbjörn Lodén，1947—）回忆，可以说是高本汉钦点马悦然来承担斯德哥尔摩大学教授现代汉语和现代文学的重任的。因为高本汉本人研究的都是先秦文学，也是中国的诸子百家哲学。高本汉和大多数世界著名汉学家都认为古典文学几乎是神圣的。因为其内容都是关于人类和世界的重要真理，因此，理解中国古典文学非常重要。可以说，他们认为中国传统文化的地位堪比西方世界的《圣经》。而现代汉语的学习主要目的是实用，同时也要翻译古代汉语和古代文学。马悦然与其他杰出汉学家不一样的是，他研究的领域既有古代汉语，也有现代汉语。所以，他能很快地阅读各种著作。瑞典当地时间2020年10月17日，马悦然与世长辞，终年95岁。在生命的最后时光，马悦然仍然还在书桌前翻译《庄子》，他的中国夫人陈文芬说："他对生死是很想得开的。他跟我谈过很多次，说他不害怕死亡，可是他想要'活着死'，而不是躺着等人家抢救。最后，他真的好像一个和尚圆寂了。"

马悦然的得意门生罗多弼于1968年在斯德哥尔摩大学开始学习汉语。他回忆说："十四岁的我偶然看到瑞典汉学家高本汉的一个电视访谈，他讲了自己的很多故事，讲了他20世纪初去中国，路途很远，要坐船，到中国之后，他从海边深入到中国腹地，去山西太原调查方言……那是我第一次听人谈起中国，对于一个小城少年而言，这一切都太神奇了！那时，高本汉就是我的偶像。"在此之前，罗多弼学习的是哲学和俄语。罗多弼于1968年成为马悦然的学生。第二学期，马悦然就要求学生读现代小说，例如，那时候，他们就读老舍的小说《黑白李》。要读小说，就必须掌握词汇量，所以学生们也要写汉字。同时，在第二学期，马悦然教授也开始教学生们古代汉语。主要课文有《孟子》的片段。在1970—1971年香港中文大学新亚学院进修的一年中，罗多弼完成了《儒家思想史》英文普及本的

①陈友冰：《瑞典汉学第二代杰出代表马悦然——海外汉学家见知录之十六》，国学网2013年11月11日，http://www.guoxue.com/?p=15976。

撰写，并与中国内地学者合著了《分析哲学与中国》，可谓成果丰硕。他于1977—1987年在斯德哥尔摩大学中文系任教，1980年获该大学中国文学博士学位。20世纪80年代，随着整个欧洲左倾运动的退潮和中国"文化大革命"的结束，罗多弼完成博士论文《1928—1929年期间中国关于普罗文学的论战》，之后其学术兴趣转到中国古代史和文化哲学研究领域，这导致他写出了一系列关于戴震和儒家学说的论文。罗多弼研究戴震的代表作是一篇题为《戴震与儒家思想的社会作用》的论文和一部译作——《孟子字义疏证》。戴震作为新儒学的批判者，强烈抨击作为官方意识形态的儒学。罗多弼以他作为切入点研究儒家思想，显然与他关于中国意识形态的研究有着紧密的关联。罗多弼对儒学的研究并非停留在一种单纯意义上的学术研究，在更大程度上是透过儒学的历史发展和应用，探索这一精神和思想传统在当今所产生的作用和关联。[1]1990年，马悦然退休，由他的学生罗多弼接任斯德哥尔摩大学中文系教授、主任。他在任上更多关注中西尤其是中瑞文化的交流。罗多弼先是担任欧洲研究中国协会常务副会长，2005年2月又当上北欧孔子学院院长，现为斯德哥尔摩大学教授，欧洲研究中国协会常务副会长。罗多弼专攻朱熹和戴震哲学，他的主要作品有《反思传统：后毛泽东时代的马克思主义和儒学》《翻开瑞典的汉学研究史》以及《戴震与儒家思想的社会作用》等，并译有戴震的《孟子字义疏证》。在"会林文化奖"给罗多弼的颁奖词里，有一句是："尤其在戴震思想研究方面取得公认成就。"继高本汉、马悦然之后，罗多弼被认为是瑞典第三代汉学家的代表。他曾如此大声疾呼："孔子并不限于某一个国度，他是一个世界主义者，不是一个民族主义者，孔子主张的价值具有普遍性。"[2]

瑞典华裔汉学家黄祖瑜（Hwang Tsu-Yü，1912—2005）也值得提及，他是瑞典哥德堡大学远东语言部汉学教授，欧洲华人学会理事长，是该学会创建人之一，欧洲研究中国协会会员。主要著译有《中国历史大纲》（与亨利克生合著）和《论语》《老子》及《中国古今哲学文学选集》等。

---

[1]陈友冰：《瑞典汉学第三代知名学者罗多弼——海外汉学家见知录之十七》，国学网2013年12月4日，http://www.guoxue.com/?p=16556。
[2]卫毅、孙德俊：《罗多弼：孔子是一个世界主义者》，《南方人物周刊》2018年1月3日。

四、瑞士现代汉学家的儒学西传

瑞士虽不很大，但汉学的气氛却还算火热。研究儒学的瑞士汉学家有：

隆普（Ariane Rump，1933—）是20世纪60年代瑞士苏黎世大学唯一的汉学教师。他于1964年至1969年任苏黎世大学东亚研究所助理研究员，后曾在美国夏威夷大学学习，其主要著述有《〈易经〉中作为凶象出现的"明夷"卦》等。

毕来德（Jean François Billeter，1939—）出生于瑞士巴塞尔。1979年日内瓦大学语言文学学院博士毕业。1963年9月，毕来德搭乘火车，经西伯利亚大铁路来到北京留学，当时全中国只有两个瑞士留学生，"我们在一个叫作外国留学生预备学校（北京语言大学的前身）的地方学习了一年。第二年，我们被北京大学中文系录取了，和中国学生上一样的课程"。毕来德在瑞士留华校友纪念册《我们记忆中的中国》里写道："学校规定，每个国家的留学生都得有一个负责人，由于我的中文相对好一些，那个和我一起从瑞士来的年轻朋友就选我当了瑞士留学生会主席。"后来毕来德辗转于巴黎、香港和京都，继续研究中国文学和哲学，并发表过一篇探讨哲学家李贽思想的论文。1972年，他在日内瓦大学设立了第一个中国史教学课程，后来又逐渐建立起第一个汉学研究部。他的学生们学到的绝不仅仅是一门语言，而是超越语言学习，用更广阔的视野来探索中国文化。毕来德曾任日内瓦大学语言文学学院汉语教研组组长，中国研究系主任。主要研究中国语言、社会和历史、中国思想史、比较哲学和社会学。主要著述有《李贽——被处罚的哲学家》《"阶级成分"制度》《两篇有关王夫之的探讨》《西方思想与中国思想：静观与行动》《章学诚——历史学家的时间》《对官僚制度的历史社会学贡献》以及《中国革命是文化方面的吗？》等。

瑞士比较法研究所的汉学家胜雅律（Harro Von Senger，1944—）于1963年的夏天在父母的朋友家里翻到一本《中文会话语法》，那是他第一次见到汉字。从此，胜雅律就对汉语产生了浓厚兴趣。他在瑞士苏黎世大学上学期间自学中文，并写出了瑞士第一篇有关中国古代法律的博士论文。胜雅律于1969年获苏黎世大学法学博士学位，1981年获西德弗莱堡大学哲学博士学位。1975—1977年，他在北京大学历史系和哲学系进修班学习中国史和中国哲学。回到瑞士后，胜雅律继续从事与中国哲学相关的学术研究工作。曾为苏黎世大学哲学院中国学教员，瑞士联邦理工学院中国语言与文化讲师，德国弗莱堡大学终身教授、欧洲研究中国协会会员以及瑞士亚洲研究协会会员等。他的主要著述有《中华人民共和国重新肯定孔子吗？》和《一个当代西方人眼里的孔子》等。在他看来，中国哲学是踏踏实实面对这个世界的哲学，中国古代哲学家的思想不仅是中国的，也可以为全世界所借鉴，孔子留下的文化遗产中包含着丰富的精神食粮。

高斯曼（Rober H. Gassmann，1946— ）生于巴基斯坦。1985年任苏黎世大学哲学学院中国学副教授，同年秋晋升为正教授。现为欧洲研究中国协会会员、瑞士亚洲研究协会会员。他的主要著述有《从上文解释〈孟子〉里的代名词"吾"和"我"》《〈世说新语〉第十四章》以及《汉学、中国学、中国科学》等。

五、比利时现代汉学家的儒学西传

不像英、法、德等主要大国，比利时虽是小国，但如前所述，在近代与传教士汉学家如南怀仁、柏应理等儒学西传的历史上，有着一定的传承，尤其由于当代其作为欧盟总部和欧洲中心，也仍会继续对这一传承有所作为。例如，2015年12月11日至12日，以"差异、接近、发掘翻译：中西方之间的穿越"为主题的国际翻译研讨会在比利时布鲁塞尔举行。该会由布鲁塞尔自由大学高等翻译学院和上海外国语大学联袂举办。会议期间，就曾关注到汉学研究与儒学西传的论题。

汉学家雅热（Georgette Jaeger）生于比利时北部大城市安特卫普，高中一年级后经常到大学旁听哲学和文学课程，20岁那年开始对汉语产生兴趣。她曾在布鲁塞尔的比利时高等汉语教育学院上中国语言、文学和哲学课，这个学院在当时是比利时仅有的几所汉语学院之一。从20世纪50年代开始，雅热就协助她的教授给学生们开关于孔子言谈的讨论课。她著有《中国文人》和《中国历史》等。

比利时籍澳大利亚汉学家李克曼（Pierre Ryckmans，1935—2014），出生于比利时布鲁塞尔。他曾在荷语天主教鲁汶大学，主修法文、英文及法律课程，并曾就读香港中文大学新亚书院。1955年，在大学期间，李克曼首次访问中国，之后前往台湾，在台湾学习中国的语言、文学与艺术。完成学业后，他曾在新加坡和中国香港工作，在香港九龙居住了两年。在实际接触中国人后，李克曼开始关注当时的中国。1970年，他来到澳大利亚国立大学教授中国文学，他的学生中包括了澳大利亚前总理陆克文等。1972年他作为比利时大使馆文化随员在中国待了半年。1987到1993年间，他则前往悉尼大学担任中国文学教授。李克曼一直在其著述中强调，西方传教士在16世纪就给中国带去了西方知识，也把中国的历史、文明、哲学思想等传播到世界。他翻译过包括《论语》在内的一些中文著作。

新生代比利时汉学家钟鸣旦（Nicolas Standaert，1959— ）出生于比利时安特卫普。1982年获荷兰莱顿大学汉学研究学士和硕士学位；1982—1983年在上海复旦大学进修一年中国历史和哲学；1984年在莱顿汉学研究所担任助理研究员并获莱顿大学汉学博士学位；1990年在法国巴黎塞夫尔中心获哲学和神学学士学位，并从1993年起任比利时鲁汶大学汉学研究教授至今。2003年，钟鸣旦当选为比利时皇家科学院院士。他著有《杨廷筠：明末天主教儒者》《文化相遇的方法论：以十七世纪中欧文化相遇为例》《传教中的"他者"：中国经验教我们的事》《礼仪的交织：明末清初中欧文化交流中的丧葬礼》以及《南怀仁的〈穷理学〉》等。

第九章　现代英美汉学家的儒学西传

从世界大格局角度看，在西方，英语当然为包括儒学在内的中国哲学研究的主导语言。所谓"英语世界"，狭义上是指英国、美国、加拿大、澳大利亚、新西兰以及印度等原英属殖民地，后归"英联邦"的诸国，广义上是指除母语外以英语为首要外语的所有国家。在整个西方世界的近代史上，工业革命后，英国逐渐成为第一强国，但在第二次世界大战以后，美国取代英国成了第一超级强国。当然，硬实力的发展必然也带来软实力的相应发展。19世纪30年代以前美国人关于中国的认识，包括汉学的研究主要来自英国，并追随着英国。但从19世纪中叶，尤其是进入20世纪以后，美国的汉学研究也同所有其他研究领域一样，逐渐摈弃了原有的依赖，而渐成气候，以至于到了20世纪中叶，得到突飞猛进的扩展。当历史进入21世纪后，英语世界的儒学研究更达到了新的高峰。《英语世界的早期中国哲学研究》一书第一章评述到，近年英语世界的先秦儒学研究主要围绕孔子、孟子和荀子等的思想展开，无论在广度还是深度方面，都有较大拓展，大体表现在三个方面：其一，基于不同思想和理论，出现了多个风格迥异的《论语》新译本；其二，对孔子之道、孟荀的人性论、荀子的礼论与正名思想等展开了多角度的深入探讨；其三，从现代性的视角，对先秦儒学展开了自由主义、实用主义、全球化、普遍性、德性伦理、环境伦理等的研究。"综合来看，这些研究在问题意识上更为多元，视角更为多样，思考细腻，诠释深入。……其局限性，比如对《论语》文本真实性的过度质疑，对新出楚地简帛中的先秦儒学史料的关注和研究不足"[1]，等等。

---

① 参见丁四新等：《英语世界的早期中国哲学研究》，浙江大学出版社2017年版，第1页。

第一节　英国现代汉学家对儒学西传的贡献

值得关注的是，近现代"恐华派"效应的一个重要来源，是在英国马戛尔尼使团访华之后。《帝国的残影：西洋涉华珍籍收藏》（*Occidental Books on China for Aspiring Collectors*）一书较为详备地谈及了这个效应的来龙去脉。据《英使谒见乾隆纪实》介绍，巴罗（John Barrow，1764—1848）与丁维提（James Dinwiddie，1746—1815）一样都是"娴熟天文、力学和其他以数学为基础的科学，他们在这样的旅程中有很大的作用"。巴罗出身贫寒，13岁即到利物浦一家翻砂厂做工，几年后辞职，转到一艘格陵兰捕鲸船上当水手，后经刻苦学习，他终于成为格林威治皇家海军学院的数学老师。再后来巴罗又充当了马戛尔尼的秘书，随英国使团前往中国。回国后，巴罗推出了《中国旅行记》（*Travels in China*，1804），造成轰动，该书篇幅达600多页，全书共十章，前三章叙述使团与清政府的外交活动，第五章是作者对皇宫以及皇家园林的见闻。其余七章记述使团从北京出发，沿内河河道返回广州的沿途见闻，内容涉及中国的政治、法律、经济、军事、建筑、民情风俗、宗教、音乐、语言文学等方面。其涵盖面之广，几乎可与18世纪法国传教士杜赫德的《中华帝国全志》媲美。不过，两人对中国评价却截然不同：前者褒扬，而后者则多为贬抑。在巴罗看来，应该被称为"蛮夷"的并非西方人，而正是"不进则退"的中国人自己。①

在近代，除了传教士外，一些英国的驻华外交官及大清政府里任职的洋官员们也对儒学西传起到了一定的作用。在英国的马戛尔尼使团访华之后，随着《英使谒见乾隆纪实》推出，还有一批有关中国文化的著作陆续问世，其著者包括戴维斯（John Francis Davis，1795—1890）、密迪乐（Thomas Taylor Meadows，1815—1868）、李太郭（George Tradescant Lay，约1800—1845）、威妥玛、麦华陀、梅辉立（William Frederick Mayers，1831—1878）、宓吉（Michie Alexamder，1833—1902）、赫德（Robert Hart，1835—1911）、道格拉斯（Robert Kennaway Douglas，1838—1913）、何天爵（Chester Holcombe，1844—1912）、翟里斯、庄延龄、金璋（Lionel Charles Hopkins，1854—1952）、马士（Hosea Ballou Morse，1855—1934）、卫三畏、骆任廷（James Haldane Stewart

---

①参见杨植峰：《帝国的残影：西洋涉华珍籍收藏》。

Lockhart，1858—1937）、礼密臣（James Wheeler Davidson，1872—1933）、庄士敦（Reginald Fleming Johnston，1874—1938）、辛博森（Bertram Lenox Simpson，1877—1930）等。其中许多人是先以传教士身份来华，后来加入外交官或洋员行列，具有双重身份。①

戴维斯最有影响的著述为两卷本《中华帝国及其居民概论》（*The Chinese: A General Description of the Empire of China and Its Inhabitants*），首次出版于1836年，以后多次再版，至1857年又出了修订版。该书分上、下两卷，上卷含引言一篇，正文十章。第一章：与欧洲的早期交往；第二章：与英国的交往；第三章：与英国的交往（续）；第四章：中国地理概述；第五章：中国历史概述；第六章：政府与律例；第七章：品德与行为；第八章：礼貌与习俗；第九章：行为与习惯；第十章：城市篇——北京。下卷有正文十一章，第十一章：城市篇——南京和广州；第十二章：宗教篇——儒教；第十三章：宗教篇——佛教；第十四章：宗教篇——道教；第十五章：语言与文学；第十六章：文学（续）；第十七章：艺术与发明；第十八章：科学；第十九章：自然历史与出产；第二十章：农业与统计；第二十一章：商业。其中第十二章专门阐述了儒教。②

翟里斯（Herbert A. Giles，1845—1935）的首要贡献是改进了威妥玛创立的拼音法。除此之外，他的学术成果，其一为通史类著作，如《中国文明》《中国文学史》《中国绘画史导论》（*An Introduction to the History of Chinese Pictorial Art*）等，其中《中国文学史》一书影响较广。其二为辞书类著作，如《华英辞典》和《古今姓氏祖谱》（*A Chinese Biographical Dictionary*，1898）收入人名2579条。他毕生致力于介绍中华文明，大量选译中国文学作品，如《中文选珍》《英译汉诗》《庄子》以及《红楼梦（摘要本）》和《聊斋志异（选译本）》等。另外他根据《聊斋》中的《莲花公主》创作了一部芭蕾舞剧《蜜蜂》，该剧于1916年在欧洲上演，颇为轰动。他还一译再译了《佛国记》（1877、1923）。1905年写了《中国绘画艺术概要》，1911年编《古今图书集成索引》。厦门大学第一任校长兼国学院院长林文庆在1929年完成《离骚》的英译时，翟里斯和印度著名诗人泰戈尔作了序。他还著有《耀山笔记》（1914）和《儒家及其竞争者》（1915）等，并对《论语》《孟子》《老子》《庄子》等思想经典作

---

①参见杨植峰：《帝国的残影：西洋涉华珍籍收藏》。
②参见杨植峰：《帝国的残影：西洋涉华珍籍收藏》。

了部分翻译。他和他的儿子对《庄子》都很感兴趣，各有自己的《庄子》节译本。1957年，英国出版了他儿子翟林奈用三十八年时间编成的《大英博物馆藏敦煌汉文写本注记目录》。①

　　因当过末代皇帝溥仪帝师而为国人所熟知的庄士敦汉学造诣很高，深具学者素养。他熟读经史子集，喜爱中国古典诗词与饮茶之道，一生著有《从北京到曼德勒》《威海卫狮龙共存》《儒学与近代中国》以及《中国戏剧》等书，然而他的传世之作，还属那本《紫禁城的黄昏》。庄士敦对儒家思想如醉如痴，故其言行，难为大多数西方人所理解。他认为儒家思想绝不应受到攻击，因为它构成了中国社会的基础，是唯一可将中国人连成一体的纽带。他断言："如果在漫长的改革过程中，中国逐渐轻视并放弃她几千年来所赖以依靠的所有支柱，如果她使自己所有的理想、生活哲学、道德观念和社会体制全盘西化，则她的确会变得富有、进步与强大，甚至会成为世界之霸，但她也会因此而丢掉更多优秀而伟大的品质、她的幸福来源，所有值得她自尊自强的东西都将一去不复返，代之而起的将是成千上万个村庄派出所！"②

　　马士曼（Joshua Marshman，1768—1837）出生于英国威尔特郡的韦斯特伯里，自幼家贫，其父是纺织工人。他从乡村学校毕业后，前往伦敦，任职于一家书店，不久又返乡，辅佐其父经营纺织，并靠自学博览群书。马士曼于1791年与出生于虔诚基督徒家庭的汉娜结婚。三年后，他受洗为教徒。不久，他举家移居布里斯托尔郡的罗德梅，曾一度担任该地浸礼会慈善学校校长，并在一所浸礼会神学院学习神学。因受著名传教士克里（William Carey，1761—1834）在印度传教事迹的感召，马士曼立志为海外传道献身。1799年5月，马士曼夫妇越过重洋前往印度，同行的有传教士沃德（William Ward）夫妇等人。从这时起，马士曼的大半生基本上都以传教士的身份在印度度过。1837年12月7日，马士曼在塞兰布尔病逝，享年71岁。大约自1805年起，马士曼开始学习中文。尽管他一生从未访华，但其汉语却很好。马士曼陆续将儒家经典《论语》译成英文。该书第一卷于1809年在印度出版，长达725页，由中文原文、译文、文字诠释三部分构成，从《论语》第一章"学而"译到第九章"子罕"。这是继明末清初天主教传教士之后，首次比较翔实地将孔子学说介绍给西方。同年，

<hr />

①参见杨植峰：《帝国的残影：西洋涉华珍籍收藏》。
②参见杨植峰：《帝国的残影：西洋涉华珍籍收藏》。

马士曼还撰写了一篇有关汉语文字和发音研究的博士论文。在此基础上，他继续学习、研究汉语，于1814年正式出版了《中国言法》（*Elements of Chinese Grammar*）一书。该书除研究汉语的字形、发音外，还比较系统地研究了汉语语法，并将儒家的另一部典籍《大学》译成英文，附录于全书之后。这本书共600多页，在西方通常被称作*Clavis Sinica*。

慕维廉出生于英格兰的雷兹，其父母是基督教长老会教会的信徒。慕维廉在大学期间原本修读法律，后决心献身宣教事业。为充实自己，他先后进入救援机构和切斯亨特学院（Cheshunt College）接受培训。1847年，他到达上海，第二年与麦都思和雒魏林（William Lockhart，1811—1896）到青浦宣教，却造成"青浦教案"。慕维廉曾参与墨海书馆和《六合丛谈》的工作。他于1861年抵达太平天国首都天京，即南京，拜见干王洪仁玕，商讨布道事宜，后者却认为当时的形势不便实行此事。1876年，慕维廉参与操办中文月刊《中西闻见录》；1887年，他同林乐知等在上海创办同文书会。慕维廉在华宣教达53年之久，于1900年在上海去世，享年78岁。他推出不少编著或译著，除了《地理全志》（*Universal Geography*）和《大英国志》（*History of England*）外，还有《儒释道回耶稣五教通考》（1879）。该书首提的"五教"则为儒教、佛教、道教、伊斯兰教和基督教，被视作当时中华各族人民所奉行的五种主要宗教。在自序中，他开宗明义道："真理何欤？奚由而得？我生在世，自问何物？从何而来？当作何事？从何而去？当往何途？我住天地中，要悟得万物有真原。问谁为主？独承治理保养之权。"还声称基督教"独为真理，其据甚多，不必与他教齐驱并驾，如日之光，难与萤火比例"。慕维廉的"五教"之说，确定了伊斯兰教和基督教在中国作为主要宗教的地位，也试图澄清中国人将基督教视为"洋教"的观念。

在《世界史纲：生物和人类的简明史》（*The Outline of History: Being a Plain History of Life and Mankind*）一书中，英国著名历史学家韦尔斯（Hebert George Wells，1866—1946）指出，儒家思想的创始人孔子，像老子和佛祖释迦牟尼一样也生活在公元前六世纪。正如德国汉学家夏德（Friedrich Hirth，1845—1927）所说的："毫无疑问，孔子对中华民族性格发展的影响比许多皇帝加在一起的影响更大。因此，他是中国历史上最重要的人物之一。"在韦尔斯看来，孔子能对中国产生如此大的影响，与其说是由于他自己的个性，不如说是由于这个国家的特殊性。倘如孔子住在世界的其他地方，他的名字也许会被遗忘，但他是在仔细研读先贤们的与道德哲学相关密切的文献的基础上，形成了自己的性格和人生观。

因此，孔子对同时代的人所讲的话并不完全都是新的，由于孔子在研究文献时，听到了过去圣贤们低沉的声音，因此，他成了一台扩音器，他向人们传达了他从民族自身早期发展中得出的观点。韦尔斯认为，孔子人格对中国国民生活的巨大影响，不仅源于他的著作和他人记载的教诲，也源于他的所作所为。他的个人性格，正如其弟子以及后来的儒者所描述的，其中一些可能完全是传奇的，已经成为数以百万计的那些一心想模仿圣人外表举止的人的模式。无论在公共场合做什么，孔子都要以仪式的方式加以规定。这并非他自己的发明，因为礼仪生活在孔子之前的许多世纪就已经形成了，但他的权威和榜样对他认为可取的行为仪式的延续起到了很大作用。

第二次世界大战后，特别是1949年后，英国对儒学的研究才由冷到热。1957年，研究汉学的学生增至百名，汉学的课程和师资都急剧增多。牛津大学公共必修课中有《左传》《孟子》，选修课中有《孝经》等。剑桥大学偏重中国古典课程，各门都有关于孔子与儒学的内容，专著的讲授有《孟子》《荀子》《史记》以及《汉书》等。伦敦大学虽偏重近现代，但古文方面也有《孟子》等。《新不列颠百科全书》中的"儒学"条目，译成中文长达四万多字。它对孔子其人及其家业和孔子所处的时代，孔子的政治、哲学、伦理、教育的思想以及对中国和世界的影响，对孔子的评价和对儒学的发展前景等问题都作了全面而系统的论述。

老汉学家翟里斯本人并未直接研究儒学，但其子翟林奈（Lionel Giles，1875—1958）承继父业，也成了汉学家。他于1900年进入大英博物馆工作，担任过助理馆长以及东方图书与写本部部长，负责中文图书的管理。翟林奈曾将《孙子兵法》和《论语》等中国古代著作翻译为英文。同时还从事汉文写本的编目工作，编成《大英博物馆藏敦煌汉文写本注记目录》。

威妥玛是一位英国外交官和汉学家，他于1867年编写了一本早期的英语汉语教科书，后来在1892年由翟里斯修订、扩展并转换为韦德-翟里斯（Wade-Giles System）的汉语罗马化系统（即威妥玛拼音）。威妥玛是剑桥大学第一位中文教授。他在华期间中英鸦片战争刚爆发不久，后来他被任命为英国驻华使节、全权公使和贸易总督察，并一直担任这一职务，直到1883年退休回到英国，3年后，威妥玛向剑桥大学图书馆东方馆藏捐赠了4000余册中国文献。1888年，他被选为剑桥大学第一位汉学教授，并一直担任此职，直到77岁在剑桥去世。1887年至1890年，他还担任过皇家亚洲学会主席。

庄延龄出生于英国利物浦。于1869年修读一年中文后，便到北京担任英国驻华公使馆翻译。他在华的16年期间曾在内地多个城市及朝鲜的领事馆任职。1896年，庄延龄担任利物浦大学中文讲师，1901年任曼彻斯特大学中文教授。他研究中国的著作甚多，有很高的学术参考价值。《中国对鸦片战争的描述》（*Chinese Account of the Opium War*）是庄延龄翻译魏源所著《圣武记》最后两卷的一本译著，在1888年由上海别法洋行出版，全书只有82页。《圣武记》刻印于1842年，共14卷，是清史研究的开创性著作，前10卷记载历史事件，后4卷是魏源对练兵、整军、应敌的议论。他系统地将清初到鸦片战争时期的军事战争分为六个专题分析：开国、藩镇、外藩、土司苗瑶回民、海寇民变兵变和教匪。庄延龄认为《圣武记》洋溢着强烈的爱国情结，反映了魏源对社会现实的关注，并期待改变历史的困惑。庄延龄特意将此书翻译成英文，以便外国人能从中国人的角度理解鸦片战争。庄延龄还著有《孔子的生活、实践和学说》（*The Life, Labours and Doctrines of Confucius*，1897，书名为笔者译），《中国，过去和现在》（*China, Past and Present*，1903）；《中国与宗教》（*China and Religion*，1905），《中国宗教研究》（*Studies in Chinese Religion*，1910）以及《中国的历史、外交和商业》（*China, Her History, Diplomacy, and Commerce: From the Earliest Times to the Present Day*，1917）等。

韦利出生于英国的坦布里奇韦尔斯。1903年，入读英国著名的拉格比学校，因古典文学优异而获得剑桥大学皇家学院的奖学金。在剑桥大学学习的3年中，他师从著名教授迪肯森（G. L. Dickin）和著名哲学家摩尔（G. E. Moore，1873—1958）。受这两位学者仰慕东方古代文明的思想熏陶，使他产生了致力于东方文化研究的愿望。1913年，韦利申请到大英博物馆东方部工作，故接触到了引起他极大兴趣的中文和日文，例如那些书写在中国绘画和日本绘画上的题画诗和印章。在东方版画与绘画部工作要弄懂画诗和印章，于是，这就成了韦利刻苦学习中文和日文的起点，同时也成为他此后研究东方学与中国学漫长生涯的开端。为了实现自己的学术理想，韦利进入了当时新建立的伦敦东方与非洲研究院进行深造，并还在精通汉文的传教士指导下到图书馆去攻读中国汉学书籍和资料。这使他产生了将中国古典诗歌作品翻译介绍给英国读者的愿望。在获得伦敦东方与非洲研究院特别研究生学位后，韦利担任英国博物院东方版画与绘画部副部长，直至1930年。1930年以后，韦利任伦敦大学亚非学院讲师。第二次世界大战期间，他服务于英国情报局。战后，他专心致力于写作、翻译及研究，获阿伯丁大学法学博士学位，为不列颠学会会员。1952年，韦利被授予高级英帝国勋位爵士；1953年，获牛津大学文学博士学位，并荣获牛津皇家诗学奖章；1956年，荣获英国骑兵大尉称号。韦利精通汉文、满文、梵文、蒙文、西班牙文，专门研究中国思想史、中国绘画史、中国文学和日本文学。到1966年逝世前，韦利共著书40种，翻译中、日文化著作46种，撰写文章160余篇。韦利被称为"从未到过中国的中国通"。

在韦利的中国思想史研究之中，《论语》研究与《道德经》研究无疑占有极其重要的地位。他的《论语》译本与《道德经》译本至今仍是英语世界比较通行的译本。在《论语》译本中，有韦利所撰《导论一》《导论二》，论述孔子以及与孔子同代学者的学说，介绍《论语》中的一些术语，如仁、道、诗、君子、小人、天、信、思、王、霸等，还专门介绍了《论语》中所涉及的古代礼仪、丧仪、音乐、舞蹈等，并阐述了由《论语》所开创的语录文体的写作传统。该书附有孔子年表、译文注释以及索引等。在该书的《序言》中，韦利说明了《论语》的文字似乎显得机械而枯燥，但在进行翻译时，他就已明确地认识到《论语》的文学性，故他的译文尽力满足把《论语》当作文学作品学习的读者的需要。在《论语》译本中，韦利系统地发表了自己对于《论语》文本考据的观点，他曾从辨疑的角度声称，《论语》20章中，仅有第3至第9章是可靠的，其余皆为后人杜撰。这些观点在西方学术界影响很大，至今仍有学者沿着这条路线辛勤工作。韦利的《论语》译文比较具有现代气息，通畅易读，尤其对于普通读者群影响颇大。然而全书其余部分内容比较专业，旁征博引，并不适合普通读者。为此，他还写了一本《中国古代的三种思维方式》，讨论了先秦时期三种较有影响力的学派：儒家、道家、法家。此书专门针对普通读者，视野开阔，在多文明比较的语境之中展开了中国思想。该书文字通晓流畅，内容深入浅出，成为英语世界中国先秦思想史的一部普及型名著。《不列颠百科全书》在《英国文学》词条中介绍韦利时说："他是本世纪前半个世纪中的最杰出的东方学家，也是将东方文种译为英文的最杰出的翻译家。""在中日两国的古文，与英语系大众读者间，韦利是一位伟大的转介者，他在20世纪的上半段时期扮演了东方与西方间的大使。他的中文及日文皆是自学成才，而且不论是流畅性或学识，都达到了卓越的程度。这是一个难能可贵的成就，也如他自己后来所说的，或许这只能发生在那个时期，他也无法再做到了。"①

---

①H. G. Wells, *The Outline of History: Being a Plain History of Life and Mankind* (New York: MacMillan, 1920), 433–434.

李约瑟恐怕是国人最熟知的西方学者之一。他是一个苏格兰中产阶级家庭的独生子，但他的整个童年却与父母有着长期冲突。其父是一名医生，严谨而吝啬，他无法接受其音乐作曲家妻子的人格以及挥霍攀比的习性，所以二人经常争吵。年轻的李约瑟总是设法躲避父母争吵的场面，他同他们之间从来都是各自单独度假。总之，李约瑟的童年是孤独和不很快乐的。后来，李约瑟到英国剑桥大学攻读化学，尽管他对生物学更感兴趣。他于1921年6月获得学士学位；1925年1月获得硕士学位；1924年10月获得博士学位。李约瑟毕业后进入剑桥大学生物化学实验室。在接下来的20年里，他的研究兴趣集中在胚胎学和形态发生上。1966年，他成为凯乌斯学院的校长，并在此岗位上做了10年。从1917年11月起，李约瑟就表现出了他的左派倾向，对俄国的革命表示支持，这让其父倍感恐惧。他后来加入了各种各样的"软性"共产主义协会。他也很早就被深奥的宗教问题和教义所吸引。1922年至1924年间，他是一个兄弟会的成员。1924年9月，他辞职与剑桥大学生物化学系的研究员多萝西·莫伊尔（Dorothy Moyle，1896—1987）结婚。

李约瑟对中国文化的兴趣始于1937年，当时他37岁，在剑桥与三位到访的中国科学家相遇。其中一位是来自南京的33岁生物化学家鲁桂珍，作为一名药剂师的女儿，她以研究生身份来到剑桥，在当时李约瑟的夫人手下学习。在他们的交往中，鲁桂珍想知道为什么中国古代在科学方面很杰出，但在最近几个世纪却被西方远远超过了。这成了李约瑟所关注的重大问题，也就是日后所谓李约瑟难题：为何中国人在发明上能够先人一步，却缺乏持续推进技术改良的动力？与此同时，他与鲁桂珍产生了婚外恋，并由此对中国文化产生了愈发不可收拾的兴趣。从1938年开始他与剑桥的另一位教授一起向鲁桂珍学习汉语。1939年左右，他同他的中国朋友们构思了一个撰写中国科学技术和医学史的大型计划纲要。

在第二次世界大战期间，英国开始把被日本蚕食的中国视为反对轴心国的盟友。1942年，李约瑟如愿以偿地被英国政府派往中国，其任务是与当地科学家建立联系，并向他们提供建议。他的中英科学合作办公室设在陪都重庆。令李约瑟高兴的是，他可以在中国待上三年，这算战争对促进思想和人员交流而增加政府科学预算效应的一个实例。李约瑟利用这次机会周游了中国。他了解了中国文化和科学史，并认识到造纸术、活字印刷术、指南针和火药在欧洲出现之前就早已在中国被发明了。1945年，他和妻子出版了第一本书，名叫《中国科学》。在此期间，他遇到了历史学家王玲，后者成为他在SCC项目上最亲密的合作者之一。鲁桂珍在战争期间移居美国。1945年，她在李约瑟的合作办公室担任营养顾问。1946年，应一位老朋友的邀请，李约瑟成为新成立的联合国教科文组织在巴黎（法国）科学部门的首任负责人。1948年，鲁桂珍移居巴黎，在联合国教科文组织自然科学秘书处工作。同年，李约瑟回到剑桥。从那时起，他把全部精力都投入中国科学史的研究上，尽管他还得教生物化学。

1952—1953年，朝鲜战争期间，李约瑟参加了一个由共产主义倾向的科学家组成的国际代表团，他们支持中国政府关于美国军队在朝鲜战争中使用生物武器的指控。这一事件对李约瑟的一生产生了持久的政治影响，美国国务院把他列入黑名单，在20世纪70年代，他仍然很难获得前往美国的签证。1954年，李约瑟在中国开始了他的大项目"科学与文明"。鲁桂珍于1957年受聘于剑桥大学。从那以后，她成了李约瑟最亲密的合作者。1968年，李约瑟获得了乔治·萨顿科学史协会奖章；1984年获得了科学社会学研究学会贝尔纳奖。1989年，也就是其妻去世两年后，李约瑟与鲁桂珍结婚。1990年，90岁的他在北京被授予荣誉的仪式上，李约翰重申了对美国军队使用生物武器的指控。晚年，李约瑟患上了帕金森病。1995年3月24日晚，他在剑桥的家中安详地去世，享年94岁。

尽管存在着激烈的争议，但李约瑟在西方开辟了对中国科学过去的学术认可之路，他的巨著比任何他人的著述都更加全面和详细地展示了中国科学的历史发展。在其最重要的代表作《中国科学技术史》中，李约瑟对儒学中的《易经》与数学的两者关系加以探究，声称"在历法领域中，数学是属于社会正统的和儒家的"，[①]并强调，秦建立了郡县制，一直延续下来，"这许多郡的行政管理工作要求极大发展官僚政治。为满足对行政官吏的需要而建立的选拔程序，便为此后儒家长期把持中国社会的局面创造了条件。……也正由于这个原因，孔子才占据了重要地位，成了全中国的'无冕之王'"。[②]不过，对于"李约瑟难题"，李约瑟本人的答疑之一是：独尊儒术的传统将大部分有才能的人吸纳进官僚系统。这就使得商业和技术领域缺乏足够的竞争人才，也是中国采取的大一统集权体制带来的弊端。而这种中央集权体制来自中国人所处的地理环境。倘若中国拥有欧洲的地理环境，也会取得现代欧洲的文明成果。李约瑟还揭示，中国人

---

① ［英］李约瑟：《李约瑟·中国科学技术史·第三卷·数学、天学和地学》，梅荣照等译，科学出版社、上海古籍出版社2018年版，第139页。
② ［英］李约瑟：《李约瑟·中国科学技术史·第一卷·导论》，袁翰青等译，第106页。

不懂得用数字进行管理，其实这就是批评儒家学术传统只注重道德而不注重定量经济管理。另外，李约瑟指责"佛教和儒教一样是导致近代中国落后的因素"的看法，也受到一些汉学界的抨击。有意思的是，李约瑟在他这部巨著中，对早期儒家的阐述仅用了30页，而对道家则用了130多页，从而表现了造成了"扬道抑儒"的明显反差。儒学对中国古代科学技术的发展是积极的影响还是消极的影响？这是一个在科学史和哲学领域反复争论、至今仍未得到答案的问题。很多科学史家认为，儒家思想对科学技术发展的影响基本上是消极的。这一观点最突出的代表之一就是李约瑟，因为他在《中国科学与文明》第二卷《科学思想史》中说："因此，在整个中国历史上，他们（儒家）都是与那些探索科学方法、科学解释和推广技术的因素相对立的"，"他们对科学的贡献几乎完全是负面的"。[①]

中国哲学通常被认作"儒学"，被理解为既包括历史上的孔子教义，也包括他的弟子及再传弟子的主张，以及后来在宋、明、清的理学。这种观点的来源之一是，大多数王朝的统治者明确采用儒家思想。另一个原因是中国学者，以及西方汉学家都往往倾向于关注儒家哲学。不同于仅广泛利用儒家思想的统治者，儒家哲学家常常被描绘成人文主义者，因为他们对伦理和社会问题比对自然世界的研究更感兴趣。这正是有学者对近代中国科学发展潜力持负面评价的原因所在。然而，倘若认为哲学与科学之间的交往史仅限于"儒学"，那么这只会呈现出一幅有限的图景。众所周知，中国最早的科学研究应该是由早期墨家进行的，例如，他们写了关于逻辑、光学和力学的文章。遗憾的是，墨家在汉代以后并未作为一个完整的思想谱系而延续，不过至少仍有一些墨家文本保存在道教经典中。因此，尽管墨家思想在中国科学史上是至关重要的，但它并非科学与中国哲学相互作用的核心。有学者论述了哲学与中国早期科学史之间复杂关系中的重要问题，尽管李约瑟力图证明中国哲学并非天生的"反科学"，但可以肯定的是，"儒学"常常（但并非总是）将中国哲学从科学关注中引开。然而，中国哲学是否以一种不同于现代科学的文化特有的方式对科学作出贡献，在这一点上，中国的历史学家仍有强烈的分歧。[②]

英国著名汉学家葛瑞汉（Angus Charles Graham，1919—1991）出生

---

①Joseph Needham, *History of Scientific Thought*, vol. 2 of *Science and Civilisation In China* (Cambridge: Cambridge University Press, Cambridge, 1969), 9.

②Lisa Raphals, "Science and Chinese Philosophy," *The Stanford Encyclopedia of Philosophy*, April 28, 2015, https://plato.stanford.edu/eNtRIeS/chinese-phil-science/ .

于英国威尔士的珀纳思。其父于1925年到马来亚（今马来西亚）从事橡胶种植业。1932年，葛瑞汉在埃尔斯学院学习，后入牛津大学神学院学习神学，并于1940年毕业。随后他参加皇家空军，1944年接受日语训练，一年后被派到马来西亚、泰国等地担任日语翻译。1946年葛瑞汉进入伦敦大学的亚非学院，选修汉语。1949年获文学学士学位，毕业后留校担任古汉语讲师。1953年他取得哲学博士学位。葛瑞汉以访问学者、客座教授的身份先后讲学于香港大学（1954—1955）、耶鲁大学（1966—1967）、密歇根大学（1970）、康奈尔人文学会（1972—1973）、新加坡东亚哲学研究所（1984—1986）、台湾清华大学（1987）、布朗大学（1988）和夏威夷大学（1989—1990）等。1971年，葛瑞汉任伦敦大学亚非学院古汉语教授达13年之久，直至退休。他于1981年当选英国（文史哲）研究院院士。1991年葛瑞汉因病逝世，享年72岁。

葛瑞汉不仅研究哲学本身，而且对中国哲学进行了开创性的研究，并在中国语言、中国哲学和诗词上译作颇多。他的晚年尤其关注新儒学的动向，而且产生了认知的转变。葛瑞汉对中国哲学有独到的理解，在他眼里，中国人看待世界的思维和方式倾向于相互依存，而不是各自独立；整中有分，而不是部分的集合；对立的双方相互补充，而不是相互矛盾；万物是变化的（周而复始的循环变化，并非向前发展），而不是静止的；看重物之用，而不是物之质；关心相互感应，而不是因果关系。葛瑞汉揭示了中国思想史上两个伟大的时期：一是春秋战国时期；另一是宋代，并极为赞赏宋代理学。因此他对程颢与程颐的理学研究很有建树。《中国的两位哲学家——程明道与程伊川》（*Two Chinese Philosophers: Cheng Ming-tao and Cheng Yi-chuan*）一书就是其学术生涯的开山作，该书对新儒学领域最核心的两位哲学家的思想作了全面系统的论述和严密的分析，以西方学者特有的视角，对二程的理学思想做了精湛的研究。其特点有三：一是分析了程颐与程颢的理学范畴体系，阐明了这些范畴的意蕴；二是考究了程颐与程颢哲学的源流，揭示了两种哲学的特质；三是比较了中国哲学与欧洲哲学之异同，突出了二者之"异"。该书不仅对理学研究领域的拓展和变化起到了推动作用，而且作为研究北宋时期程颢、程颐两位大哲思想的最清晰、最全面的英文文献，至今仍然保持着其现实意义和实用价值。它为那些初次遇到中国11世纪哲学思想的学子们标明了起点，也是致力于这一思想领域研究的东西方学者们的必读文献。这部书的初稿，是葛瑞汉于1953年6月向伦敦大学提交的哲学博士学位论文。在伦敦大学亚非学院的资助下，葛瑞汉于1954—1955年在中国香港和日本游学，获得新资料后对初稿进行了修改，专著于1958年在英国正式出版，1978年重印，1992年在美国再版，足以证明其永久价值。葛瑞汉其他有关儒学的著述还有《中国哲学和哲学文献研究》（*Studies in Chinese Philosophy and Philosophical Literature*，1990）等。

2018年，由安乐哲等编辑的《与葛瑞汉谈话》（*Having a Word with Angus Graham: At Twenty-Five Years into His Immortality*）一书对葛瑞汉著述进行了批判性反思，该书评价到，在30多年的职业生涯中，葛瑞汉在汉语语法、文字学、诗歌和哲学等一系列广泛的领域获得了令人印象深刻的学术成就。他严谨的汉学和哲学独创性的结合，继续激励着学者们去处理相关的研究课题，并要求他们对他的观点作出回应。然而，该书也指出，葛瑞汉所引发的学术争论仍在继续。

著名史学家史景迁（Jonathan D. Spence，1936—2021）出生于英国伦敦市郊的萨里郡。在剑桥大学获得学士学位。1959年到美国耶鲁大学读硕士学位，师从史学家费正清的学生芮玛丽（Mary Clabaugh Wright，1917—1970）。后来芮玛丽推荐史景迁去澳大利亚跟房兆楹、杜连喆夫妇做博士论文，其博士论文为《曹寅与康熙：一个皇室宠臣的生涯揭秘》。1965年史景迁获耶鲁大学史学博士学位，毕业后留在耶鲁教书。史景迁是美国历史学会2004年至2005年的主席，他因研究而经常访问中国的大学。

史景迁本身似乎并无直接写过有关儒学研究的专著，而涉及这个领域的观点大都散见于其大架构的史学论著中，如在《对近代中国的探索》（*The Search for Modern China*，1990）一书中，阐释了18世纪的儒家思想及其影响。[①]再如，在《中国纵横：一个汉学家的学术探索之旅》（*Chinese Roundabout: Essays in History and Culture*，1992）中，史景迁在第二部分谈及了儒家对清王朝建立时的冲击，并对明朝的衰亡和儒家思想的长寿进行了生动探索。[②]在与余英时对话时，史景迁说，外国传教士对中国的宗教亦特别感兴趣，他们尝试把佛、道教和儒家分开论述，认为佛教与道教是偶像崇拜，儒家能和柏拉图哲学及基督教、犹太教的传统一神论思想相联结。

在《为什么孔子受到重视》（*Why Confucius Counts*）一文中，史景迁主张，人们很难在审视人类历史上任何其他的政治文化时，能找到与儒家

---

①Jonathan D. Spence, *The Search for Modern China*, 3rd ed. (New York: W. W. Norton, 2012), 102–105.

②Jonathan D. Spence, *Chinese Roundabout: Essays in History and Culture* (New York: W. W. Norton, 1992), 93–164.

思想那样延续性、恒常性和生命力旺盛的相似者。这一道德和伦理体系在公元前5世纪和公元前4世纪初步形成，借鉴了至少在那之前的历史和仪式传统。它在公元前两个世纪被编纂和加强，在12世纪被主要哲学家重新制定和加强，在18世纪后期仍然是活跃和微妙的。儒家对人与人、人与统治者、父亲与儿子、丈夫与妻子之间的关系提出了看似简单的训诫，但他们同时触及了人们与自然力量关系中最困难的一面，并对伦理和政治能动主义的中心问题有许多的关注。尽管儒学的范围和复杂性如此之广，然而在专门的汉学界之外，人们对它的研究并不多，对儒家思想缺乏兴趣的部分原因是它在近代与一个正在瓦解的政体联系在一起。19世纪的西方学者，就像19世纪末和20世纪初的中国民族主义思想家一样，很难将儒家与儒学区分开来。鲁迅和其他20世纪20年代有影响的中国作家，把儒家思想与腐朽和虚伪联系在一起。二战后的西方学者改变了这一观点，是出于对中华传统文化的同情，这种同情比中国的反传统主义者所能承认的更深，但即便是在这里，有影响力的学者们也常常把任何对20世纪儒家思想研究的尝试视为闹剧或骗局。例如，加州大学伯克利分校已故的列文森（Joseph R. Levenson，1920—1969）教授就倾向于在最近的儒家思想中纠缠于闹剧的意义。他把20世纪早期的儒家文人称为"人体模型"（manikins），并对1914年袁世凯驾驶装甲汽车前往天坛的形象露出苦笑。然而这种闹剧感又被嫁接到了列文森自己复杂的意识形态模式中，他认为19世纪的儒家世界首先产生了自我不安的意识，然后又被现代化和西方所主导的中国社会的需要和关注所绕过。耶鲁大学已故的芮玛丽教授发现现代儒家思想中存在更多的蒙蔽作用，她警告西方读者不要被这种对优良传统的弱化和自我追求的模仿所误导。她对这种误导的感觉建立于她的一种信念，即必须清楚地关注当时巨大的混乱和失控，以便理解中国只能通过革命的手段来塑造。因此，在20世纪50年代和60年代由芮沃寿编辑的一系列引人注目的著作中，当对儒家的价值观和理论进行系统的研究时，它们被视为一个消失文明的价值观和理论，而列文森做的贡献就是强调了这一观点。有关20世纪中国的大部分历史著作（倘若完全涉及意识形态问题）都集中于中国共产主义的问题，无论是在其共产国际的前身还是在其"本土主义"方面。①

---

① Jonathan D. Spence, "Why Confucius Count," review of *Escape from Predicament: Neo-Confucianism and China's Evolving Political Culture*, by Thomas A. Metzger, *The New York Review of Books,* March 22, 1979.

2008年6月3日，由BBC主持，伦敦大英图书馆邀请史景迁作有关儒家之道（Confucian Ways）的讲演。史景迁指出，孔子的魅力很大一部分来自他的个性，他不断意识到自己的缺点；他拒绝教条主义；他闪现出的智慧。但史景迁教授继续说到，国家儒教展现了一定的压迫的历史："到公元12世纪，某种近似于国家儒学的东西已经存在，随着时间的流逝囊括了某些原始真理，而这些原始真理在原《论语》中并没有突出显示。例如，在儒家思想的这种广泛定义之下，包括敌对或贬低妇女、僵化的家庭等级制度、对贸易和资本积累的蔑视、对极为严厉惩罚的支持、对过时东西的服从和规矩仪式的奴性奉献，以及对中央皇权要求的诣媚回应。"儒家思想在实践中没有什么好处吗？它怎么能持续这么久？为什么现在中国有那么多人在寻求历史的启示？或许他们在某些方面比当时的西方社会做得更好？或许我们可以从儒学中学习到一些东西，这些东西实际上挑战了当代自由民主的方式，从而促进了西方社会的进步？①

当代汉学家闵福德（John Minford，1946—）生于英国伯明翰，其父为外交官。在进入温彻斯特公学学习古希腊语、拉丁语及古典文学之前，闵福德曾在世界各地居住。他曾任教于中国及新西兰，担任过奥克兰大学的中文系系主任、香港理工大学翻译专业老师、香港公开大学人文社会科学学院院长、澳大利亚国立大学亚洲研究院中国及韩国中心的主席。目前，他在香港中文大学任教。2014年，闵福德在纽约出版了他的译著《易经》。这部近千页的英文著作对《易经》六十四卦进行了详尽的解释，是他历时12年完成的一部大型译作。

当代汉学家司马麟（Don Starr，1945—）曾任杜伦大学东亚系主任（2000—2008），英国汉学协会会长（2005—2007），现为《英国汉学协会学报》主编。2012年在北京召开的第三届世界汉学大会上，司马麟作了"1700—2000年英国报刊中孔子形象的演变"的主题发言，试图从英国大众媒体和读者的角度切入，以报纸为载体，考察300年来孔子文化在英国的传播史和接受史，进而分析近年来中国对外文化政策、汉学在英国的发展及其影响。他以1699年为时间起点，查阅了近3个世纪以来几乎所有的报刊资料，发现英国各大媒体每年会有20次左右涉及孔子的言论。记者在专访他时，曾问他："以前英国的报纸不是特别关注国外的新闻，没有太多的关于中国文化事件的实事记载，提到孔子的时候，都是对其语录的引

---

①Daniel A. Bell, "Imperial Ways," *The China Beat*, Ocotber 6, 2008.

用，而这背后的动机，却不是出于对孔子文化的发掘和传播。那么，为什么要引用孔子的话呢？"对此，他回答道："因为在英国人眼里，东方的孔子是一个在为人处世方面很聪明的人，他与西方的苏格拉底这些哲学家不太一样。更有意思的是，在早期的报纸里，很多引用的语录是记者随意编撰以求吸引大众眼球的。那时英国人对孔子尚存误解，但近年来情况出现了变化，通过对比就会发现很多有意思的问题。"①

当代汉学家胡司德（Roel Sterckx，1969—）堪称是一位后起之秀的欧洲汉学家。在比利时中学毕业后，进入天主教鲁汶大学中文系学习，1991年获硕士学位后，前往台湾大学学习两年中国哲学，之后转入剑桥大学，并于1993年获硕士学位。1997年获剑桥大学东方研究博士学位，同时也获得牛津大学的合作项目博士学位。2006年至2012年担任欧洲汉学学会秘书长，2013年入选英国国家学术院院士。胡司德的主要研究方向是中国古典文学和语言、文化史、农业史、宗教和先秦诸子思想，以及对《周礼》《淮南子》和《论语》等文本的研究。胡司德在他的一部有趣的著作《中国思想：从孔子到厨师庖丁》（*Chinese Thought: From Confucius to Cook Ding*，2019）中，引导读者走过了几个世纪的中国历史，从孔子到道教再到法家。人们常说，21世纪必将成为中国的世纪。中国文化从未如此有形、数字化、经济化或审美化地呈现在西方日常生活中。但人们对它的起源和主要信仰究竟了解多少呢？古代中国人是如何看待世界的？胡司德通过哲学、文学和日常生活中的生动例子，向人们展示了古代中国人是如何塑造了一种正在影响西方文明的思想的。

现将部分重要的英国儒学研究者以出生年代为序列名如下：

崔瑞德（Denis Twitchett，1925—2006）曾主持剑桥大学的汉学研究。主攻中国中世纪早期阶段的历史，他的主要著作有《孔子的品格》等。

彭马田（Martian Palmer，1953—）是世界宗教与环境保护基金会秘书长，长期担任爱丁堡公爵菲利普亲王的特别顾问，并与菲利普亲王一道创建了世界宗教与环境保护基金。他还是联合国信仰、气候变化与自然环境项目的联席主席，并担任联合国秘书长潘基文的信仰与环境顾问。彭马田也是一名汉学家，他翻译了多本中国古籍经典。其中译作《庄子》《道德经》和《尚书》是《中国经典》（*Chinese Classics*）系列最受欢迎的作品，

①《英国报刊中孔子形象的演变：专访英国汉学家司马麟教授》，中国人民大学新闻网2012年11月6日，https://news.ruc.edu.cn/news/sjhxdh/61743.html。

在英国一版再版。

道森（Raymond Stanley Dawson，1923—2002）生前为牛津大学沃德姆学院汉语讲师，东方研究高级研究员。他的主要著作有《中国传统》《中国变色龙：论欧洲人对中国文明的观念》《中华帝国》以及《中国的经验》等。

第二节　北美现代汉学家对儒学西传的贡献

美国著名汉学家顾立雅（H. G. Creel，1905—1994）在《孔子与中国之道》（*Confucius and the Chinese Way*）一书中写道："在欧洲，对于以法国大革命为背景的民主思想的发展，孔子哲学发挥了相当大的作用。通过法国思想的影响，孔子哲学又间接影响了美国民主政治的发展。"①后来者居上，从19世纪末叶开始，在不长的时期内，美国迅速建立了一支具有自我特色的儒学研究的学术群体。1877年6月，耶鲁大学设立了第一个汉学教授职位。此后，哈佛、哥伦比亚等大学也设立了类似的职位。据统计，1869—1930年美国12个藏书单位就有中文藏书35万余册。美国于1911年、1913年、1936年分别建立的纽约卡内基基金会、洛克菲勒基金会、福特基金会等，都大力资助过对华研究。第二次世界大战爆发前，对华研究的各种机构已增至90个，其中很有影响的有哈佛燕京学社、太平洋学会美国委员会、美国学术团体理事会等。这些学术机构不仅出版有《哈佛亚洲学报》《燕京学报》等刊物，而且发表有儒学研究的论著。司徒雷登在燕京大学竭力提倡学生熟读孔孟之道，并把新儒学家的王阳明作为他"特别喜爱的一位哲学家"而要求学生认真学习王阳明的心学。尤其是大力宣扬"基督教的爱就是孔子的仁"，"基督教的祈祷就是孔子的修身养性之法"，"基督教过圣诞节就是庆祝耶稣和孔子的生日"。这些学术机构还培养出了如拉铁摩尔、恒慕义、赖德烈、韦慕庭、顾立雅、卜德、戴德华、林德贝克、杜勒斯等一批著名汉学和儒学的研究人才。如顾立雅就是以儒学著称的。即便对儒家持否定态度的教育家保罗·孟禄（Paul Monroe，1869—1947）也在《教育百科全书》的《儒家和教育》的条目中称孔子为"道德的爱好者""天生的教师"。美国哲学家爱默生（Ralph Waldo Emerson，1803—1882）认为，"孔子是中国文化的中心"，"孔

---

① ［美］顾立雅：《孔子与中国之道》，高专诚译，大象出版社2014年版，第6—7页。

子是全世界各民族的光荣"，"孔子是哲学上的华盛顿"。又说："孔子本人的人格便可以作为人类努力向上的榜样。"

历史学家兼哲学家杜兰特（Will Durant，1885—1981）花费了约50年的时间撰写了11卷本的《世界文明史》（*The Story of Civilization*）。在该书中，他认为孔子的一些教诲是所有文学史上最明智的，可以说是当今生活的完整指南，也是公元前500年中国生活的完整指南。例如孔子希望在整个国家中，以最高美德为榜样的古人若治国，首先要齐家，即管理自己的家人，要齐家首先要自我完善，而要做到这一点，首先要端正自己之心，而要做到这一点，又要首先寻求思想上的真诚。他们首先扩大了自己的知识范围，而这种扩展在于解决问题。在该方法中，人们使用在生活和事务中获得的知识来解决最紧迫的问题。如此一来问题得到解决，知识变得完整。知识既是完整的，思想也会是真诚的，而他们的心也就得到了纠正。随着心灵的矫正，他们的自我得以培养。他们自己耕种，家庭受到监管，国家也就得到了正确的管理，整个帝国变得安宁而幸福。人们总是很想知道一个伟大的自我可能还具有什么样的化身。对此，我们并不知道，但是值得思考。

历史学家兼汉学家的卜德（Derk Bodde，1909—2003）编译出版了冯友兰的《中国哲学简史》（*A Short History of Chinese Philosophy*，1948）和两卷本的《中国哲学史》（*A History of Chinese Philosophy*，1937）。这两部译著对西方至今仍具有巨大的影响。此外，卜德还撰写了《中国人的不朽观：朱熹的表现及其与佛教思想的关系》（*The Chinese View of Immortality: Its Expression by Chu Hsi and Its Relationship to Buddhist Thought*，1910），《中国的文化传统：何去何从》（*China's Cultural Tradition: What & Whither*，1957），《中国思想、社会与科学：前现代中国科学技术的知识与社会背景》（*Chinese Thought, Society, and Science: The Intellectual and Social Background of Science and Technology in Pre-Modern China*，1991），《西方的中国思想：美国教育中的亚洲研究》（*Chinese Ideas in the West: Asiatic Studies in American Education*，2012），《中华文明随笔》（*Essays on Chinese Civilization*，2016）等。在《中国的文化传统：何去何从》一书中，卜德对孔子学说的反宗教倾向加以赞同，并指出了孔子的道德观催生了中华文明的精神基础。

在20世纪前期，不少欧洲的学者或在欧洲的大学接受过教育的学者，如德国人卡鲁斯（Paul Carus，1852—1919）、夏德等，以及法国人伯希和（Paul Pelliot，1878—1945）等都曾到美国讲学。亨克（Frederick

Goodrich Henke，1876—1963）于1913年和1916年均发表过关于研究王阳明的文章。二战前，美国自己的儒学研究队伍已初具规模。二战后，美国的儒学研究进入了一个新的发展阶段，尤其到20世纪中后期，更为兴盛发达起来。最主要的代表人物有费正清、狄培理、宇文所安、龙夫威、季北慈、芮玛丽、魏特夫、白鲁恂、倪德卫、顾立雅、南乐山、安乐哲等著名学者。

在评述美国现代学院派儒学家之前，有必要先特别提一下美国哲学家法格雷特（Herbert Fingarette，1921—2018）。他原为加州大学圣巴巴拉分校的名誉哲学教授，于1972年推出专著《孔子：神圣的世俗》（*Confucius: The Secular as Sacred*，又译为《孔子：即凡而圣》），在同行评议的学术期刊上被描述为"在很长一段时间内出版的关于这一主题的最重要的哲学著作之一"。葛瑞汉对该书高度评价到，此书影响了近20年来西方对于中国思想文化研究的方向。史华慈在其名著《古代中国的思想世界》（*The World of Thought in Ancient China*，1985）一书中，第三章"论孔子"的相当一部分内容是对芬格莱特（法格雷特的另一中文译名）的阐释与评判。芬格莱特的这本不到百页的薄薄的小册子竟得到了几乎所有从事先秦思想研究的汉学家的推崇或争鸣。由于芬格莱特首开先河，清醒地揭露了在儒学研究中以西方价值标准划线的西方中心主义陷阱，故为后来的英美儒学学者们指明了一个较为客观公正的视角。

有学者评述到，在法格雷特以前，先秦思想史的研究中存在着一个二元取向：学术基础方面依靠中国的考据学，价值观念大都采用西方现代的价值体系，无论中外学者，均难逃脱这个二元化的俗套。例如，冯友兰以新实在论为基本价值依托，参以中国的文本考据，其著作的英译本成为汉学界中国哲学史的基本著作。西方学者如顾立雅的著述《孔子：人和神话》和《从孔子到毛泽东的中国思想》等也基本如此，其价值取向也是近代西方的。他们有意无意地将西方启蒙运动之后的现代价值当成了思想史研究的基本评判准则。这种二元取向成为阻碍先秦思想史推陈出新的关键因素，但汉学家却没有注意这种二元取向的深层危机。第一个打破这种二元取向的，是法格雷特，他的《孔子：神圣的俗人》一书，学术基础上是西方的分析哲学，而且是看似很经院化的日常语言哲学。但这本书的价值观念却是中国式的，与近代西方启蒙运动以来的个人主义原则相左。20世纪以来，接受过新型教育的学者几乎全部接受了启蒙原则，将"礼"等同于封建礼教，视作是孔子思想之中应当加以回避的因素。推崇孔子的学者强调孔子的思想核心是"仁"，批判孔子的学者强调孔子的思想核心是"礼"。在这一做法的背后，其实蕴藏着推崇启蒙价值观，否定中国传统价值观的前提。然而，倘若人们想对人类的价值作更复杂的思考，对近代启蒙价值观进行否定性的批判，不是将个人本位而是将社会中的和谐相处作为价值观的中心，这个问题就应当颠倒过来。法格雷特所做的就是这种颠倒过来、重估价值的工作。他强调孔子的思想核心是"礼"，而且对于现代社会来说，"礼"具有实际的意义，而不是仅仅具有历史的意义。①

任何学术研究都会或多或少形成某种形式的"圈子"，甚至学派。有的是自称，而有的则是他称。尽管所谓学派往往仅是一种人为的"标签"，而表现为形式上的"求同"，但也不失为对原本碎片式的资料进行组合和归类的有效权宜之计。俗话说人以群分，笔者对一些在学术界已约定俗成，或已展现取向，抑或仅渐露端倪的学术师承关系，兴趣共同体关系冠以"学派"之名，尽管有着争议性的风险。在通常的标准下，划分学派也是从其成员观念之间最大的公约数角度来加以判定的。当然，在任何领域中，都会有一些特立独行、标新立异、另辟蹊径的个性化研究者，很难将这些人物轻易贴上某某学派的标签，而且他们往往也不情愿如此对号入座。即便在所谓某一学派的群体中，其成员也可能各持一端，甚至分道扬镳、各立门户。因此，本书并不强求学派的群体认同。

一、费正清、史华慈、列文森、柯文与哈佛学派儒学

费正清是哈佛大学东亚研究中心创始人，堪称美国现代中国学的泰斗与巨擘，被誉为"头号中国通"。从1929年就读牛津大学，1936年加入哈佛大学，直到1991年故世，费正清献身于中国问题研究长达半个世纪。1932年，费正清以罗德学者的身份第一次访问中国，当时国民党领导人蒋介石正处于权力的巅峰时期，而毛泽东及其共产党们还没有开始他们的万里长征。1972年，他最后一次访华，是尼克松总统历史性访华之后第一批访问中国的美国人之一。费正清独著、合著、编辑、合编的作品多达60余部，还有大量的论文及书评，其中绝大部分都是有关中国问题的论述。重要著作包括《中国沿海的贸易与外交：通商口岸的开埠（1842—1854）》《近代中国：1898—1937年中文著作书目指南》《清代文献》《中国对西方的反应：文献通考》《中国对西方的反应：研究指南》《中

---

①参见程钢：《西方学者的先秦思想史研究》，黄留珠、魏全瑞主编：《周秦汉唐文化研究》（第1辑），三秦出版社2002年版，第280—281页。

国：人民的中央王国与美利坚合众国》《认识中国：中美关系中的形象与政策》《中国的世界秩序：传统中国的对外关系》《中美两国的相互影响：历史评述》《中美关系展望》《美国与中国》《剑桥中国晚清史》《观察中国》等。费正清的最显著贡献，就是创立了有别于欧洲传统汉学的"新汉学"或"当代中国学"，即采取多维和多角度的方法研究中国。

费正清不愧为美国儒学研究的真正开创者，他不仅建立起美国本土的儒学研究，而且还造就了一支专业学术团队，并以其鲜明的学术研究特色而被称为"哈佛学派"。在20世纪中后期，这个学派的儒学研究代表了美国儒学研究的实力与水平，而且甚至也渐渐引领了西方学界的儒学研究。"哈佛学派"在其研究过程中，提出了几种著名的儒学观：费正清提出了"冲击—反应说"（impact-response model），列文森提出了"传统—现代说"，后来，柯文（P. A. Cohen，1934—）又提出了"中国中心观"。①费正清认为研究应该采用中国的第一手资料，不过他并不真正关注儒家经典本身，因其对儒家思想的态度从整体上是否定的，认为儒家思想乃扼杀民主思想的根源。②费正清认为西方思想入侵的作用是积极的，因为它为封闭的中国引入了清新之风，而"消除了儒学的惰性"。③

在其不少论著与论文中，费正清直接或间接地谈到了儒家学说。例如，《中国：传统与变革》第3章第3节谈到了"儒家与道家"，第6章第6节谈到了"新儒学"，第11章第2节谈到了"儒家统治制度的中兴"等；《剑桥中国晚清史》第三章有一节探讨了"魏源——经世致用论与今文学研究的范例"等。《美国与中国》是费正清的第一本"中国学"专著，也是他多年研究所著的一部研究中国历史及中美关系的力作，它是美国汉学研究的代表作之一，其中第三章专门谈及孔孟之道。费正清将儒学概括为"以环境为中心"，而非西方的"个人主义"。他说，如果说中国有"个人主义"的话，那么，中国式的"个人主义""是'以环境为中心'的，而不是像在美国那样'以个人为中心'的"④。

《中国：新的历史》（*China: A New History*）一书，是费正清一生

---

①程志华：《哈佛学派儒学观的奠立、嬗变与成熟》，《河北大学学报（哲学社会科学版）》2008年第1期。

②参见［美］杜维明：《体知儒学：儒家当代价值的九次对话》，浙江大学出版社2012年版。

③参见［美］狄百瑞：《东亚文明：五个阶段的对话》，何兆武、何冰译，江苏人民出版社2012年版，第112—122页。

④［美］费正清：《美国与中国》，张理京译，世界知识出版社1999年版，第68页。

与这个庞大的古代文明交往的完整而最终的表达，它是一部无与伦比的杰作。该书于2006年再版时，著名的历史学家默尔·戈德曼（Merle Goldman）对其进行了增补，内容涵盖了后来毛泽东时代到21世纪初的改革。在书的结尾她还讨论了当代中国的变化，说这些变化将在未来几年内改变中国。经过60年的研究、旅行和教学，费正清书写了从中国新石器时代到现代的详细历史。他描绘了一个不断变化的国家，一个在努力实现统一身份的国家，一个庞大而极其复杂的国家，它永远在武力的必要性和思想的力量之间保持平衡。中国知识分子阶层因其智慧而受到尊敬，所有的历史事件都证明了这一点。在中国，农民一直在试图驯服他们的农村，但由于中国以农业为基础的经济未能更进一步的发展，他们面临着反复的饥荒。一切的中心都是中国家庭，直到最近才成为整个社会服从国家的典范。①

　　在费正清看来，儒家思想在中国占主导地位，这对古代中国社会稳定起到了很大的作用，但当中国受到西方人到沿海地区寻求商业机会的挑战时，这种反应却较迟钝。这个国家闭关自守，拒绝任何外来者。费正清指出，来自西方的挑战最终为中国提供了进步的机会。②他的近现代中国研究确实始终贯穿了这一观念。在《中国对西方的反应》中一开始就提出，中国文化"既有传统的继承，又受西方的影响，它们相互交织在一起"，认定中国历史进程是由一个更加强大的外来社会的入侵所推动的。直到20世纪60年代末，在中国研究领域的批判思潮中，这一观念受到质疑。为此，费正清部分地纠正了自己对中国历史的观点，承认自己的中国史观存在着缺陷，故在《中国：新的历史》和再版的《美国与中国》中进行了一定程度的自我修正，承认中国的近代化主要是基于中国自身的内在生命和动力，西方的影响是有限的。③

　　费正清揭示到，是家庭而不是个人、国家或是教会组成了中国最重要的单位。每个人的家庭是他经济、安全、教育、社会交往和娱乐活动的重要来源。祭祖甚至是个人主要宗教活动的中心，"在儒家的五种著名关

①John King Fairbank and Merle Goldman, *China: A New History*, enl. ed. (Cambridge, MA: Belknap Press of Harvard University Press, 1998).
②Zhang Hong, "Kenneth Pomeranz: A Non-Western Perspective on China," *China Today*, May 13, 2016, http://www.chinatoday.com.cn/english/society/2016-05/13/content_720575.htm.
③参见陈友冰：《美国的"头号中国通"费正清——海外汉学家见知录之八》，国学网2012年8月6日，http://www.guoxue.com/?p=7546。

系中：君臣、父子、夫妻、兄弟、朋友，三种由亲属关系所定。中国整个伦理体系倾向于以家庭为中心，而不是以上帝或国家为核心"①。他提出，儒家传统的道德要求以个人修身为出发点，然后力求推及家庭、社区、国家、天下。"这样以德行推广而形成费孝通所谓中国社会独特的差序格局，这种格局显然比基督教社会更重视社会秩序的稳定，从而使儒家对中国传统社会超稳定结构的形成产生了重要影响。"②对费正清而言，儒家文化是一个闭形的系统，"事实上，中国在进入现代社会以前一个半世纪，已经成为一个自我平衡的社会，有足以维持一个稳固国家的能力"③。费正清指出，从更大的意义上说，作为一种生活哲学，我们通常将儒家思想与之联系在一起：耐心、和平主义和妥协；中庸之道；保守主义和知足；对祖先、老年人和学者的崇敬；最重要的是，一种以人而不是上帝为中心的人文主义思想。④费正清揭示出，维持这一来之不易的社会秩序的手段也有类似的等级制度。首选的方法是教育，在古典教义中真正的灌输，这样每个人都能彻底理解伟大的"社会使用原则"（the great principles of social usage）如礼、礼仪、行为举止等，从而在自己所处的地位上尽自己的一份力。当这种方法失败的时候，社会纪律的第二个层次，特别是对于那些没有充分意识到如何行为的人来说，就是奖惩制度。在这个软硬兼施的层面上，统治者应该根据他们的行为对社会秩序的影响，适当地奖励有道德的人，惩罚他们的渎职者。⑤对他来说，"程朱理学偏离了当时所有的主流哲学，它将道家与佛家的许多观念结合到儒家的主流中"⑥。

费正清对中国在19世纪与西方国家存在"失败"的刺激反应的关注，

---

① ［美］费正清、［美］赖肖尔：《中国：传统与变革》，陈仲丹等译，江苏人民出版社1992年版，第15页。

②张立文、李甦平主编：《中外儒学比较研究》，东方出版社1998年版，第331页。

③ ［美］费正清：《伟大的中国革命》，刘尊棋译，世界知识出版社1999年版，第60页。

④John King Fairbank, *The United States and China*, 4th ed. (Cambridge, MA: Harvard University Press, 1979), 53.

⑤John K. Fairbank, "Introduction: Varieties of the Chinese Military Experience," in, *Chinese Ways in Warfare*, ed. Frank A. Kierman Jr. and John K. Fairbank (Cambridge, MA: Harvard University Press, 1974), 6.

⑥John K. Fairbank and Edwin O. Reishauuer, *East Asia: The Great Tradition* (Boston: Houghton Mifflin Company, 1960), 237.

反映了"帕森斯前提"（Parsons' premise），即文化决定论，在他看来，中国无法实现儒家传统价值观的现代化，这些传统价值观阻碍了变革。[①]他悲观地阐释，在如此多"不平等条约"的百年压抑下，保持古老社会形态的中国同当时统霸世界、不断扩张的欧美发生更多的撞击与融合。工业革命对古老的中国社会带来灾难性的后果，在政治、经济、社会、文化以及意识形态的所有领域都受到严重的挑战和攻击，基础坍塌，以致被屈辱地征服。可以说，中国历史进程是由一种更强大的外来力量加以推动的。[②]根据费正清的观点，现代化给大多数人带来了便利和灾难。就中国而言，它的灾难性后果是中国在现代化进程中的迟缓发展。如果乾隆皇帝在1793年接受了乔治三世通过马戛尔尼勋爵的请求，加入民主国家的贸易世界，中国的现代化可能会与日本相抗衡。中国的缓慢反应反而带来了不平等条约体系的世纪。

在《中国的世界秩序：传统中国的对外关系》（*The Chinese World Order: Traditional China's Foreign Relations*）中，费正清强调，儒学通过传播中国的战略文化而有益于中国的外部环境，也导致了中国"世界"秩序的建立。[③]费正清指出："战争在儒家思想中被取消了信仰……诉诸'武'（战争）是为了追求'文'（文明或文化）。因此，这应该是最后的手段……这就是中国传统的和平主义成见……通过'文'而扩展……这是自然和正当的，而'武'的扩张，野蛮的武力和征服是决不能容忍的。"[④]

在接受英国的《卫报》采访时，费正清在回答有关中国体制性质及其未来前景的问题时，既反思又实事求是。他指出，中国传统的思维方式在当前非常活跃，对中国发展的影响与邓小平的改革、世界经济和超级大国政治一样大。他说，中国人有很多东西想向我们学习，但也有很多关于西

①Harriet T. Zurndorfer, "Confusing Confucianism with Capitalism: Culture as Impediment and/or Stimulus to Chinese Economic Development," (Third Conference of the Global History Development Network, Konstanz, Germany, Konstanz, May 2018).

②Ssu-yü Teng and John K. Fairbank, *China's Response to the West: A Documentary Survey, 1839–1923* (Cambridge, MA: Harvard University Press, 1954), 1.

③John King Fairbank, ed., *The Chinese World Order: Traditional China's Foreign Relations* (Cambridge: Harvard University Press, 1968).

④John K. Fairbank and Edwin O. Reischauer, and Albert M. Craig, "Yi Dynasty Korea: A Model Confucian Society," in *East Asia: Tradition and Transformation*, rev. ed. (Boston: Houghton Mifflin, 1989).

方文明的东西，他们渴望与之保持一定距离。费正清认为，无论是共产主义理论还是儒家思想，都是中国人对中国的感觉。中国人希望能保持团结，这样就不会有太多的战争，人们找了很多方法来避免武力。以前都是以家庭为中心，家庭系统之所以如此重要，是因为它既是幸存下来的东西，也是生存的媒介。有学者指出，以费正清为代表的批判性的解读贯穿美国儒学研究始终。批判性解读派认为，儒家思想把政治文化和伦理道德混为一谈，使得儒家思想成为历代封建统治者的撒手锏，这不同于西方政教分离的当代民主制度。以爱默生和诺布洛克（John H. Knoblock，1906—1953）为代表的"误读派"认为，之所以产生误读是由于对儒家经典翻译上的错误。当然，这种由于涉及由古汉语到现代汉语再到英语的转换，出现误读看似情有可原，因为翻译者植根于他原来文化的土壤，但这种误读所带来的负面影响却是巨大的，因为它起到的是指向标的作用。另外，美国学术界对先秦思想文化的误读还表现为勉强地把两种不同的思潮、思想牵强附会地生拉在一起进行比较，不考虑其产生的历史时期和社会背景。[①]

费正清曾为20世纪80年代的中美关系划分了两个主要主题：一是美国人对高利润贸易和投资的期望，而这一期望迄今尚未实现；二是根深蒂固的传教士冲动，即给中国人最好的文化，其中包括"促进人权"的努力。这将个人的努力和上帝赋予的特权思想，移植到2000年来强调责任和集体和谐的儒家思想上的可能性似乎很渺茫。相比之下，互惠互利的经济交易前景要光明得多。然而，费正清警告说，我们面对的是一个庞大的、曾一度迷失方向的国家，他们正努力进入现代世界，而自己的文化认同却完好无损。儒家的信条依然盛行：理论与实践是统一的，政策是体现个人性格的一种行为形式。[②]

史华慈（Benjamin I. Schwartz，1916—1999）出生于波士顿东部的一个移民家庭，曾在波士顿拉丁学校和哈佛大学接受教育。他主修浪漫主义语言，第二次世界大战使他的研究转向东亚，特别是日本。战后，他进入哈佛大学研究生院学习中文，并与列文森以及现代中国领域的其他未来领军人一起参加了费正清的第一次区域研究研讨会。他于1950年在哈佛大学任教，任职至1988年退休。将史华慈确立为知识分子领袖的著作《中国

[①]窦雅斌：《哈佛、哥伦比亚大学儒学研究考察》，《中华文化论坛》2017年第12期。
[②]John K. Fairbank, *China Watch* (Cambridge, MA: Harvard University Press, 1987).

的共产主义与毛泽东的崛起》（*Chinese Communism and the Rise of Mao*，1951）是从他的博士论文发展而来的。在这里，人们已经发现了其学术成就的一些特征。在评估特定的思想时，人们必须考虑它们更广泛的文化和思想母体。史华慈深入探讨了中国人如何看待自己的文化背景与西方思想之间的关系这一根本问题，并研究了先驱译者严复。他的《寻求富强：严复与西方》（*In Search of Wealth and Power: Yen Fu and the West*，1964）一书，只能由一个在中西文化中都有广泛知识的人来写。

通过教学和写作，史华慈成了中国学研究领域一位重要力量的领军人物，确立了在思想史领域中一些显著而有效的标准，成了一些人思想史研究的灵感源泉。面向全世界的学术界，他的影响力远远超出了中国学研究领域，跨越了传统的学科界限，触及政治学、宗教、哲学、文学以及历史。史华慈认为可以通过研究文化的相容性来解决普遍问题（例如人与"不可知之物"的关系），以及他们的反对意见。这种普世精神启发了他的第三部重要著作《古代中国的思想世界》（*The World of Thought in Ancient China*，1985）。这部学术著作的中心是对中国文化形成时期中国思想范围的重新审视。史华慈着眼于这一时期幸存下来的文本，特别关注其中的多样性。在强调这一思想的问题性和复杂性的同时，他也考虑了强调中国文化统一的观点。他尤其关注的是前儒家文本、早期儒家思想的演变，以及墨家、道家、法家、阴阳学派和"五经"，跨越传统学派分类的知识问题。虽主要关注的是高层次文化的文本，但史华慈也探讨了这些文本与大众文化之间广阔领域的关系问题。史华慈在该书中，较深入地谈及儒家以及"五经"等。在该书中，史华慈面对了历史学家最痛苦的问题，即是否用读者们认为有意义的语言来表达著者的看法，以及是否用读者想象自己世界的方式来表达著者历史主题。尽管如此困难重重，但读者永远不会觉得史华慈笔下的古代思想家生活在一个与我们完全陌生的世界里。对史华慈而言，尽管基于严格的文献学和历史分析的考据是至关重要的，而且《论语》后面的章节确实包含了最新的材料，然而基于所谓的逻辑不一致和思想不相容的考据类型，必须以极大的怀疑来看待。史华慈探讨了孟子如何反对言语和情感的简单的二分法：语言的趋向源自内心深处的道德趋向。史华慈揭示孔孟思想之间的某些不同，他认为自己找到了一条线索，说明为什么在大多数中国思想中，似乎从来没有把"自由"——在善与恶之间选择的自由作为一种最高价值，而这在孟子思想中无疑是一种意识的隐性属性。在他们存在的每一个层面上，圣贤们生活在一个与宇宙和谐相处的世界里，他们有意识的心总是和自发的心在一起。他们的感觉完全在其心的控制之下，充分滋养的气在身体内完全平衡，与宇宙的气相和谐。如此这般的圣人是不需要自由的不确定性的。最终的价值是善本身，而并非追求善的自由。然而，孟子关注的是大多数挣扎的人类，而不是理想的圣人，他显然把极大的压力放在了作为道德戏剧中心的心的自觉的层面上。[1]真正道路的实现不能简单地通过服从语言中插入的外部规则而来，而是源于一种坚定的承诺。在这一层面上的沉思贯穿全书，照亮了我们与古代中国人共有的人类认同。

史华慈将自己的关注扩展到了古代，而非倒退到古代。在整个研究生涯中，史华慈始终对当代中国着迷，并经常就此进行阐释。他的许多文章表明，他在中国研究中早期提出的问题，在此后的脑海中始终鲜明而生动，而且这种联系对他来说似乎比传统的划分更为重要。这些文章有不少收录在《共产主义与中国：意识形态的变迁》（*Communism and China: Ideology in Flux*，1974）和《中国与其他问题》（*China and Other Matters*，1996）中。[2]

著名华裔汉学家张灏曾评述到，史华慈的《古代中国的思想世界》重新开启了古代中国轴心时代的突破这个话题。为此，张灏探讨了两个特定的问题：第一，这个突破之开端的时间定位问题；第二，古典儒学的发展当中所体现的这个突破的特质问题。史华慈认为，这个轴心时代的突破最早发端于西周早期，即公元前12世纪或公元前11世纪。正是在那个时候，关于天与天命的新理念提出来了：在最深刻的层面上，天之命令呈现给我们的是对于如下现象的清醒领悟，即应有的人类秩序与实际的人类秩序之间的差别。这里，我们发现了宗教—伦理式的超验存在的明确证据——可以说它是所有高等文明轴心时代的标志，即对于先前的高等文明发展持有的批判精神。如果我们接受史华慈对轴心时代突破的宽泛定义，我们可能会同意他对轴心时代突破发端的最早时间在周朝早期的认定。但是我们要记住的是，在不同程度上，应有的与实际的人类秩序之间存在差别这一看法在任一超离原始层次的文化中都有所体现。[3]

《跨文化思想：纪念史华慈的中国思想论集》（*Ideas Across Cultures:*

---

[1]Schwartz, *The World of Thought in Ancient China*, 274.

[2]Philip A. Kuhn, "Benjamin Isadore Schwartz (1916–1999)," *The Journal of Asian Studies* 59, no. 1 (2000): 226–227.

[3]张灏：《古典儒学与轴心时代的突破》，卢华译，任锋校，《政治思想史》2014年第1期。

Essays on Chinese Thought in Honor of Benjamin I. Schwartz）一书由与史华慈合作研究过的10位学者所撰写。他们接受了从周朝到现在的一系列的主题，各自探究了古代的中国思想、民国初期的民主命运、20世纪20年代和30年代美学现代主义及其在毛泽东时代的复兴、马克思主义对精神再生和文化转型的重视、20世纪中国大众价值观、西方价值观应在研究和评估其他社会与文化中起到何种作用，以及如何处理中国现代化与中国传统文化之间的关系。尽管存在这种异质性，但这些论文在历史和文学学科之间架起了桥梁。本书的内容却具有令人惊讶的连贯性，也就是几乎所有作者都自觉地谈到了史华慈一般方法的各个方面或他在研究中所涉及的特定主题。每篇论文都与思想有关，并认真对待思想及其社会角色。尽管是在中国特定情况下展开的，但这些文章中提出的问题对中国以外的世界也很重要。在中文和非中文背景下进行的探索都反映了史华慈自己的著述在阐明人类思想广阔视野方面的力量。[1]

在哈佛大学儒学研究的继任者中，也出现了虽然继承了费正清的研究成果，但又偏离其研究方向的，史华慈就是比较典型的代表。他通过对严复思想的研究，发现了中国儒家出身的知识分子并不总是抓着陈腐的历史理念不放，而是在与西方结合的过程中寻找自身的弊病。例如，严复曾经指出当时的中国落后于西方，既非由于社会制度使然，也不是科学技术的落后，而是在于人们对自然和人类社会的认知上。中国人强调"天人合一"，强调"和谐、宁静、忍让"，缺乏西方的那种寻求自由、民主的革命精神。一种看似文明的封建篱笆禁锢着人们的思想，缺乏西方那种强调个体的首创精神和个体利益最大化的自我价值的实现。儒家思想强调的是一种群体观念、一种等序差、一种阶梯式下对上的服从模式。这种模式束缚了人的个性发展，制约了人的自我价值的实现。史华慈还发现了严复得出的有关儒家思想滞后的原因，"严复认为儒家思想体系中缺乏一种把个人利益和国家利益结合在一起的公心"。史华慈认为"中国儒家文化具有保守主义特征，而在西方看来，自由主义和保守主义是相通的"。史华慈的这个结论虽然是对中国研究成果的揭示，但他的研究模式还是和西方大多数学者一样是按照西方范式进行的。如果按照西方的逻辑、西方的模式作为规范演绎下去，东西方就很难达成共识。早期来华的传教士意识到了

---

① 参见Paul A. Cohen and Merle Goldman, eds., *Ideas Across Cultures: Essays on Chinese Thought in Honor of Benjamin I. Schwartz* (Cambridge, MA: Harvard University, 1990)。

这个问题，所以他们试着从儒家经典入手。①

列文森乃中国历史研究学者，加州大学伯克利分校历史学教授。1937年从波士顿拉丁学校毕业，1941年从哈佛大学毕业，1942年加入美国海军。他上过日语学校，并在所罗门群岛和菲律宾参加过军事活动。战后，他在哈佛获得了文学硕士（1947）和博士（1949）学位，是费正清的学生。列文森是哈佛研究员协会的成员，从1951年起他都在加州大学伯克利分校任教，1969年在加利福尼亚州俄罗斯河的一次皮划艇事故中溺水身亡。列文森获得了许多奖项，包括富布莱特基金会研究奖金、行为科学高级研究中心研究奖金、古根海姆研究奖金和美国学术团体理事会研究奖金的荣誉等。为了表彰他在学术和教学方面的贡献，还有以他的名义设立的两个奖项：美国亚洲研究协会"中国与中亚理事会""列文森中国研究书籍奖"，哈佛大学设立了一个列文森杰出教学奖。柯文在其《在中国发现历史》中评论说，列文森对现代化和文化变革的论述"比战后几十年的任何一位美国中国历史学家都更加持久、富有想象力，而且对他的许多读者来说，更具说服力"。②列文森的主要著述有《梁启超与中国近代思想》（*Liang Ch'i-ch'ao and the Mind of Modern China*，1953）、《儒教中国及其现代命运》（*Confucian China and Its Modern Fate*，1958—1965）、《中国：从汉初到汉亡的解释史》（*China: An Interpretive History, from the Beginnings to the Fall of Han*，1969）以及《革命与世界主义：西方阶段与中国阶段》（*Revolution and Cosmopolitanism: The Western Stage and the Chinese Stages*，1971）等。

在《儒教中国及其现代命运》一书中，列文森阐释了现代中国历史及其内在过程，从古代儒家思想到共产党的胜利历史语境背景下的科学、艺术、哲学、宗教和经济、政治和社会变革。第一卷包括：唯心主义批判；科学与清代经验主义；明代方式的社会与艺术；儒学与道家关系的终结；中国本土选择中的折中主义；体与用，今文学派与古典文学；近代古文对今文改良主义的反对；民族主义的作用；共产主义；西方列强与中国革命以及语言变化与连续性问题等。列文森提出儒学已随着封建社会的解体而

---

①窦雅斌：《哈佛、哥伦比亚大学儒学研究考察》，《中华文化论坛》2017年第12期。

②Paul Cohen, "Joseph Levenson and the Historiography of the 1950s and 1960s," in *Discovering History in China: American Historical Writing on the Recent Chinese Past* (New York: Columbia University Press, 2010), 51.

成为历史，成为历史博物馆中的展品，对人们的思想没有任何启迪，不属于意识形态部分。在该书中，列文森明确提出儒家思想已经走入了死胡同的观点。然而并非所有的美国学者都支持这种观点，杜维明和狄培理都对此加以驳斥，并提出了不同的看法。

柯文是哈佛大学费正清中国研究中心教授和韦尔斯利学院亚洲研究与历史名誉教授。他的研究兴趣包括19—20世纪的中国；历史思想；美国中国史学等。柯文于1952—1953年在康奈尔大学学习，之后转到芝加哥大学，并于1955年获得学士学位。他于1957年获得哈佛大学的文学硕士学位，1961年获得哈佛大学的博士学位，当时他是费正清和史华慈的学生。完成博士学位后，他于1962年至1963年在密歇根大学教学。1963—1965年，他是阿默斯特学院历史系的教员。此后，他在韦尔斯利学院任教，直到退休。柯文著有许多有影响的中国近代史著作，如《与历史对话——二十世纪中国对越王勾践的叙述》（*Speaking to History: The Story of King Goujian in Twentieth-Century China*，2009），《在中国发现历史——中国中心观在美国的兴起》（*Discovering History in China: American Historical Writing on the Recent Chinese Past*，1984），《在传统与现代性之间：王韬与晚清改革》（*Between Tradition and Modernity: Wang T'ao and Reform in Late Ch'ing China*，1974），《中国与基督教：传教士运动与中国反外国主义的发展，1860—1870》（*China and Christianity: The Missionary Movement and the Growth of Chinese Antiforeignism*，1860—1870，1963）等。

柯文所提出的"中国中心观"的范式，是根据中国社会半封建、半殖民地历史现象的成因和西方列强对中国近代社会所带来的灾难的基础上形成的。柯文代表了西方社会某一部分有良知的人士的反思。在他的影响下，一些美国学者对中国传统思想理念在态度、立场上出现了变化，他们不再坚持站在西方的立场用西方的价值观对待儒学。例如，麦兹格（Thomas A. Metzgei）就曾用精确的定量分析方法，而不是用之前简单的认知模式分析儒家思想所产生的一些社会影响。近年来英国华威大学的德龙（Donald Sturgeon）通过数字技术把中国的思想典籍、文学、历史书籍文本结合起来，建立了中国典籍古代文本电子图书馆。2015年至2016年，"中国古代文本研究大数据——中国经典解读"语料库立项通过。这项工程通过对大批中国古代经典文本内容自动破译的方法，吸引了世界各地成千上万的需求者。

二、狄培理、布鲁姆与文本学派儒学

狄培理，旧译狄百瑞（William Theodore de Bary，1919—2017）是亚洲思想研究的先驱学者，他花了半个多世纪的时间拓宽了人文主义研究的范围。狄培理通过他撰写或编辑的50余部著述以及他的课程改革的内容将亚洲的人文学科介绍给美国，鼓励一代又一代的学生与西方和东方的经典进行他所称的"伟大的文明对话"。这段对话启发了西方学生在解决永恒问题时，借鉴孔子、柏拉图和荷马等大思想家的思想来进行探讨。对狄培理来说，一个真正的世界公民在一生中都在进行这种对话。他解释说："当你读一本经典作品时，你会与作者或文本进行某种对话，你读到它时，仿佛它与你当前的生活有某种关联。"这是一段对话，与过去伟大的思想家对话。94岁时，狄培理仍然在他心爱的母校哥伦比亚大学教本科生。1937年，狄培理从新泽西州的利昂尼亚来到校园后不久，就选修历史学家卡曼（Harry Carman，1884—1964）的当代文明课程。在第一节课上，卡曼让他的学生们注意到教学大纲中没有非西方文明。"我们需要的是准备将亚洲纳入这一计划的年轻人。"卡曼说，他提到了哥伦比亚著名的通识教育项目核心课程。被教授激励，狄培理开始研究汉语和历史，他回忆说，他的大多数同学都觉得"很奇怪"。

二战期间，狄培理在太平洋地区担任海军情报官，在日本、中国和朝鲜获得了汉文化的初体验。战争结束后，狄培理开始在哈佛大学学习，但在1948年回到哥伦比亚大学获得日语研究硕士学位。他在北京作为富布莱特研究学者进行研究，于1948年中断。在这些关键时刻以及随后几十年的旅行中，狄培理一直在寻求了解亚洲的理想和传统，尽可能地摆脱西方先入为主的观念。1949年，他作为一名教师回到哥伦比亚，为新亚洲文明和人文课程选择了最合适的文本，并将核心课程中的讨论扩展到包括儒家、佛教、日本和印度传统。1953年，狄培理获得中文博士学位。

在博士研究中，狄培理对现代东亚宗教哲学文本进行了深入研究，并以《明代思想中的自我与社会》（Self and Society in Ming Thought，1970）和《理学的展开》（The Unfolding of Neo-Confucianism，1975）等著作，确立了理学研究领域。在前一部著述中，狄培理阐述了王阳明、王畿、陈献章、汤显祖、张居正、倪元璐、袾宏（佛家）、张三丰（道家）等人的思想。在后一本书中，包括《引言》在内的14篇文章，都是关于中国传统官僚制度的。这些文章清楚地表明，儒家思想在中国成为主流并非不可避免。此外，儒家哲学适应了时代的变化，例如，当国家朝着这个方向发展时，利用儒家作为专制统治的工具，或者在需要时自由地"借用"

佛教和道教，然后任意地否定或篡改它所借用的东西。狄培理阐释道：理学是中世纪儒家对佛教和道教挑战的回应，"有人可能会说，是一个由新中世纪文本组成的'核心课程'，解决了这些挑战。在11世纪和12世纪，儒家正在恢复更新同伟大文明的谈话。"①

20世纪80年代，中西学术界在讨论中，把理学分为两个对立的学派，一个是与程氏兄弟、朱熹相提并论的正统理学，另一个是与陆象山、王阳明相提并论的改良主义心学。1981年的《理学正统思想与心学》（*Neo-Confucian Orthodoxy and the Learning of the Mind-and-Heart*）一书帮助读者了解理学的发展，并了解到它的复杂性、多样性、丰富性和深度性是东亚人民道德和精神的主要组成部分。狄培理提出，"理学"（Neo-Confucianism）包揽了当时所有的儒家新趋向，所谓理学正统是指来源于朱熹的程朱思想，而心灵问题则是其所讨论的焦点。②在早期著作的基础上，1988年，在《理学中的心灵信息》（*The Message of the Mind in Neo-Confucianism*）一书中，狄培理探讨了理学的发展，王阳明后来如何借鉴和修改有关的教学，并在16世纪创造一种新的学习形式，还追溯到陆象山。这部创新的著述在对理学进行新的诠释的同时，也讨论了中国650年的历史脉络。1989年，在狄培理与人合编的《理学教育的形成阶段》（*Neo-Confucian Education: The Formative Stage*）一书中，其揭示了在东亚现代化的早期，理学常常被认为是造成19世纪传统社会所谓的知识、政治和社会运动失败的罪魁祸首。如今，许多这样的社会在现代化方面取得的迅速成功与其他不发达国家的缓慢发展相比，理学已经被人们从一个截然不同的角度来看待。中国、日本、韩国和其他华人社区的共同儒家文化是一种推动力。书中文章认为，这种非凡的发展能力，源于12世纪伟大的思想家朱熹的影响。③20世纪末，在中国、新加坡、韩国、日本以及东亚和东南亚的其他地区，人们都在问："儒学在今天能提供什么？"对一些人来说，孔子仍然是一个反动和压抑的象征；对另一些人来说，由于其道

---

①Wm. Theodore de Bary, *The Unfolding of Neo-Confucianism* (New York: Columbia University Press, 1975).

②Wm. Theodore de Bary, *Neo-Confucian Orthodoxy and the Learning of the Mind-and-Heart* (New York: Columbia University Press, 1981), xvi.

③Wm. Theodore de Bary et al., *Neo-Confucian Education: The Formative Stage* (Berkeley: University of California Press, 1989).

德体系的规范，他是被东西方几代学者和思想家所敬仰的人文主义者。[1]面对这些复杂的情况，在1995年推出的《儒学的困境》（*The Trouble with Confucianism*）一书中，狄培理大胆地解答了儒家思想在当今世界为何如此重要的问题。

2014年，在《伟大的文明对话：国际社会的教育》（*The Great Civilized Conversation: Education for a World Community*）一书中，花费几十年的时间来教授和研究人文学科的狄培理，认为古典自由主义教育比以往任何时候都更为必要。为此他概述了一个计划，即通过吸收东西方传统的经典著作来更新现有的核心课程，从而将亚洲文明的哲学和道德价值观带给美国学生，反之亦然。狄培理在世界文明经典的教学与全球人文精神的弘扬之间建立了具体的联系。他选择了许多具有相同价值观和教育目的的文本，将伊斯兰、印度、中国、日本和西方的资料纳入修订后的课程，赋予人性和文明特权。狄培理还着重探讨了中国的教育传统及其对儒家和理学信念的反思，并对《论语》等非西方经典进行了阐释。他还在书中第二篇"儒家的自由学习"中，进一步分析了中国传统的学习之"道"，儒家的个人主义与人格的古典模式以及新儒家对此的发展，朱熹的自由教育及其纲领，王阳明思想，儒家与人权，以及新儒家在朝鲜半岛的兴起等论题；在第三篇中专门谈及了黄宗羲、钱穆、唐君毅等人的观念，以及神学家默顿（Thomas Merton，1915—1968）的儒学观等。狄培理声称，倘若我们超越西方传统而关注那些具有"自由学习"能力且高速发展的国家，尤其是保持最稳定文明但并非不变的中国，那么"作为教育家的孔子与孟子也面临着革命化的境遇"[2]。

1958年，他不仅在哥伦比亚大学，而且在世界各地的学校里扩大了对话范围。在哥伦比亚大学出版社策划了一个系列丛书，使英语读者可以阅读数百年前的亚洲原文。这部名为《亚洲文明概论》的丛书包括中国传统、日本传统和印度传统。随着这些书籍的广泛发行，无数的学者和学生能够直接接触到亚洲的思想和文化。正如他最后一部著作《伟大的文明对话：世界社区的教育》（*The Great Civilized Conversation: Education for a World Community*，2013）所表明的那样，在许多大学不再要求或提供普

---

①Wm. Theodore de Bary, *The Trouble with Confucianism* (Cambridge, MA: Harvard University Press, 1995), xii.

②Wm. Theodore de Bary, *The Great Civilized Conversation: Education for a World Community* (New York: Columbia University Press, 2014), 4.

通人文课程的时候，狄培理仍然同样致力于推进与经典的对话。他声言："我不认为你可以让市场支配你的教育方式"，"你必须做好反抗市场的准备。我认为除了研究经典和其他问题以外，我不会给你任何一个方向。你必须让你的价值判断由过去最好头脑的经验来决定。你必须让它们参与谈话"。这本被他称为"知识传记"的书阐述了其关注的一个中心问题，即将弥合文化鸿沟作为人类进步的一种手段。该书指出，几个世纪以来，在东方和西方，关于维持人类社会价值观的对话一直在进行，但这两种文明之间的交流却很有限。"今天，当代世界的挑战如此之大，文明进程只能通过一种教育方式来维持，这种教育方式包括（至少部分地）分享双方开发的传统课程，这些课程是基于现在公认的不仅经久不衰，而且是世界一流的经典。"2013年，狄培理被美国国家人文基金会授予美国国家人文奖。2016年，因"他在儒家研究方面的开创性贡献"和"在西方建立理学领域"而获得著名的唐奖汉学奖。①

哥伦比亚大学美国研究中心主任、人文学科教授列维（Julian Clarence Levi，1874—1971）曾这样赞誉道："通过孜孜不倦的教诲，他教会了文明意味着什么，并举例说明了文明的含义。半个多世纪以来，狄培理一直是哥伦比亚大学的灵魂。"作为编者，狄培理在数十本书中介绍了来自亚洲不同文化的思想家。这些书成了这一领域的标准，使亚洲研究远远超出哥伦比亚大学，提升到欧洲学术界的突出地位。1987年，据《纽约时报》报道，他的《中国传统之源》（*Sources of Chinese Tradition*）是过去25年里在大学中第四本畅销的非小说类书籍。他特别关注的是阐释中国伟大圣人孔子的思想，这些思想在几个世纪以来一直被人们解读。1987年的《中国宗教杂志》（*The Journal of Chinese Religions*）赞扬了他对儒家信仰体系如何成为"东亚人民道德和精神支柱的主要组成部分"的探索。狄培理提供了详细的证据，证明17世纪中国重新解释的儒家思想有一个激进的核心，即为革命行动辩护。

狄培理曾认为当今社会儒家思想面临着一系列的挑战：儒家思想是否有自新能力；是否能够成为精神变革的基石；是否仍能够承担教育人、引导人、起教化作用的社会责任；今天的儒者的社会构成体和古代的构成体

---

① Douglas Martin, "Wm. Theodore de Bary, Renowned Columbia Sinologist, Dies at 97," *New York Times*, July 18, 2017, section A, 20.

是否一样；儒家思想的内涵是否与时俱进？[①]

哥伦比亚大学的布鲁姆（Irene Bloom，1939—2010）与狄培理合编了《东方经典》（*Eastern Canons*，1995）。她曾力图使亚洲经典著作成为美国大学生通识教育的一部分。为此，她曾与狄培理合编了一本《亚洲经典著作入门》（*Approaches to the Asian Classics*，1990），对亚洲的主要经典作了介绍，其中有《孟子》与唐诗。此外，两人还合编了《原则与实践：理学与实践学习论文集》（*Principle and Practicality: Essays in Neo-Confucianism and Practical Learning*，1979）。另外，布鲁姆还独自推出了《孟子》（*Mencius*，2010）英译本。

三、顾立雅、艾恺、夏含夷与芝加哥学派儒学

著名汉学家顾立雅出生于芝加哥。在芝加哥大学本科毕业后，他继续在芝加哥攻读中国哲学研究生，1926年获硕士学位。1929年通过《中国主义：中国世界观演变研究》（*Sinism: A Study of the Evolution of the Chinese World-view*）为题的论文，[②]而获得博士学位。1936年，他担任中国历史和语言的讲师，第二年成为中国早期文学和机构的助理教授，1941年评为副教授，1949年晋升正教授。顾立雅是20世纪30年代芝加哥大学远东研究项目的创始人之一，并在远东图书馆的建设中发挥了重要作用，他购买了75000多册书，特别是那些现代时期的书。顾立雅曾任芝加哥大学东方语文系主任、美国东方学会会长、亚洲协会会员等。顾立雅因病于1994年6月1日在伊利诺伊州帕洛斯公园的家中去世，享年89岁。

顾立雅堪称孔子研究的权威，除了如《中国的诞生》（*The Birth of China*，1936年），《中国早期文化研究》（*Studies in Early Chinese Culture*，1937），《归纳法的文学汉语（第一至第三卷）》（*Literary Chinese by the Inductive Method*, vols. I–III，1938—1952）等汉学名著外，在儒学西传方面，还著有《孔子，人和神话》（*Confucius: The Man and the Myth*，1949），《从孔子到毛泽东的中国思想》（*Chinese Thought from Confucius to Mao Tse-tung*，1953），《中国思想概论·治国之道在中国的起源，第一卷：西周帝国》（*The Origins of Statecraft in China, Vol. 1: The*

---

①窦雅斌：《哈佛、哥伦比亚大学儒学研究考察》，《中华文化论坛》2017年12期。
②David T. Roy, "Herrlee Glessner Creel (19 January 1905–1 June 1994)," *Proceedings of the American Philosophical Society* 140, no. 1 (1996): 94–97.

Western Chou Empire，1970）等。顾立雅的学术影响使芝加哥大学成为西方汉学研究的中心之一。

在顾立雅的上述著作中，尤以《孔子，人和神话》闻名于世，该书认为孔子之所以被误解，是因为传说掩盖了他的生活事实和思想。实际上孔子是一位改革家和个人主义者，也是一位民主革命的教师。顾立雅在《序言》中作了如此阐释，儒家哲学思想不仅对中国而且对世界都具有重要意义，包括对西方一些最基本的社会和政治观念的发展。然而，迄今为止，孔子在其生平记载中被描述为："一个没有什么个人力量的人，他的行为往往没有明显地体现出他向他人所宣扬的理想。"顾立雅认为这是不正确的，为此提出了一个假设，即"传统并不能准确地描绘出孔子的一生"。他表明，孔子性格开朗；作为老师，孔子很全面；作为学者，孔子的目标是切实可行的；作为哲学家，孔子是革命性的；而作为一名改革家，孔子也充分意识到了自己所身处的那个时代的社会病态。顾立雅的这本书刚一问世，就有书评赞誉它是中国经典著作中的一流研究，也是一项出色的人类学研究，指出该书著者在寻求有关这位圣贤生平许多基本问题的答案时，不仅查阅了儒家著作，而且还根据社会、经济和政治环境研究了孔子的话语和行为。例如，许多现代学者批评孔子对政府的看法，指责他"从未设想过人民可以控制政府的任何方式"。然而，顾立雅意识到投票的思想在中国古代还不可能为人所知，即便在1791年法国宪法提出后，人们仍然普遍认为拒绝普选是有道理的，因为无产阶级是文盲，没有经过培训，也毫无经验，故人们几乎会被迫同意这一观点。因此顾立雅声言："孔夫子没有提出将中国政府移交给公元前500年的农民这一点毫不足怪。"[1]尽管该书以孔子为中心，但不只是介绍了孔子，它还是关于中国历史，乃至整个中国社会封建时期发展一些最重要方面的综合论述。在书的后半部分，著者展示了孔子更广泛的影响，例如，儒家神话是如何发展的，以及儒学与孙中山先生领导的西方民主与1911年中国革命的关系等。并非每个研究中国历史学的学者都会完全赞同顾立雅的最后结论，也就是说，儒家思想在相当程度上是这场革命的幕后推手。的确，孙中山在他的公开演讲和著作中包含了许多儒家思想，这一点是不可否认的。然而，他这样做可能仅仅是为了给他想唤醒的人留下深刻印象。中国历史上所有的改革家都把一些古代的圣人或帝王作为一个不可或缺的榜样，使自己的主张更易接

---

[1] H. G. Creel, *Confucius: The Man and the Myth* (New York: John Day, 1949), 165.

受。20世纪上半叶，孔子在中国人心中的威望虽然动摇了，但仍然很高。不过，与这本书的全部内容和意义相比，这是次要的。[1]顾立雅的这本著作根据最近40年来现有的中西学者所提供的可靠资料，"从批判分析的角度，充分阐述了孔子的生平及其思想"[2]。1949年以来，该书曾多次再版，2008年，基辛格出版社（Kessinger Publishing）推出该书最新一版时称，这本稀有的古董书是原著的复制品。由于年代久远，它可能含有诸如标记、符号、边缘缺损和有缺陷的页面等情况。因为我们相信这部作品在文化上是重要的，所以我们把它作为我们保护、保存和推广世界文学的承诺的一部分，以常人负担得起的、高质量的、符合原著的现代版本提供。

顾立雅的著述，不仅针对高深的学术界，也同时服务于普通的读者，对于《从孔子到毛泽东的中国思想》一书，《纽约时报》书评这样认为，在如此简短的篇幅中，没有其他书籍能以如此恰当的方式来表达中国思想的主要发展过程。文字流畅，页面整洁，并为读者提供进一步阅读的建议。"该书可以让那些从未读过任何有关中国的人理解。"[3]

艾恺（Guy Salvatore Alitto，1942—），1966年芝加哥大学文学硕士毕业，1975年获哈佛大学文学博士学位。他曾师从费正清和史华慈，乃当代最活跃、最有影响力的汉学家之一，尤其在梁漱溟研究上堪称第一人。艾恺于1975—1976年任（台湾）校际地区语言研究规划负责人，1976年起任阿克伦大学历史教授，后任芝加哥大学历史教授。他的主要著作有《最后的儒家——梁漱溟与中国现代化的两难》（*The Last Confucian: Liang Shu-ming and the Chinese Dilemma of Modernity*，1979，1986），《中华文化形成的要素》（*The Essential Elements in the Formation of Chinese Culture and Their Special Features*，1979），《民初时代的文化守成论者——在世界史视野上的中国反现代化思潮》（*Anti-modernization Thought Trends in a World-wide Perspective: on Cultural Conservatism*，1991），《人类有将来吗？与最后儒家梁漱溟的对话》（*Has Man a Future? Dialogues with the Last Confucian*，2013）等。

---

[1]Francis L. K. Hsu, review of *Confucius, the Man and the Myth*, by H. G. Creel, *American Anthropologist* 52, no. 3 (1950): 420–421.

[2]Arthur W. Hummel, review of *Confucius: The Man and the Myth*, by H. G. Creel, *The American Historical Review* 55, no. 1 (1949): 145.

[3]Herrlee G. Creel, *Chinese Thought from Confucius to Mao Tsê-tung* (Chicago: University of Chicago Press, 1971).

作为世界首屈一指的梁漱溟研究专家，在1979年推出名著《最后的儒家——梁漱溟与中国现代化的两难》后，艾恺又于1980年和1984年，应梁漱溟的邀请，在后者北京家中对梁漱溟进行了一系列的采访。之后，他再次推出了《人类有将来吗？与最后儒家梁漱溟的对话》一书。艾恺指出，梁漱溟是中国清末民初乡村重建运动的传奇哲学家、教师和领袖，也是近代理学的早期代表人物之一。这部书按时间顺序记述了在北京发生的对话，访问者与被访问者讨论了儒、释、道及其代表人物的文化特征，回顾了梁漱溟一生中的重要活动，记录了梁漱溟与许多文化和政治领域的名人，如李大钊、陈独秀、毛泽东、周恩来等接触后的反思。这些谈话内容丰富，是了解和研究梁漱溟先生思想和活动以及近代中国社会历史事件的重要参考资料。

2015年，艾恺出版了他编辑的《当代儒家思想与行动》（*Contemporary Confucianism in Thought and Action*）一书。该书着重于当代儒家思想，并收集了包括他自己在内的汉学家，如澳大利亚国立大学哲学系教授梅约翰（John Makeham），北京师范大学—香港浸会大学联合国际学院教授韩子奇（Tse-ki Hon）等人的论文。内容分为三个部分：论述当代儒学的"理"和"实践"，以及两者如何相互联系，并为读者提供对当代儒学和中国文化的更有意义的理解。1921年，在新文化运动对孔子的反传统攻击高潮之际，梁漱溟曾预测，实际上未来的世界文化将是儒家。在随后的9个十年中，梁漱溟的声誉随儒家在中国的命运一起上升或下降。因此，该书读者可能会对以下问题感兴趣：重新构造的"儒教"是否有可能成为中国的精神主流和世界文化的主要组成部分。

夏含夷（Edward L. Shaughnessy，1952—）是芝加哥大学东亚语言与文化系早期中国研究讲座教授，汉学家。他曾任汉学杂志《古代中国》（*Early China*）主编。重要著作有《中国对西方文化的革新》（*Western Cultural Innovations in China, 1200 B.C.*，1989），《孔子之前：中国经典诞生的研究》（*Before Confucius: Studies in the Creation of the Chinese Classics*，1998），《〈周易〉之编纂》（*The Composition of the Zhouyi*，1983），以新近发现的公元前二世纪马王堆文字的考古发现的版本为底本的《〈易经〉：新出公元前二世纪马王堆帛书本的首部英译》（*I Ching, The Classic of Changes:The First English Translation of the Newly Discovered Secong-Century B.C. Mawangdui Texts*，1997），以及《中国：帝国与文明》（*China: Empire and Civilization*，2019）等。夏含夷最有价值的贡献是根据考古发现来重新研究和翻译儒学文献，如《重写早期汉语文本》（*Rewriting Early*

Chinese Texts，2006），《发掘变化：最近发现的〈易经〉手稿及相关文献》[*Unearthing the Changes: Recently Discovered Manuscripts of the Yi Jing (I Ching) and Related Texts*，2014]以及2019年的《西方天文台的中国志：中国出土文献的西方研究概述》（*Chinese Annals in the Western Observatory: An Outline of Western Studies of Chinese Unearthed Documents*）等。

根据夏含夷本人的自述，他的大部分职业生涯都致力于中国周朝的文化和文学史研究，这一时期是中国所有后来的知识分子看作是中华文明黄金时代服务的时期；毕竟这不仅是文王和武王建立的时期，而且也是孔子生活的时期。夏含夷的大部分工作都集中在考古学上，从公元前1000年的第一个世纪铸造的青铜礼器上的铭文，到最后几个世纪用竹子和丝绸书写的手稿，他从这一时期的文字材料中加以复原当时的文化。这些手稿，在过去的二三十年里被大量发掘出来，吸引了他越来越多的注意力。同时，他也对这一时期的文学传统着迷，特别是《周易》。夏含夷发现用这些考古材料来解释经典是最有价值的，反之亦然。在这种学术研究过程中，他发现自己一次又一次地回到自己博士论文《周易》的主题。夏含夷最近完成了一项全面的研究，内容包括：在孔子时代之前，经文是如何被编写、使用和理解的，以及在孔子时代之后，经文是如何从一本或多或少简单的占卜手册变成中国最重要的智慧之书的。

四、南乐山、白诗朗、罗斯文与波士顿学派儒学

南乐山（Robert C. Neville，1939—）是将儒学作为世界哲学的倡导者。他对中国哲学的贡献使他获得了一个中国的荣誉名字：南乐山。[①]此名出自《论语·雍也》中的"知者乐水，仁者乐山"。来自美国波士顿地区的几位学者，特别是哈佛大学的杜维明，一起鼓励发展后来被称为"波士顿儒学"的学派。顾名思义，波士顿儒学是儒家传统的"非东亚"表达。南乐山出版了几本关于儒家主题的著述，其中一本书详尽地论证了其合理性，并展示了波士顿儒学的生命力和重要性。这就是2000年推出的《波士顿儒学：近代世界的可移植传统》（*Boston Confucianism: Portable Tradition in the Late-Modern World*）。人们会问："有没有可能一个儒者并不是东亚人，就像很多哲学家都是柏拉图主义者而不是希腊人一样？"奇怪的是，许多学者会以否定的态度来回答，他们认为儒学与东亚文化之间

---

① 参见［美］南乐山：《中国哲学在英美》，欧阳康主编：《当代英美哲学地图》，人民出版社2005年版，第83—126页。

有着千丝万缕的联系。南乐山的"波士顿儒学"则恰恰相反，它认为儒学对当代全球哲学对话很重要，不应局限于东亚背景。它提倡多元文化的文化哲学，为儒教对话作出了贡献，表明当今世界各大文明之间的关系并非亨廷顿所说的"冲突"，而是一种"纠缠"（entanglement），因此其根源值得梳理，当代发展值得推动。杜维明在该书的前言中评价到，南乐山打算表明，后现代性的复杂性要求世界各地的严肃思想家齐心协力"接受世界哲学文化中的所有传统"。这种包容性的观点可能被视为他对信仰的表述：在真正的世界文化形成之前，世界社会永远不会是文明的，它尊重不同的文化并使它们协调一致，以便对诸如环境保护、分配正义等问题作出关键性的反应，"波士顿儒学的构想是将极为特定的地方知识转变为具有全球意义的哲学任务而迈出的一步"[1]。波士顿儒学的发起引起了世人的关注，在《作为世界哲学的儒学：对于波士顿儒家的回应》一文中，著名新儒家学者刘述先谈到，波士顿大学的南乐山于2000年出版了他的《波士顿儒学：近代世界的可移植传统》，对此，可追溯到1988年在香港和1991年在伯克利举行的两次儒教基督教对话会。"整本书都是围绕一个主题写的，就必须认真对待。从1988年到1998年，我亲自参加了四次这样的活动，其中探讨了新的思想和新的领域。现在我想继续这些对话……我从当代新儒家的角度回应南乐山，并提出方法论、形而上学和实践哲学的问题。"[2]

南乐山乃哲学、神学、宗教和艺术批评方面的大量书籍和文章的作者。他对哲学的兴趣是形而上学、哲学宇宙学、认识论、伦理学、宗教哲学、教育哲学和美学；他对神学的兴趣是哲学神学、比较神学、基督教系统学、儒学和性认同神学；而他对宗教的兴趣主要集中在比较宗教、宗教理论和宗教象征的真实性和局限性方面。可以说。南乐山是以西方和东亚哲学为背景，在实用主义和过程思维中找到了自己进行学术研究的特殊资源。有意思的是，不通中文的南乐山有关中国哲学的论著却非常之多。1977年，他在《过程研究》上发表了第一篇论述中国哲学的论文《王

---

[1]Tu Weiming, forward to *Boston Confucianism: Portable Tradition in the Late-Modern World*, by Robert Cummings Neville (Albany, NY: State University of New York Press, 2000).

[2]Liu Shu-hsien, "Confucianism as World Philosophy: A Response to Neville's Boston Confucianism from a Neo-Confucian Perspective," *Journal of Ecumenical Studies* 40, no. 1–2 (2003): 59–73.

阳明的〈大学问〉》。并于1982年,出版了专著《道与魔》(*The Tao and the Daimon: Segments of a Religious Inquiry*)。从那以后,他不断推出80多篇有关中国哲学的论文,并以此编成了四部文集,即《波士顿儒学:近代世界的可移植传统》、《在上帝面具的背后——儒道与基督教》(*Behind the Masks of God: An Essay toward Comparative Theology*)、《礼仪与辩护:中国哲学在此比较语境中的拓展》(*Ritual and Deference: Extending Chinese Philosophy in a Comparative Context*)以及《善一分殊:儒家论形而上学、道德礼、制度与性别》(*The Good Is One, Its Manifestations Many: Confucian Essays on Metaphysics, Morals, Rituals, Institutions, and Gender*)。《善一分殊》中的15篇论文多维性地讨论了儒学形上学、道德、礼仪、制度、性别等话题。"南乐山自觉意识到其研究进路不同于中国哲学专家的儒学文本研究,而是从哲学的角度力图发展一种可行于当今世界的儒家哲学。"[①]2018年,南乐山在《皮尔士与儒学关于即时审美直觉的谬误》一文中,既肯定了皮尔士(Charles S.Peirce)所坚持的一切经验都是可解释的和错误的,又肯定了儒家强调审美经验即时性的美学理论,也就是借鉴皮尔士和儒家的思想,勾勒出一个和谐论,以捍卫即时性审美直觉。[②]

2017年2月,南乐山在哈佛大学神学院世界宗教研究中心表示:"'波士顿儒学'这个词最初是在1991年伯克利举行的儒家—基督教对话会议上开的一个玩笑。来自波士顿的我和杜维明、白诗朗(John H. Berthrong)、郑载植(Chung Chai-sik)等人认为,儒家思想是一种哲学传统,对其文化进行了批判,可以应用于近代西方。我们被称为'波士顿儒家',杜教授非常喜欢这个想法。我写了一本名为《波士顿儒学:近代世界的可移植传统》的书,探讨了西方儒学中可以传承的东西和可以留下的东西。我是一个儒家的(基督教的,柏拉图式的,务实的)哲学家,不是儒学的学者。我的书已译成中文。普渡大学的美籍华裔社会学家杨凤岗(Fenggang Yang)在没有任何引文的情况下,提到了波士顿的儒家,他们中的大多数人都不是中国人,假设他的读者已经了解我们。我收到来自中国的学生的申请,他们想来波士顿和我一起学习波士顿儒学。南乐山还进一步指出,研究中国宗教是否会给比较主义者带来特殊的问题,取决于你

---

①许家星:《"波士顿儒学"近况》,《光明日报》2016年8月15日。
②Robert Cummings Neville, "Peirce and Confucianism on the Fallibility of Immediate Aesthetic Intuition: Charles S. Peirce Society 2018 Presidential Address," *Transactions of the Charles S. Peirce Society* 54, no. 1 (2018): 1–8.

如何研究和研究什么。了解汉语是有帮助的，任何一个认真的儒学比较家都应该了解汉语的语言和各种书写方式。我只是比较一下我通过阅读和用英语交谈得到的想法。研究儒学的一大优势在于它与西方宗教有着显著的差异，从而揭示了我们对其研究可能带来的比较范畴上的偏差。例如，它没有教派组织，因此不能与教会机构联系起来，也不能作为一种教会历史来研究。它的实践是以家庭实践为基础的，它的历史是教育机构的历史。孔庙既是宗教建筑，也是公民建筑。它对终极的概念是明确的、非个人化的。但它有着深刻的传统，即思考终极的现实，把人与终极联系起来的存在方式，以及对宗教生活方式的大量精神实践和承诺，所以它是一种宗教。"[1] 在一定意义上，南乐山力图将儒家传统的古老智慧带入科学、自由主义、民主和人权等当前挑战中。对他而言，儒家思想与美国哲学的融合物可称之为"波士顿儒学"的绝妙例证，它指的是由东亚文化环境之外的人士组成的团体成员，他们将儒学视为宝贵的哲学资源。

在2009年纽约美国哲学学会年会东区分会会议上，南乐山发表了一次演讲，呼吁采取创新的方法来推进中国哲学的哲学参与，重点是"解决当代一阶问题"（first-order problems）。许多中国学者受到他的演讲的启发，与西方进行无边界对话，提出了组织特定领域的想法。在这些有新项目的所有会议中，越来越多的论文特别关注中国宇宙学或中国形而上学。其目的之一是定义科学和形而上学之间的接口。这些学者的希望是激发人们对中国形而上学的兴趣，使中国形而上学更符合时代的科学世界观。南乐山在其论文中提及："在儒学和道家的传统中，关于经验价值普遍性的框架假设使人们很难将传统的宇宙论联系起来。价值在科学工作中扮演着如此重要的角色，导致人们普遍无法从科学的角度重新思考东亚传统，也无法在东亚文化舒适区平等地代表科学。"[2]

在其2013年出版的《终极：哲学神学》（*Ultimates: Philosophical Theology*）一书中，南乐山认为自己的研究应该"服务于佛教徒、基督徒、儒学、道士、印度教、犹太人和穆斯林的神学利益，就像他们自己的忏悔神学家的工作一样，并且具有对比较和纠正的开放性，这提供了一个

---

[1] 参见 https://cswr.hds.harvard.edu/news/2017/02/28/religion-specific-or-trans-religious.

[2] Robert Cummings Neville, "Research Projects for Comparative Study and Appreciation of Ultimate Realities through the Sciences and Humanities," *Journal of East-West Thought* 1 (2011): 132.

广泛而有点考验性的测试语境"①。在其《存在：哲学神学》（*Existence: Philosophical Theology*）一书中，南乐山强调，"儒家以强调社会仪式而闻名，这在哲学神学二和三中具有重要意义。但对真诚的重视可以追溯到孔子。在思想和行动的统一上，大多数儒家都同意王阳明的观点。杜维明明确地将儒学思想的内在性与西方存在主义问题联系在一起"②，索尔法尔（J. Solé-Farràs）在描述南乐山在东亚外部环境中反思其重要的儒学经验时，指出他的儒学思想的目标是不回应西方的影响。然而，在西方环境中哲学地生活，或者更确切地说，在一个文化遗产不同的混合世界中生活。南乐山的儒学思想使其能够从哲学上思考其他世界文化，因为"他理解东亚文化背景下的儒学思想"③。

2019年，在《善的形而上学：和谐与形式、美与艺术、义务与人格、繁荣与文明》一书中，南乐山扩展了怀特海（Alfred North Whitehead，1861—1947）的文化研究项目，该项目是基于后者在《思想历险记》（*Adventures of Ideas*）中发展起来的一种新的形而上学。南乐山在许多模式下关注的是价值或善。该书所讨论的形而上学来源于柏拉图和儒家传统，并对怀特海、皮尔士、杜威、孔子、荀子、周敦颐进行了重新评价。该书第一部分发展了一个基于形而上学的和谐理论；第二部分阐述了一种基于美的形而上学的艺术理论；第三部分概述了一个基于义务形上学的人格理论；第四部分从一个繁荣的形上学出发，系统地论述了文明。在整本书中，南乐山阐述了一个解释理论，这个理论的灵感来自皮尔士、杜威和荀子，但不限于他们的思想。虽然这本书的推理很简洁，但它采用了许多哲学、艺术批评、伦理学和文化研究的方法，认为哲学需要向所有这些学科学习。④

1994年，波士顿学派主要成员之一的白诗朗通过"更新的儒学—基督

---

① Robert Cummings Neville, *Ultimates*, vol. 1 of *Philosophical Theology* (Albany, NY: State University of New York Press, 2014), xvi.

② Robert Cummings Neville, *Existence*, vol. 2 of *Philosophical Theology* (Albany, NY: State University of New York Press, 2014), 2–3.

③ Jesús Solé-Farràs, *New Confucianism in Twenty-First Century China: The Construction of a Discourse* (New York: Routledge, 2013), 39.

④ Robert Cummings Neville, *Metaphysics of Goodness: Harmony and Form, Beauty and Art, Obligation and Personhood, Flourishing and Civilization,* (Albany, NY: State University of New York Press, 2019).

教对话"讨论了儒学和全球化。①4年后，他研究了朱熹、怀特海和南乐山三位东西方思想家的哲学和神学。白诗朗将创造力作为一个全球性和跨文化的主题，进行了一次成功的比较。他还介绍了新儒学作为与现代西方思辨哲学和神学的一个成熟的对话伙伴，并坚持这一论断会引发一个"通过传导过程的持续对话……我们开始努力创造有效的方式来维持竞争仍然很重要"②。最近几年，白诗朗还探索了中西方的哲学和神学变革，试图将中国道教和儒家思想与西方的过程、实用主义和自然主义哲学和神学进行对话，并且"倘若有希望生活在和平的世界中，对不同的哲学和宗教加以比较和欣赏"③。

2012年，在《〈论语〉读者之友》（*A Reader's Companion to the Confucian Analects*）一书中，另一位波士顿学派的主要成员罗斯文（Henry Rosemont Jr., 1934—2017）提出了一种不同的方法：他基本上不教教义，而是教学生如何在生活中找到意义和目的，以及如何最好地为社会服务。因为学生不一样，他的教学不可能是统一的，因此，他所说的内容引起了学生们大量不同的阅读。通过提供短文、查找列表、背景和比较材料，他的"读者之友"并非对古代文本有另一种解释，而是帮助当代学生发展自己的阐释性阅读。他希望帮助他们在自己的生活中寻找意义和目的——正如中国人以前所做的那样。据罗斯文所言，今天中国大陆确实发生了类似儒学思想的"复兴"，其中大部分都没有政府的支持。"例如，大多数大学现在都有孔子学院，独立的孔学中小学在全国范围内不断增加，政府为在世界各地建立孔子学院提供了资金。"然而，这并不是说孔子的劝诫应该被当作一种普遍化的每个人都应该遵守宗教或哲学，因为一般的儒学"模式"的一个核心要素是适用于许多不同的人，我们每个人都必须采取最适合我们的历史、家谱、才能和人格的方式。④为了更好地理解中国文化，作为编辑的罗斯文将吉德炜（D. N. Keightley）关于中国社会起源的

①John H. Berthrong, *All Under Heaven: Transforming Paradigms in Confucian-Christian Dialogue* (Albany, NY: State University of New York Press, 1994), 2.

②Berthrong, *All Under Heaven: Transforming Paradigms in Confucian-Christian Dialogue*, xii.

③John H. Berthrong, *Expanding Process: Exploring Philosophical and Theological Transformations in China and the West* (Albany, NY: State University of New York Press, 2009), 6.

④Rosemont Henry Jr., *A Reader's Companion to the Confucian Analects* (New York: Palgrave Pivot, 2012), 3.

开创性文章汇集到了一起，题为《遗骨重生：吉德炜早期中国研究选集》（*These Bones Shall Rise Again: Selected Writings on Early China*）。罗斯文在这本书的《导言》中说，通过这本书读者不仅会发现许多重要的文本，而且会发现最好的发人深省的学问。

五、安乐哲、郝大维与诠释学派儒学

安乐哲（Roger T. Ames，1947—）生于加拿大，1970年获英属哥伦比亚大学荣誉双学士；1973年获英属哥伦比亚大学哲学硕士；1978年获伦敦大学博士。1987年起任《东西方哲学》主编；1991年至2000年出任中国研究中心主任。1993年，他协助创刊了夏威夷大学中国研究学术文献评论杂志《中国评论国际》（*China Review International*），并于1992年至2006年担任执行主编。他是美国东西方中心亚洲研究发展项目的联合主任，为此他成功地获得了多项国家人文基金和富布赖特基金。他的教学和研究兴趣集中在比较哲学、文化哲学、环境哲学、古典儒学和道教。

少年时代的安乐哲曾前往南加州雷德兰斯大学学习，并于1966年夏以交换生的机会到香港进修。在异国他乡，他开始接触儒家哲学并迅速沉醉于中国哲学以"修身""弘道"和最终"平天下"为主旨的思想艺术。在新亚书院，安乐哲有幸接受了唐君毅和牟宗三的面教。不久他转到崇基学院，师从劳思光先生钻研《孟子》。第二年的夏天，安乐哲怀揣着刘殿爵翻译的《道德经》回到了加拿大。那时他已倾心钻研中国哲学了。安乐哲感叹道，从在雷德兰兹大学时算起，自己总共花了13年才完成博士学位。因为那时整个西方世界找不到教授中国哲学的地方，即使现在，西方大多数哲学系也根本不教中国哲学。作为专业学科的西方哲学至今仍旧坚持哲学不过是盎格鲁—欧罗巴大陆哲学而已，而这无非是想沿用地缘标准而非哲学尺度来说服自我及世界。这一尺度的潜台词是盎格鲁—欧罗巴系统以外的其他文化对追寻智慧没有兴趣。安乐哲发现这种观点是心胸狭隘和不足为道的。于是在此后的学术生涯中，他越来越致力于挑战整个西方哲学传统中种族中心主义的顽固偏见。为了能在加拿大英属哥伦比亚大学学习中国哲学，安乐哲完成了汉语和哲学两个本科学位，接着赴台，师从方东美，用两年时间完成了台湾大学哲学系的研究生学业。1972年，他在英属哥伦比亚大学亚洲研究系完成了研究生学业。不久，安乐哲又到日本学了两年中国哲学，再转到伦敦大学攻读博士学位，故能有机会师从在西方最受尊崇的中国哲学翻译大师刘殿爵。安乐哲还回忆说，葛瑞汉也使他受益匪浅，因为后者沿着葛兰言（Marcel Granet，1884—1940）的思路，潜心研究如何将"关联思维"作为中国哲学特质，故得到了特别的启发。取得

博士学位后，安乐哲在刘殿爵的推荐下，幸运地得到了夏威夷大学哲学系的教职，而此处是西方唯一授予中国哲学、日本哲学、印度哲学、佛教哲学以及伊斯兰教哲学博士学位的地方。首位系主任陈荣捷于20世纪30年代，同查尔斯·穆尔（Charles Willard Moore，1925—1993）一道创建了这个综合性的哲学系。陈荣捷的基本想法是：具备西方哲学背景的学生学习非西方哲学比单纯学习非西方哲学的学生更有优势，因其更能够运用不同的分析方法、手段和全新的视角来理解和拓展中国哲学传统。这种训练的优势并不在于西方哲学有着中国传统所缺乏的而研究哲学所“必需”或“重要”的“严谨性”，而在于它能够提供一个更有利的观察点。

在《儒家角色伦理：21世纪道德视野》（*Confucian Role Ethics: A Moral Vision for the 21st Century*）一书中，安乐哲探讨了儒家经典如何阐述真实的、有道德的人。他主张，许多著名的儒家伦理评论员通过对西方概念和范畴的叠加，解释了这一独特的中国哲学的基本思想和术语，并将这一丰富的传统分解为“美德伦理学”（Virtue Ethics）的一个子范畴。安乐哲从解决负责任的文化比较问题开始，然后制定必要的解释性语境，将文本定位在自己的文化氛围中。在探讨儒家哲学的“人”的关系概念时，他追求对儒家角色伦理所表达的一系列术语细致入微的理解。在借鉴西方和中国资料的前提下，安乐哲提出了一个论点，即理解儒家完美人生观的唯一途径是按照自己的方式来对待传统。在《成人之道：儒家角色伦理学论“人”》（*Human Becomings: Theorizing Persons for Confucian Role Ethics*）一书中，安乐哲认为将儒家伦理归类为角色伦理的恰当性很大程度上取决于中国古典哲学解释语境中所预设的人的概念。首先，安乐哲自觉地、批判性地将儒家的人的概念理论化，并作为儒家伦理的出发点。他强调，最终目标将是以儒家传统为自己的条件，让它用自己的声音说话，而不是用文化的重要性来覆盖它。他认为，儒家哲学对当代伦理、社会和政治话语最重要的贡献可能是焦点场（focus-field）的概念，即关系构成的人（relationally constituted persons），作为个人主义意识形态的有力替代品，由单一行动者扮演着赢家的角色。

安乐哲到夏威夷大学后不久就与得克萨斯大学的哲学教授郝大维（David Hall，1937—2001）开始了持续20多年的学术合作。他们前后共合著了6本学术专著。两人力图将汉学技巧和哲学方法融会贯通，并将其运用于对传统中国哲学的诠释性研究及哲学经典的新译中。这种合作源于西方学术界对中国哲学的了解方式存在着致命的缺陷这一共识。中国哲学体系是由深奥的“哲学”著作，诸如《论语》《中庸》《道德经》及《孙子兵法》等组成的，可惜这些文献的哲学性至今未曾得到西方应有的重视。在西方，这些著作最初是由传教士，而在近代则是由汉学家翻译并解释的。也就是说，西方哲学家们只是偶尔附带着研究一点中国哲学文献。安乐哲指出，迄今为止，西方哲学研究视野中关于中国哲学的探讨，往往是将中国哲学置入与其自身毫不相干的西方哲学范畴和问题框架中加以讨论。他还强调，近年中国的考古发现使一些从未出土或早已失传的哲学文献版本重现于世，这使西方世界觉得有必要重新译读这些哲学典籍，同时也给哲学家们提供了一个重新审视既有标准译本的理由。更重要的是，它促使我们迎接富有想象力的挑战，亦即如何将这些经典用其固有的词汇在其自身的世界观中加以定位和阐释。安乐哲与郝大维在重新翻译哲学经典时，建立了一套策略性框架，包括阐释性的介绍，不断演进的关键哲学术语词汇表，校对过的中文原文，以及与原文相对应的自觉自明的译文。他们的"目标并不是要用一套中国哲学术语来取代原先不完善的模式，我们旨在将关键术语翻译成一些具有提示性的符号，以便读者可以回到词汇表中，重新检讨这些术语本身的意思，并希望他们自己能适当运用。……只有当西方学习中国哲学的学生能够像他们理解古希腊文献中的'kosmos''logos'及'nous'一样充分理解中文中的'道''天'和'德'的丰富内涵时，这才可以宣称西方人开始运用中国哲学术语来理解中国哲学传统了"①。

《孔子哲学思微》（*Thinking Through Confucius*，1987）为安乐哲与郝大维早年的合著。该书批判性地解释了孔子哲学思考背后的概念结构，并从孔子的角度研究"思想"或"哲学"。他们指出，通过对中国哲学的考察，可以为解决西方文化传统中的一些紧迫问题提供另一种哲学定义，从而为中国传统哲学思想的阐释找到了一种合适的语言——一种相对不受西方哲学偏见和预设影响的语言。在《展望中国：中西文化的叙事思考》（*Anticipating China: Thinking Through the Narratives of Chinese and Western Culture*，1995）一书中，合著者安乐哲与郝大维表明，因未能评估中国和西方之间的重大文化差异，而严重影响了人们对古典和当代中国的理解，并使其态度、概念和问题的翻译极为困难。他们至少在四个方面揭示了文化关注的重要领域。对前苏格拉底哲学的回顾不仅仅是一次重述，而

---

① ［美］安乐哲：《我的哲学之路》，《东方论坛—青岛大学学报（社会科学版）》2006年6期。

且提供了新的见解。有关古代中国的资料丰富了两位著者通过孔子开始思考的内容。他们对中西方差异的评价，可使当代西方哲学家从新的、富有启发性的角度来审思更多的论题。安乐哲与郝大维还在合著的《聚焦纲常：〈中庸〉的翻译与哲学解读》（*Focusing the Familiar: A Translation and Philosophical Interpretation of the Zhongyong*，2001）一书中，对《中庸》进行了鲜明的哲学解读，他们关注文本的语义和概念上的细微差别，从而解释了《中庸》在中国古典文学中的中心地位。这两位著者使西方哲学家和其他知识分子能够获得一套解释和论据，从而为中西方思想家共同关心的问题提供新的见解。除了注释翻译外，术语表以简明的形式给出了术语的重要意义，这些意义在《中庸》的论点中起着关键作用。附录阐述了一些与理解文本历史及其英文翻译历史相关的技术性问题，同时向读者介绍了当代最优秀的《中庸》文本研究，并利用中国最新的考古发现将这部经典置于更完善的知识背景中。在另一部合著的《先贤的民主：杜威、孔子与中国民主之希望》（*The Democracy of the Dead: Dewey, Confucius, and the Hope for Democracy in China*，2015）一书中，安乐哲与郝大维试图回答这样的问题：民主会在中国的未来占据重要地位吗？如果是，会是什么样的民主？他们在回答这些问题的过程中，借鉴了杜威（John Dewey，1859—1952）和孔子的思想。正如罗斯文所评价的，他们"所关注的焦点超越了西方自由主义传统，这既有助于理解中国政治变革的前景，也有助于对当前围绕美国杜威的新实用主义辩论作出重大贡献。这本书是对这两个领域文献的极好补充，更普遍地说，是比较哲学令人兴奋的发展"。

在2016年与罗斯文合著的《儒家角色伦理：21世纪的道德视野》一书中，两位合著者指出，整体哲学是建立在关系性的首要地位和对人的叙述性理解的基础上的，是对基本自由主义个人主义的挑战，自由主义、个人主义将人界定为离散的、自主的、理性的、自由的，而且常常是自利的主体。儒家的角色伦理从一种关系建构的人的概念出发，以家庭角色和家庭关系作为发展道德能力的切入点，以道德想象和关系的成长作为人的道德的实质，蕴涵着一种以人为本的道德观，这种无神论的宗教信仰与亚伯拉罕的宗教形成鲜明对比。安乐哲与罗斯文翻译的《论语》（*The Analects of Confucius: A Philosophical Translation*）于1998年由纽约Ballantine公司出版。译者考虑到中西读者的认知差异，采用了创造性翻译策略，为中西方哲学对话开设了新的渠道。①

安乐哲与赫绍克（Peter D. Hershock，1955—）合编的《儒学与世界文化秩序变革》（*Confucianisms for a Changing World Cultural Order*，2018）一书中的15位作者进行了这样一种讨论：仅仅一代人的时间，亚洲的崛起就促成了世界经济和政治秩序的巨大变化。这种重新配置是在一系列不断加深的全球困境中发生的，这些困境包括气候变化、移民、财富和机会日益不平等，这些都不能通过纯粹的技术手段或通过寻求一种后来证明不太有效的自由主义的办法来解决。目前的工作批判性地探讨了泛亚洲儒学现象如何提供替代价值观和深度的伦理承诺，而跨越国家和文化边界，提供一个新的回应这些挑战。在寻找应对世界问题的资源时，人们倾向于寻找最熟悉的资源：在与其他参与者的竞争或合作中追求自身利益的单一行为者。正如现在被广泛理解的那样，儒家文化推崇相互尊重和依存的关系价值观，也就是说，关系构成的人被理解为嵌入并由独特的、交易性的关系模式所培育。这是一个与离散的、自主的个体形成鲜明对比的人的概念，这种个体是18世纪和19世纪西欧现代化方法的产物，与自由民主密切相关。在审视儒家思想在21世纪的意义和价值时，该书来自世界各地大学的这些研究者提出了几个关键问题：在中国、日本、韩国和越南的不同文化背景下，儒家思想的价值观是什么？它目前的意义是什么？儒家思想的局限性和历史缺陷是什么？如何批判地解决这些问题？如果儒家文化要成为积极变革的国际资源，它必须如何改革？这些研究者的答案各抒己见，但都赞同，只有一个至关重要的和批判性的儒家思想才会与一个新兴的世界文化秩序相关。

六、倪德卫、艾文贺、万百安与分析学派儒学

倪德卫（David Shepherd Nivison，1923—2014）出生于美国缅因州法明代尔。他的叔叔埃德温·阿灵顿·罗宾逊（Edwin Arlington Robinson，1869—1935）是一位19世纪著名的美国诗人，曾三度获得普利策文学奖。倪德卫于1940年进入哈佛大学，然而同他那一代的许多美国男人一样，他的研究也因第二次世界大战而中断。倪德卫曾在美国陆军信号兵团担任日语翻译。1945年战争结束后，他返回哈佛大学，并于1946年以优异的成绩获得了中国历史的学士学位，后又获得了博士学位。1953年，他写了一篇

---

① 参见范敏：《〈论语〉五译本译者风格研究——基于语料库的统计与分析》，《北京航空航天大学学报（社会科学版）》2016年第6期。

关于18世纪清代中国哲学家章学诚的论文。他的早期中文老师是杨联升和洪业，他们都具有中国传统学术的渊博知识和对近代西方史学的浓厚兴趣。倪德卫于1948年开始在斯坦福大学任教，后被哲学系、宗教研究系和东亚语言与文化系聘用。倪德卫在20世纪50年代投入了时间和精力在哲学领域进行自我训练。除了斯坦福大学的课程，1952—1953学年，他还在哈佛大学选修了分析哲学大师奎因（Willard Van Orman Quine，1908—2000）的语言哲学课程。1969年至1972年，倪德卫担任斯坦福大学哲学系系主任，当时正像世界其他地方一样，斯坦福大学爆发了学生抗议活动。1979年，美国哲学学会太平洋分会选举他为主席。从1954年到1955年，倪德卫是日本京都的富布莱特研究员，1973年是牛津大学的古根海姆研究员。他于1988年从斯坦福大学荣休。

倪德卫的博士论文发表于1966年，名为《章学诚的生平及其思想》，并获得了当年的朱利安奖。章学诚是被遗忘的清朝哲学家和历史学家。这是一本有影响的中国历史学家和历史哲学家的传记，一经发表立即被认为是一本具有里程碑式贡献的著作，至今仍然是任何对清朝的思想史感兴趣的人必读的书。

在哲学领域，他的主要贡献是将分析哲学的技术应用于中国思想研究。在汉学中，他的贡献之一是根据考古天文学准确地确定了周朝的成立日期。传统日期是公元前1122年，但倪德卫最初认为可能的日期是公元前1045年，然后最终提出是公元前1040年。

斯坦福大学乃分析哲学的重镇，以文献学上的精细分析及哲学上的细密思考见长。这使得倪德卫从摒弃毫无哲学意义的考证与文本剖析，到常从具体的文本发端，故各种意见相左的学人均可从其思想中获益。这种以分析为出发点的学问还有一个极大的优点，它便于培养学生。经过这种训练的学生基本功夫扎实，从事研究工作的后劲充足。由于倪德卫的努力，斯坦福大学已经成为美国中国哲学研究最著名的人才培养机构之一。[1]

在东方研究系工作和教学期间，倪德卫与斯坦福大学哲学系的苏佩斯（Patrick Suppes，1922—2014）教授建立了友谊。一天，倪德卫注意到苏佩斯桌上有一本书，翻了几页。倪德卫觉得很有趣，就向他借阅。这本书

---

[1] 参见程钢：《西方学者的先秦思想史研究》，黄留珠、魏全瑞主编：《周秦汉唐文化研究》（第1辑），第276—277页。

是奎因的《逻辑方法》。当他把书还给苏佩斯时，倪德卫问苏佩斯能否在哲学系教授一门逻辑课程。后者同意了，并由此开始了倪德卫与斯坦福大学哲学系长期而富有成效的关系。很快，倪德卫教授了各种各样的课程，包括历史哲学和马克思主义思想。倪德卫与哲学系的合作对他的研究进程产生了重大影响，他的研究开始越来越注重"分析哲学"的技术和问题在中国思想中的应用。这几乎是闻所未闻的，并开始了一场比较哲学的革命。奎因的学生戴维森（Donald Davidson，1917—2003）成了倪德卫在哲学系的同事之一，他们两人曾就"意志薄弱（weakness of will）"的问题进行了卓有成效的对谈。这就是一个人是否有可能做不到他认为正确的事情（如果有，如何做）的问题。这个问题在西方至少可以追溯到苏格拉底，在中国哲学中也有讨论。事实上，倪德卫表明，中国儒家哲学家王阳明对这个问题的解决方法与苏格拉底非常相似。倪德卫的贡献得到了哲学界其他成员的赞赏。

在教学生涯结束时，倪德卫活跃于三个系[早在"多学科"（multi-disciplinary）成为流行语之前]：东亚语言与文化、哲学和宗教研究系。他与这三个系的本科生和研究生都有过密切的合作，他们中的许多人后来都成了有影响力的学者，其中包括加州大学伯克利分校东亚语言与文化系的奇克森特米哈伊（Mark Csikszentmihalyi，1964—），香港城市大学艾文贺（Philip J. Ivanhoe，1954—），加州大学伯克利分校的信广来（Kwong-loi Shun），瓦莎学院的范班安以及惠蒂尔学院的克尔伯格等。

尽管他作为一名非常活跃的学者，但倪德卫的许多有趣的论文都是以会议报告的形式展示的，没有在正式刊物上发表，而是以复印件的形式在一小群其他学者中间流传。倪德卫的许多重要哲学论文于1996年在《儒学之道》发表，纠正了这种状况。通过这本选集，后世的比较哲学专家可以了解倪德卫的工作。其中特别有影响的是根据儒家思想，人们如何在道德上被要求培养某种感情。倪德卫是中文文本计算机化协调发展（development of computerized concordances for Chinese texts）的先驱者。他的学生范班安在恩师去世后的"讣告"中回忆说，倪德卫是西方版的儒家绅士。然而，像孔子本人一样，他可以表现出一种异想天开的幽默感，或者在适当的时候试图叛逆传统。某次，当政治哲学家罗尔斯（John Rawls，1921—2002）在斯坦福大学的一个只准站着的礼堂中演讲时，倪德卫在活动开始前从一楼一扇敞开的窗户爬了进来，以便在房间里占据一个空位。"作为一个令人难忘的人，倪德卫在许多知识领域都给人留下了不可磨灭的印象。"①

除汉学著述外，倪德卫的儒学代表作有《早期中国经典》（*Early Chinese Texts: A Bibliographical Guide*，1993），《儒学之道：中国哲学之探讨》（*The Ways of Confucianism: Investigations in Chinese Philosophy*，1996）以及与芮沃寿合编的《儒学在行动》（*Confucianism in Action*，1959）等。《儒学之道：中国哲学之探讨》一书分为三部分，第一部分研究先秦伦理传统，有"甲骨文及金文中的'德性'""德性的悖论""德性教育是否可以不凭借外力？""中国道德哲学中关于黄金律的论辩"；第二部分系对于先秦哲学的研究，有："先秦哲学关于意志无能的讨论""孟子论动机与道德行为""前四世纪中国哲学中的自愿主义""孟子发微（告子上第三至五章）""孟子献疑（尽心章第十七章）""论《孟子》的翻译""《荀子》论人性"；第三部分收集了倪德卫关于宋明清哲学的论文。倪德卫的华裔弟子信广来如此评价他的恩师：他的学术著作，对于沟通中国传统经典研究及西方哲学探索，有深远的影响。他的研究方法，与朱熹及唐君毅等儒者所提倡的经典研究方法相呼应．他注重文本细节，文化背景，在对中国思想传统作出诠释时，尽可能保存其独特性，免受西方哲学概念所影响。这种研究方法，正体现儒者所提倡的，对经典研究应持有的"敬"的精神。②

倪德卫的弟子艾文贺于1976年获斯坦福大学哲学学士学位，同时还学习中文。从1976年到1978年，艾文贺留校，与倪德卫合作一个项目，即"用计算机生成中文文本的一致性"。1974年至1978年，他在美国海军陆战队服役，并以军士军衔退伍。从1978年到1982年，他在美国陆军服役，也以军士军衔退伍。1987年，艾文贺获斯坦福大学宗教研究博士学位，还完成了作为副科的亚洲语言课程。在斯坦福大学，艾文贺曾在倪德卫和比较宗教学者耶雷（H.Yearley，1940—）的指导下学习。倪德卫退休后，艾文贺于1991年被联合任命为斯坦福大学哲学系和宗教研究系的助理教授。1993年，艾文贺因对本科教育的杰出贡献而获得劳埃德·W. 丁克斯皮尔奖（the Lloyd W. Dinkelspiel Award）。1996年，艾文贺被提升为副教

---

① "Obituary for Stanford Professor Emeritus David S. Nivison," *Philosophy Talk*, March 6, 2015, https://www.philosophytalk.org/blog/obituary-stanford-professor-emeritus-david-s-nivison.
② Shun Kwong-loi, "Nivison and the Philosophical Study of Confucian Thought: In Memory of David S. Nivison (1923–2014)," *Early China* 38 (2015): 41–53.

授，1998年艾文贺被密歇根大学哲学系和亚洲语言与文化系聘为副教授，2003年，艾文贺成为波士顿大学哲学客座教授，2006年，他接受了香港城市大学的聘任。2018年，艾文贺受聘为韩国成均馆大学儒家研究与东方哲学学院的杰出讲座教授，并任儒家哲学与文化研究所《儒教文化研究》（*Journal of Confucian Philosophy and Culture*）杂志主编，以及儒家研究与东方哲学学院一个新研究中心的主任。

本来倪德卫曾认为，理学家虽然对佛教持严厉的批评态度，但他们受佛教哲学观念的影响比他们所意识到的要深，其结果就是理学家曲解了自己的知识传统。艾文贺在他的博士论文中详细阐述了倪德卫的见解，该论文的修订版后来作为一本书出版，名为《儒家传统中的伦理：孟子和王阳明的思想》（*Ethics in the Confucian Tradition: The Thought of Mengzi and Wang Yangming*，2002）。这本书既是对孟子和王阳明思想的介绍，也是关于他们观点的比较。通过考察两位思想家的共同问题，艾文贺阐释了王阳明是如何继承和改造儒家传统的，并展示了他受佛教影响的程度。他探讨的一系列论题包括：道德的本质、人性、邪恶的本质和起源、修养以及圣贤，此外还有一个关于孔子的道论的章节。在其另一本主要著作《儒家道德修养》（*Confucian Moral Self Cultivation*，2000）中，艾文贺深入浅出地介绍了中国儒家传统中道德修养概念的演变。他首先解释了这一概念的核心思想的哲学发展，其次考察了孔子、孟子、荀子、朱熹、王阳明、颜渊、戴震等人的哲学对修身的具体作用。除了对一些最有影响力的儒家的重要问题的看法进行研究外，艾文贺还将他们对道德修养的关注与西方伦理传统中的一些话题联系起来。他与葛瑞汉、同学信广来以及自己的学生绍福尔（Jon Schofer）共同开发了一种新的阐释系统。对艾文贺而言，在一种发展模式中，道德修养是一个从先天的、初期的倾向开始并逐渐发展的过程。例如，孟子说，必须培养美德的"萌芽"才能发展成完全的美德。根据一个发现模型，人类自身拥有完全的美德所必需的一切，但这种能力在某种程度上受到阻碍或遮蔽，而培养是一个自我实现内在存在的过程。艾文贺认为，尽管中国的佛教和理学在许多问题上存在着真正的分歧，但其都有一种道德修养的发现模式。在一个改造模式中，人性本来是抗拒修养的，故必须经过艰苦的改造才能创造美德。在艾文贺看来，荀子持有这样的观点。在《儒家道德修养》第二版中，他进一步细分了这种修养模式的类型。艾文贺对美德、道德修养和人性等主题的影响，反映了耶雷的观点，即儒家思想可以理解为美德伦理的一种形式。

在《儒家反思：古代智慧的现代性》（*Confucian Reflections: Ancient*

Wisdom for Modern Times，2013）一书中，艾文贺指出，《论语》在2000多年的历史进程中，不仅对生活在东亚社会的人们，而且对全人类都具有重要的现实意义。事实上，它在这么长的时间里，在一系列复杂的、具有创造性的、丰富的和迷人的文化中，激发了那么多有才华的人，这提供了一个强有力的证据，并使人们感到《论语》所包含的见解不受文本形成的特定时间或文化背景的限制和约束。在《合一：东亚关于美德、幸福和我们如何相互联系的观念》（Oneness: East Asian Conceptions of Virtue, Happiness, and How We Are All Connected，2018）一书中，艾文贺揭示出，在东亚哲学传统的一整套核心观念中，有一种人与人之间的合一观念。人与人错综复杂地交织在一起，有着共同的命运。这一思想的影响是广泛的，并与当代西方哲学中的重要辩论和关注产生共鸣，然而不少在西方学术领域处于前沿的人，并不清楚自己的观点可能会产生根本转变。艾文贺企图挑战在当代人文社会科学大量理论和实践中的超个人主义主导范式（the dominant paradigm of hyper-individualism），他描述和倡导了一种对自我、世界及其相互关系的另类概念和观念。艾文贺强调，合一对自我、德性和人类幸福的概念有着深刻的影响。通过合一的视角，他探索了诸如自我、自私和以自我为中心、美德、自发性和幸福等概念，并从广泛的跨学科来源中获得支持。艾文贺并未仅从西方哲学的立场出发，从远处接触亚洲哲学，而是明确挑战了大多数比较研究所特有的理论不对称性，这种不对称性通常只是简单地将西方理论应用于非西方材料。艾文贺编译过《中国哲学经典选读》（Readings in Classical Chinese Philosophy，2005）、《孟子》（Mencius，2011）、《"陆王学派"儒家文献选读》（Readings from the Lu-Wang School of Neo-Confucianism，2009）、《朱熹文选》（Zhu Xi: Selected Writings，2019）等，并与万百安合编了《中国哲学著作选读》（Readings in Classical Chinese Philosophy，2001）等。此外，他还主编了《中国语言、思想与文化》（Chinese Language, Thought, and Culture: Nivison and His Critics，1996）。在该书中，学者们从不同的角度对倪德卫的思想学术进行了批评，最后有倪德卫本人的答复，故成为研究倪德卫的重要资料。

万百安（又译为范班安，Bryan Van Norden，1964—），现任教于美国瓦萨学院，1985年获宾夕法尼亚大学哲学系本科学位，1991年获斯坦福大学哲学博士学位。他是富布莱特奖、美国国家人文资助基金和梅隆奖的获得者，并被《普林斯顿评论》评为"美国最好的300名教授"之一。2017年至2020年，万百安担任耶鲁-新加坡国立大学学院（Yale-

NUS College，Singapore）教授。万百安出版了10本关于中国哲学和比较哲学的书籍，包括《中国古代哲学导论》（*Introduction to Classical Chinese Philosophy*，2011），《后子学时代中国哲学读物：从汉代到20世纪》（*Readings in Later Chinese Philosophy: Han to the 20th Century*，2014），《中国古典哲学读物》（*Readings in Classical Chinese Philosophy*，2001），《回归哲学：一个多元文化宣言》（*Taking Back Philosophy: A Multicultural Manifesto*，2017）以及新近出版的《给每个人的文言文：一本初学者指南》（*Classical Chinese for Everyone: A Guide for Absolute Beginners*，2019）。此外，他制作了一段关于孔子的TED视频，播放量超百万。

至今，倪德卫所开拓的分析派儒学，在第二代艾文贺、万百安之后的第三代也似乎得以传承，并羽翼渐丰，开始施展拳脚。

七、卡鲁斯、芮沃寿、牟复礼、艾尔曼、白牧之夫妇与个性化儒学研究

卡鲁斯，美国哲学家兼汉学家，早年在德国受过教育。曾在中国先秦经典方面做出了杰出的贡献。遗憾的是，人们仅记得他在西方哲学与宗教方面的建树，而将其在汉学方面的成就一字不提，就连汉学界也几乎把他遗忘了。卡鲁斯曾将《道德经》（*Lao-tze's Tao-teh-king*，2015）和道教经典《太上感应篇》（*T'ai Shang Kan-Ying P'ien*，1906）翻译成了英文。他在《中国人的生活与习俗》（*Chinese Life and Customs*，1907）一书中谈及了儒家的思想与影响。在《中国的神秘主义》（*Chinese Occultism*，2017再版）一书中，卡鲁斯这样描述到，在中国历史的开端，矗立着一块石碑，它以某种神秘的方式被认为与对宇宙的解释有关。它被后来的中国思想家重建，并在伏羲那里成了《易经》中八卦的排列方式。卡鲁斯还将中国古代文学和民间传说与古巴比伦的"命运碑"等一些历史痕迹进行了比较。在《理性与美德的教规》（*The Canon of Reason and Virtue*，2017）一书中，他讲述了中国的希罗多德——司马迁在他的《史记》中留下了老子生平的简略记述。老子生于约公元前571年，大约在孔子出生前20年。他一生都享有盛名，据传说，孔子曾与他面谈。然而中国的两个最高圣人彼此不了解，相互失望。不过，孔子拜访老子的真实性受到了质疑。倘若这不是历史的话，那肯定也是一个好故事，因为这两位中国古代思想领袖之间的对立至今仍然存在。孔子的弟子们，即所谓的"儒生"（literati），带着他们祖师爷的不可知论色彩，坚持以礼节规则作为最好的教育方法，而道士，或神圣理性的信徒则被认为进行着哲学推测和宗教神秘主义。这两个派别仍然是分裂的。老子的后继者庄子保存了另一份更古老，更详尽的

孔子与老子会晤的记录。司马迁的故事应该是从庄子那里得到的，但后者的故事带有传奇的色彩，不能不将其视为小说，而且很难相信历史学家会从诗人、哲学家的奇幻故事中汲取史料。

芮沃寿（Arthur Frederick Wright，1913—1976），美国汉学家、耶鲁大学教授，美国汉学研究的奠基人之一。他于1947年毕业于哈佛大学并获哲学博士学位，之后任职于斯坦福大学，1958年成为正教授，1959年前往耶鲁大学任教，1961年起任查尔斯·西摩讲座历史学教授。芮沃寿的夫人芮玛丽（Mary Clabough Wright，1917—1970）亦为汉学家。1976年，芮沃寿在康涅狄格州新伦敦逝世。芮沃寿主要有关儒学的著述有《中国思想论集》（Studies in Chinese Thought，1953），《行动中的儒教》（Confucianism in Action，1959），《儒家信念》（The Confucian Persuasion，1960），《儒家人格》（Confucian Personalities，1962），《儒家与中国文明》（Confucianism and Chinese Civilization，1964）等。以芮沃寿为主导的美国儒学和中国学研究者举办了五次以儒家学说为主题的国际研讨会，并为此推出了五部专题论集。二战后，从佛家转为儒家研究的芮沃寿论述到，汉代以后佛教能进入中国，与当时社会思想变化有密切关系，自汉代起，儒家兴盛，但其无法完全解释一些社会现象，比如世袭的君王制等。为了解释它们，儒家就吸收了阴阳五行和其他各派的思想。芮沃寿还揭示了从进入中国起至6世纪，佛教如何适应中国文化，如何减少与中国本土文化的摩擦与碰撞，为儒释道三教合和打下统一的思想基础。芮沃寿编辑的《儒家信念》一书所收集的是关于中国思想原理的研讨论文，重点是儒家传统的两个方面：一是儒家的运作力量，即它如何影响个人生活和制度的演变；另一是儒家增长和变化的模式，即它已经适应了中国人以往2500多年来社会不断变化的复杂方式。

牟复礼（Frederick W. Mote，1922—2005），出生于美国内布拉斯加州，是美国汉学家与儒学学者，其中文名得自《论语》中的孔子言曰"克己复礼"。1943年在美国空军服役时，牟复礼便成为中国文史方面的学生，并被送往哈佛大学进修。1944年他到中国，曾在成都、北平、天津担任军官，并于二战结束后，考入金陵大学（1952年和南京大学合并）历史学系，师从贝德士、王绳祖、陈恭禄等人，学习中国历史；1948年毕业于燕京大学，获学士学位；在中国时也曾问学于向达、启功、王崇武等人。之后，牟复礼返美于西雅图华盛顿大学继续学习中国文史，1954年获博士学位；同年在台湾大学从事博士后研究，师从郑骞、屈万里、王叔岷。次年到荷兰莱顿大学任富布莱特交流基金讲师。1956年他在普林斯顿大学任中国历史与文明学助教，1959年担任副教授，1963年升任教授。1969年，牟复礼创办普林斯顿大学东亚学系，1972年至1973年担任系主任，1987年从普林斯顿大学退休。牟复礼于2005年2月10日在美国科罗拉多州丹佛市去世，享年82岁。

艾尔曼（Benjamin A. Elman，1946—）是普林斯顿大学东亚研究与历史系名誉教授。他的教学和研究领域包括：1. 中国思想文化史，1000—1900年；2. 中国科学史，1600—1930年；3. 中国帝国后期教育史；4. 中日文化史，1600—1850年。他于1980年在宾夕法尼亚大学获得东方学博士学位，2002年从加州大学洛杉矶分校来到普林斯顿大学。1999年至2001年，他在新泽西州普林斯顿高等研究院担任梅隆中国传统文明客座教授。在《理学的解构：晚清长江下游学术共同体》（*The Unravelling of Neo-Confucianism: The Lower Yangtze Academic Community in Late Imperial China*，1980）一书中，艾尔曼进行了详尽的历史考证。他阐述到，在1644年明朝灭亡之前，激励众多中国学者的一个重要理想是修身养性，不断提升自我修养。然而到了1750年，这些狂热理学大师和其后学们已经成为世俗学术团体，并倡导了严格的学术批判。清朝学术代表了中国传统思想史上一个新的、不可逆转的节点。17、18世纪的考据学者所开创的考据学传统，引发了一场知识危机，而深植于官场的帝国理学正统思想从此再也无法恢复元气。艾尔曼揭示了清朝考据运动所处的知识界本质。他的主要结论之一是，在太平天国运动失败之前，中国长江下游地区存在着一个统一的学术共同体，其成员被传播知识的协会和机构联系在一起。结果是就如何发现和验证知识达成了共识。艾尔曼的论点是，考据学（evidential scholarship）是一种语言实践的总和，它揭示了概念形成的规则及其联系和共存的模式，也就是福柯所称的"话语"（discourse）。从该书第二章开始，艾尔曼评估了17和18世纪中国的各种学术著作，概述这些材料中知识结构的性质，最后讨论这些材料产生的社会和制度背景。在第三章和第四章中，艾尔曼特别描述了使考据学团体成为可能的社会和制度组织模式。长江下游中心城市（如苏州和扬州）出现了专注于学术的制度和知识群体，标志着艾尔曼所说的清朝晚期学术的"专业化"。这些章节给予学术赞助人、学术机构、藏书机构和出版业在18世纪的角色以特别的关注。艾尔曼在第五章中揭示出18世纪的个体考据学者是动态发展的学术群体的一分子，并对此进行了分析。通过知识深厚的专家们的集中努力，他们依靠积累的知识和系统地运用精确的考查程序，在长江下游地区形成了一个几乎自治的社会子系统，拥有自己的判断准则。尽管长江下游的考据运动所依赖的学术团体在太平天国运动（如第六章所述）期间消亡，但其知识遗产却未随之消失。在17和18世纪，对经验主义方法的呼吁引发了理学传统的逐渐瓦解。总之，艾尔曼强调指出，18世纪晚清的经学研究者们所使用的话语从宋明时期的理性主义转变为一种更具怀疑精神和世俗化的经验主义经学。他们倡导人们应更精密地考索经书文本，重估如何正确、合理地重构经书中的古代理想。其结果是在走向现代的过程中演变为去经典化和去权威化的趋势。

在《从理学到朴学：中华帝国晚期思想与社会变化面面观》（*From Philosophy to Philology: Intellectual and Social Aspects of Change in Late Imperial China*，1984，1990，2001）一书中，艾尔曼阐述了17、18世纪中国文人思想脉络，他揭示出，虽然中国没有科学革命，但有知识革命。满族征服的冲击和1644年明朝的崩溃，导致了明朝统治下知识分子日常的道德修养空间遭到毁坏。中国的学者，特别是长江流域的学者，试图通过从战国和西汉时期的古人那里重新获得智慧来光复中国的伟大，就像文艺复兴时期的欧洲重新发现了希腊和罗马的智慧一样。但在当时的中国，学者们面临着一项艰巨的任务，那就是确定这些经典的许多版本中，哪些是真正的原著，哪些是后来几个世纪的伪造增刊。随后对真迹的探索导致了学院和藏书机构的建立、书目的编纂、其注疏版本的印刷兴起及古代碑文的研究。在这个过程中，严格的学术培训标准被采纳，学者成为一种有别于士绅农民或皇室官员的专职行业。

在《经学、政治和宗族：中华帝国晚期常州今文学派研究》（*Classicism, Politics, and Kinship: The Ch'ang-chou School of New Text Confucianism in Late Imperial China*，1990）一书中，艾尔曼指出，尽管人们普遍认为近代儒学在中国清末的故事主要集中在康有为和他在1898年逃离中国后所进行的政治改革上，而他自己却集中探讨了新文本思想的根源，并表明儒家在300多年前，即明末至清初的过渡时期，首先反对正统的帝制存在。那些今文学者，尽管并非革命性的，但主张新的信仰形式，他们挑战了许多正统政治话语所依据的经典来源的真实性。他们的历史变革观念，是走向社会政治变革的今文文本视野的重要踏脚石。艾尔曼还考察了今文文本与古文文本冲突中的孔子地位，以便更准确地把握作为儒家帝国"宪政"的思想来源的经典研究。

白牧之（E. Bruce Brooks）和白妙子（A. Takeo Brooks）是一对汉学家夫妇，现执教于美国马萨诸塞大学阿默斯特分校（University of Massachusetts，Amherst）亚洲语言与文学系，主要研究领域是先秦思想史。他们最重要的著述为《论语辩》（*The Original Analects: Sayings of*

Confucius and His Successors，1998）。该书以一种革命性的新形式重新展现了《论语》，这是所有译本中的第一次。他们将孔子的原初话语与他的弟子及其追随者的后来话语区分开来，使读者能够了解中国最有影响的哲学著作的真实历史、社会和政治背景。白氏夫妇提出了《论语》成书的"层累"说，即该原典是经历多个年代、集多人之力才得以形成，从而解释《论语》在内容、风格、句法、结构等方面前后不一致的原因。该书指出《论语》只有第四篇的前十七章为孔子真实言论的记录，是成书年代最早的一篇，其余都是由后人纂加的，并以文本内容和语言特点为依据划定《论语》成书的历史阶段。该书在历史背景中诠释文本，以期获得"原初的意义"，这也就是该《论语》译本命名为 *The Original Analects* 的原因。[①]该书将文本还原到其完整的历史和知识背景之中，以其原始的时间顺序编排了那些格言警句，并帮助读者得以最大程度地理解《论语》，使其并非作为封闭的思想体系，而是作为丰富的思想体系来阅读。由此，读者可了解几乎整个战国时期，人们生活与思想互动的记录。该书作者通过显示如何反映出两个世纪以来不断变化的社会条件和哲学重点，澄清了文本中的矛盾。这本书包括对每个格言的详尽评论和解释以及广泛的批判性工具，阐明了翻译所基于的文字论证，并指出了作为圣人一贯格言的作品在后世逐渐取代了历史现实。

在另一部著述《中国的崛起：从孔子到帝国（语境中的古代中国）》[*The Emergence of China: From Confucius to the Empire (Ancient China in Context)*，2015]中，这对夫妇作者提供了对中国一个特定时期的概述。它包含古典文本的500多个摘录，并附有连续的评论，这些评论追溯了包括儒家在内不同思想流派的演变和相互作用，内容从税收政策到父母丧葬期的长短。有些文本致力于建立新国家的法律和政治结构，而另一些文本则强烈反对战争的取向，或嘲笑支持它的人。百家争鸣第一次得以生动地呈现出来。该书共有六个主题章节，每个主题按时间顺序处理，并由一个初步的背景章节和对最终帝国的总结性考察构成。在许多方面，中国的古典时期在历史上与希腊、罗马、远东近代以及欧洲的中世纪到现代的过渡相似。在这种更大的背景下，哲学家的远见依然存在，并对事件产生了影响。中国帝王建制过程的成就得到了适当的记录，但其人为代价也得到了

---

① ［美］白牧之、［美］白妙子：《〈论语〉之原始篇——〈论语辩〉之辩》，王琰译，《国际汉学》2017年第1期。

适当记录。该书也特别提到了非中国人对最终中华文明的贡献。

此外还有一些不属特定学派圈子，而相当个性化的美国儒学学者，现名列如下：

曾任教于杜克大学、哥伦比亚大学、哈特福德神学院（Hartford Seminary）等校，后任牛津大学汉学教授的德效骞（H. H. Dubs，1892—1969），著有《荀子英译》（1927）、《荀子：古代儒家的铸造者》（1927）等。

卫礼贤之子，华盛顿大学东方学院教授卫德明（Hellmut Wilhelm，1905—1990），著有《中国思想史和社会史》（1942）、《中国的社会和国家：一个帝国的历史》（1944）、《易经八讲》（1960）、《易经中的天地人》（1977）等，并曾协助其父翻译过《易经》，并以讲授《易经》闻名于欧美。

宾夕法尼亚大学中文教授卜德（Derke Bodde，1909—2003），主要著作有《中国物品西传考》《中国的文化传统：是什么和向何处去》《中华帝国的法律》；译作有冯友兰的《中国哲学史》和《中国哲学简史》等。

哈佛大学教授赖肖尔（也名赖绍华，Edwin Oldfather Reischauer，1910—1990），与费正清等合著《东亚文明史》三卷：第一卷《东亚：伟大的传统》，第二卷《东亚：近代的改革》，第三卷《东亚：传统与改革》。

密歇根大学远东语言与文学系教授贺凯（Charles O. Hucker，1919—1994），主要著作《中国思想和制度》《在行动中的儒教》《中国明代的传统国家》以及《中华帝国的过去：中国历史和文化导论》等多种。

加利福尼亚大学戴维斯分校东方语言学教授沃拉克（Benjamin E. Wallacker，1926—2011），主要著作有《汉代的儒家学说和汉代的儒家》等。

斯坦福大学教授丁爱博（Aubert Dien，1927—），主要著作有《颜之推：一位信佛的儒家》等。

哥伦比亚大学教授谢康伦（Conrad Max Schirokauer，1929—2018），主要著作《攻击下的理学》《宋代中国的兴衰》等。

加利福尼亚大学伯克利分校国际研究所政治学教授格雷戈尔（A. James Gregor，1929—2019），主要著作有《儒家主义与孙中山的政治思想》等。

曾任密歇根大学哲学及中文教授，香港中文大学钱穆讲座教授、唐君毅访问教授的孟旦（Donald. J. Munro，1931—），著有《早期中国"人"

的观念》（1969）、《中国当代人性观》（1977）以及《个人主义和全体主义：儒家和道家的哲学观点》等。

德裔犹太汉学家墨子刻（Thomas A. Metzger，1933—）出生于德国的一个犹太家庭，其父曾师从现象学大师胡塞尔。二战期间因纳粹对犹太人的迫害，墨子刻全家移居美国。他在芝加哥大学获本科学位，自美国陆军乐队服役后，先入华盛顿乔治敦大学获硕士学位，后又取得哈佛大学博士学位。后为知名中国学家、任斯坦福大学胡佛研究所资深研究员。墨子刻主要著有《摆脱困境——新儒学与中国政治文化的演进》等。在他看来，从亚里士多德到当代的埃德蒙·伯克（Edmund Burke，1729—1797），西方的保守主义是环绕着这样一种对传统的观念而持续下来的，这种传统观念是以希腊文化的历史观作为前提的，这种历史观认为，历史始终是一个黑白混杂的过程。古代既不像儒家文化所主张的那样，有一个由政教合一的圣人所统率的美好无比的"三代"，未来也不可能有什么所谓的大同境界。"五四"虽然对传统文化予以严厉的批评，但并没有批评儒家传统的这个方面，即以完美的"三代"的道德理性来评价现实。"五四"知识分子就是如此，他们一方面抹杀了儒家思想中有价值的方面，另一方面却与新儒家一样，对中国文化、对传统的态度（即三代模式）缺乏真正反思。儒家思想酝酿出来的传统，就是每一代知识分子始终不能摆脱"三代价值"。不同的只是不同时代的中国知识分子有自己心目中的"三代"。一个民族自身的集体经验从来没有在知识分子中受到真正的重视。而知识分子要实现这种转变，实在是需要这种对传统的批评反思。孔子的道德王国在过去，即三代，而"五四"以后的中国知识分子的道德王国则在未来。这两者取向不同，但思维方式上完全一致，都是崇尚一个实际上在人类经验世界中并不存在的东西，并以这个道德理性的原则来重塑现实社会。[①]

美国海军步速计划教员麦克诺顿（Willian F. Mcnaughton，1933—2008），主要著述有《中国文学选集》《儒学的远见》等。

堪萨斯大学历史学教授窦德士（John Wolfe Dardess，1937—2020），主要著作有《征服者与儒士：元代后期政治发展面面观》《儒家学说和独裁统治——专业精英与明朝的建立》等。

英国约克大学教授佩普尔（Jordan D. Paper，1938—），生于美国马里

---

① 萧功秦：《一个保守主义者眼中的中国——与墨子刻教授的对话》，《社会科学报》2002年4月18日。

兰州，主要著作有《从萨福到庄子的神秘主义》《后汉时期的儒教》等。

伍斯特学院历史系教授格达莱西亚（David Gedalecia，1942—），主要著作有《吴澄思想中的理学经典》《理学的发展和综合性》《吴澄的生平：传记和导言》《吴澄和元代经典遗存不朽》《格物和作用：朱熹"体用"事例的发展》等。

加利福尼亚州立大学贝克斯菲尔德分校宗教研究教授贝蒂（Leuis Stafford Betty，1942—），主要著作有《良知：王阳明道德一元论揭秘》等。

贝勒大学历史与亚洲研究学院教授孟德卫（David Emil Mungello，1943—），主要著作有《马勒伯郎士和中国哲学》《耶稣会士在四书翻译中对张居正注释的使用》《论对东西方思想史汇合的理解》《十七世纪传教士对儒家学说的解释》《理学和文人的美学理论》《莱布尼茨和儒学》以及《奇异的国度：耶稣会适应政策及汉学的起源》等。

亚利桑那大学历史学教授蒂尔曼（Hoyt Cleveland Tillman，1944—），著有《功利主义的儒家学说：陈亮对朱熹的挑战》《早期儒学中功与德之间紧张关系的发展》《十二世纪中国的原始民族主义：以陈亮为例》等。

波莫纳学院和克莱尔蒙特研究院中国语言和历史教授海格（John Wintproh Haeger，1944—），主要著作有《宋代中国的兴衰》（与他人合著）、《乱世的意义：〈太平御览〉的起源》以及《理学中兼收并蓄的信仰的思想背景》等。

加利福尼亚大学圣克鲁兹分校历史系教授弗里曼（Michael Freeman，1945—），主要著作有《洛阳王安石的反对派：儒家保守主义的兴起，1068—1086年》等。

伊利诺伊大学东亚系和历史系教授伊沛霞（Patricia B. Ebrey，1947—），主要著作有《中华帝国中的儒家思想与家庭礼仪》《宋代至清代的宗族组织》《宋代的家庭和财产》等。

哈佛大学讲座教授兼哈佛大学副教务长包弼德（Peter Bol，1948—），主要著作有《斯文：唐宋思想的转型》（*This Culture of Ours: Intellectual Transitions in T'ang and Sung China*，1992），《历史上的理学》（*Neo-Confucianism in History*，2008）等。

美国普林斯顿大学亚洲学讲座教授及东亚研究系主任柯马丁（Martin Kern，1962—）曾师承著名美国汉学家康达维（David R. Knechtges，1942—）和北京大学中文系教授袁行霈。他是中西比较古典学的提倡者，精通多国语言，其学术领域涵盖先秦两汉文学、文献学、语文学、历史、艺术、宗教和古典学，著作所论涉及金文、出土竹书、《诗经》、《尚书》、《礼记》、《春秋左氏传》、《楚辞》、先秦诸子、秦石刻、《史记》、《汉书》、汉赋、杜甫诗、世界文学等。近年身兼中国人民大学杰出人文讲座教授兼古代文本文化国际研究中心主任，以及著名国际汉学期刊《通报》（*T'oung Pao*）主编等要职。著有：《早期中国的文本和仪式》（*Text And Ritual In Early China*，2011），《权力意识形态与中国早期的意识形态权力》（*Ideology of Power and Power of Ideology in Early China*，2015），《中国政治哲学之源：〈尚书〉编纂及其思想研究》（*Cover Origins of Chinese Political Philosophy Origins of Chinese Political Philosophy: Studies in the Composition and Thought of the Shangshu*，2017），《孔子与〈论语〉重温：构图、年代和作者的新视角》（*Confucius and the Analects Revisited: New Perspectives on Composition, Dating, and Authorship*，2018）等。

南恺时（Keith N. Knapp），南卡罗来纳军事要塞学院教授兼系主任，美国中国中古史学会会长、古代东南中国圆桌会议会长、古代中国学会理事、中国宗教研究学会理事等。主要研究中国中古时期（100—600）社会文化史，尤其致力于重建世人的世界观。代表作有《中古中国的孝子和社会秩序》《从死者得到正当性：祖先崇拜的儒教化》《西安：东方的门和战略性的堡垒》等，并主编《早期中古中国文献书目指南》等，还与丁爱博（Albert Dien）教授共同主编《剑桥中国史》魏晋南北朝史分卷。南恺时就孝子图这一艺术形式自汉至元的演化流变展开分析，将孝子图内容的解读置于特定的历史背景下进行具体解读，细致入微地归纳整理出了历朝历代孝子图及孝道的不同特点。南恺时指出，孝子图的题材与内容常常变化，反映了社会与文化的动态发展过程。孝子图在长期发展过程中，越来越多地强调了父母的地位，主张子女应听从父母，体现父母权威。与此同时，孝女在故事中出现的频率逐渐增加，孝行的对象越来越侧重于母亲，也反映出了古代社会女性地位的微妙变化。

这些著名汉学学者都曾为儒学西传做过很大的贡献，因篇幅有限，也就不作详细介绍了。

八、森舸澜、席勒与新英译派儒学

《论语》最早的西文版本于1687年在巴黎出版，即拉丁文的《论语（中国哲学家孔子·用拉丁文解释中国人的智慧）》（*Confucius Sinarum Philosophus, sive Scientia Sinensis Latine Exposita*）。从那时起，《论语》已被译成60余种外语译本，其中以英语译本数量最多、影响最大。1809年，传教士马歇曼（Joshua Marshman，1768—1837）在印度出版了《论语》

第一部英译本。1861年，理雅各在香港出版了《论语》完整的英译本。一直到2010年3月林戊荪翻译出版的《论语》译本 *Getting to Know Confucius: A New Translation of The Analects* 和2010年10月宋德利翻译出版的 *The Analects of Confucius*，《论语》英译已有200余年历史。不算某些节译本，至少出现过30部英文全译本。

西方儒学界对《论语》的译介与研究的考察，从20世纪50年代以来一直是学者较为关注的课题，如谭卓垣（Cheuk-Woon Taam，1900—1956）、杜润德（Stephen W. Durrant，1944— ）、郑文君（Alice W. Cheang）、史嘉柏（David Schaberg，1964— ）等。随着儒学发展的第三次浪潮对于亚太圈经济增长提供意识形态基础之可能性的日益呈现，远在美国等西方汉学界的学者对于儒家思想的研究变得更为关切，《论语》众多新英译本的产生就是一件值得尤为关注的事情。[1]郑文君专门选取了安乐哲和罗思文的《〈论语〉的哲学诠释》，白牧之和白妙子夫妇的《论语辨》，华裔黄继忠（Chichuang Huang，1923— ）的《论语》英译本以及澳大利亚学者李克曼（Pieere Ryckmans，1935—2014，笔名为Simon Leys）的《论语》英译本等。郑文君认为，这四个译本都沿用了理雅各对《论语》的英译名称 *The Analects*，但它们却各自代表了一些广泛的风格和方法来解读孔子。[2]

森舸澜（Edward Slingerland，1968— ），现任英属哥伦比亚大学亚洲研究教授、哲学与心理学会成员、宗教历史数据库主任。曾就读普林斯顿大学、斯坦福大学、加州大学伯克利分校，精研中国古代思想，功底深厚，主要研究方向：战国时期中国哲学思想、宗教思想比较、认知科学与宗教演变、认知语言学（概念整合隐喻理论）、伦理学（德性伦理学、道德心理学）、进化心理学、人文与自然科学的关系、古典汉语等。曾发表众多学术文章，出版多部专著，如《无为：早期中国的概念隐喻与精神理想》（*Effortless Action*：*Wuwei as Conceptual Metaphor and Spiritual Ideal in Early China*）等，还翻译出版了孔子的《论语》（*Analects*）等。

有评价称，森舸澜的《论语》新译本超越了其他版本，通过提供与传统的中文处理方式相似的文字条目，使西方读者在很大程度上能理解这部神秘著作。他解释了艰涩难懂的段落，并提供了历史和文化背景，并

---

[1]丁四新：《近年来英语世界有关孔子与〈论语〉的研究》（上、下），《哲学动态》2006年第11、12期。

[2]Alice W. Cheang, "The Master's Voice: On Reading, Translating and Interpreting the *Analects* of Confucius," *The Review of Politics* 62, no. 3 (2000): 563–582.

启发读者思考各种解释。基于最佳的现代和传统中西学术研究，森舸澜的《论语》新译本很受欢迎，它包括了选自文本每篇文章的传统评注。当代读者将受到孔子教给其弟子的东西的启发，并将同所有思考孔子言论深奥和神秘含义的学者们一起共鸣。译者对评注的使用为读者提供了一个理解和欣赏这一重要儒家经典的机会。有中国学者指出，森舸澜《论语》英译本以普通读者为对象；译文采用增补法、综合法、释译法等翻译手段；评论以博采百家、现代诠释和阐发儒见为特色；篇解和注释形式多样、补义助释。整个译本意蕴丰厚，深受赞誉，实为体现"丰厚翻译"思想的典范之作。①

美国学者席勒（David R. Schiller）二十年磨一剑，于2011年推出了新版《论语》［*Confucius: Discussions/Conversations; or; the Analects (Lun-Yu)*］。据书评介绍，本书分两卷：第一卷包括第1—11章；第二卷包括第12—20章；篇幅长达1630页。这是作者在广泛参阅西方以往几乎所有《论语》译本及对翻译研究的基础上完成的，主要特色是它对原文本中所有段落进行了大量内容丰富的注解，并对所有关键词汇都逐个进行了全面的统计性分析和重点说明（书末附有《论语》词汇表）。作者基本立场是摆脱宋明理学束缚，回到原始文本来理解孔子。该新版《论语》另一特色是语言流畅生动，试图在英语世界中开创一个全新的解释《论语》和儒家现代意义的传统。另有书评介绍说，该新版《论语》译本不仅充满了拉丁语中常见的术语及对西方哲学"主义"（–isms）的暗示，而且在现代英语散文中完全是非形而上和连贯的。通过广泛引用古代中国评注，古代中国历史文献的摘要，附上简短的传记、早期儒家和后来宋明思想的广阔历史背景和术语等，受过良好教育的读者可以获得全面理解。因此，该译本非常适合课堂和读书俱乐部使用，因为每个论点之后的评论都提供了任何老师或学生可能需要的所有讨论材料。②

九、北美新生代汉学家的儒学研究

美国"60后"汉学家安靖如（Stephen C. Angle，1962—）于1987年获得耶鲁大学东亚研究学士学位，1994年获得密歇根大学哲学博士学位。他

---

① 参见张德福：《森舸澜〈论语〉英译本的"丰厚翻译"》，《外语学刊》2017年第5期。
② 参见 David R. Schiller, trans., *Confucius: Discussions/Conversations; or, the Analects (Lun-yu)* (Charlton, MA: Saga Virtual Publishers, 2011)。

精通中文与日语，主要研究方向为中国哲学，尤其是现代（19、20世纪）中国思想和儒学传统，以及当代西方道德心理学、元伦理学、语言哲学。现任美国维思大学（Wesleyan University）哲学系教授，曾任该大学东亚研究项目主席、弗里德曼东亚研究中心主任，2006—2007年为北京大学哲学系富布莱特访问学者等。安靖如提出的一个响亮的口号"进步儒学"引起了业内的关注。在《圣境：宋明理学的当代意义》（*Sagehood: The Contemporary Significance of Neo-Confucian Philosophy*，2009）一书中，安靖如阐述到，理学是儒家理论的复兴，它产生于公元1000年左右开始的佛教和道教的挑战，并在随后的几个世纪中占据了中国知识分子的主导地位。倘若把理学及其圣贤的中心理想当作当代哲学会怎样？圣人代表着人类至高无上的美德，即自我觉察每一种情况的完美性和善解人意的反应。这怎么可能呢？一个人如何朝着这样的状态努力？根据理学的观点，无论最终能否实现，人们都应该努力成为圣人。认真对待理学意味着探索其心理学，伦理学，教育和政治理论与当代哲学家的观点互动的方式。因此，该书既是理学哲学的阐释，又是与许多西方主要思想家，特别是与引导当前对美德伦理学的新兴趣的那些哲学家之间的持续对话。该书的意义有两个方面：它为当代儒家哲学的发展指明了一个新的阶段，并且表明了西方哲学家参与新儒家传统的价值。正如著名儒学家南乐山在《形而上学评论》（*The Review of Metaphysics*）中对此书所评价的，"安靖如将理学哲学与当代西方基于德性伦理的分析哲学家进行了富有成果的对话。结果就是对理学的研究超越以往的研究"。另一位汉学家万百安在《巴黎圣母院哲学评论》也赞誉道："在整本书中，安靖如充分利用了最近的经验研究。他的书可供具有各种背景的读者使用。没有中国思想背景的哲学家会发现与自己的作品有关的许多问题具有挑战性和有趣性。"《理学哲学概论》（*Neo-Confucianism: A Philosophical Introduction*，2017）是安靖如与提瓦德（Justin Tiwald）合著的一本书。该书围绕理学哲学的核心主题进行组织，包括宇宙的结构、人性、认识方式，个人修养和方法治理。作者在以自己独特的方式介绍理学，并使当代读者能够掌握理学辩论中的关键问题。

詹启华（Lionel M. Jensen），圣母大学东亚语言和文化系副教授。他的研究与"儒学"的思想史密切相关；然而，他的兴趣和发表的著作从古代、中世纪、现代甚至当代都有。他对中国宗教和思想、当代经济和政治、人权、民俗学、早期中西接触、民间崇拜、比较神话和民族主义进行了研究。20多年来，詹启华在圣母大学、科罗拉多大学和宾夕法尼亚大学教授中国历史、宗教、哲学、政治和社会课程。他是《制造儒家：中国传统与全球文明》（*Manufacturing Confucianism: Chinese Traditions and Universal Civilization*，1997）一书的作者，该书1998年被美国宗教学会认定为宗教史上最好的第一本书。此外，詹启华还主编或合编了其他五本书：《标题内外的中国》（*China: In and Beyond the Headlines*，2012）、《中国的转变：标题外的故事》（*China's Transformations: the Stories beyond the Headlines*，2007）、《中国偏离中心：中央王国边缘的读本》（*China Off Center: Mapping the Margin of the Middle Kingdom*，2002）、《标题外的中国》（*China Beyond the Headlines*，2000）以及《早期中国》（*Early China*，1997）等。

贝淡宁（Daniel A. Bell），1985年加拿大麦克吉尔大学本科毕业，获文学学士学位；1988年牛津大学哲学硕士研究生毕业，获哲学硕士学位；1991年牛津大学哲学博士研究生毕业，获哲学博士学位。先后在新加坡、美国、中国香港等国家和地区从事教学与研究工作。2004—2005年，任清华大学伟伦特聘访问教授。2006年至2016年，任清华大学哲学系教授，博士生导师。2016年9月24日，山东大学政治学与公共管理学院院长签约仪式在青岛校区举行，贝淡宁教授被聘任为山东大学政治与公共管理学院院长。《中国理学：社会变迁中的政治与日常生活》（*China's New Confucianism: Politics and Everyday Life in a Changing Society*，2008）是一部很接地气，使读者极有贴近感的书。在这本有趣而富有启发性的书中，本书作者作为为数不多的在中国大学任教的西方人之一，借鉴了自己的个人经历，描绘了一个意想不到的肖像，展示了一个社会正在发生的，比世界上任何地方都更快、更广泛的变化。作为叙事者的贝淡宁着眼于细节，观察中国人的日常生活习惯和仪式。一些西方汉学家认为，如今中国正在拥抱一种新的儒家思想，它是西方自由主义的有力选择。贝淡宁提供了体制内人士对中国文化的描述，并且一路走来揭露了各种陈规陋习的观念。他提出了令人吃惊的论点，即儒家社会等级制度实际上可以促进中国的经济平等。贝淡宁在书中涵盖了诸如性别，运动和家庭佣工待遇等各种各样的社会话题；他考察了2008年北京奥运会，力图了解中国的过度竞争是否会受到儒家文明的抑制；着眼于中国的教育，反思了儒家思想如何影响他作为政治理论家和教师的角色。

在与人合编的《现代儒学》（*Confucianism for the Modern World*，2003）一书中，贝淡宁指出，尽管儒家的理想继续引起思想家和政治家的兴趣，但迄今为止，尚无关于适合现代的具体儒家实践和制度的讨论。该书代表了当时最前沿的研究结果，以细节阐明了儒家思想与当代世界的相关性。该书撰稿人包括了国际知名的哲学家、律师、历史学家和社会科学家，他们力求在试图阐明儒家思想对现代世界的政治、经济和法律影响的同时，提出可行且理想的儒家政策和机构。该书分为三个部分，分别对应于作为社会和政治体系现代性的三大基本特征，即民主、资本主义和法治。在《儒家政治伦理》（*Confucian Political Ethics*，2007）一书中，贝淡宁认为，在20世纪的大部分时间里，儒家思想受到西方人和东亚人的谴责，认为它与现代性背道而驰。与此相反，该书撰稿人展示了经典的儒家理论强调家庭联系，重视自我完善和教育和社会福利，而这些都与当今我们面临的最紧迫的困境息息相关。通过深入的跨文化对话，这些研究者深度探究的儒家政治伦理与当代社会问题的关系，审思了儒家对公民社会、政府、领土边界和身体政治的边界以及伦理多元性的观点。他们研究的儒家思想，通常被视作落后的父权制，但实际上可以找到具有一系列当代女性主义价值观的共同点，而不妨碍性别平等。该书还展示了儒家关于战争与和平的理论是如何在与当今国际体系没有太大不同的背景下制定的，又将如何帮助我们建立一个更加和平的全球社区。该书肯定了儒家道德和政治思想的持久相关性，并将激发决策者、研究人员以及政治、哲学、应用伦理学和东亚研究的学生之间的重要辩论。

进入21世纪以来，北美地区涌现了不少新一代儒学研究者，因本书篇幅有限，也就点到为止，不再一一列举。

第十章　现代华裔学者的儒学西传

近现代中国儒学大师梁启超、梁漱溟、王国维、辜鸿铭、冯友兰、胡适、熊十力、唐君毅、牟宗三等，无论本人或门生都无疑对西方儒学西传起到了巨大的影响，他们是儒学主体的成员。对于海外新儒家来说，非常重要的是由唐君毅、牟宗三、徐复观和张君劢等在20世纪50年代末发表的《为中国文化敬告世界人士宣言》。这个《宣言》，一是强调儒家要回应西方的挑战，二是强调儒家对西方文化也须提出一个挑战。现代西方的华裔儒学学者大都已融入主流学术界，可能属于，甚或创立并主导了某个学派，你中有我，我中有你，很难区分。但本书仍为了突出他们某种特定的作用与贡献，而为之单列了一章。

一、辜鸿铭和林语堂的儒学研究及影响

在中国近现代史上，辜鸿铭和林语堂可誉为向西方译介儒家经典的两位先驱者。其中最有意义的是，他们分别于1898年和1938年对《论语》进

行了英译。

辜鸿铭（Ku Hung-ming，1856—1928），名汤生，字鸿铭，号汉滨读易者，自称慵人、东西南北人，其中英文名Thomson最为西方人熟知。作为中西混血儿，他生于南洋英属马来西亚槟榔屿，祖籍福建省惠安县。《槟榔屿华人史图录》这样记载，辜鸿铭乃当地名人辜礼欢的曾孙，布朗的义子，受教育于苏格兰爱丁堡大学，"辛亥革命后以清朝遗老自居，甚至为妇女缠足辩护。一生政治立场保守，文化观念倡导中西融合"①。辜鸿铭被誉为近代中国精通东西双方文化的第一人，也是近代最富传奇色彩的"清末怪杰"和"千古狂儒"。辜鸿铭天赋惊人，学贯中西，通英、德、法、希腊、拉丁等多种语言。②他曾回顾："我学习希腊文、拉丁文时，不知哭了多少次。开始，老师教多少页，我就背多少页，没感觉困难。后来，我遍读希腊文、拉丁文文史哲名著，就吃不消了。但我还是坚持背下去。说也奇怪，一通百通，像一条机器线，一拉开到头。"③孙中山曾赞扬国内有三个半英文通，第一位指的就是辜鸿铭。第二位是伍朝枢，第三位是陈友仁，那半个孙中山从未道明，学界猜测可能是王宠惠。辜鸿铭留学期间先后获得自然科学、社会科学以及人文科学不同学科的多个学位。④他将自己的一生归结为四句话："生在南洋，学在西洋，婚在东洋，仕在北洋。"⑤

所谓"怪杰"与"狂儒"，即表现在其言、其行、其思、其识、其才、其家世、其阅历、其成就等诸方面。如其对学生放话："你们以为穿西服，留时髦头，便够摩登了？我告诉你们，孔孟纵然披上猴皮，还是圣贤；猴子纵然穿上蟒服，还是兽类。内心未变，外表变更，毫无关系。""现在中国只有两个好人，一个是蔡元培先生，一个是我。因为蔡先生点了翰林之后不肯做官就去革命，到现在还是革命。我呢？自从跟张

---

①Tan Kim Hong, *The Chinese in Penang: A Pictorial History* (Penang: Areca Books, 2007), 30.
②余一彦：《辜鸿铭的西文学习法》，《文教新潮》2001年9月。
③张建安：《辜鸿铭：海外游学只是为了回归中国文化》，《中国档案报》2020年2月21日。
④有关辜鸿铭的奇闻轶事极多，但不少过于演义戏说，无从考证，故本书仅以可查出处者引之。
⑤李凤亮等：《移动的诗学：中国古典文论现代观照的海外视野》，暨南大学出版社2012年版，第13页。

文襄（之洞）做了前清的官以后，到现在还是保皇。"①"我们为什么要学英文诗呢？那是因为要你们学好英文后，把我们中国人做人的道理，温柔敦厚的诗教，去晓谕那些四夷之邦。""余以为当日秦始皇所焚之书，即今日之烂报纸；始皇所坑之儒，即今日出烂报纸之主笔也。势有不得不焚，不得不坑者。……余谓今日中国不患读书人之不多，而患无真读书人耳。乃近日上下皆倡多开学堂，普及教育，为救时之策，但不知将来何以处如此其多之四体不勤五谷不分、而妄冀为公卿大夫之人耶？且人人欲施教育，而无人肯求学问，势必至将来遍中国皆是教育之员，而无一有学问之人，何堪设想！"②对其人，最发人深省的一言一事记载如下："辜鸿铭在北京大学任教，人称'辜疯子'。"他总是梳着辫子，走进教室，学生们一片哄堂大笑，他平静地说："我头上的辫子是有形的，你们心中的辫子却是无形的。"闻听此言，北大学生一片静默。据载，伊藤博文与辜鸿铭之间的一段对话颇为精彩。伊问："听说你精通西洋学术，难道还不清楚孔子之教能行于两千多年前，却不能行于二十世纪的今天吗？"辜答："孔子教人的方法，就好比数学家的加减乘除，在数千年前，其法是三三得九，如今二十世纪，其法仍然是三三得九，并不会三三得八。"当年的北大学生回忆说："他常常教我们翻译四书，又教我们念英文《千字文》，音调很整齐，口念足踏，全班合唱，现在想起来也很觉可笑。"冯友兰回忆道："1915年9月初，我到北京大学参加开学典礼。由胡仁源主持会场，他作了一个简短的开幕词以后，当时的英文门教授辜鸿铭（汤生）也坐在主席台上，就站起来发言。我不知道这是预先安排好的，还是他自己临时冲动。他的发言很长，感情也很激动，主要的是骂当时的政府和一些社会上的新事物。他是从右的方面反对当时政府的。他说，现在做官的人，都是为了保持他们的饭碗。接着说，他们的饭碗，可跟咱们的饭碗不同，他们的饭碗大得很，里边可以装汽车、姨太太。又说，现在人做文章都不通，他们所用的名词就不通，譬如说'改良'吧，以前的人都说'从良'，没有说'改良'，你既然已经是'良'了，你还改什么？你要改'良'为'娼'吗？"③

吴宓曾在《悼辜鸿铭先生》中赞誉道："除政治上最主要之一二领袖

①转引自罗家伦：《逝者如斯集》，商务印书馆2015年版，第97页。
②辜鸿铭：《辜鸿铭文集》，黄兴涛等译，海南出版社1996年版，第447—448页。
③参见冯友兰：《三松堂自序》，生活·读书·新知三联书店2009年版，第353—354页。

人物应作别论外，今日吾国人中，其姓名为欧美人士所熟知，其著作为欧美人士所常读者，盖无有如辜鸿铭氏。自诸多西人观之，辜氏是中国文化之代表，而中国在世界唯一有力之宣传员也。"1930年，辜鸿铭的法国朋友、学者波里（Francis Borrey，1904—1976）在纪念文章《中国圣人辜鸿铭》中称其为"中国怪人""疯老头"，说他"滞留在陈旧过时的年代""具有喜作谬论的独特个性"。他对辜鸿铭印象最深的是：他穿着中国长袍，在北京人都已剪掉辫子的时刻，他却留着那象征性的发辫。法国汉学家伯希和声称，辜鸿铭"正是中国与欧洲都应当禁止的那种欧洲化的人"[1]。施密茨（Oscar Schmitz，1873—1937）在介绍辜鸿铭《中国人的精神》德语译本时曾提及，他"属于罕见的没有民族主义狭隘思想和没有个性的国际主义的人物。事实上，他是一个有民族意识的中国人，对自己国家的欧洲化义愤填膺；尽管如此，他充分意识到，只要中国忠于自己的传统，对欧洲文化的了解对中国来说是有收获的。辜鸿铭就是这样一位成功人士的缩影"[2]。因此，关于辜鸿铭的评判转向的第一个轴心是，他被视为东西方之间的桥梁，甚至被视为其化身，或者被视为文明冲突的早期辩护者；另一个轴心是他与传统和现代性的关系，这与东西方二分法很难轻易地置于同一水平。辜鸿铭是最后一个"真正的"中国人，因为他更喜欢在民国宣告成立的1912年之后展示自己，"或者——在他的对手眼中——是最后一个不得不被消灭的人物，抑或他所表现出的传统主义是现代主义的产物？还是干脆不把他归入这些范畴，而把他看作是个人主义者和特立独行者？"[3]德国汉学家卫礼贤曾编译了《辜鸿铭：中国对欧洲思想的抵抗（批判文集）》一书。2008年，有两位德国学者出版了《卫礼贤的著述列单、中文图书馆书目以及与传教士海因里希·哈克曼、辜鸿铭通信》一书。[4]

德国学者穆勒（Gotelind Müller）指出，惹人注目地把自己摆在历史

---

[1]R. David Arkush, "Ku Hung-ming (1857–1928)," *Papers on China* 19 (1965): 207.

[2]Ku Hung-ming, *Der Geist des chinesischen Volkes* (The Spirit of the Chinese People) (Jena: E. Diederichs, 1924), 2.

[3]Uwe Riediger, "Ku Hung-ming—Umrisse eines Lebens," *Oriens Extremus* 31 (1987–1988): 242.

[4]参见 Hartmut Walravens and Thomas Zimmer, *Richard Wilhelm (1873–1930): Missionar in China und Vermittler chinesischen Geistesguts; Schriftenverzeichnis, Katalog seiner chinesischen Bibliothek, Briefe von Heinrich Hackmann, Briefe von Ku Hung-ming* (Sankt Augustin: Institut Monumenta Serica, 2008)。

考察镜头前的是辜鸿铭，在当时德国，他曾受到广泛的欢迎而家喻户晓。作为一个文化评论家，在他有生之年，他就已经引起了许多不同的反应，直到今天还被认为是一位有争议的人物，东西方对他的评价褒贬不一，从热情赞扬到严厉批评，各不相同。例如，20世纪六七十年代在美国期刊发表的《民国传记辞典》（*Biographical Dictionary of Republican China*）中，我们发现了以下简短的描述："辜鸿铭，一位受到欧洲教育的学者，长期从事研究工作，曾任张之洞的下属，被称为对中国西化的尖锐批判者和传统儒家价值观的坚定捍卫者。"在中国的传记辞典中，这句话变成了"政治上，辜鸿铭是一个极端保守的人，他崇敬中国的传统学说，而反对新文化运动"。①

辜鸿铭希望"中国从此向世界文明开放"，人才辈出，而得以繁荣富强，叹道："那时，我将在儒家的天国深感欣慰。"②1884年，辜鸿铭在《中国学》一文中强调，理雅各翻译《中国经典》的工作不过是应时之需，虽然数量惊人，但并不都令人满意。辜鸿铭认为正是这些传教士和汉学家歪曲了儒家经典的原义，糟蹋了中国文化，并导致西方人对中国人和中国文明产生种种偏见。他的一大壮举就是将四书中的三部译成了英文，即1898年出版的*The Discourses and Sayings of Confucius*（《论语》）；1906年出版的*The Universal Order or Conduct of Life*（《中庸》）；以及1915年出版的*Higher Education*（《大学》）。

在1898年《论语》英译本的自序中，辜鸿铭声言，我们期望受过教育而有思想的英国读者能够克服困难来阅读这个译本。也许在阅读之后，有可能被引导去重新思考中国人历来的观念。如此一来，"就不仅能够纠正对中国人的偏见，也可以改善与作为个人和民族的中国人之间的关系"③。辜鸿铭译本采用了功能对等的翻译策略，注重以读者为中心。受东西方文化的影响，辜鸿铭对东西方文化有着自己独特的理解。相对而言，他更欣赏中华文明，因此，他试图"按照良好教育素养的英国人的表

---

① Gotelind Müller, *Gu Hongming (1857–1928) and China's Defence against the Occident* (Heidelberg: University of Heidelberg, 2013), 4.
② 黄兴涛：《一个文化怪人的心灵世界》，（台湾）知书房出版社2004年版，第327页。
③ Ku Hung-ming, preface to *The Discourses and Sayings of Confucius* (Shanghai: Kelly and Walsh, 1898).

达方式来翻译孔子与他弟子之间的对话"①。

在辜鸿铭看来，儒家思想是通向全人类真正文明的"皇家之路"。除了明显的正统痕迹外，辜鸿铭对儒学的解释受到西方教育很大的影响。从他的中文译本中就可以看出这一点。例如在《论语》译本中，他自由地将孔子、歌德和其他受到他赞赏的西方作家相提并论。同样在《中庸》译本中，他也试图为中国经典寻找西方宗教和哲学术语，以使西方读者更容易理解中文，并将自己与理雅各的汉学—语言学（sinological-philological translations）翻译区分开来。②而对于这一点，汉学家们反对他。辜鸿铭认为自己从华兹华斯（William Wordsworth，1770—1850）那里所得到的信条是妥当的：形式对于传达内容至关重要。因此，译者需要将自己置于古代圣贤的心态中，以便传递其原始含义。换言之，辜鸿铭自诩在精神上与远古的圣人合而为一。他声称，这是"生活在'文明进步'的现代世界"中很难实现的一种方法。当然，这里面没有"新学"（指当时在中国传播的西方式的课程），然而更好的是，这里面有真正的学问。这本书是两千年前以汉字写成的，它乃中华文明史上最佳之书。③

因此，辜鸿铭的目的是传教：教导欧洲人，如果可能的话，把他们的信仰转变成真正的"人类宗教"，即儒家。尽管儒学是"中国宗教"，但对辜鸿铭来说，它没有任何种族障碍。辜鸿铭试图通过他的《中国人的精神》来实现这一目标，这表达他的某种自信，即可以通过对正在自我毁灭过程中的西方世界给予答案，从而"证明"中华文明的价值。在这里，核心思想是儒家思想的道德动力，儒家思想不需要任何宗教上层建筑，因此事实上也适应了现代人。此外，儒家思想并非把人视作一个单独的个体，而是把人当成一个内心世界的社会存在。儒家思想并非本体论的推测，而是将人类界定为社会的一部分，通过这个界定，人们克服了孤立，发现人

---

①Ku Hung-ming, *The Discourse and Sayings of Confucius*. 参见范敏：《〈论语〉五译本译者风格研究——基于语料库的统计与分析》，《北京航空航天大学学报（社会科学版）》2016年第6期。

②Ku Hung-ming, introduction to *The Conduct of Life, or the Universal Order of Confucius: A Translation of One of the Four Confucian Books, Hitherto Known as the Doctrine of the Mean*, reprint by Ku Neng-yi (Gu Nengyi) (Taipei: Committee for the Publication of Ku Hung Ming's Works, 1956), 7–8.

③Ku Hung-ming, introduction to *The Conduct of Life, or the Universal Order of Confucius: A Translation of One of the Four Confucian Books, Hitherto Known as the Doctrine of the Mean*, 9, 13.

类本质上是一个公民。忠孝养家，是辜鸿铭眼中的基本美德。他用这些美德来界定"中国性"，并以此来证明他对退位的满族君主制的不可动摇的忠诚。然而，人们无法回避这样一种感觉：在所有这些忠诚的主张背后，也有西方骑士精神的典范。辜鸿铭宣称，儒学作为一种世俗的（因而也是现代的）道德力量，可以取代基督教，因为后者在西方已经成为一种道德权威。中国文明最突出的积极特征是人性善的假设（这一思想可以追溯到孟子），这就是为什么中国不像西方，不需要武力来压制预料中的邪恶。这也是为什么一般不需要牧师和士兵（也就是说，精神和身体的训练）。很显然，这一观点粉饰了中国的历史现实，然而，辜鸿铭的努力是为了表明，中国文明确实是合理的。[①]辜鸿铭呼吁从"黄皮肤"下发现其中的儒家贵族，"你必须从本质的、道德的方面来看待中国，而不仅仅是从电灯的方面"[②]。他确信东方和西方，"真正的"中国人和"真正的"欧洲人并没有如此遥远的距离，"孔子的东方和莎士比亚、歌德的西方只有很小的区别"。[③]辜鸿铭积极地维护儒家传统，这是那个时代中西观念一种自觉的对立趋势。然而，他给林语堂留下深刻印象的与其说是儒家思想，倒不如说是其某种离经叛道。

林语堂曾如此评价：辜鸿铭的"英文文字超越出众，二百年来，未见其右。造词、用字，皆属上乘。总而言之，有辜先生之超越思想，始有其异人之文采。鸿铭亦可谓出类拔萃，人中铮铮之怪杰"[④]。胡适亦曾这样描述，现在的人看见辜鸿铭拖着辫子，谈着"尊王大义"，一定以为他是向来顽固的，却不知当初辜鸿铭是最先剪辫子的人。当他壮年时，衙门里拜万寿，他坐着不动。后来人家谈革命了，他才把辫子留起来。辛亥革命时，他的辫子还没有养全，他戴着假发结的辫子，坐着马车乱跑，很出风头。这种心理值得研究。当初他是"立异以为高"，如今竟是"久假而不归"了。[⑤]北京大学校长蔡元培曾谈及为何请辜鸿铭，是"因为他是一个学者、智者和贤者，而绝不是一个物议飞腾的怪物，更不是政治上极端保

①Müller, *Gu Hongming (1857–1928) and China's Defence against the Occident*, 15.

②Ku Hung-ming, introduction to *The Conduct of Life, or the Universal Order of Confucius: A Translation of One of the Four Confucian Books, Hitherto Known as the Doctrine of the Mean*, 12.

③Ku Hung-ming, *Der Geist des chinesischen Volkes*, 156.

④孔庆茂：《辜鸿铭评传》，百花洲文艺出版社1996年版，第20页。

⑤李玉刚：《狂士怪杰——辜鸿铭别传》，人民文学出版社2002年版，第364页。

守的顽固派"①。有学者认为，辜鸿铭一类的"东方代言人"可称为"文化两栖动物（cultural amphibians）"。辜鸿铭出生并成长于英属马来亚，成长为一名受过英国教育的浪漫主义者，但他最终成为一名坚定的保皇主义者和20世纪早期西方世界著名的儒家宣传家。因为他们在全球快速转型的时代具有社会"混合活力"和跨文化能力，这些人能够跨越国家、意识形态和文化的界限伪造"真实"的身份。他们关于"东西方文明"的论述似乎根植于西方和非西方之间的文化和意识形态对抗，实际上更被视为全球知识融合的标志。②

林语堂（Lin Yutang，1895—1976），福建龙溪人。原名和乐，后改玉堂，又改语堂。1911年，林语堂入上海圣约翰大学，毕业后在清华大学任教。1919年秋赴美国哈佛大学文学系就读，1922年获文学硕士学位。同年转赴德国入莱比锡大学，专攻语言学。1923年林语堂获博士学位后回国，任北京大学教授、北京女子师范大学英文系讲师。1924年后为《语丝》主要撰稿人之一。1926年到厦门大学任英文系教授兼文科主任。1932年林语堂主编《论语》半月刊，1934年创办《人间世》，1935年创办《宇宙风》，提倡"以自我为中心，以闲适为格调"的小品文，成为论语派主要人物。1935年后，在美国用英文写《吾国与吾民》《风声鹤唳》，在法国写《京华烟云》等文学著作和长篇小说。1952年在美国与人创办《天风》杂志。1954年赴新加坡任南洋大学首任校长。1967年受聘为香港中文大学研究教授。曾任联合国教科文组织美术与文学主任，国际笔会副会长等职。1940年和1950年两度获得诺贝尔文学奖的提名。③1976年于香港逝世。

林语堂自诩"西洋人的头脑，中国人的心灵"。不惑之年，林语堂写了一副自勉对联："两脚踏中西文化，一心评宇宙文章。"在其《自传》中，他提及："我说过父亲是一位牧师并不表示他不是一个儒者。"并声言："每一个有学问的中国人，都被期望能铭记孔子在《论语》中所说的话，它是有学问的人会话的重要内容。"林语堂于1932年所主编的那份

---

① 钟兆云：《辜鸿铭的人生多面体》，《同舟共进》2019年第7期。

② Chunmei Du, "Gu Hongming as a Cultural Amphibian: A Confucian Universalist Critique of Modern Western Civilization," *Journal of World History* 22, no. 4 (2011): 715–746.

③ 参见 "Nomination Database – Literature," Nobel Media AB (2013)，转引自 "Lin Yutang," *Wikipedia*, last modified November 17, 2024, https://en.wikipedia.org/wiki/Lin_Yutang。

《论语》半月刊颇具影响也很有创意。对他而言，中国传统儒家文化只有与时俱进加以改善，才能继续发挥其生命力。

1935年后，林语堂主要住在美国，在那里他被称为中国哲学和生活方式的"明智而机智"的推广者。[①]"当林语堂移居美国之后，也许由于环境和视角的改变，林语堂对于中国传统文化的态度有了改变，中晚期他对中国文化则多有肯定、欣赏之情。在《林语堂自传》的《论东西思想法不同》一章中，他很明白地相比较了东西方思想文化的差异，认为儒家修齐治平的思想，可以救西方重知不重道的错误。"[②]

有评价说：林语堂的英文著作，以渊博的学识、深刻的洞察力、豁达的胸怀为根基，以一片赤诚之心贯彻始终，语言通达典雅，措辞机智幽默，行文灵动潇洒，在文学界获得很高的评价，在英语读者当中也相当受欢迎，"遂为西方人士认识中国搭建起一道桥梁。在当时西方世界对中国普遍缺乏了解的情况下，这一点尤显难能可贵"。

林语堂曾为《中国评论周报》（*The China Critic Weekly*）撰写了专栏，这是一份英文新闻通讯周报，重点关注社会和政治问题。他的专栏文章《小批判者》（The Little Critic）引起了著名的美国诺贝尔文学奖获得者赛珍珠（Pearl S.Buck，1892—1973）的注意。1933年，赛珍珠告诉林语堂说，她一直想读一本由中国人撰写的关于中国的英文书，并说服他当了作者。[③]林语堂的英文著作《吾国与吾民》（*My Country and My People*）于1935年在美国问世，并迅速登上《纽约时报》畅销书排行榜（The New York Times Best Sellers）中，成为一时热点。之后很长一段时间，销量居高不下，多年后仍数次重新出版，成了华人作家的作品畅销于美国的先例。这本书让林语堂赢得了国际声望和极大的知名度。从某种意义上说，他在世界文学舞台上的首演令人印象深刻，这也是中国在现代全球社会意识中的首次露面。不久，林语堂的《生活的艺术》（*The Importance of Living*，1937）也获得很大的反响。其他英文著作包括《啼笑皆非》（*Between Tears and Laughter*，1943）、《理解的重要性》（*The Importance*

---

①参见"Chinese Says Our Virtues Are Our Vices," *Reading Eagle*, April 4,1937, retrieved December 9, 2017，转引自"Lin Yutang," *Wikipedia*。
②参见叶雯昕：《浅论儒家与道家对林语堂思想的影响》，《青年文学家》2018年第3期。
③Rain Yang Liu, "Lin Yutang: Astride the Cultures of East and West," in vol. 3 of *Salt and Light: More Lives of Faith That Shaped Modern China, Eugene*, ed. Carol Lee Hamrin and Stacey Bieler (Eugene, OR: Pickwick Publications, 2011), 158–175.

of Understanding，1960）、《中国艺术理论》（*The Chinese Theory of Art*，1967）等，以及英文小说《京华烟云》（*Moment in Peking*，1939）、《风声鹤唳》（*A Leaf in the Storm*，1940）、《朱门》（*The Vermilion Gate*，1953）、《唐人街家庭》（*Chinatown Family*，1948）等。林语堂于1947年还出版了英文著作《苏东坡传》（*The Gay Genius: The Life and Times of Su Tungpo*），其中介绍了苏东坡与王安石之间的斗争。1973年，在多年的呕心沥血之后，暮年的林语堂推出了《林语堂当代汉英词典》。

在西方颇有影响的《吾国与吾民》乃林语堂的典型英文代表作。在此书中，他揭示出："儒家的世界观是积极的，而道家的世界观则是消极的，这两种奇怪的元素放在一起提炼，则产生出我们称为中国人性格的这种不朽的东西（在对待人生的消极态度上，佛教不过是道教的一种狂热的形式罢了）。""中国人在本性上是道家，文化上是儒家。""所有的中国人在成功时都是儒家，失败时则是道家。"他还曾举重若轻，而又一针见血地调侃到，儒家是中国人的"工作姿态"，而道家是中国人的"游戏姿态"。换言之，道家为中国思想之浪漫派，孔教则为中国思想之经典派，"道家及儒家是中国人灵魂的两面，中国的文人很幸福，往往得意的时候是个儒家，失意的时候是个道家"。更有甚者，"儒家斤斤拘执棺椁之厚薄尺寸，守丧之期限年月，当不起庄生的一声狂笑。于是儒与道在中国思想史上成了两大势力，代表道学派与幽默派"①。

林语堂清醒地看到，与西方现代思想的长处相比，我们的社会观、人生观，至少落后人家200年。他回顾说，在孔孟、墨子时代，儒家学说还是动的哲学，就连孔子也可谓活活泼泼的世故先生、老练官僚，少有静观宇宙的话，注重身体力行、学以致用。至于孟子，更讲求大丈夫之论，强调富贵不能淫、贫贱不能移、威武不能屈。然而宋代之濂溪、横渠、二程等人出入佛、道十几年，深受道家主虚、主静、主牝、主柔、主无为、主不可见欲的影响，再加上佛家看破世情之法，天下事越无可为了。结果，他们虽然未看破世情，却要灭尽人欲，儒教也变为静的哲学，让人凡事不要动，不许动，而东亚病夫之模型乃立。"至少我少时所看见的村学究，没有一个不是畏首畏尾……说话吞吞吐吐，一生不曾看过张开大口笑一回。"正因如此，只要我们驱荀韩，直追孔孟，找到儒家的中心思想，与

---

①参见林语堂：《第五讲》，黄河选编：《道家二十讲》，华夏出版社2007年版，第51页。

西方比较之，弃其糟粕，取其精华，就可以恢复中国文化的活力。然而，在林语堂眼里，儒家思想即便在现代社会，依旧具有很强的活力。他阐释到，孔子的思想代表一个理性的社会秩序。第一，孔子学说的重点在人世间，是积极进取的。第二，孔子学说有一整套理性的思想体系。第三，孔子学说提倡知识。第四，孔子学说具有包容性。由此可以看出："尽管西方现代思想对儒家学说构成了挑战，但是儒家思想仍不失为颠扑不破的真理，儒家思想在中国人的生活上仍然是一股活的力量，还会影响我们民族的立身处世之道。"①

"林语堂的《论语》译介自具特色，在东西方文化交流史上影响深远……既是向西方世界展示真正的中国文明，也为东西方沟通交流提供了一个有效的通道。作为濡染儒家传统的知识分子、深谙西方文化的学者、作家、翻译家、基督徒、兼具错综复杂身份的林语堂对《论语》的译介卓尔不群，独具一格。"②

林语堂英文译介《孔子的智慧》（*The Wisdom of Confucius*）于1938年在美国由冉兰登书屋（Random House）出版，被列入美国"现代丛书"（*The Modern Library*）。全书共分11章，约300页，包括：第一章为《导言》，引介了孔子思想的特性，孔子的品格述略以及本书的取材及计划等；第二章为孔子传，即司马迁《史记·孔子世家》本文；第三章为《中庸》本文；第四章为《大学》本文；第五章为《论语》本文；第六章为六艺；第七章选自《礼记·哀公问》；第八章为《礼记·礼运》；第九章《礼记·学记》；第十章《礼记·乐记》；第十一章《孟子·告子上》。其中第五章《论语》尤为独到，作者选辑《论语》中与孔子关系重要的部分，分为十类，并予标题。计为：（一）孔子风貌；（二）孔子的艺术生活；（三）孔子谈话的风格；（四）孔子谈话的霸气；（五）孔子的智慧与机智；（六）孔子的人道精神（论仁）；（七）君子与小人；（八）中庸及乡愿；（九）为政之道；（十）教育、礼与诗等。

林语堂特别关注西方人的思维方式和阅读习惯，尽可能地缩小某种文化程度上的不可通约性与语言上的不可译性，尽量填补中西方之间的文化鸿沟。他用构思、编排、比较、想象、用词、行文等诸多技巧，填补了《论语》原著中孔子形象的空白，使之较为生动丰满，从而更能为西方读者所

---

① 参见姚传德：《林语堂论中国文化的结构》，《光明日报》2008年10月6日。
② 王承丹、曾垂超：《林语堂译介〈论语〉考论》，《福州大学学报（哲学社会科学版）》2014年第4期。

接受。林语堂在该书导言里提出两点：一、孔子的封建思想虽已陈腐不切实际，但孔子主张的个人道德修养，仍是今日社会生活中所不可或缺的。这是孔子学说的伟大价值。二、孔子的学说是顺乎人性的。

林语堂是20世纪最著名的中国作家及思想者之一。他的各类作品显示了机敏睿智幽默的写作风格，并以深刻的见解，敏锐的分析，向西方介绍了中国的文化传统、精神价值、生活态度、性格特征以及思维和行为方式。林语堂的文学成就不仅源于他的文学才华，还源于他多年对传统语言根源的研究和深刻理解。他十分熟悉儒教、佛教、道教以及基督教等，其一生对这些精神传统持敏锐的批判性和分析性观点。从东西方各种宗教与哲学之间反复穿越和回归的精神之旅，说明了林语堂对真理的追求。林语堂在东西方古典文学的普及以及中国人对生活的总体认知上极为独到。博学多闻的林语堂精通哲学、宗教、道德、历史、政治、语言学以及文学艺术等跨学科领域。林语堂将自己视为"世界公民"，是将中国文化带到西方的大使，一生致力于东西方的交流。他的许多作品都试图弥合东西方之间的文化鸿沟，故为东学西渐与儒学西传做出了杰出的贡献。

二、洪业、陈荣捷、何炳棣的儒学研究及影响

洪业（William Hung，1893—1980），号煨莲，系英文学名Wiliiam的同音异译。1922年自美国学成归国，参与创建燕京大学。1923年任燕京大学历史系主任、图书馆馆长。任馆长期间，大力整顿和发展了图书馆工作，短时间内，将一个仅有20万册藏书的图书馆藏书量猛增到60万册，形成了适合全校文、理、法各专业的藏书体系。1946年后赴美，担任哈佛大学东亚语文系研究员。洪业是近代中国著名的历史学者，与钱穆、顾颉刚、陈寅恪等人同为大家。其治学严谨，特重治学方法与工具书的编纂。自创"中国字庋撷法"，曾主持哈佛燕京学社《引得》编纂处工作20余年，编纂出版经史子集《引得》系列64种、81册。著有《洪业论学集》等中文著述40多种，英文著述21种。《引得》系列共出41种正刊，23种特刊，合计64种共84册，包括《春秋左传》《论语》《孟子》《汉书》《大藏经》《水经注》等古籍引得。洪业编纂《引得》的贡献在中国学术史上是很重要的。洪业不但深刻地影响了海内外汉学研究的进程，同时也在提出中国史学的研究范式、整理史料编纂方面做出了杰出贡献：由他主导编辑的系列《引得》极大地便利了学人的研究，促进了史学的规范化和现代化，每册前的序文综合历代版本纂辑工作之大成，至今仍极具学术价值。洪业最关注的是有关"儒耶相合"的问题。洪业于1912年如此写道：

"必是神爱人类、喜欢人照他的意旨而生活，但人类逐渐远离他而接近撒旦，所以神派耶稣到西方，派孔子到东方，以拯救人类于万恶之中……无论如何，耶稣和孔子都是神的传信人，是拯救人类的思者。"①有意思的是，《洪业传》的英文书名为 *The Laterday Confucius*（最后的孔子），台湾版副标题为《季世儒者洪煨莲》［*Reminiscences of William Hung (1893–1980)*］。终其一生，洪业都在文化碰撞与融合的进程里践行着自己的信徒义务和儒者信念。

陈荣捷（Chan Wing-tsit，1901—1994），美籍华裔哲学家、朱子学专家。早年就读于岭南大学，后赴美留学，1929年获哈佛大学哲学博士学位。1936年去夏威夷大学任教。1942年，任美国达特茅斯学院中国哲学和文化学院教授、荣誉教授。其后任教于查塔姆大学（Chatham University）、哥伦比亚大学。主要著述有《朱学论集》《中国和西方对仁的解说》《西方对儒学的研究》以及《现代中国的宗教趋势》等。陈荣捷的哲学思想主要表现为以下五个方面：

（一）儒学人文观。陈荣捷认为，虽然中国原典没有人本主义这个词，但中国的人本主义思想却很悠久。中国的人本主义起源于西周时代，当推翻了商朝以后，便发现了人力的重要性，进而发现了人的重要性。他指出，单从《论语》一书考察，我们也可发现孔子对中国哲学发展的影响极其深远。尤要者，他决定了其凸显的特色，即人文主义。早在孔子之前，人文主义的趋势已显然可见，然而直至孔子，才使之成为中国哲学中最强的主导力量。孔子无意探讨神祇或人死后的问题，他相信"人能弘道"，而非"道能弘人"，他的思想集中在人的问题上面，他的主要关怀是由好的政府与和谐的人际关系所支撑的美满社会。为此理想，孔子主张好的政府应当以德治民，且以身作则，而不宜诉之刑罚或暴力。他也认为善恶的标准是义不义，而不是利不利。对于家庭问题，孔子特别重视孝道。至于一般的社会层次上，则主张"礼"，亦即合宜的行为。孔子不但奠定了中国哲学人文主义的根基，也塑造了其间某些根本的概念，其中主要五项："正名""中庸""道""天""仁"。将仁的概念加以扩充，即形成新儒家思想天人合一的理论。也正是因为人心中都有仁，后来的儒者才会坚持人性本善的理论。后来，孔子把源于西周的人本主义推向高峰，其"未知生，焉知死"与"人能弘道，非道弘人"等观点，不仅表达

---

① ［美］陈毓贤：《洪业传》，商务印书馆2013年版，第61页。

了对现实人生的关怀，也表示了对人的价值的肯定。在此意义下，陈荣捷强调，将中国之人本主义带到最高之境地者，当然首推孔子。在孔子以后，从孟子、荀子到朱熹、王阳明，再到康有为、谭嗣同，几乎所有的儒者都是人本主义者，因为他们都以关心人事为首务，都热衷于政治与社会事务。因此，中国的人本主义具体体现在两个方面：其一，人居于政府之中心地位；其二，人事实上亦被认为重要。

（二）儒学本体论。陈荣捷指出，古代与现代之中国哲学，其主要关怀者一向是伦理、社会与政治诸问题。形上学只有在从印度东传之佛教对儒家构成强大之挑战后，才发展起来。因此，诸如上帝普遍性、时空、物质与精神等形上问题，中国哲学大多数学派不是不加讨论，就是只偶尔基于伦理学而加以讨论。而且，相关讨论也一向漫无体系，罕有基于假设与逻辑所展开之辨析。之所以如此，在于中国哲学有一倾向，即关注于美好人生与社会，而非有系统之知识，故它一向避开抽象与概括。因此，倘若依西方哲学所仰仗之理论基础和严密逻辑的标准来看，中国哲学所能贡献于世界者在形上学方面委实有限。陈荣捷声言，大部分当代中国哲学家都觉得，中国哲学在伦理学上对世界大概有所贡献，但在形上学上却在接受之一方。尽管如此，却并不能说中国哲学不存在形上学。实际上，后起的中国哲学之形上学具有自身明显的特征，即综合。反过来讲，若从综合的角度视之，中国哲学之形上学在世界哲学中很独到。于是，对于这种综合，陈荣捷分别从纵向和横向两个角度进行了诠释。所谓纵向，是就历史发展之阶段性而言说；所谓横向，是就六对主要概念之体现而言说。晚近八百年来发展的新儒学，为中国思想放一光彩，其争论的主题，乃人与事物的性与理的问题（此其所以被称为性理学），宋明时期，此种倾向尤为明显。环绕此一主题，气、阴阳（消极被动与积极活动的两种宇宙力或质素）、太极、有无、体用，以及天人合一等问题，亦由此展开。孔子与这些问题无涉，也未曾讨论。《论语》一书中，理、阴阳、太极等字词从未出现。"气"此一字眼虽曾数见，其用法却非物质力量之意。而孔子的门徒自言，他们从未闻夫子说及性与天道之事，除了在"性相近，习相远"处谈到人性问题外，孔子再未涉及，而此种说法与后来正统儒家主张的人性本善复大同小异。

（三）儒学宗教性。陈荣捷阐述说，孔子对"天"的诠释，可以说与传统信仰的距离更为遥远。直至孔子之时，至高的力量被称作"帝"，或曰"上帝"，它是种人格形态的神祇，可是孔子从未曾谈到"帝"，但时常述及"天"。无疑的，他所说的天具有目的性，且为万物之主宰。他一再说到"天命"，意即天之意志或命令。然而，对孔子而言，上帝已非诸神中之最尊者，亦非以人格之形态治理此世。它已一变而为超越的存有，它只监临在上，而让自己之道德律独立运作。此即"道"，文明由此发展，人由此遵行。此亦即"天道"，后来亦称作"天理"。对陈荣捷而言，通常来讲有教规、教堂、教会、教典以及严密的组织，往往成为人们衡量宗教的标准。倘若以此标准来衡量，儒学的道德原则不是教规，孔庙不是教堂，四书五经也不是教典；儒者所具有的是人文主义精神，没有非理性的狂热信仰，故完全有理由说儒学不是一种宗教。陈荣捷指出，儒家学说含有宗教的元素，但却不是一个有组织的、制度化的宗教。不过，在他看来，在讨论儒学是否是宗教时，应该把宗教（religion）和宗教性（religious）两个概念区分开来。因此，说儒学不是一种宗教，并不意味着它完全不具有宗教性。陈荣捷的《朱子之宗教实践》一文阐发了朱子具体的宗教经验，探讨其宗教信仰对实际行为的影响，以论证朱子"实一最虔敬而富有宗教热忱之人"。儒家之作为宗教，何以与其他宗教不同，陈荣捷在此文中力求给出自己的答复。

（四）儒学文本化。陈荣捷在编译儒家经典时，自定以下7项原则：（1）尽量参读各种经典注疏；（2）所有的中国哲学的名词必须加以解释；（3）所有的专有名词如"五常"等，都必须详举其内容；（4）所有引用书籍或论文，均译其意为英文；（5）所有地名或人名，均加考证或说明；（6）所有原典之引文，尽量追溯其出处；（7）对经典中若干重要章句，均指出它在中国哲学史上的重要性。学者韦政通为此感叹到，以陈荣捷第一项工作为例，在编撰《中国哲学资料》中仅老子部分，便参考历代注释300种以上，庄子也超过百种。至于《论语》难解之处，也罗列历代重要注释，一则可使读者知各家义解之分歧，再则也可知儒家思想之发展。同时，为了使读者得知中国思想之承前启后、古今一贯，而就原典中引文一一溯其原始，就多达900余条，单单这一项工作，就真不知要花去多少心血，难怪陈荣捷自己，有时也不免有"海底捞针，无从入手"之叹。中国哲学史史料真是浩如烟海，即使做资料汇编，已是不易，而《中国哲学资料》一书"之选材目的在能使成一家之思想统系"，"如未对一家思想融会贯通、别具眼力，是做不到的"。20世纪60年代中期，由于"冷战"的需要，美国的中国研究包括中国哲学得到大量的资助，使中国哲学逐渐兴起，但陈荣捷觉得西方原来的哲学译文不尽如人意，便决心另辟蹊径，从此形成了陈式典籍英译化。他采取"求异"译作的策略，尽量揭示中国哲学中思维方式与语言方式的差异，摆脱西方哲学术语的固化，并对非纯学术内容选用西方读者喜闻乐见的大众表达方式。但陈荣捷并不囿于单纯的"求异",而推崇多元化译法,诸如创造性解释、一词多译、深度翻译、保留修辞等。在他看来,典籍翻译应是跨学科的,横贯文史哲,甚至其他人文社科领域,故译者应具备一专多能的素养与造诣,以及多方位的研讨视角;此外译者应熟知原文本的背景,精确地把握整体,从而才能翻译出原作的内涵与真谛。

（五）儒学世界化。在陈荣捷的积极贡献下,20世纪,尤其是冷战期间,美国的中国学研究所带动起来的中国哲学研究,极大地扩大了儒学的世界影响力,彻底改变了西方学者所谓中国先秦之后有宗教而无哲学的论调,大大推动了美国与世界的中国哲学特别是理学哲学研究进程。陈荣捷先生倾其后半生研究宣传朱子思想,在取得朱子学丰富研究成果的同时,有力推动了20世纪美国的朱子学研究,使美国与西方世界深刻认同了中国哲学的真实存在与以朱熹为代表的理学思想的恒久魅力,大大促进了中西方文化的交流与传播。

陈荣捷学贯中西,博学多闻,治学严谨,勤于探索,人品学品俱佳,是欧美学术界公认的中国哲学权威,20世纪后半期英文世界中国哲学研究的领袖,也是国际汉学界理学的泰斗。陈荣捷在把儒家思想学说传播到西方世界方面成就非凡,功不可没,被誉为"北美大陆的儒家拓荒者"。

何炳棣（Ping-ti Ho, 1917—2012）生于天津,祖籍浙江金华。读过南开中学,入学山东大学,1934年就读清华大学历史系,师从于蒋廷黻、刘崇铉、雷海宗、陈寅恪及冯友兰等著名学者。1938年大学毕业后,即赴云南,任西南联合大学历史系助教,后任教员。1944年,考取第六批庚子款留美公费,第二年与杨振宁等人同船赴美,于哥伦比亚大学专攻英国史及西欧史,1952年获博士学位。在获得博士学位前,何炳棣已于1948年前往加拿大英属哥伦比亚大学任教,1963年转往美国芝加哥大学,1965年荣任此校汤普逊历史讲座教授,1987年退休。之后,何炳棣受聘前往学尔湾校区,任历史社科杰出访问教授,三年后第二次退休。何炳棣于1979年获选美国艺术与科学院院士,1997年获选中国社会科学院荣誉高级研究员。1975年至1976年,他被公推为美国亚洲研究学会会长,是该学会的首位亚裔会长,也是迄今唯一的华人会长。此外,他还担任全美华人协会第一副会长。有学者这样评价,抗战时期,北大、清华、南开迁到昆明成立西南联大。联大8年,培养出一大批星光灿烂的杰出人物,自然科学家有杨振宁、李政道、邓稼先、华罗庚等,社会人文学者有何炳棣、朱德熙、吴晗、邹谠、殷海光、王浩等,文学家有穆旦、汪曾祺、郑敏等,在极为艰难的环境里,涌现出来的人才比三校前10年、20年的总和还要多,这成了中国现代教育史上的一个谜。

何炳棣治学眼光非比寻常。以时间言，从公元前5000年至20世纪的中国历史文化无不涉及，其关注之广，有浩瀚气象，并且其解释之新，足以撼动学术界。以题材言，选题一向以敢于攻坚饮誉学林——力主研究基本大问题，不屑作二流题目。他对中国文明的起源、农业及农作物、耕作方式、近500年间的社会阶层间流动、人口及资本累积等错综复杂、既重要又关联性高的研究课题，具有震惊学界的见解，曾引起有世界史眼光学者的重视和讨论。何炳棣说："历史家选题攻坚的能力，很大部分是取决于工具的多少。"他从西洋史及社会科学积极摄取研究中国历史和文化的心得。养成必要时"自修工具"的习惯，因此能单刀直入，对明、清制度史的两块基石——"丁"和"亩"，赋予革命性的论断：二者俱为纳税单位，与实际人口数字以及土地面积无关。何炳棣在撰写《黄土与中国农业的起源》及《东方的摇篮》时，更是从基础功夫做起，"恶补"了不少考古学及其相关的自然科学知识，再与大量考古资料及古文献相印证。遇上其他学科专业的问题时，绝不闭门造车，反而不耻下问，虚心向相关学门的学者请教。以方法言，因一向研究基本性的大课题，他从来不依赖孤证，尤其强调论证的积累。撰写《1368—1953中国人口研究》及《中华帝国的成功阶梯》时，即遍检北美各大图书馆所藏近4000种方志，包括不少海内罕见珍本，并尽力搜集登科录、同年齿录近百种，多维探索相关课题。他晚近的著作，和前期相较，表面似乎偏重微观的细致考证，然而深入细究以后，仍然呈现他原有作品的一大特色，即强调宏观的通识综合。何炳棣学贯中西，治学纵横上下古今，把20世纪30年代清华大学强调考证与综合相结合的历史学风，发扬到极致，从而誉满全球，被礼赞为"学术巨人"。

何炳棣早期著作多以英文撰写，二次荣休后，始大力以中文耕耘。他晚年全力进军古代思想史领域，于20世纪90年代华丽转身，力开学术转向，"踏进先秦思想、制度、宗教、文化的古原野"。在文献不足征的情况下，求精求专，完成了12篇论文，连同另3篇论作，合编为《何炳棣思想制度史论》（简体中文版由中华书局出版）。同时也积极撰写回忆录，以远大的眼光及诚恳亲切的态度，现身说法，回顾读史阅世的心路历程，兼及师友杂忆。

在英文版《东方的摇篮》一书中，何炳棣看待儒家经典，就像看待《圣经》中的文字学家视摩西的书的重要程度一样。他认为这些古代著作是对古代真理和智慧的光辉启示。这本书是在儒家被扔进中国历史垃圾箱中之时推出的，也许当下的人们会很高兴地看到这种宗教式的复兴。然而它的作者却可能会对大多数新一辈的儒家学者感到失望，认为这些经典是表达同情价值的故事，而不是科学真理的启示。[①]别开生面的是，在英文版《中华帝国的成功阶梯》一书中，何炳棣揭示了"中国明清时期社会意识形态与社会分层""影响社会流动性的因素""向上流动：进入官场""向下流动""影响社会流动性的因素"以及"社会学术成就和流动性的地区差异"等，[②]而儒家思想对社会的渗透（the permeation of society by confucian ideology）[③]则是贯穿始终的决定因素。何炳棣还将儒家对社会阶层化的影响与近代西方进行了比较。他指出，由于儒家的价值观念，中国明清时期的劳心者与劳力者的差别比同时期的西方更为显著，儒家传统的价值观对人们施加更大的压力，并使他们努力挤进统治精英的阶层。[④]晚年的何炳棣在《何炳棣思想制度史论》更深入地探究在中华早期体制与文化的形成过程中，周公、孔子扮演了至关重要的角色。周公"把上古中国思想引进了人本理性的新天地"，而孔子建立了"全部人伦关系价值与理论体系"。简言之，周公制"礼"，孔子造"仁"。

正如有人所评论，在有史学参与的学科争执中，史学往往扮演着主动

---

①参见Ping-ti Ho, *The Cradle of the East: An Inquiry into the Indigenous Origins of Techniques and Ideas of Neolithic and Early Historic China, 5000–1000 B.C.* (Hong Kong: Chinese University of Hong Kong, 1975)。

②Ping-ti Ho, *The Ladder of Success in Imperial China: Aspects of Social Mobility, 1368–1911* (n.p.: ACLS Humanities EBook, 2008), 1, 53, 92, 126, 168, 222.

③Ho, *The Ladder of Success in Imperial China: Aspects of Social Mobility, 1368–1911*, 86.

④Ho, *The Ladder of Success in Imperial China: Aspects of Social Mobility, 1368–1911* , 50.

者的角色，而哲学与文学等往往处于被动、因应的地位。①思想史的研究是注重训诂之学，强调历史的"真实"性，以达到恢复历史本来面貌的目的，还是注重哲理性的反思，强调观念的系统性，以达到义理的推陈出新？这个"史"与"思"的问题历来争论不断。20世纪90年代在香港《二十一世纪》上引发的何炳棣与新儒家关于"克己复礼"真诠的一场大争论，正是这一争议的典型表现。虽然他们各说各话，少有交集，终让这场论战无果而终，但观战者中也有学者提出一些新的思维，有助于我们对思想史的"史"与"思"问题作进一步的思考。②《何炳棣思想制度史论》的第六章专门谈及了"克己复礼"真诠：当代新儒家杜维明治学方法的初步检讨。何炳棣质疑道："当代新儒家在传统儒家哲学中寻索民主思想的源头，岂不是缘木求鱼？"在《读史阅世六十年》"卷后语"中，何炳棣如此感叹："只有具有安全感，并终身践履其学术及道德原则的超特级人物朱熹才能私下坦诚道出：千五百年之间……尧、舜、三王、周公、孔子所传之道，未尝一日得行于天地之间也。"这正是朱熹对圣贤理论与长期历史实践存在相当严重差距的敏锐而又深刻的体会……对于后来盛行的"新儒家"，何炳棣其实早已有自己的看法，很坦率地表达了自己深思熟虑的结果，认为从儒家思想中开创现代民主、现代科学、现代资本主义之举带有理想主义色彩，是以现代的目光重新建构历史。但历史研究必须回到历史本身，儒家思想在具体的历史中所发挥的实际功能，是史

---

① 这使笔者回想起求教这位史学大师的一些往事。何炳棣先生是笔者北京大学的导师任华先生在清华大学的校友。何先生在美国芝加哥大学退休前的最后两年，笔者正好也在那里研读。何先生与本校另一位著名学者邹谠先生是笔者在芝大以至在整个美国接触最多，也是最敬重的两位华裔教授。何先生著作等身，每一部作品都在海外产生巨大反响，被公认为历史学界泰斗。20世纪90年代初，美国南加州的一些学者和研究生自发成立了一个中国文化沙龙，不定期聚会研讨各种有关中国文化和社会变革中的各种问题，甚至后来还大力筹款，在笔者教书的学校举办了有200多人参加的大型国际研讨会。笔者作为发起人之一，在沙龙中受益不少。沙龙成员中，印象最深的是重新相逢的何炳棣先生。何先生做学问十分严谨、扎实，讲究史料的翔实，从不空谈。笔者总感到，有他参加的辩论，对方就立即显得相当空泛、苍白和浮华。从何先生那里，笔者多多少少改变了以前某些喜欢空发议论的习惯。在一次沙龙的研讨会上，笔者谈了自己的所谓庄子泛道化之说。何先生认真听完以后，一连问了好几个问题，语气温文尔雅，而内藏十足的洞穿力，使笔者疲于应对，无法自圆其说。
② 何卓恩、柳恒：《思想史的"史"与"思"：从何炳棣与新儒家关于"克己复礼"真诠之争说起》，《深圳大学学报（人文社会科学版）》2016年第6期。

学问题，应当实事求是地分析。① 由于何炳棣早年的作品，都是用英文写作，专业性很强，大陆学界在很长一段时间内，都没有对何炳棣的学术做出深层次的回应。有学者感叹，尽管他在海外影响很大，但是大家只看到他的名声，而不知他做的学问。长久地得不到大陆学界的学术回应，让他有深刻的寂寞感。何炳棣的寂寞，正是我们这个时代的一种悲剧，"人造大师"的喧嚣之外，斯人独憔悴。他通过自己的努力，以艰深的学术研究，让世界了解中国，而我们却没能真正理解他的学术努力。需要说明的是，在满街都是大师的时代，像何炳棣这样在英语世界有极大影响的学者，华人世界是很少的。②

三、萧公权、房兆楹、刘殿爵、许倬云的儒学研究及影响

萧公权（Kung-chuan Hsiao，1897—1981），原名笃平，字恭甫，自号迹园，笔名君衡、巴人、石沤，江西泰和人。1920年，清华大学毕业，赴美求学，就读于密苏里大学新闻专业。后在康奈尔大学哲学系取得博士学位。1926年回国，先后在南开大学、东北大学、燕京大学、清华大学等校任教。抗战爆发后，迁成都，任教于四川大学、成都燕京大学、光华大学，抗战胜利后继续在光华大学及四川大学任教。1949年底赴美受聘任西雅图华盛顿大学教授直至1968年退休。

虽参与了五四运动，但萧公权却并不赞成"打倒孔家店"，认为应该把孔子的思想与专制帝王所利用的"孔教"区别对待。在《中国政治思想史（第一卷）》（*History of Chinese Political Thought, Volume 1: From the Beginnings to the Sixth Century, A.D.*）一书中。萧公权按政治思想演变的趋势将中国政治思想史分为四期。一是创造时期，从孔子降生至秦始皇统一中国。诸子百家学说虽然各有渊源，但却是融旧创新，例如《左传》上可见春秋时期的士大夫说话往往称引《诗》《书》，可知这些文件并非儒家垄断，只不过孔子把它们拿来作为立言设教之资。二是因袭时期，从秦汉到宋元。诸学说的融合折中成了秦汉思想的主流。关于此点，近来笔者阅读资料，也有同感，原始儒家的学说与专制社会并不完全一致，作为专制时代统治思想的儒家吸收了法家尊君专制的特点，吸收了阴阳家关于天人

---

① 参见姜义华：《何炳棣先生的寂寞与失落》，《中华文明三论：中华文明的经脉》，上海人民出版社2021年版。
② 参见姜义华：《何炳棣先生的寂寞与失落》，《中华文明三论：中华文明的经脉》。

合一、天人感应的世界观。三是转变时期，从明初至清末。关于此点，笔者略有不解，不见明代政治的新气象，也不知明初政治思想有何新气息，可以称为转变期的发端。四是成熟时期，以孙中山的三民主义为终结。关于此点，现代人当然不能认同，但考虑到此书写于抗战期间，国家危殆，或许有统一思想的需要吧。接着，萧公权按思想的历史背景，将中国政治思想史分为封建天下、专制天下和近代国家三期。在封建天下时代，儒墨主张维护封建制度，道家是否定制度，法家则预想将出现君权一统。在专制天下时代，儒家拥护专制，成为正统，墨法同归失败，而儒道两家则随社会之治乱，互为消长。关于此点，不符合百代皆行秦政治，儒表法里的论断。萧氏认为法家有"令尊于君"的思想，但个人对此尚无认识。而道家的政治思想除了无为而治，以及延伸出来的南面之术外，似乎更偏重个人的修养，而不足与儒家比长短。至于政治思想从天下到国家的转变，则是海通以来，中国人在惨重教训下学会的新知。

在《中国政治思想史参考资料绪论》一文中，萧公权指出："先秦时代号称有百家之学，然政治思想之体大思精，可以成家而文献足征者，只儒、墨、道、法之四派。秦汉以后至于清初之政论，殆难出四者之范围。其间虽时有修改调和之迹，未必纯守师说，而渊源可按，先秦之影响历二千年而未绝。亦如希腊思想成为欧洲文化之永久成分。"

在1975年推出的英文版《近代中国与新世界：康有为变法与大同思想研究》（*A Modern China and a New World: K'ang Yu-Wei, Reformer and Utopian, 1858–1927*）一书中，萧公权阐释了康有为"以儒变法与以儒为教"思想体系，他指出，康氏治经为其提供了社会哲学的基础，同时为他的变法运动提供了理论支柱。康有为于1891年刚完成《新学伪经考》一书后，立即开始写作《孔子改制考》，并于1896年完成，正好是戊戌变法前两年，而出版时正是短命的"百日维新"前几个月。康有为此书的主题是：作为学术与道德主宰的孔子，不是历史传统的传承者，而是一位掌握一切永恒真理的教主。康氏于辩说孔子创教，由后人口述而为万世教主之余，又谓公羊家解释的孔子学说乃是圣人改制变法的哲学。这也就显示出康氏如何在他一生中的不同阶段，进行两种不同的任务：在儒家原则上形成一改制哲学，以及建立一超乎儒家的广泛哲学体系。在萧公权看来，康氏致力于转儒学为变法哲学，不应该视为一经学研究的学术贡献，而应重视它对当时以及后来中国近代史发展上的实际影响。康氏作为变法运动的思想领袖，必须革新儒学。重建孔子的学说可以加强他对变法的见解，使其他学者可以拒斥或谴责，但不能忽视，例如包世臣（1775—1855）和冯桂芬（1809—1874）提议变法时，不曾怀疑正统儒家传统的有效性。萧公权进一步强调，康氏认为儒家传统的保存有赖于清除其中的过时货，以及将其从过时的制度中脱颖出来。而且，思想革新虽在儒学的范畴之内，但思想和制度都有必要变更。外国的文化因素可以借鉴，但仅是增饰而不是取代儒学。对萧公权而言，康氏最主要的工作是致力于使儒学适应现代的需要。帝制及其相关思想与制度是当中华帝国与世孤立之时发展出来的。儒学始自中国封建时期，自汉代以后日渐与帝制相结合。尽管朱熹曾说几百年来孔子之道未尝一日得行，事实上儒学作为帝王的思想工具，足使其成为王政的另一名称。因此，说孔子的制度蓝本表现东方专制之一基本性格，是有些道理的，或者干脆说，"孔子学说是专制的"。①

　　萧公权揭示到，儒学在近代世界有光明的前途。坚决维护中国文化的梁漱溟深信儒学在未来的世界文明中具有重要的地位。蒋梦麟不能说是一位儒者，他也不反对西方文化，但认为孔子的伦常以及世界和平学说、孟子的民主思想，可适合近代的民主中国。一些西方学者也有相同的说法。丁韪良说没有另外一个国家有像孔子学说一样宝贵的文化遗产。卫礼贤相信儒学有一些基本素质可应用在任何时代、任何地方，其"确具足够适应近代情况的内在弹性"。再者，应记得儒学曾在18世纪赢得一些欧洲一流思想家的注意。然则康有为对孔子的信心并不是毫无道理可言的偏见。萧公权评述到，康有为可以说是一名儒家修正主义者。他对儒家思想内容的修订与充实，可以说有功于儒学。儒学自其创始人死后两千年间曾包含了多次理论发展的阶段。第一阶段在秦始皇统一中国后不久，当时由孟子和荀子所建立的某些相对立的学说正将儒学带向两个不同的方向。第二阶段至汉代董仲舒及其他公羊学者之时达到高潮。第三阶段因宋代理学而起，道家与佛家的思想给予儒学前所未有的哲学上的充实。康有为则直接从19世纪公羊学者中获得线索，并借鉴西方以及佛家思想给予儒学以普及的意义，因此扩大了它的伦理与政治学说。然则他可能是开导了第四阶段的儒学发展，所以可说其人在儒学史上占有极重要的地位。②

　　有学者指出，萧公权排除中国历史上所谓"正统""异端"的先入之

---

①参见［美］萧公权：《近代中国与新世界：康有为变法与大同思想研究》，汪荣祖译，江苏人民出版社2018年版，第83—116页。
②参见［美］萧公权：《近代中国与新世界：康有为变法与大同思想研究》，汪荣祖译，第83—116页。

见，不仅分析了同一学派内部如孔子、孟子、荀子之间的异同，还详细比较了儒、墨、老庄、法家以及介于各家之间的代表性思想家的政治思想，究明其立论的差异之处以及各派政治思想形成的历史背景及其内部结构，并从现代政治学的角度评判其得失。他时而批判公羊学派的穿凿附会，时而揶揄宋明理学家的正统论，不只强调了先秦诸子与西方古代和近代政治思想的异质性，也尝试探讨了中西政治思想之间的相通之处。萧公权还探讨了有关孔子在中国文化史上的地位及其现代意义，他在20世纪40年代先后发表了《诸子配孔议》（1944）、《圣教与异端——从政治思想论孔子在中国文化史中的地位》（1946）、《孔子政治学说的现代意义》（1949）等文章。在《诸子配孔议》中，他建议"管、老、墨三子设位文庙，配享孔子，与先儒先贤一体受国人的尊崇纪念"，并强调"民族文化是一个广博兼容的伟大系统，其中是没有门户界限的。我们上溯文化的渊源，追念学术的先进，必须破除狭隘的门户，以高尚的学术为重，这样才能够认识民族文化的全体，不抹杀先知先觉分工合作缔造这个文化的伟绩"。在《圣教与异端》一文中，萧氏强调"民族文化是一个复杂的体系，决不是一家一派的思想所能包括。儒家思想虽然博大宏深，有合文通治的妙用，然而它原来不过是先秦显学之一。儒家以外还有许多'持之有故，言之成理'的学说。这些学说都是先民思想的结晶，中国文化的泉源"。萧公权破除儒学"独尊"的虚像，指出其封建宗法背景，认为"应当对先民的成绩加以了解、分析、评量、抉择。衡量抉择的标准，不是任何一时一代、一家一派的主观意见，而当于全体文化、全部历史中求之。传统学者所定圣教与异端的区别，正是儒家主观的标准，我们不敢轻于接受"[①]。

房兆楹（Fang Chaoying，1908—1985），1928年毕业于燕京大学数学系，获理学学士学位。1930年从武昌文华图书馆学专科学校毕业，任燕京大学图书馆助理馆长，受哈佛燕京学社参与创建者之一、史学家洪业委托为筹建中的哈佛燕京学社购置古籍。在这期间，房兆楹认识了同毕业于燕京大学、协助洪业购书的杜联喆（Lienche Tu，1902—1994）。后来公费留美，二人同行。1933年，房兆楹进入哥伦比亚大学图书馆学院（Library School）并与杜联喆结婚，一说就读学校是哈佛大学并在哈佛大学中日文图书馆工作。1934年开始，夫妇二人一同和美国首都华盛顿国会图书馆

---

①转引自张允起：《政道溯源》，商务印书馆2019年版，第193页。

东亚分部部长恒慕义（Arthur William Hummel，1884—1975）博士做清代名人传略的编撰工作，房兆楹任首席助理。二战期间，房兆楹在美国陆军部外语科负责教导美国军人学习汉语，并编写汉语口语教材，后列入美国《陆军部教育手册》（*War Department Education Manual*）。1945年，他在华盛顿大学中国历史计划中任副研究员。该项目由华盛顿大学主导和资助，哥伦比亚大学协作。1961年至1963年，房兆楹供职于澳大利亚国立大学图书馆任副馆长，期间指导了史景迁的博士论文《曹寅与康熙：一个皇帝宠臣的生涯揭秘》。1963年9月，夫妇返回美国，1965年，主持哥伦比亚大学"明代传记历史计划"（*Ming Biographical History Project*），房兆楹任副教授、副编辑。1976年，哥伦比亚大学因《明代名人录》的杰出工作而在此书发行时授予二人荣誉博士学位。他们晚年把大量图书捐赠给台湾"中研院"近代史研究所图书馆和澳大利亚国家图书馆。1985年4月26日，房兆楹在北京讲学期间过世。美国驻华大使恒安石（Arthur Willian Hummel，1920—2001）参加葬礼，其弟子史景迁致悼词。1994年，其夫人去世。史学家史景迁与其夫人金安平，还有芮玛丽、倪德卫等均为其弟子。1987年，房兆楹与秦家懿合作节选、编译了黄宗羲的《明儒学案》。

刘殿爵（Din Cheuk Lau，1921—2010）祖籍广东番禺，生于香港，父亲是诗人刘伯端（1887—1963）。刘殿爵幼承庭训，后来入读英皇书院，1938年获港府奖学金入读香港大学中文学院，他在校内表现杰出。抗战时他曾在中国大陆服务。刘殿爵在1946年取得"胜利奖学金"（Victory Scholarship），到英国入读苏格兰格拉斯哥大学，攻读文学硕士学位，主修西方哲学，1949年再以一级荣誉资格毕业。刘殿爵在学期间因在逻辑学方面表现优异而获颁"逻辑奖"（Logic Prize），是格拉斯哥大学创校以来首位获奖的海外学生。刘殿爵于1950年至1978年间在伦敦大学亚非学院任教中文及中国哲学，前后凡28年，1971年他成为英国历来首位出任中文讲座教授的华人。刘殿爵在1978到香港中文大学执教，在那里度过了32年的教研生涯，1980年至1983年兼任文学院院长，另外在晚年为先秦两汉和魏晋南北朝的古籍文献编制逐字索引。港中大和港大先后在1975年和1989年向他颁授荣誉博士学位，表扬他对中国文化的贡献。

刘殿爵于1963年推出《道德经》英文版，1970年推出《孟子》英文版，并十年磨一剑，于1979年完成《论语》英文版，三大译作全部由企鹅图书（Penguin Classics）出版。①这三部中国经典著作译本造诣甚高，极具水准，获国际公认为标准英文范本，西方不少研究中国文史哲的学者，亦多以他的译作为研究必读入门书目，影响甚巨。学者邓仕梁如此赞誉：刘殿爵的译作风格受英国哲学家赖尔（Gilbert Ryle，1900—1976）影响，所以用字精练澄澈，言简意赅，并以"秋水文章不染"一语赞扬他的译作。②有学者对刘殿爵和韦利两个译本的语言特征进行了统计，并根据得出数据对两个译本在文章主旨的掌握、翻译风格、词汇使用以及对原文句法和语调的忠实程度等方面进行了对比。通过分析指出，这两个译本在对《论语》主要内容的把握上大致相同，但是刘译更加简单整齐，更忠实于原文。③还有学者认为，刘殿爵精研哲学及语言学，治学严谨，翻译中国古籍，准确精练。"其《论语》译本严谨、准确，尽量避免使用抽象的语言翻译晦涩难懂的哲学概念，而对一些哲学术语解释，给人庄重典雅但冗长枯燥的感觉。"④

许倬云出生于福建省厦门市，祖籍江苏省无锡市。1962年于芝加哥大学获得博士学位。1970年应聘于匹兹堡大学，一年后取得正教授职位。1980年，许倬云当选为台湾"中研院"院士。1982年升任匹兹堡大学校聘讲座教授，至1999年成为美国匹兹堡大学荣休校聘讲座教授。2004年，荣获美国亚洲学会杰出贡献奖。许倬云的研究领域是中国史，他还致力于东亚历史、中国思想史、古代中国以及古代世界史的教学及研究。许倬云学贯中西，主要代表作有《西周史》《中国古代社会史论：春秋战国时期的社会流动》《汉代农业》。他的《万古江河：中国历史文化的转折与开展》以全球化的视角讲述了中国文化发展的全过程。

许倬云是国际公认的中国历史权威，也是中国历史研究的杰出创新者，他探秘了中国文化的原始肖像。与大多数历史学家不同的是，许倬云并不致力于将自己的阐释集中在中国的政治演变上，而是聚焦在中国的文化领域及其与全球化浪潮的交集之点。他跟随中国文化的内容和发展，同

---

①"LAU Din Cheuk," *Honorary Degrees Congregation, The University of Hong Kong*, https://www4.hku.hk/hongrads/graduates/ll-d-b-a-m-a-din-cheuk-lau-lau-din-cheuk.

②《采撷英华》编辑委员会编：《采撷英华：刘殿爵教授论著中译集》，香港中文大学出版社2004年版。

③张升君、文军：《翻译批评中的语料库方法——用Wordsmith工具分析〈论语〉的两个译本》，《外国语言文学研究》2008年第2期。

④范敏：《〈论语〉五译本译者风格研究——基于语料库的统计与分析》，《北京航空航天大学学报（社会科学版）》2016年第6期。

时描述了平民的日常生活，精神信仰与实践，物质文化和技术，大众思想的变化特征及其在社会中的进步。除了列出帝王将相和圣贤的活动业绩外，许倬云还详细揭示了历史事件及其日常影响。通过他的缜密求索，从而为各朝各代的变化，国家以及制度体系的兴衰赋予了新的意义。许倬云研究抓住了造成中国多元化社会的全方位因素，并特别关注在中国文化边界之外发生的有影响力的关系，展现了外国影响力对中国文化和身份的撞击与融合，此外还指出了中国文化发展与其他国家之间的相似之处。其中，最有意义的研讨成果之一，就是探究了以儒家为代表的中国传统思想的来龙去脉。正如许倬云所描述的，儒家思想是中国思想体系的主轴。在此以前，西周建构的分封体制与其配套的观念，其实已经奠定了儒家思想的基础。第一，周天子承受天命治理天下，天命无常，唯德是亲，天命不是特别宠爱哪一群人，天命只选择对人民有益的君主，委托这位君主治理世界。天命观念，远远超脱了部落保护神，或族群保护神的地位。这是一个道德的裁判者，君主的行为就在道德的尺度上，天视民视，天听民听，也就由人民加以衡量。第二，周代的封建制度，是分封亲戚以藩屏周，所有的封君，不仅他的权力来源于周王，而且他们能否获得天命的眷顾，也必须经过大族长周天子的媒介，才能上达天听。于是，政治权力的分配、亲属关系的网络，两者叠合为一，政统和宗统是两个网络叠合。许倬云指出，中国辽阔的边界和独特的地理条件使其成为按等级划分的多国"区域体系"（zoning system），这是在周朝的封建网络中首次建立的。周朝的"天命"（The Mandate from Heaven）体现了道德思想及其"判神"（judging god），周朝将其纳入普遍制度的政治伦理之中。这种授权实质上反映了人民的意愿，它指出倘若统治者不履行其规定的任务，则可以罢免。作为儒家伦理学的基础，这种天命是基于"仁"和"礼"的任何政治或社会选择的指导力量。许倬云借鉴中国古代哲学家墨子和孟子的著作，展示了儒家执政的美德如何强调只有富有同情心和公正的君主方可得到支持。人民能够避免暴力，并促进道德价值观的构建。孔子认为，只有道德个体才能在社会的各个层面创造道德秩序，从而建立以中国为中心的道德世界。儒家以道德为中心的概念，决定了国内和国际政策。他坚持认为，通过良好的政府，内部的和谐与繁荣，中国将在世界上发挥重要作用，并成为其他国家的普遍范式。①

---

①Cho-yun Hsu, "Applying Confucian Ethics to International Relations," *Ethics & International Affairs* 5 (March, 1991): 15–31.

许倬云曾对在中国引入外国信仰的两个案例进行了比较。一是佛教从中亚传入，然后直接从印度传入。这种印度信仰先是为中国平民大众所接受，然后在三个世纪的时间里逐渐也被精英所接受。儒家正统思想发展出的学术精神为佛教提供了知识上的真空。佛教经过整整1000年的时间被中国化，最终禅宗和净土思想在中国流行起来。另一例是明清时期的天主教传教活动。耶稣会士努力让中国知识分子和统治阶级成员接受基督教，他们采用中文词汇向中国人解释基督教。17世纪，清廷与天主教会之间发生了一场巨大的礼仪争议，这就限制了中国宣教活动的开展。而在明朝时期，王阳明学派的儒家思想得到了充分的发挥，天主教徒没有智力上的空缺可利用。[①]有意思的是，在许倬云看来，尽管英语术语"儒家"（Confucianism）是直接由伟大圣贤的名字形成的，但中文"儒家"一词本身根本没有提到孔子。正如一些历史学家所建议的那样，"儒"一词具有两种含义：一是代表了礼仪和档案材料的专家，即为贵族服务的文士和占卜者；二是表达了较新的含义，"我认为它是孔子、孟子和其他伟大的儒家学者有意识界定的，从而显示了文化遗产的载体"[②]。

在《中国新文化史》（*China: A New Cultural History*，2012）一书中，许倬云总结到，在数千年的历史长河中，中国文化经历了无数的风风雨雨，生活在这个文化领域的中国人民也饱经了无数之沧桑。回顾中国文化的发展历程，最显著的特点就是其广泛的包容性。当中国人遇到不同的文化时，他们通常能够吸收其中的最佳特征并将其纳入自己的文化体系。此外，当中国思想体系变得过于强势或衰落时，它也能够对自身进行改革，从而为中国文化提供了繁荣的新机遇。[③]

四、余英时、秦家懿的儒学研究及影响

余英时（Ying-shih Yü，1930—2021），美籍华裔历史学家，出生于天津，祖籍安徽潜山。美国哲学学会院士，主攻中国思想史研究，他的大部分职业生涯都在美国，他获克鲁格人文与社会科学终身成就奖、首届唐

[①]Cho-yun Hsu, "Chinese Encounters with Other Civilizations," *International Sociology* 16, no. 3 (2001): 438–454.

[②]Hsu Cho-yun, "Rethinking the Axial Age—The Case of Chinese Culture," in *Axial Civilizations and World History*, ed. Johann P. Arnason S. N. Eisenstadt, and Björn Wittrock (Leiden: Brill, 2005), 457.

[③]Cho-yun Hsu, *China: A New Cultural History* (New York: Columbia University Press, 2012), 575– 578.

奖汉学奖。余的研究范围纵横3000年中国思想，是一位"追求纯粹的学人"，以史学家的敏锐透射现实，尽管"一生祸尽文字出"，他仍坚守传统知识分子的一种"单纯的倔强"。

余英时两卷本的《中国历史与文化》（*Chinese History and Culture*，2016）为英文世界读者带来了非凡的阅读内容。这两卷书中的论述与阐释跨越了2000年的社会、知识和政治变革，探讨了中国生活各个方面的两大核心问题：什么样的核心价值观在几个世纪的动荡中支撑着这个古老的文明，以及这些价值观在现代以何种方式得以生存？在书中，余英时指出，"道"构成了中华文明的核心。为此，他广泛而深入地探讨了中国知识分子关于道的论述，即象征理想世界秩序的道德原则，以及其在中国历史上对当代现实的批判之间的独特动态。《中国历史与文化》第一卷沿着历史的轨迹，从先秦一直追索到17世纪，中国知识分子如何重新制定、扩大、捍卫和保存"道"，从而引导自己度过历史的最黑暗转折。这些阐述包含了佛教进入中国后对灵魂和来世不断发展的观念，饮食习惯和社会礼仪的意义，向更大的个人主义迈进，新道家运动的兴起，儒家伦理的传播，以及商人文化和资本主义的发展。《中国历史与文化》是中国文化延续与变迁的真实写照，为不同背景的读者提供了独特的中国文明内涵教育。

在20世纪90年代，余英时发展了他所坚持的自由儒家价值观，一旦从王朝的帝国主义思想中解放出来，民主是必不可少的：学者的独立精神既是对政治的负责任的批判，也是对政治负责任的批判的典范。儒家价值观始终坚持对政治权力的批判、基于历史比较的道德判断、人民在治理中的声音、政治任务的偶然性、公共话语、个人对社会行动的责任，甚至可以发展成一种当代妇女权利观。余英时认为在中国历史上有两种儒家思想："一种是被迫害的儒学，另一种是迫害人民的儒学。"

在《现代儒学的困境》一文中，余英时做了这样的阐述：儒学在中国历史上遭遇困境不自现代始。孔子之后有杨、墨，特别是墨家的挑战，这是第一次困境。汉、晋之际有新道家反周孔名教的运动，这是第二次困境。这一次困境的时间特别长，因为继反名教之后便是佛教长期支配中国的思想界和民间信仰。第三次困境发生在晚明。由于泰州学派的风行一时，遂有"三教合一"运动的兴起，李卓吾承王阳明之说而更进一步，宣称"不以孔子之是非为是非"。这次运动虽未如魏晋时期明标"反名教"之名，但实际也相去不远，所以才引起顾炎武、黄宗羲等人的大声疾呼，黄宗羲在《明儒学案·泰州学案序》中更明白地指出，泰州学派到了颜山农、何心隐诸人手上，"遂复非名教之所能羁络矣"。如果从历史背景着眼，我们不难看出，这三次反儒学的思想运动都爆发在中国社会解体的时代。解体的幅度有大有小，深度也颇不相同，因此对儒学的冲击也有或强或弱之异。但以现代眼光来看，上述三次社会解体都没有突破中国文化传统的大格局。儒学在经过一番自我调整之后，仍能脱出困境，恢复活力。现代儒学的困境则远非以往的情况可比，自19世纪中叶以来，中国社会在西方势力的冲击之下开始了一个长期而全面的解体过程，这个过程事实上到今天还没有走到终点。由于社会解体的长期性和全面性，儒学所面临的困境也是空前的。为什么儒学的困境和社会解体的程度有这样密切的关联呢？这首先要从儒学的性质说起。儒学不只是一种单纯的哲学或宗教，而是一套全面安排人间秩序的思想体系，从一个人自生至死的整个历程到家、国、天下的构成，都在儒学的范围之内。

在2000多年中，通过政治、社会、经济、教育种种制度的建立，儒学已一步步进入百姓日常生活的每一角落。我们常常听人说儒学是中国文化的主流，这句话如果确有所指，则儒学绝不仅限于历代儒家经典中的教义，而必须包括儒家教义影响而形成的生活方式，特别是制度化的生活方式。但是我们必须紧接着澄清两点必有的误会：第一，中国文化包罗甚广，自然不限于儒学。我们说儒学弥漫在中国人日常生活中的每一个角落，并不意味着中国文化整个是儒学的实现。事实上，在每一个角落中，我们也都可以找到非儒学的成分。不过整体地看，确实没有任何其他一家的教义散布得像儒学那样全面。第二，我们并不天真地认为儒学在日常生活中的制度化即是儒学的充分实现，掩饰和歪曲都是制度化过程中所确实发生过的现象。儒学基本上是要求实践的，无法长期停留在思辨的层次，从个人的心性修养到制度化显然都是归宿到实践。观念一落实到生活中便必然会因种种主观和客观条件的限制而发生变化，因此歪曲更是不可避免的。我们在此只是指出儒学通过制度化而在很大的程度上支配着传统文化这个事实。我们并没有下道德判断，指出这个事实正是为了说明儒学的现代困境的根源所在。传统的儒学诚然不能和传统的制度画等号，但前者确托身于后者。19世纪中叶以来，传统的制度开始崩溃。比较敏感的人便不免把制度运作的失灵归咎于儒学，例如清末的汪士铎，其人是被曾国藩、胡林翼所器重的谋士，而曾、胡都是所谓"理学名臣"。但他在《悔翁日记》中便屡次痛斥儒学，不但骂程朱理学，而且也鄙薄孔孟。他是一个讲功利的人，思想上倾向法家，在学术思想史上，汪士铎自然占不到重要地位，然而他反儒学的激烈态度却是一个信号。更可注意的是他并没有接触到"西学"，他是从传统内部来反儒学的人。综上所述，余英时断言，近代以来，儒学"死"去之后已成为一个找不到也不可能找到附体的"游魂"了。

余英时与儒学研究较为直接有关的重要著作还有《历史与思想》[（台湾）联经出版事业股份有限公司1976年版]、《中国知识阶层史论（古代篇）》[（台湾）联经出版事业股份有限公司1980年版]、《中国思想传统的现代诠释》[（台湾）联经出版事业股份有限公司1987年版]、《论戴震与章学诚：清代中期学术思想史研究》[（香港）龙门书店1976年版]、《现代儒学论》[上海人民出版社1998年版]、《朱熹的历史世界——宋代士大夫政治文化的研究》[（台湾）允晨文化2003年版]、《宋明理学与政治文化》[（台湾）允晨文化2004年版]、《论天人之际：中国古代思想起源试探》[（台湾）联经出版事业股份有限公司2014年版]、《现代儒学的回顾与展望》（生活·读书·新知三联书店2004年版）等。

秦家懿（Julia Ching，1934—2001）生于上海。她在香港完成高中学业后，转到纽约州的新罗谢尔书院留学，以及当了20多年乌尔苏拉会（Ursulines）的修女。她后来重返校园，先在美国天主教大学获得硕士学位，后在澳大利亚国立大学完成东亚研究博士学习。她先后在哥伦比亚大学和耶鲁大学任教，自1978年开始在多伦多大学教学。秦家懿是国际知名的新儒家学者。她撰写或编辑了十多本关于明朝儒学书籍，又写有关于王阳明或朱熹的书。在《现代新儒学在美国》一书中，作者施忠连陈述了秦家懿关于儒家中的道德自由以及儒学现代化的问题的看法。作者指出了秦家懿在道德自由问题上与过去西方汉学家的不同之处。过去西方一些汉学家认为，中国主要的哲学争论是关于人性"善"还是"恶"的问题，但未对道德自由和责任的问题进行系统的探究。然而，秦家懿却论证到，儒学虽未清楚地表达人类自由的理论，但自由的主题贯穿于整个儒家思想。

《求智：王阳明之道》（*To Acquire Wisdom: The Way of Wang Yangming*，1976）一书是对王阳明哲学的研究，着重关注获得智慧和圣人的"途径"。基于王阳明对心智和心灵（mind-and-heart）本质的核心洞察，这是所有人类活动的基本原则，能够通过对善的直觉认识来决定和完善自己，同时是天生的和后天的。该书《导论》表明了在中国传统哲学背景下，对智慧的追求，以及由此产生的方法"正确性"和思想"正统性"的问题。本书第一章将所谓"儒家之道"界定为对智慧的追求，后者包括人与人的统一意识的实现，以及高尚品德的实现。书中谈到了韩愈"复兴"

儒学的努力，尤其是朱熹所完成的理学综合。接着简要介绍了王阳明作为普通人和哲学家，特别强调了其内在进化。他的哲学思想是通过对心的教导的分析，在与他同时代的一些思想家进行交流之后，逐渐发现了他通过"扩展良知"而获得智慧的方法。进而探讨其思想和方法的深层意蕴，特别是其"万物合一"的教诲。此外，本书还研究了王阳明对道教和佛教所表达的态度，揭示了他愿意接受真善或"正统"的态度。最后一章对王阳明的哲学进行了批判，评价了他试图解决获得智慧这一基本问题的努力，并指出了他留下的一些尚未解决的模糊性。当《求智：王阳明之道》一书于1976年问世后，宋明理学便得到西方儒学界的青睐。安乐哲赞扬，秦家懿此作是第一本对王阳明思想进行分析的英语著作。布鲁姆评价此书是"英语世界中篇幅较长的第一本对王阳明思想进行研究的书"，这不仅暗示了西方世界对于中国哲学的不了解，而且突显了秦家懿贡献的重要性。希罗考尔（Conrad Schirokauer）指出，这本书的一大优点就是能让读者理解为什么王阳明本人及其思想在东亚一直享有经久不衰的魅力，因为秦家懿同情地描述了王阳明的知识和精神在多层面的智慧上的发展。他还认为，秦家懿谨慎地将王阳明置于其所处的传统中，采用语言的探索，尤其是探索阳明哲学词汇中的关键术语，并深入地剖析了其超越的、形上的和道德的思想。白诗朗确信，秦家懿已注意到王阳明绝没有公开呼吁和解释超越的有神论；天、地和人的合一继续保持三位一体的形成。他接着指出，这里并没有彰显出本质—存在的分裂；人和世界的合一优先于任何可想象到的"超越他者"。布鲁姆则对杜维明和秦家懿的著作进行了比较，并深刻地指出，虽然二者对研究主题怀有同情，并坚信王阳明的哲学贡献超越了他所处的历史脉络，但在研究王阳明的方法上和对其思想得出的结论却是截然不同的。布鲁姆还指出，秦家懿的方法优势在于照亮精神性的永恒价值（或入世或出世的价值）的能力和一个人的宏愿。然而，该方法也具有一定的局限性："真理"与"意识形态"的并列尤为鲜明。阳明思想中具有的可变换的真理可能得不到应有的重视。在描述王阳明时，杜维明凭借非同寻常的智慧和洞察力使用了知识分子传记的路向，而秦家懿旨在将阳明的思想看作是在正统问题背景下的获智方法。杜维明在适当的地方采用了心理历史学的视角。然而，他也认识到思想有其自己的生命，因此需要在思想和象征性层面进行探究。[①]

---

① 参见余泳芳：《秦家懿哲学思想研究综述》，《理论月刊》2012年第11期。

《儒与耶：一个比较研究》（*Confucianism and Christianity: A Comparative Study*）一书的基本思想是，作为人文传统的儒家思想和作为神权主义宗教的基督教之间既有相同之处，也有不同之处，这些相似之处和不同之处是相互关联的，而阿加披（agape）可译为"爱"，但是事实上，爱不仅仅是爱，因为它定义了基督徒及其上帝，基督徒和他们的邻居之间的关系：虽然"仁"在中文中不是"爱"的意思，但实际上它本质上是爱，包括伦理和宗教，因为它定义了儒家和他们的超越追求之间的关系，在儒家与理想之间，在儒家与人类同胞之间。秦家懿学术研究的一个重要关注点就是比较中国宗教和基督教，而此书的出版激励了世界宗教之间的对话。奥尔泽赫（C. D. Orzech）声言，此书为"以当代人对基督教的理解为关照来研究儒学的第一部书"。秦家懿将中国人分等级的理念视为关注和谐，并将其任务描述为"分析探讨儒家思想的内在结构，从而开辟出两大传统互为参照从而更透彻地互为理解的新途径"。李耶理（L. H. Yearley）宣称，在书中，秦家懿用了两种方法来比较儒学和基督教：神学家的方法和学术研究者的方法。当提出"我们是否拥有同一个神"的问题时，当宣称中国人对"仁"的思索有助于进一步了解基督徒的神的爱时，当陈述儒家需要一个更为清楚的人性的弱点理论，而基督徒则需要对人性本善进行更为深刻地询问时，秦家懿采用了神学家的方法。伊尔利继续指出，这些问题并未在书中进行论述，但这些问题既复杂又至关重要。《朱熹的宗教思想》（*The Religious Thought of Chu Hsi*）一书是秦家懿在收集翔实资料的基础上，提出了朱熹宗教思想的第一本书，也是她生前的最后一本著作。此书出版后，颇具影响，牢固奠定了秦家懿在北美学术界中研究宋明理学的地位。秦家懿首先介绍了12世纪的学术背景。然后，她研究了朱熹的自然哲学，特别是有关终极思想和神灵的观念，以及尊重它们的仪式。其次，秦家懿考察了朱熹对人性和情感的解释，突出了精神修养和冥想的理论和实践教学的神秘主旨。她探讨了朱熹与同时代人尤其是陆九渊的哲学争论，并探讨了他与佛教和道教的关系。在最后几章中，秦家懿回顾了朱熹生前及身后所受到的批判，并从当代需要和问题的角度评价了朱熹思想的现实意义。这本清晰易懂的研究著作还提供了一些朱熹最重要的哲学诗作的翻译，因而填补了中国哲学和宗教领域的一个重大空白。白诗朗评论说，这是"一本内容翔实、堪称一流的关于朱熹最有争议的宗教性质的研究著作"；成中英认为此书"不仅是她所有著作中最好的著作之一，而且如果不是英语著作中最好的研究朱熹的著作，那么也是最好的研究朱熹的著作之一"；伍安祖评论说，这本书从无数研究朱熹的书中脱颖而出，是"一本无价的介绍朱熹哲学的主要特征的英语专著"。像陈荣捷一样，秦家懿研究朱熹时，大量地使用了欧美日韩的研究成果。

五、杜维明、成中英的儒学研究及影响

杜维明是20世纪和21世纪最著名的美籍儒家学者之一。作为第三代"新儒家"的重要成员，杜维明强调了儒家思想中宗教性的意义。受其老师牟宗三以及他在普林斯顿大学、加利福尼亚大学和哈佛大学数十年的学习和教学的启发，杜维明旨在通过与西方（尤其是美国）社会理论和基督教神学的接触来革新和提升儒家思想。他的儒学著作是连接西方哲学、宗教研究与现代儒家思想世界的重要纽带。杜维明断言，儒学可以从西方现代性中学习一些东西，而不会失去对自身遗产的认识。通过参与这种"文明对话"，他希望不同的宗教和文化能够相互学习，从而发展一种全球性的伦理。在杜维明看来，儒家"仁"的思想与他所说的"人类宇宙的统一"可为解决当代世界面临的问题作出有力贡献。

在2009年11月举行的第六届北京论坛上，赛义德·侯赛因·纳斯尔（Seyyed Hossein Nasr，1933—），杜维明和彼得·卡赞斯坦（Peter J. Katzenstein，1945—）三位著名学者分别代表伊斯兰教、儒家和基督教进行了公开的对话，主题为"对21世纪人类困境的回应与反思"。他们研讨了文化多元主义和文明之间的对话，传统的文明与现代性，人类的两难和传统与现代性之间的冲突，以及人类文明的展望等议题。

虽然杜维明对儒家思想的独特表述已被证明既易懂又受西方人欢迎，但他使用西方宗教概念和术语来描述儒家思想也在中国儒学界引起了争议。尤其是，作为其儒家思想核心要素的文化杂合性和明确的精神性受到了其他当代中国儒家思想家的批评，他们总体上喜欢中国现代哲学，但他们比杜维明更受民族主义和世俗主义的影响，杜维明对当代儒家哲学的影响无论怎样估计都不为过，尤其是在西方接受度方面。

在一定的意义上，1979年出版的《仁与修身：儒家思想论集》（*Humanity and Self-Cultivation: Essays in Confucian Thought*）可认作杜维明儒学的开山之作。此书由波士顿大学神学院院长南乐山撰写了关于"杜维明儒学"的导言。自问世起，这40年里，这本书成了一部经典之作，堪称西方儒学探索者的引读之书。杜维明在这部被誉为开创性论文集中，简明地阐述了儒家思想的内在"宗教性"，并通过对儒家修身过程加以深入关注。此书从对古典儒家思想的讨论到对理学思维模式的反思，以及对儒家思想在现代世界中的持续相关性的争论，可谓代表了"探索儒家传统丰富

资源所作的统一努力之一"。①为了让来自不同哲学传统的英语读者理解儒家人文主义的核心价值观，杜维明面临着一个挑战，即"儒家人文主义如何在民族认同之外，有意义地促进文化能力、伦理智慧和东西方青年的精神价值观"。②

杜维明以下三大维次展开了他的理论架构：1. 古典儒家思想；2. 新儒家（理学）的思维模式；3. 现代儒家的符号主义。对于第一维次，杜维明最先论及了"仁与礼的创造型张力（creative tension）"，从而确立了"仁"在儒家哲学中的首要地位，并与"礼"作了比较。他声言，儒家成为人的过程是通过两者之间的张力进行的，这两者是相互依存的。这个过程汇集了伦理与宗教、普遍与特殊、自律与能动、个人内在与社会表现。接着他阐述了"礼作为人性化的过程"，并通过考察儒家修身中的自我与他者的关系来解决内外分界线的问题。杜维明强调，这一点可从礼的结构中固有的他者性看到，然而，这种他者性并没有使礼沦为一种集体的社会制裁。③真正的人际关系涉及"内在"的人的社会性是真实自我的一个组成部分，而修身是一个整体的转变过程，是自我超越物质个体的延伸，成为"宇宙整体的化身"。④因此，"礼"为这个普遍包含的过程提供了具体的形式。杜维明还着重审视了儒家"学习做人"的目的与过程，即它由三个不可分割的维度组成，他在《论语》的各个段落之间画出了鲜明的联系，并加入了《中庸》和《礼记》的视角，描绘了一个人从青年、中年到老年的做人历程，这是一幅通过对孔子自己人生历程的深刻解读而变得生动的画面。杜维明对古典儒学的看法显然是孟子式的。他以"孟子的道德发展观"和自我修养的过程为中心，总结了他对古典儒家核心价值观的探索，指出孟子敏锐地意识到环境对人类道德发展的影响。但在孟子的思想中，人也有一种超越外在控制的独特之处。⑤对于第二维次，杜维明主要审思了：1. 理学有关人的概念；2. 从理学看知与行的统一；3. "内在经验"：理学思维中的创造性基础；4. 心灵与人性；5. 重构儒家传统；6. 主

---

①Tu Wei-ming, introduction to *Humanity and Self-Cultivation: Essays in Confucian Thought* (Boston, MA: Cheng & Tsui Company, 1998), xx.

②Tu, introduction to *Humanity and Self-Cultivation: Essays in Confucian Thought*, xxvii.

③Tu, *Humanity and Self-Cultivation: Essays in Confucian Thought*, 524.

④Tu, *Humanity and Self-Cultivation: Essays in Confucian Thought*, 25.

⑤Sor-hoon Tan, review of *Humanity and Self-Cultivation*, by Tu Wei-ming, and *Boston Confucianism: Portable Tradition in the Late-modern World*, by Robert Cummings Neville, *China Review International* 8, no. 2 (2001): 524–532.

体性与本体论实在：对王阳明思维模式的解读；7.对王阳明"四句教"的探究；8.作为哲学的转化思维；9.颜渊：从内在经验到生动的具体等论题。对于第三维次，杜维明则主要探讨了：1.熊十力对真实存在的探索；2.儒家：最近时代中的符号与实体等。

在1985年出版的《儒家思想新论——创造性转换的自我》（*Confucian Thought: Selfhood as Creative Transformation*）一书中，杜维明对儒家人文主义作为一种活的传统进行了创造性的学术阐释，使儒家思想焕发了活力，并成了当代哲学反思的焦点。这是对儒家为人观的实质和价值的持续思考。他在引言中指出，本书的论述乃"所有生动的相遇"（all living encounters），它提供了儒家传统的基本信息，但也成为一种"对人类持续关注点的儒家自我反应"。[①]杜维明从以下9个方面进行他的阐释：1."东亚"的普遍道德思想；2.存在的连续性：中国人的自然观；3.儒家的为人观；4.儒家经典思想中人的价值；5.《论语》中对"仁"的生动隐喻；6.孟子思想中的人本思想：中国美学的一种通道；7.自我与他者：儒家思想中的父子关系；8.新儒家宗教性与人的关系；9.新儒家本体论初探等。这一阐释补充了杜维明备受赞誉的人性与修养之说。他将哲学、历史、人类学、社会学和心理学的观点编织成一个连贯的儒家研讨主题，从而继续激励着现代知识分子的思想。

作为第二次世界大战以来中国文化领域的一个重要思想，新儒家人文主义的出现对历史、哲学和宗教的学者来说是一个极其重要和有趣的现象。儒家思想植根于中国、韩国、越南和日本文明，在两千多年的不断社会变革中得以延续，对今天的东亚工业和社会主义都具有特殊的意义。事实上，作为界定我们人类和探索人类真正实现自我潜力的生力军，它处理了东亚文明不断演变的关切，对后现代化世界具有深远影响。1993年，在《道·学·政：儒家公共知识分子的三个面向》（*Way, Learning, and Politics: Essays on the Confucian Intellectual*）一书中，杜维明从历史和比较文化的角度对儒家知识分子的核心价值观进行了全面而深入的探讨。他以坚实的汉学学术为基础，精辟地诠释了儒家的架构：通过真实的自我实现，形成道德共同体，在日常生活中体现天命。用著名的普林斯顿大学的汉学家牟复礼的话来说，通过杜维明发人深省的思想，"我们看到了儒家思想

---

① Tu Wei-ming, *Confucian Thought: Selfhood as Creative Transformation* (Albany, NY: State University of New York Press, 1985), 7.

在其整个历史中构成生命血液的东西，并引导我们理解它是如何生存下去的。我们应去了解它在当今世界的位置，特别是在现代东亚人的意识中（无论他们是否如此认同），并越来越多地在世界各地的哲学家和思想史学家的意识中"。与杜维明的早期著作《儒家思想：以创造转化为自我认同》一样，这本书激起人们的思想碰撞，并引起伦理、宗教、历史、哲学以及东亚研究学者的强烈反响。

2010年，杜维明推出了《具体之仁的全球意义：文化中国的儒家话语》（*The Global Significance of Concrete Humanity: Essays on the Confucian Discourse in Cultural China*）。这本论文集是杜维明思想追求的最全面的呈现。第一部分是对他在发展过程中所作的有思想和有影响的论述的见解：文化中国，东亚崛起的影响，儒家文化区在现代化进程中的意义，传统在现代性中的持续存在，对近代西方启蒙思想的反思，以及多重现代性等。第二部分从历史、哲学和宗教的角度对儒家传统的展开进行了全景式的审思，可视为一种基于个人知识和经验理解以及批判性分析的阐释。第三部分着眼于未来，考察儒家人文主义的创造性转化。这是儒学作为精神人文主义的一种表现形式，它追求身心的统一，自我与社会的良性互动，人与自然的可持续关系，人的心灵与天道的相互回应。当时的杜维明期待着21世纪儒学的繁荣。他相信这将是重新思考全球人类社会的一个重要精神资源。

在西方儒学界，人们对杜维明的儒学观也许有两点比较一致的评价。

其一是儒家等于宗教加人文主义。杜维明对自我的理解与他对宗教的理解交织在一起。实际上，杜维明儒家思想的一个显著特点就是他强调儒家的宗教性。许多儒家学者强调儒学是一种文化传统或哲学，而不是一种宗教。然而，杜维明坚持认为儒家思想也包括宗教信仰。与其他宗教不同，儒学不是一种制度性宗教，但与其他宗教相似，儒学有其终极关怀，即自我创造性的自我改造。根据杜维明的观点，伦理（行为规范）、美学（价值论）和宗教性（致力于终极关怀）对于儒家思想和中国传统思想来说是不可分割的。因此，对杜维明来说，虔诚就等于学会了做人。天人合一是一个无限的发展过程，其终极理想是实现天人合一。这种自我修养的终极理想，是杜维明将儒家思想理解为一种宗教人文主义的核心。在杜维明看来，儒家修身是一个漫长而艰苦的过程，也是一个不断创新、自我改造的过程。从儒家的角度来看，一个人修身的动机应该是为了自我，也就是说，它应该被看作是一种内在的善，而不是纯粹出于外在的原因。正如杜维明所说："一个决定把我们的注意力向内转，以适应我们的内在自我，真正的自我，是踏上最终自我转变的精神旅程的先决条件。"

其二是"儒学第三期发展论"。列文森在《儒教中国及其现代命运》一书中指出，由于滋养儒学的封建社会的堕落，儒学不可避免地要淡出现代性的背景。然而，杜维明不同意列文森的观点，并批评其分析未能区分"儒家中国"和"儒家传统"，对杜维明来说，"儒家中国"是中国传统封建社会政治化的儒家思想。然而，在"儒家传统"中，他是指中国儒家文化的主要精神，中国人传统上以这种精神来管理自己的生活。在一定程度上，儒家传统对儒家中国的问题负有责任。不过，杜维明认为，只要能消除儒家中国的不利影响，儒家传统就可以复兴。为了驳斥列文森关于儒学消亡的主张，杜维明探讨了儒学"第三期"的可能性。杜维明把从儒家出现到汉代的儒学视为第一期，宋到明代的理学为第二期，五四新文化运动至今的儒家思想为第三期。从历史上看，儒学的发展是通过与中国其他传统的对话和争论来实现的。对杜维明来说，儒学在第三期所面临的挑战不仅来自西方科学、民主、心理学和宗教信仰，而且来自一个更普遍的问题，即儒学作为一种包容性的人文主义，应该如何解决世界上长期存在的人类问题，即儒学如何成为人类整体的新的哲学人类学。杜维明用这样的术语来表述当代儒家思想和精神状况并不是唯一的，因为在他的老师牟宗三的著述中，以及牟宗三的伙伴唐君毅和徐复观的著作中，都可以找到类似的表述。杜维明区别于其他"新儒家"的地方在于，他坚持当代儒家不仅要反思传统儒家的过去问题，而且要与不同文明交流，使儒家思想家从这种对话中受益，从而为世界作出贡献。

杜维明儒家思想的一个重要而有影响力的贡献是，他与非儒家宗教和社会理论的不断对话。杜维明在美国的多年生活使这种对话成为可能，并使他成为西方儒家思想的最重要的代言人。然而，他长期的侨居身份也使他容易受到中国和西方以外其他地方儒家思想家的批评。虽然杜维明对儒家思想的独特表述已被证明是既易懂又受西方人欢迎的，但他使用西方宗教概念和术语来描述儒家思想也在中国儒学界引起了争议。尤其是，作为杜维明儒家思想的核心要素的文化杂合性和明确的精神性，受到了其他一些当代中国儒家思想家的批评，他们总体上喜欢中国现代哲学，比像杜维明这样的散居思想家更受民族主义和世俗主义的影响，一些中国儒家思想家指出，与天立约的观念在儒家文献中几乎找不到，即使是含蓄的词语。也有人质疑儒家思想是否真的有人与天对话的概念，因为孔子被记载为"天无言"。最后，杜维明的哲学人类学，特别是他对灵与神的区分，这在他的著作中并不总是很清楚，但也遭到了其他儒家批评家的抨击。尽管存在这样的争议，但作为儒家思想的现代化者和儒家与非儒家传统接触的倡导者，杜维明的巨大影响和遗产必须得到承认。[①]

　　成中英（Chung-ying Cheng，1935—2024）祖籍湖北阳新，出生于南京。1950年开始就读于台北市立建国高级中学，1952年考入台湾大学，专修外国语言和文学系课程，曾选修方东美教授、陈康教授的哲学课程，开始接触柏拉图、尼采、柏格森及华严宗、杜顺《法界观门》和《易经》。1956年考入"国立"台湾大学哲学研究所，与同学刘述先、傅伟勋一同师从方东美。1958年获得美国华盛顿大学哲学与逻辑学硕士学位，随后进入哈佛大学攻读博士学位，师从蒯因（Willard Van Orman Quine，1908—2000）等教授，并旁听约翰·罗尔斯（John Bordley Rawls，1921—2002）的正义论课程。1963年完成博士论文《皮尔士和刘易斯的归纳理论》，并通过论文答辩口试。该年秋天开始任职于檀香山夏威夷大学马诺阿分校，担任哲学助理教授。1970至1973年，担任台湾大学哲学系主任及哲研所所长。结合他在中国哲学和西方哲学方面的深厚背景，成中英最早在1965年于美国哲学界发展和推广中国哲学并正式确立了中国哲学学科。他于1973年创立了《中国哲学季刊》，从那时起一直担任总编辑。1985年在檀香山创立了远东高级研究院（FEIAS）。1989年首次讲授关于本体诠释学与分析诠释学（Analytic Hermeneutics）的研究生讨论课。2000年在海德堡访问伽达默尔。成中英以《易经》的哲学研究而闻名，并出版了他有关《易经》本体论的开创性著作：《易学本体论》（*Theory of Benti in the Philosophy of Yijing*）。

　　在众多华裔儒学家中，成中英可谓哲学功底较为深厚的一位学者。他的治学特点为兼用英美逻辑分析与欧洲大陆本体阐释方法以及跨文化的比较方法重构中国哲学。成中英的研究领域包括中国逻辑学，《易经》和中国哲学的起源，儒家和新儒家哲学，东西方哲学的本体诠释学和禅哲学。近年来，成中英致力于新儒家哲学对康德哲学的相互解释。还致力于系统化自己的哲学，从本体论和本体诠释学到伦理学，美学和政治哲学。在发表有关戴维森、罗蒂和塞尔的批判性论文后，他对重新诠释美国对皮尔士、詹姆斯、罗伊斯、杜威和罗蒂的实用主义产生了浓厚的兴趣，这是根据儒家思想和新儒家思想进行的学理探究。此外，他专门研究与中国传统相关的管理哲学和儒家生物伦理学，以及中国文化与世界文化的关系。

　　对于成中英而言，认识中国人的基本特征、思维方式就意味着在东西

---

①参见 https://iep.utm.edu/tu-weimi/。

方之间无法确定那种不可逾越的文化间鸿沟，通过将西方对理性知识的关注与方法学有机地结合起来，在某种程度上，可以实现彼此互补的可能，以及中国人专注于文化价值观和人道生活观念的彰显。有机结合是本体诠释学的基础。在成中英看来，诠释学上的反思是"将寻求关于基本概念的有意义联系的理解。给定文本，同时包含对现实的预期和事实参考，人们也可以独立于文字而加以体验和诉求"①。根据他的观点，可以从儒家关于人的自我的本体论概念中抽象出几种认识论原理，这些原理是自我修养，与他人的信托关系以及与天堂的最终认同有机融合的重要场所。这些原则可以在儒家形而上学的推测和道德思考的网络中找到，因此超出了狭义地集中于认知意义的形式逻辑实证主义的范围。②其一是"全面观察的原理"（principle of comprehensive observation），这一点在《易经》中《观》的概念中很明显地体现出来。知识将在世界、自然、宇宙、道德和先验等多个维度上探索和欣赏世界。其二是"互惠感的同等原则"（principle of congruence of reciprocal feelings），它以一个人的知识为中心。首要任务是将生活视为一种广泛的道德情感领域，其中，人们将培养道德能力，以感受他人的情感，从而真实地体验现实。通过类比推理（总是如此），一个人便了解并欣赏了他人的苦难，从而发展了移情反应的道德美德。其三是"实践和自我修养的原则"（principle of practice and self-cultivation），鉴于知识始终处于动态变化中，这一事实要求知识通过行动不断实现知识，知识的获取和理解取决于一个人不断适应的方式，即调整和转换。简而言之，知识理论必须始终通过行动实践来完善和实现。其四是"美德与理性统一的原则"（principle of unity of virtues and reason），源于儒家的"正名"。正确地识别名字，即现实的多价组成部分，是一个理性过程，仍然贯穿着道德意义，因为必须对现实进行识别和纠正，以使描述正确，如父亲不再具有父亲的名字，可能他的行为将不适合他的父亲身份。因此，识别是基于理性认识的认识论，纠正是存在的，在良性行动的推动下进行，同两者建立合理的信息价值和价值论顺序哲学，诠释学和本体诠释学支配着我们对现实各方面的准确表示的努力，即确保名称和名

---

①Chung-ying Cheng, "Confucian Onto-Hermeneutics: Morality and Ontology," *Journal of Chinese Philosophy* 27, no. 1 (2000): 33.

②On-Cho Ng, "Chinese Philosophy, Hermeneutics, and Onto-Hermeneutics," *Journal of Chinese Philosophy* 30, no. 3–4 (2003): 373–385.

称之间的一致性。①

1991年，成中英推出了《儒家与新儒家哲学的新向度》（*New Dimensions of Confucian and Neo-Confucian Philosophy*），这是第一部以人类生存和人性的创造力和时间性以及它们在人类文化中的扩展为基础，全面探索儒家和新儒家的形而上学和伦理学的书。此书与中国语言和中国哲学之间的关系密切，提供了从一开始就构成中国哲学思想基础的一般范畴。除了一般描述外，一些主题使儒家思想家与现代传播理论、个人观念、宗教主题和科学世界观保持了联系，并探讨了中国哲学在当代儒学复兴中的前沿领域。在此书中，成中英从宏观到微观的三个层面构筑起他的理论架构：首先以中国哲学的取向为切入点，阐述了它为什么可视为一种表征，并从比较研究的角度，揭示出中国哲学因果关系的模型及其怀疑论的性质和作用。接着，审思了良知、心灵与个人，符号参照，以及和谐与冲突等论题。其次，追述了传统儒学的一般维度，如正名、变易、理论与实践、道德的辩证法与人的形而上学、方法论与对人的理解、法家与儒家等。其中有意义的是，从本体论的相互解释中，比较了孔子、海德格尔与《易经》哲学。最后，进一步深入到理学的维度，分析了朱熹的知识与真理，王阳明心灵哲学的统一与创意，颜渊、朱熹和王阳明的实践学习，儒学与新儒学的宗教现实与宗教理解，《明儒学案》中四句教的一致性和意义，以及怀特海与新儒家的创造力类别等。"波士顿儒家学派"的创始人南乐山如此赞誉此书作者："成中英是两位主要的美籍华裔哲学家之一，他们试图通过利用和重构中国的哲学传统在西方语境中建立世界哲学。成中英才华横溢，博学多闻，有修养，有创意，且极富想象力。这部文集显示了他的最佳状态。"

2020年，85岁高龄，老当益壮的成中英又推出了他的新作《主要之道：易经哲学》（*The Primary Way: Philosophy of Yijing*）。在此书中，成中英综合了其在《易经》上一生的研究。他将经典的中文文本作为一种哲学体系进行了系统的研究，这种哲学在今天仍然是有价值的和有意义的。用当代的哲学术语来说，成中英发展了《易经》的本体论诠释学，以及它在符号和卦的整体和生成系统中的符号参照的哲学方法论。该书围绕八个主题进行组织，阐明了他对《易经》的诠释，《易经》是人类创造性的行动和变革的哲学。他展示了《易经》中的变革哲学在解释占卜性判断时如何

---

① Chung-ying Cheng, "Confucian Onto-Hermeneutics: Morality and Ontology," 40–43.

体现早期的中国本体论、宇宙论、认识论和美德伦理学。成中英展示了变革哲学如何包含了与天地之间创造性联系的人类愿景，以及它如何在不断变化的创造力中为任何变革赋予积极意义。有了这种了解，它使人类能够发展其作为天地伙伴的潜力。

六、信广来、黄百锐的儒学研究及影响

信广来（Kwong-Loi Shun，1953—）于1975年获得香港大学数学与哲学学士学位。毕业后，他在高中教了几年数学，同时还获得了伦敦大学哲学学士学位和哲学硕士学位。在香港大学哲学系，二者均于1978年完成。他在新亚高级中国研究院开始学习中国哲学，学习了牟宗三的课程。他后来在牛津大学学习，并获得了学士学位。1982年在哲学领域，在迈克尔·达米特（Michael Anthony Eardley Dummett，1925—2011）的指导下写了关于维特根斯坦的论文，1986年获得斯坦福大学哲学博士学位。1986年，他在加州大学伯克利分校担任伦理学助理教授，主要教授伦理学和中国哲学。1990年晋升为哲学副教授。在伯克利期间，他还于1993年被任命为文学与科学学院的助理院长，1998年被任命为本科服务学院院长，2000年又被任命为本科部主任。他于2004年离开伯克利加入多伦多大学，担任哲学和东亚研究教授，并担任多伦多大学斯卡伯勒分校校长。随后，他于2007年加入中国香港大学，担任哲学讲座教授、中国文化教授，2010年获聘香港中文大学新亚书院院长。2014年，他以哲学教授的身份回到伯克利。

从1988年开始信广来的主要研究成果是一部多卷的儒家伦理学著作，这本书最初的设计是一个三卷本，但现在已经扩展成一部五卷的巨著。其目标是从对早期和后期儒家思想的严密考证开始，然后过渡到主要是哲学研究的儒家伦理，并密切关注所涉及的方法论问题。第一卷《孟子与早期中国思想》由斯坦福大学出版社于1997年出版。第二卷《朱熹》的完整手稿于2010年完成。随后，利用电子数据库中现有的大量原始资料，对其进行了重要的扩充和修订。第三卷《从文献学到哲学》的工作于2007年开始，本卷将集中讨论从文本研究向哲学探索过渡过程中的方法论问题。第四卷和第五卷提供了对儒家道德心理学的全面研究，前者主要针对具有哲学兴趣的语言学家，后者主要面向哲学读者。这两卷书的工作于2015年开始，它们的一个主要主题在他于2018年美国哲学学会（太平洋分会）年会上发表的总统演讲中提出："关于'无我'的思想。"

2000年，在《孟子与早期中国思想》（*Mencius and Early Chinese Thought*）一书中，信广来通过研究孟子与其他中国早期思想家（包括孔

子、墨子、杨朱学派和荀子）的伦理思想（应该如何生活）进行重新评估。作为三卷书的第一卷，这本书对于那些对孟子哲学感兴趣的人来说是一个极好的资源。孟子的思想是通过对《孟子》的详细分析和对传统评论与当代文学的广泛比较而呈现出来的。

在与黄百锐（David B. Wong）合编的《儒家伦理学：自我、自主性和社群对比研究》（*Confucian Ethics: A Comparative Study of Self, Autonomy, and Community*，2006）一书中，信广来在引言中强调，近年来，东西方比较伦理学引起了越来越多的关注，特别是儒家伦理学与西方思想的比较讨论。这种兴趣部分源于对亚洲国家政治体系的日益关注，亚洲国家的政治体系通常被认为是儒家价值观的产物。对这种制度的批评者指责他们为一种威权主义形式，与西方民主理想背道而驰。这种制度的捍卫者拒绝强加西方政治理想。有些人认为这种制度的特征是亚洲独特的民主制度，甚至有人认为西方的权利和民主概念不适用于亚洲的政治结构。拒绝西方政治理想的基础是这样一种观点，即亚洲伦理和政治传统，尤其是儒家传统所拥护的价值观与西方传统有着根本的不同，并且与西方传统相比，其受人尊敬的程度已导致人们将越来越多的兴趣放在"亚洲价值观"辩论中。对比较伦理学的兴趣也部分源于对理解亚洲伦理学传统的关注，这是一种解开西方伦理学传统背后的哲学前提的方式。将不同的传统放在一起可以帮助更清晰地关注塑造彼此发展的前提，从而为进行比较评估和可能的综合打下基础。儒家传统以其悠久的历史，丰富的内容以及对亚洲社区的广泛影响，引起了这种比较讨论的关注。①

黄百锐是"苏珊·霍士·拜沙和乔治·D. 拜沙"三一艺术与科学学院杰出哲学教授，兼任杜克大学比较哲学中心的欧文·弗拉纳根（Owen Flanagan）的联合主任。在来到杜克大学之前，他是布兰戴斯大学的"哈里·奥斯汀·沃尔夫森"哲学教授和波士顿大学的"约翰·M. 芬德利"哲学客座教授。

黄百锐主要研究课题包括：1. 社会内部和社会内部道德差异和相似性的性质和程度，以及这些差异和相似性如何影响道德的客观性和普遍性问题；2. 试图自然而然地理解道德，因为人类试图构建他们的合作关系，并向彼此传达他们认为值得过的生活类型；3. 基本道德价值观之间冲突的性

---

① Kwong-loi Shun, introduction to *Confucian Ethics: A Comparative Study of Self, Autonomy, and Community*, ed. Kwong-Loi Shun and David B. Wong (Cambridge University Press, 2004), 1–8.

质，以及这些冲突如何导致社会内部和社会之间的道德差异；4. 如何理解我们试图在道德审议中处理这些冲突；5. 比较哲学，特别是中西（儒、道、佛）比较哲学与上述学科的相关性；6. 我们的感觉和行动的理由是否仅仅是基于我们已有的欲望？还是原因超越了我们的欲望，并被用来批判性地评估和塑造我们的欲望？7. 一个人认识到其有理由以某种方式去感受和行动，这在多大程度上可以进入其情绪构成并改变这些情绪。黄百锐的主要著作包括《道德相对论》（*Moral Relativity*，1984）、《自然道德：对多元相对论的辩护》（*Natural Moralities: A Defense of Pluralistic Relativism*，2006），以及与他人合著的《儒家伦理学：自我、自主性与社群对比研究》等。黄百锐的观点经常引起较大的争议。他在1984年的《道德相对论》就是对道德相对主义这一概念的研究，而其在2006年的《自然道德：对多元相对论的辩护》中则对这一概念进行了全新的阐述。黄百锐的愿景是多元化的道德相对主义。有人评论说，他独特的哲学思想反映了他对儒道思想的深刻了解。

在《自然道德：对多元相对论的辩护》一书中，黄百锐虽并不拥护所有的相对主义，但他确实从相对主义的立场开始反对替代理论，这样就不必认定仅存在一种普遍真理。他指出，在不同传统和文化中可能存在着多种真实的道德观，而凡此种种都带有人类核心的问题，这就是人们如何能够共同生活。相对主义者，特别是道德相对主义者，会被谴责为"一切都会"的人。这个术语经常是二分法的一部分：要么接受相对主义，要么接受普世主义，即只有一种真实道德存在的观点。黄百锐捍卫了相对主义的新版本，它既是通常所定义的普世主义和相对主义的替代品，又介于两者之间。多元相对主义（pluralistic relativism）确实符合通常定义的相对主义的一个方面：没有单一的真实道德。除此之外，有人认为，可能存在多种真实的道德，即跨越不同传统和文化存在的道德，所有这些道德都涉及同一问题的各个方面：人们如何生活在一起。通过将比较自然主义的方法应用于道德理解，讨论西方经典以及中国哲学中的各种立场和文本，不仅借鉴哲学，而且借鉴心理学、进化论。历史和文献论证了多元化在道德生活中的重要性，从而确立了接受和适应的美德。一个中心主题是，没有单一的价值和原则的次序为人类的生活提供独特的真实路径，而是根据其中包含人类价值观共同核心的不同环境而变化。因此，我们应该对自己的道德表示谦虚，从其他方法中学习，并适应我们多元化社会中的不同做法。黄百锐在此书中，阐释了三大论题：1. 多元主义和自然主义如何造就自然道德，其中包含多元化与矛盾（ambivalence），多元相对主义以及异议与答复等；2.自然道德的限制，其中包含身份，蓬勃发展和关系，社区与自由理论以及心理现实主义是否限制了道德的内容等；3.应对我们的道德承诺应充满信心，其中包含内部和外部的道德原因，道德与需求以及应对道德差异等。

对黄百锐而言，他的"多元相对主义"强调，对于什么可能是真正的道德存在普遍的限制。这些限制基于对人的自然和人类生活环境的自然主义的理解。在他看来，鉴于人类的各种需求和自身利益的深度，道德的功能是促进社会合作和个人繁荣。另外，道德要求人们既具有有效的代理权又具有有效的身份，并且只能在诸如家庭之类的个人环境中加以养成。因此，非个人观点必须受到个人观点的限制。任何真正的道德都必须尊重诸如此类的要求。根据黄百锐的说法，普遍性限制是开放式的，因此可用多种方法来重视它们。因此，可以有一个以上的真实道德，这就是多元相对主义。不同的真实道德不必而且通常也不会完全不同。实际上，它们经常共享某些价值（例如个人权利和社会效用），但为它们赋予了不同的优先权。[①]对黄百锐来说，首先，认为"不存在单一的真实道德"[②]；其次，认为有"真正道德的限制"[③]；再次，认为任何适当的道德都必须包括调解道德分歧的价值，这就是对"支持与他人的非强制性和建设性关系的承诺，尽管他们的道德信念与他人的冲突"[④]；最后，认为适当的道德将促进和规范合作的社会活动，并有益地改变人类的自然倾向。[⑤]

在《儒家的权利与共同体》（"Rights and Community in Confucianism"）一文中，黄百锐相信人性具有足够的可塑性，因此，在他看来，以社区为中心的传统中人们在很大程度上具有关系身份。按照这种身份生活会带来极大的满足感。当然，它也可能会产生深深的挫败感，就像按照本质上关系少得多的身份生活一样。儒家思想的问题并不能仅仅断言与他人共享生活是一种道德繁荣的生活。这个问题的假设在于，一个人社会认同的不同方面，对应于进入社会的不同商品。共同利益，可以在某种大统一原则下归为一类。"在这里，也许我们不希望不仅是制度化的儒家更加

---

①参见Chris Gowans, "Moral Relativism," *The Stanford Encyclopedia of Philosophy*, February 19, 2004, https://seop.illc.uva.nl/entries/moral-relativism/。

②David Wong, *Natural Moralities: A Defense of Pluralistic Relativism* (Oxford: Oxford University Press, 2006), 15.

③Wong, *Natural Moralities: A Defense of Pluralistic Relativism*, 15.

④Wong, *Natural Moralities: A Defense of Pluralistic Relativism*, 64.

⑤Wong, *Natural Moralities: A Defense of Pluralistic Relativism*, 40.

重视权利，而且是对儒家和道家的更大综合，尤其是庄子对差异和观点多样性的欣赏。"①

在《道德相对论与中国哲学：黄百锐及其批评家》（*Moral Relativism and Chinese Philosophy: David Wong and His Critics*，2014）一书中，多位研究中国思想的道德哲学的学者们对黄百锐的核心思想进行了辩论，后者对此做出了回应。讨论范围广泛，包括探讨黄百锐的自然主义思想，道德标准、慈善原则、道德权威以及社区概念等，并审思了他对荀子和庄子的研究。黄百锐的细致而有力的回应澄清和发展了他的进一步论点。黄百锐与他的批评家之间的这些有趣和批判性的交流不仅阐明了他本人的思想，而且探讨了当代伦理学理论和中国哲学，其中当然包括儒家研究。②

七、刘子健、张灏、陈启云的儒学研究及影响

有学者感叹，在美国儒家文化研究者中，顾立雅、史华慈、芮沃寿、列文森、狄培理、艾尔曼等学者为人所熟知。然而，美国华裔史家却有意无意地并不被看重。事实上，在儒家文化传播的过程中，他们解释儒家文化的方式起到十分重要的作用，其中较具代表性的史家如刘子健、余英时、张灏、陈启云等。③

刘子健（James T. C. Liu，1919—1993）在燕京求学时期的导师洪业的影响下，赴美深造。1950年，获匹兹堡大学博士学位，并在该大学及其他学校任教。1960年，成为斯坦福大学教员。1965年，任普林斯顿大学历史学教授。刘子健长期活跃于美国东亚研究学界，研究范围遍及宋代政治、文化和社会生活的各个方面。重要专著有《中国转向内在：两宋之际的文化内向》《欧阳修的治学与从政》《宋代中国的改革：王安石及其新政》等。其中，英文版的《中国转向内在：两宋之际的文化内向》（*China Turning Inward: Intellectual-Political Changes in the Early Twelfth Century*）一书在美国汉学界极有影响。这部著述论及了从北宋到南宋的文学、经学及史学；儒学不同派别的新传统思想；北宋亡国之耻和动乱之后变革之门的关闭；保守主义者的正统要求与道德保守主义者的政治风格；新儒家成为正

①David Wong, "Rights and Community in Confucianism," in *Confucian Ethics: A Comparative Study of Self, Autonomy, and Community*, 48.
②参见Xiao Yang and Huang Yong, eds. *Moral Relativism and Chinese Philosophy: David Wong and His Critics* (Albany, NY: State University of New York Press, 2014)。
③参见路则权：《美国华裔史家儒家文化解释论析》，贾磊磊、杨朝明主编：《第六届世界儒学大会学术论文集》，文化艺术出版社2014年版。

统；道德挂帅的新儒家：从争论、异端到正统等。

在刘子健看来，在两宋之际的战乱动荡中，政治凌驾于经济、文化之上，专制皇权膨胀为独裁。在南宋开放的几十年中，高宗皇帝以不惜一切代价赢得帝国安全的坚定决心不仅影响了政治，而且影响了儒家的思想发展。原本北宋的思想氛围充满自信、活跃、外展和探索。而在南宋，它向内转。一些倾向保守的知识分子转向儒学，以道德重建为救亡图存之道，这种保守主义思想终于被树立为国家正统，这就是影响后世中国近千年之久的"理学"。然而，这并非简单地转向保守的道德和政治儒学。刘子健探索了高宗如何利用意识形态的橱窗装饰来巩固皇帝手中的国家权力。道德保守主义者政治命运的起起伏伏，最终成就主导国家正统思想的新儒家思想。对于思想文化的发展来说，这却是一场得不偿失的胜利，11世纪曾经纵横恣肆、辉煌一时、充满外向活力的中国知识分子和他们所创造的思想，在正统的笼罩下趋向内在、保守、封闭、自省，失去创新的动力。刘子健揭示了随着王安石变法的失败，宋代儒学的经世日渐衰退，强调内心修养的性理之学更为人所青睐，由此，"中国走向内存"。[①]他后来还阐释到，宋朝新儒家由于强调伦理思想的内省一面，强调反省的磨炼以及个体自身内在化的道德价值，"如此一来他们过度沉思于形而上学、宇宙论的命题越深，他们被导向世俗客观的社会现实的可能性就越小。他们联系现实以求验其哲学理论的可能性也越小"[②]。

张灏（Hao Chang，1936—2022），安徽省滁州市人。台湾大学历史学学士，美国哈佛大学硕士。1966年获得哈佛大学博士学位，导师为史华慈。曾在美国俄亥俄州立大学历史系任教30年，其后担任香港科技大学教授（1998—2004），《剑桥中国史》晚清部分的撰稿人之一。张灏为当代历史学家，擅长中国思想史，特别是近代思想史。在张灏阐释中，在古典儒学中人们不仅能看到在宇宙论神话方向上的智识突破，也可看到与它保持连续的地方。晚期周代思想的这一方面中应然与实然秩序的巨大差别出现了，但是伴随这一巨大差别的是一种想容纳并限制它的趋向。由此观之，使得轴心时代之突破得以凸显出来的可能并不是它与宇宙论神话的清

---

① ［美］刘子健：《中国转向内在：两宋之际的文化内向》，赵冬梅译，江苏人民出版社2002年版，第6—7页。

② ［美］刘子健：《作为超越道德主义者的新儒家：争论、异端和正统》，［美］田浩编：《宋代思想史论》，杨立华译，社会科学文献出版社2003年版，第249—250页。

晰断裂，而是一种在挑战宇宙论神话和完善这一神话中间的张力。"这一张力并没有出现在早期周代，而是体现在儒学传统的核心地带，并从它诞生之日起就持续发展着。"①张灏认为，两千多年来，儒家的整个精神是贯注在如何培养那指导政治的德性。"四书"便是儒家思想在这方面的好注脚，而一部《大学》对这思想尤其有提纲挈领的展示。众所周知，《大学》这本书是环绕三纲领、八条目而展开的，我们不妨把这三纲领、八条目看作儒家思想的一个基本模式。大致而言，这个模式是由两个观点所构成：第一，人可由成德而臻至善。第二，成德的人领导与推动政治以建造一个和谐的社会。而贯穿这两个观点的是一个基本信念：政治权力可由内在德性的培养去转化，而非由外在制度的建立去防范。很显然的，对政治权力的看法，儒家和基督教是有着起足点的不同的！②在《梁启超与中国思想过渡（1890—1907）》一书中，张灏指出，作为儒者，梁启超的早期思想发展与世纪之交在中国各地发生的复杂的思想变形相吻合，而在清末变革的背景下，梁启超的思想更得以充实。中国的知识变革是对西方影响的单向反应，中西方思想之间相互作用有着特定的领域。③

陈启云（Chen Chi-yun，1933—2020），广东省茂名市人，1956年毕业于台湾省立师范大学，后赴香港新亚研究所师从钱穆深造，1967年获哈佛大学哲学博士。后在加州大学（圣塔巴巴拉校区）历史系任教27年，1994年转为加州大学终身荣誉教授并返台湾地区任清华大学历史研究所教授。2002年转为台湾清华大学终身荣誉教授。2004年受聘为吉林省社会科学院特邀研究员。2005年受聘为南开大学陈省身讲席教授。主要著作有：《荀悦与中古儒学》（英国剑桥大学1975年版；辽宁大学出版社2000年版）；《荀悦与汉末思潮》（美国普林斯顿大学1980年版）、《剑桥中国秦汉史》第十五章（剑桥大学1986年版；中国社会科学院出版社1992年版）、《中国古代思想文化的历史论析》（北京大学出版社2001、2003年版）、并为"联合国教育科学文化组织"新编《人类科学文化发展史·秦汉帝国》的作者。

在英文版《荀悦（公元148—209年）：一位中世纪早期儒士的生平与反思》一书中，陈启云对后汉最后一位统治者宫廷中的一位主要学者荀悦

---

①张灏：《古典儒学与轴心时代的突破》，《政治思想史》2014年第1期。
②参见张灏：《幽暗意识与儒家传统》，广东人民出版社2016年版。
③Hao Chang, *Liang Ch'i-ch'ao and Intellectual Transition in China, 1890–1907* (Cambridge, MA: Harvard University Press, 1971).

进行了深入的研究，并对中世纪早期中国受过教育的精英们在政治和思想上的关注进行了阐释。陈启云揭示，荀悦生活在一个巨大的政治动荡和深刻的社会变革时期，这一时期标志着中国漫长的不平等时代的开始。荀悦观察到帝国的结构被宫殿的太监、边防将领、地区军阀和当地大亨所毁坏。荀悦在他的两本重要著作《汉纪》和《申鉴》中回顾了汉朝的历史，并讨论了他那个时代的更广泛问题。这些著述展示了儒家，道家和法家的融合，而这正是这一时期许多中国思想家的特征。陈启云详细研究了荀悦的生平及其著述，分析了对他有重要影响的历史事件，并追溯了他对当下及以后各代统治者的影响。[1]在《儒学与汉代历史文化》一书中，陈启云以儒学为核心，所涉及的范围包括汉代的宗教、经济、教育等方面的研究。全书分为三个部分，分别为汉代思想文化、汉代儒学、历史考证，内容涉及两汉思想文化史的宏观意义、汉代思想文化含义的新诠释、汉代儒学的现代诠释、刘宋时代尚书省权势之演变等。[2]

据陈启云的观察，西方自由知识分子对中国传统中的士、儒的入世思想和特殊地位颇为苛责。认为与现实调和，是缺乏崇高的理想。儒家倡言"天人合一"，是只知有人，不知有天。"物我两忘"，只是主观的感受，而非客观的知识。"折中调和"，即是缺乏择善固执的精神。历史上的圣王，只是王而不圣。不能与现实发生全面冲突，不能扬弃现实，则无法产生超越的精神理想。士既然与社会经济政治的权力中心有密切的关系，则不能对此权力作独立客观的批评。由于中西文化传统不同，因而引起双方对知识分子见解之差异。陈启云回顾自己于1979—1980年间，代表加大圣巴巴拉分校与世界民主制度研究中心（Center for the Study of Democratic Institutions）合作，汇合中西学者对"两文化、两时代间的知识分子"（The Intellectuals in Two Worlds: East West, Traditional Modern）专题研究，经过多次反复论辩，双方见解仍有很大距离。由于中西文化传统差异很大，学贯中西，互相了解，实非易事。

20世纪以来，在现代西方的不少大学里，涌现了一批华裔儒学研究学者，因篇幅有限，本书不一一加以列举了。

---

[1]Chi-yun Chen, *Hsün Yüeh (A.D. 148–209): The Life and Reflections of an Early Medieval Confucian* (Cambridge: Cambridge University Press, 1975).
[2]参见陈启云：《儒学与汉代历史文化：陈启云文集》（二），广西师范大学出版社2007年版。

结　语

　　从学术角度说，因全球现实社会经济政治的具体影响和制约等原因，以"儒学西传"这样的东西方思想对话建立在东西方研究的大平台上成为趋势。在过去的几十年里，尽管人们已显示出对跨文化研究产生越来越大的兴趣，但还是明显落后于其他领域的研究。这是因为在跨文化研究中存在的许多固有缺陷造成了进一步发展的障碍。儒学西传中遇到的困难是多样的，其中包括概念界定中的认识论问题，特定研究中的方法论问题以及具体实施中的伦理道德问题等。[①]在比较研究界，有着不少偏见，故在某种层面带来了研究的难度。许多比较研究者都承认在进行跨文化研究中的困难和挑战。大多数学者都认为在跨文化研究方法的设计上存在很大问题，例如要求大多数研究人员仅表达负面意见。然而，尽管跨文化研究是具有挑战性的，复杂的和耗时的，但研究人员决不能放弃和忽视这个重要的知识领域。从长远的角度看，当今全球化的市场经济，需要跨文化的专业管理人才以及业务管理机构。因此，尽管有挑战，但跨文化研究必须得到扩展是一个关键。此外，还必须承认文化语境的说法是一个日益重要，而需要解决的关键问题。

　　"中国总是一切规则的例外（China has always been an exception to all rules.）"[②]——这是大哲罗素评价中华文化观的最传神之句。尽管对此说会有非议，并涉及了当今"中国例外论"（Chinese exceptionalism）之争。然而，仔细揣摩一下，的确它几乎将对这个古老而又年轻国度的所有领悟、体验和认知全都浓缩进去了。

　　美国普林斯顿大学汉学家柯马丁（Martin Kern）指出，现在西方的汉学研究一般集中在高校的东亚系和历史系，是专门学科，没有那么强的意识形态背景。然而即使有了这种发展，中国和海外的学术研究还是有相当的差异。很明显，我们有不同学术文化之间的差别，不同学科历史之间的差别，不同语言及我们使用这些语言表达自己观点的方式之间的差别，对全球的中国研究现状的熟悉程度的差别，以及我们处理研究对象的不同方

[①]Hamid Yeganeh, Zhan Su, and Elie Virgile M. Chrysostome, "A Critical Review of Epistemological and Methodological Issues in Cross-Cultural Research," *Journal of Comparative International Management* 7, no. 2 (2004): 66–86.

[②]Bertrand Russell, *Power: A New Social Analysis* (London: Routledge, 2004), 148.

式之间的差别。①国内儒学研究与西方，尤其是英语世界的儒学研究，无论在资料选取、论题热点、术语诠释、语境联系、翻译方式、价值取向等各个层面都迥然相异。

当代新儒家杰出代表之一的刘述先如此感叹过，西方哲学界一向漠视中国哲学，只有汉学家才对之有一点兴趣，所知也有很大的局限性。迄今为止，标准教本或参考书还是20世纪50年代出版的冯友兰的《中国哲学史》和60年代出版的陈荣捷的《中国哲学文献选稿》。西方的次文化则多受到禅佛、老庄、易学的吸引，儒家往往被视作过时的俗世伦理。迟至20世纪60年代末，列文森还说，将来儒家是只有在博物馆里才能找到的东西。过去要在美国出一部讲中国哲学的书可以说是大大不易。然而这种情况到后来有了显著的改变，而这是长年累月努力所得到的结果。进入新的世纪和新的千禧，明显有了一些突破的迹象。②对此，刘述先还是过于乐观了，在英语世界，尤其是美国，包括儒学在内的学术研究与教学，一般不会设在研究性大学哲学系，而大都只会在诸如东亚系、宗教系东方宗教专业或历史系的思想史专业等，目前仅有另类的夏威夷大学哲学系除外。美国几乎在所有的研究领域都是相对开放的，唯独哲学界例外，对它而言，不用说是中国哲学等东方哲学，就连欧洲现代大陆哲学也不以为然，而遭到排斥。

依本书笔者拙见，在儒学西传的整体过程中，中国儒学界与西方儒学界在学术研究中至少存在着三大差异，即"建构、方向性差异""方法、操作性差异"以及"价值、规范性差异"。

2000多年以来，中国传统儒学作为官方正统的价值体系和意识形态，基本上是在皇统、血统、道统和法统，或称君王之权、宗法之权、教化之权以及惩杀之权，四者合一的掌控下得以延展，并对个人、家庭、社群、国家以致整个大一统的"天下"发挥效应。在当今现代社会的新人文条件下，儒学如何彻底摆脱旧时所有的负面窠臼，从而能真正对政治、经济等各个文化领域发挥重建性的正面作用，这才是在儒学西传中，中西方研究者应当解决的最重要课题。

---

①盛韵：《柯马丁谈欧美汉学格局》，《东方早报》2012年4月1日。
②刘述先：《现代新儒学在英语世界》，吴光主编：《当代儒学的发展方向——当代儒学国际学术研讨会论文集》，汉语大词典出版社2008年版，第406页。

后记：在儒学西传的历史时空中穿越

在主编《国际新比较学派文库》丛书时，笔者曾这样说过，当人们猛然惊觉高科技数字化浪潮铺天盖地压来之时，很多事情都已改变。娱乐化、网络化、商业化似乎漫不经心地联手涂抹了我们头顶的星空。因为一些大哲们的语言指向，而使人类有所敬畏的"头顶的星空"，退到繁复的重彩后面。在这个观念似乎新潮而又失向和错位的年代，许多像我们一样的人，基于某种固执的信念，继续在天空质朴的原色中跋涉。来自苍穹的光波，本初而强劲！在色彩学中，质朴的蓝色与红、黄两色同为三原色，天然而成，无法分解成其他颜色，而在思想与思想的对话中，这种"原色"可以分解为智慧、理性与人文精神。这正是人类文明和文化纯净而透彻的结晶。正是这一结晶，赋予社会发展以灵魂、动力、脊梁和血脉，而它们的肉身显现或人格载体就是一代代的东西方大思想家。以此观察过去、现在和未来，便有了一种理智、公正、犀利的洞穿。这种洞穿，是致力于东西方思想对话的作者们在无止境的跋涉间隙，真诚奉献给读者的礼物，微薄而又厚重。它将反观那些连贯古今思想上的一步步累积过程及其不断爆发的聚变，正是这些累积与聚变引起了人类社会巨大的发展与进步。笔者在对思想对话的评述中，捕捉了一个个精彩的历史瞬间、一次次天才的思想火花。这些瞬间和火花，赋予人类一种灿烂的品质，同时又构成一种永恒的启示。对东西方思想大师的思想进行追寻，其意义已突破了单纯的哲学领域，人类存在的所有特点，都可以从他们的对话中领悟，人类全部的思想精华，都对广大的读者无限敞开，思想大师们指向的精神高度，能使我们从日常生活经验中跃起、上升，点燃信念之灯，照亮深邃的生命。

在部分人普遍重视物质利益追求，而在精神生活上沉湎于空虚和无聊的社会文化状态下，在某种意义上，人类文明的核心价值正是通过一系列思想的对话与再对话传递下来的。德国哲学家叔本华就曾告诫我们，应该去阅读大哲学家们的原著，通过与他们的对话来提升自己，并使自己始终站在思想的制高点而不坠落。其实，人的高度并不是通过他的身高或社会地位来丈量的，而是通过他思想的高度来体现的。通过不懈地学习，提升自己思想的高度，这也切合原始儒家强调的"为己之学"的宗旨，而这部

《西方儒学史》为人们了解中西思想的对话提供了一个窗口。

在另一部著作中，笔者曾抒发过以下的感慨：

"与造物者游"，追寻着庄子的潇洒心境，挂在这场轰轰烈烈思想对话者们所舒展的巨翅上，在致力儒学西传的人们遨游的历史时空中穿越了一遭，宛若升腾到了一个从未达到的境界。在那之上，俯视大地人间，万事、万物、万景似乎尽收眼底，一览无余，但匆匆掠过，这一切又如此模糊不定。在阳光与阴霾的交织混杂下，冷热空气对流生风，微风飓风纠缠变换。当飞到自己的能力极致，顿感摇摇欲坠的恐惧。但不管如何，在跨文化交流们的内力穿透下，追求知识与真理的底气大增。

在时空的穿越中，有人问汤因比希望出生在哪个国家时，这位大历史学家面带笑容地回答，他希望出生在公元1世纪佛教已经传入的中国新疆。①接着又似乎听到季羡林先生不约而至地为此做了一个注脚："世界上历史悠久、地域广阔、自成体系、影响深远的文化体系只有四个：中国、印度、希腊、伊斯兰，再没有第五个，而这四个文化体系汇流的地方只有一个，就是中国的敦煌和新疆地区，再没有第二个。"②"会当凌绝顶，一览众山小。"汤因比以宽广的视角，高瞻远瞩地注视着人类东西方文明开始撞击与融合的最初发源地，并在过去、现在和未来的历史大时空中，纵横驰骋着他无与伦比的想象、理念与预言。不愧为一代大师！东西方的思想巨匠，就是东西方思想对话的最佳载体和沟通者。

无论何时何处，下至个人、家庭、团体、行业，上至国家、民族、社会、世界，人们都在进行着从微观到宏观的不同的"对话"：政治的、经济的、文化的、宗教的、教育的、文艺的和日常生活的。其中最高层次一定是思想与思想的对话。"不知别国语言者，对自己的语言便也一无所知（Those who know nothing of foreign languages know nothing of their own.）"，这是大文豪歌德的一句名言。③同样，不知别国文化者，对自己的文化便也一无所知。这种比法，似乎有些武断，但沉思之后，它的蕴义确可发人深省。

"这是最好的时代，也是最坏的时代（It was the best of times, it was the

---

①参见［英］汤因比、［日］池田大作：《中文版序言》，《展望二十一世纪——汤因比与池田大作对话录》。

②季羡林：《敦煌学、吐鲁番学在中国文化史上的地位和作用》，《红旗》1986年第3期。

③Johann Wolfgang von Goethe, *Elective Affinities*, 1809, pt. 2, ch. 12.

worst of times.）"——大文豪狄更斯《双城记》中的一句警示，也如同一句预言。当今的时代，充满悲情、困境、危机、挑战，但同时也充满惊人的成就与希望。在世界历史的滚滚长河中，物质与精神的双重文明，经过东西方不断的撞击与融合得到发展。在世代相传的时空贯穿中，人类精神文明的正态发展，就取决于思想与思想良性互动的对话。

丁子江
2020年8月完稿，2024年11月修定